Eva Spörlein

„Das mit dem Chemischen finde ich nicht so wichtig...“

Studien zur Bildungsgangforschung

Herausgegeben von

Arno Combe
Meiner A. Meyer
Barbara Schenk

Band 3

Eva Spörlein

„Das mit dem Chemischen finde ich nicht so wichtig...“

Chemielernen in der Sekundarstufe I aus der Perspektive der Bildungsgangdidaktik

Leske + Budrich, Opladen 2003

Dissertation im Fachbereich Erziehungswissenschaft der Universität Hamburg, 2001

Gedruckt auf säurefreiem und alterungsbeständigem Papier.

Die Deutsche Bibliothek – CIP-Einheitsaufnahme
Ein Titeldatensatz für die Publikation ist bei Der Deutschen Bibliothek erhältlich

ISBN 3-8100-3767-2

Druck: DruckPartner Rübelmann, Hemsbach
Printed in Germany

Inhalt

Abbildungen

Einleitung

„Das mit dem Chemischen find' ich nicht so wichtig ...“

Dass Schülerinnen und Schüler die Chemie nicht wichtig für ihr Leben finden, dürfte nicht nur Chemielehrkräften und Chemiedidaktikern bekannt vorkommen; sicher denken viele Menschen mit einer Mischung aus Grauen und Ehrfurcht an ihren eigenen Chemieunterricht zurück. Wie kommt es, dass die einen am Fach Chemie gelitten haben, während die anderen sich zu Experten – vielleicht zu Chemielehrkräften, Chemielaboranten, Pharmazeuten, Chemietechnikern usw. – weiterentwickelt haben? Wie haben sie die Wissenschaft erlernt, verstanden und sich zu Eigen gemacht, und vor allem: Warum? Das zentrale Anliegen dieser Arbeit ist es deshalb zu beleuchten, welchen Beitrag der Chemieunterricht in der Schule zur Entwicklung fachlicher Kompetenz und persönlicher Identität der Jugendlichen leistet.

Eine Gelegenheit dieser Frage nachzugehen ergab sich im Rahmen der wissenschaftlichen Begleitung eines Schulentwicklungsprojektes an einer Hamburger Gesamtschule, das durch eine neue Unterrichtskonzeption für die neunten und zehnten Klassen sowohl das fachliche wie auch das außerfachliche Lernen der Jugendlichen befördern sollte. Die Arbeit leistet einen Beitrag zur Unterrichtsforschung, indem sie diese neue Unterrichtskonzeption und ihre Umsetzung beschreibt und ihre Wirksamkeit bezüglich der erwarteten Effekte überprüft.

Darüber hinaus wird ein Beitrag zur Fachdidaktik geleistet, da nachgezeichnet wird, ob und wie Lernende der Sekundarstufe I im Fach Chemie chemische Fachkompetenz erwerben. Die „Profilklassen“ bieten dafür ein ideales Forschungsfeld, weil die Unterrichtskonzeption viele Forderungen der Fachdidaktiker nach fächerübergreifendem und handlungsorientiertem Lernen aufgreift.

Nicht zuletzt ist sie eine bildungsgangdidaktische Arbeit, die den Fokus auf das Subjekt und seinen individuellen Bildungsgang richtet, um gelingende oder misslingende Bildungsprozesse in der Wechselbeziehung zwischen objektiven Bildungsangeboten und subjektiven Entwicklungszielen zu beleuchten.

Auch für diese Forschungsfragen ist die „Profilbildung“ besonders geeignet, weil sie den Jugendlichen die Möglichkeit einer probeweisen Spezialisierung gemäß ihren Neigungen ermöglicht und ihnen eine größere Rolle im Lehr-Lernprozess einräumt.

Das erste Kapitel gibt einen Überblick über den Stand der Forschung an den Stellen, an denen diese Arbeit anknüpft.

Dafür wird zunächst der Chemieunterricht in Deutschland und seine Wirkung bezüglich des Erwerbs chemischer Fachkompetenz dargestellt. Dabei wird vor allem der Stellenwert der Evaluation von Schul- und Unterrichtsversuchen deutlich gemacht.

Neben der Skizzierung des objektiven Bildungsangebots im Chemieunterricht werden Erkenntnisse über subjektive Faktoren des Lernens zusammengestellt. Dazu sind vor allem Befunde aus der Interessenforschung und Selbstkonzeptforschung von Wichtigkeit, um einen Einblick zu bekommen, wie Lernen und Identitätsbildung zusammenhängen. Es wird die Notwendigkeit einer Forschungsperspektive aufgezeigt, die nicht nur entweder das Bildungsangebot oder die Adressaten untersucht, sondern gleichzeitig den objektiven Bildungsgang und die subjektiven Entwicklungsziele der Lernenden betrachtet und ihre Wechselwirkungen aufzeigt.

Das zweite Kapitel stellt das Paradigma der Bildungsgangforschung vor, das diese Sicht von Lehr-Lernprozesse möglich macht, indem sie die Lernenden und ihre Bildungsbemühungen in den Mittelpunkt ihrer Betrachtungen stellt. Damit eröffnet sich die Möglichkeit nicht nur zu prüfen, was Jugendliche lernen, sondern zu beleuchten, warum Jugendliche lernen, wie es ihnen gelingt, einen Sinn im Lernangebot zu finden, wie sie als Personen in der Auseinandersetzung mit einer Lernaufgabe gleichzeitig Kompetenz und Identität erwerben, sich bilden. Ziel der Bildungsgangforschung ist es also zu erfassen, welche individuellen, institutionellen und gesellschaftlichen Strukturen diese Bildungsprozesse in der Praxis steuern.

Der Stand der Forschung auf dem Gebiet der Bildungsgangforschung wird dabei durch die vorliegende Arbeit erstmals um die Perspektiven der Sekundarstufe I erweitert, und es werden Möglichkeiten für die didaktische Umsetzung dieser Forschungsperspektive und ihrer bisherigen Befunde aufgezeigt.

Im dritten Kapitel wird der Schulversuch beschrieben, um das Forschungsfeld vorzustellen. Es wird begründet, welche Erwartungen aus Sicht der Schule einerseits und der Bildungsgangdidaktik bzw. der Fachdidaktik andererseits an diese Unterrichtskonzeption gestellt werden.

Hieraus werden Fragestellungen entwickelt, die für die Evaluation des innovativen Unterrichtskonzepts von Bedeutung sind, um die Wirksamkeit und Qualität von Unterrichtsentwicklung zu dokumentieren. Dabei werden sowohl fachliche wie auch außerfachliche Wirkungen des Schulversuchs in den Blick genommen.

Außerdem werden eigene Forschungsfragen aufgeworfen, die einen Einblick geben sollen, warum die Kompetenzentwicklung im Fach Chemie bei einigen Jugendlichen gelingt, bei anderen nicht.

Dazu soll einerseits aus einer fachdidaktischen Perspektive geprüft werden, welche Theorien die Lernenden bereits über chemische Phänomene gebildet haben und auf welchen Wegen sie diese Lernertheorien weiterentwickeln.
Es wird außerdem untersucht, ob es eine Entwicklungslogik in den naturwissenschaftlichen Konzepten der Lernenden gibt, in der sie ihre Alltagstheorien denen der Fachwissenschaft Chemie annähern. Dies könnte nicht nur die Lehrer-Schüler-Kommunikation verbessern, sondern auch für curriculare Überlegungen eine Rolle spielen.

Andererseits sollen aus einer bildungsgangdidaktischen Sicht heraus diese Lern-(fort-)schritte mit den Erwartungen der Jugendlichen an ihr Chemielernen zusammen angeschaut werden, um der Frage nachzuspüren, was die Schülerinnen und Schüler lernen wollen. An der Schnittstelle zwischen schulischen Anforderungen und persönlicher Entwicklung der Jugendlichen soll nach Entwicklungsaufgaben gesucht werden, für deren Bearbeitung das Fach Chemie den Jugendlichen hilfreiche Lernangebote machen kann, um die Kompetenzentwicklung zu fördern.

Das vierte Kapitel enthält die Methoden und Befunde der empirischen Untersuchungen zum Kompetenzerwerb im Fach Chemie. Das Forschungsdesign umfasst fünf verschiedene Herangehensweisen bzw. Methoden: Unterrichtsbeobachtungen, einen standardisierten naturwissenschaftlichen Wissenstest, standardisierte Fragebogen zur Schülerpersönlichkeit, Evaluationsaufgaben und Schülerinterviews.

Das Kapitel 4.1 beschreibt die Lernbedingungen, unter denen die Jugendlichen Chemie lernen. Die Grundlage hierfür bilden Unterrichtsbeobachtungen, die über ein Jahr in einer Klasse mit naturwissenschaftlichem Arbeitsschwerpunkt durchgeführt wurden. Sie beleuchten, wie der geplante Schulversuch in die Praxis umgesetzt wurde und welche Potenziale der Unterrichtskonzeption dabei von Lehrenden und Lernenden genutzt werden konnten. Dabei werden wichtige Faktoren aufgezeigt, die bei der Durchführung von handlungsorientierten Unterrichtskonzepten zu berücksichtigen sind.

In Kapitel 4.2 werden die Ergebnisse eines standardisierten Tests zum naturwissenschaftlichen Wissen vorgestellt und die Frage beantwortet, ob die Lernbedingungen im Schulversuch „Profilklassen“ Einfluss auf das fachliche Lernen nehmen. Dazu werden die Testergebnisse der Profilschule den Befunden aus zwei Vergleichsgesamtschulen mit herkömmlicher Unterrichtsorganisation in Hamburg gegenübergestellt und die Entwicklung des naturwissenschaftlichen Wissens über den Zeitraum von zwei Schuljahren bei über zweihundert Jugendlichen dokumentiert.

Die Ergebnisse der Befragung derselben Jugendlichen zu Teilen ihres persönlichen Selbstkonzepts werden in Kapitel 4.3 dargestellt.

Mit einem standardisierten Fragebogen zur Schülerpersönlichkeit konnten die außerfachlichen Wirkungen des Schulversuchs auf Teile des Selbstkonzepts der Jugendlichen überprüft werden. Dabei werden nicht nur die von der Profilschule erhofften Wirkungen des Schulversuchs bezüglich der Stärkung der Schülerpersönlichkeit und des sozialen Lernens überprüft, sondern auch die wichtige fachdidaktische Frage geklärt, inwieweit das Fähigkeitsselbstkonzept durch diese oder ähnliche Unterrichtskonzeptionen gestärkt werden kann. Darüber hinaus werden die Ergebnisse der Leistungsentwicklung im naturwissenschaftlichen Wissenstest mit den Daten dieser Schülerbefragung zusammengebracht und so Zusammenhänge zwischen Wissensentwicklung und Persönlichkeitsentwicklung dargestellt.

Kapitel 4.4 vertieft die Untersuchung der Kompetenzentwicklung der Lernenden im Fach Chemie, die mit dem geschilderten klassischen Leistungstest nicht hinreichend erfasst werden kann. Deshalb wird die Entwicklung der Fachkompetenz von vierzehn Schülerinnen und Schülern in der naturwissenschaftlichen Klasse an der Profilschule dokumentiert.

Dabei kommt die Methode der Evaluationsaufgabe zum Einsatz, die geeignet ist, die Theorien der Lernenden über grundlegende chemische Konzepte sichtbar zu machen. Neben der Aufklärung des Verlaufs des fachlichen Lernens werden außerdem Interessen im Verhältnis Schüler-Stoff herausgefiltert, die die Bearbeitung von fachlichen Entwicklungsaufgaben fördern.

Das theoretisch entwickelte und empirisch überprüfte Raster zur Einschätzung der Kompetenzniveaus der Lernenden ermöglicht es darüber hinaus, die Vorstellungen der Lernenden zu grundlegenden chemischen Konzepten als konsistente Lernertheorien deuten zu können und leistet deshalb auch einen Beitrag für die Unterrichtspraxis.

Die Ergebnisse der Schülerinterviews werden im Kapitel 4.5 vorgestellt. Die Interessen und Erwartungen der Jugendlichen an ihr Lernen im Fach Chemie geben Auskunft über ihre Einstellungen zum Fach und zeigen, wie sie ihre fachliche Kompetenz nutzen können und wollen. Sie geben wichtige Anhaltspunkte dafür, welche subjektiv bedeutsamen Faktoren die Erweiterung oder Stagnation der chemischen Kompetenz moderieren, da die Zusammenhänge oder Widersprüche zwischen dem objektiven Lernangebot im Fach Chemie und den subjektiven Entwicklungszielen der lernenden Jugendlichen sichtbar werden. Es wird gezeigt, welche Themen die Jugendlichen beschäftigen, wo es Berührungspunkte des Lernens im Fach Chemie mit den Entwicklungszielen der Jugendlichen gibt, und wo das Lernangebot des Fachs an den Bildungsbemühungen der Jugendlichen vorbeigeht. Die Befunde zeigen, wo Lernangebote von den Lernenden als hilfreich empfunden werden und leisten damit – nicht nur im Schulversuch „Profilklassen" – einen Beitrag zur Curriculumentwicklung. Das Konzept der Entwicklungsaufgabe ermöglicht dabei einen verallgemeinerungsfähigen Kanon von Lernaufgaben, ohne die individuellen Ziele der Lernenden zu übergehen.

Im fünften Kapitel werden die empirischen Ergebnisse verdichtet, indem für vier ausgewählte Jugendliche ausführliche Lernerbiografien erstellt werden, die nicht nur ihre Kompetenzentwicklung im Fach Chemie über zwei Schuljahre illustrieren, sondern diese auch zu ihren persönlichen Zielen in Beziehung setzen. So werden typische Merkmale für gelingende oder misslingende Bildungsprozesse im Spannungsfeld von Bildungsangebot der Schule und Bildungszielen der Lernenden aufgezeigt.

Dadurch wird gezeigt, dass Kompetenzentwicklung nur gelingen kann, wenn die Identitätsbildung nicht von den schulischen Anforderungen abgespalten werden muss, sondern wenn das Lernangebot als hilfreich für die Bewältigung der persönlichen Entwicklung empfunden werden kann.

1 Bisherige Befunde zum Chemielernen

Wie in der Einleitung erwähnt, evaluiert diese Arbeit Teile eines Schulentwicklungsprojekts, was es erforderlich macht, die Befunde zu Zielen, Inhalten und Wirkungen des Chemieunterrichts zu kennen. Für den fachdidaktischen Teil der Arbeit sind Ergebnisse aus den Bereichen kognitive Entwicklung und Lernen, vor allem in den Naturwissenschaften, zu berücksichtigen. Als lernbiografische Studie ist es notwendig, das lernende Subjekt in den Mittelpunkt zu stellen. Dafür sind vor allem Ergebnisse aus der Interessenforschung und Selbstkonzeptforschung von Bedeutung. Die Abbildung soll die Einordnung der Arbeit in bisherige Forschungen und die Struktur dieses Kapitels deutlich machen.

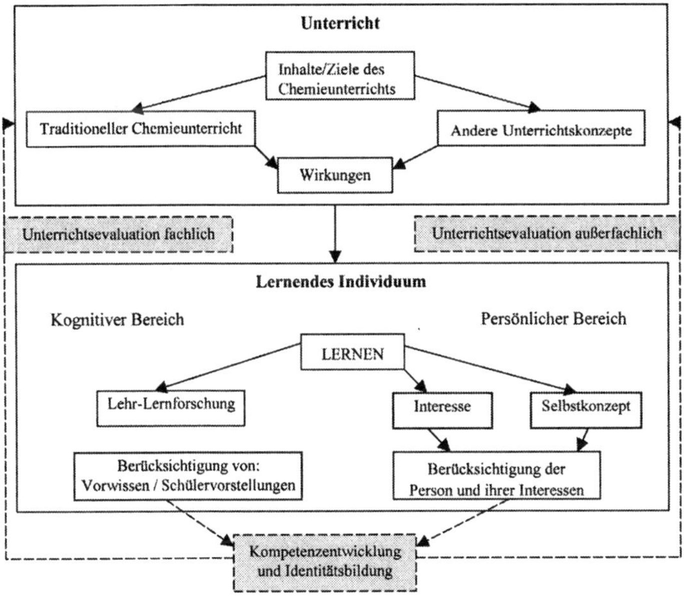

Abb. 1.1: Einordnung der vorliegenden Arbeit in bisherige Forschungen

1.1 Der Unterricht

1.1.1 Inhalte des Chemieunterrichts

Der Chemieunterricht wird fachdidaktisch seit den Curriculumreformen in den 70er Jahren in seinen Zielen und Inhalten an den Fachwissenschaften orientiert. Naturwissenschaftlich gebildete Bürger sollten die ökonomisch-technische Entwicklung des Landes sichern.

Als inhaltlich besonders wesentlich wurden die Diskontinuumsvorstellung der Materie, die Atomvorstellungen und -modelle angesehen. Umstritten war dabei nur, wann welches Modell mit welchen Methoden eingeführt werden sollte. Die Diskussion ist heute weitgehend beendet, und für die Sekundarstufe I hat sich in den einzelnen Bundesländern und Schultypen ein Kernbestand an Themen herausgebildet, die sogar in ihrer Abfolge weitgehend identisch sind (HÄUßLER et al. 1998: 30). Sie gehen zurück auf die Empfehlungen des Vereins zur Förderung des mathematischen und naturwissenschaftlichen Unterrichts (MNU), der diesen Kernbestand in sechs *Problemfelder* eingeteilt hat, deren Abfolge von einer *inneren Logik der Sache* bestimmt wird (MNU 1984: 163). 1994 wurde die Gültigkeit dieser Problemfelder vom Förderverein MNU (MNU 1994) nochmals bekräftigt.

Empfehlungen MNU 1984 und 1994	**Empfehlungen MNU 2000**
Stoffe und Reaktionen aus Kontinuumssicht.	Stoffe, Eigenschaften und Stoffgruppen.
Erste Deutungen der chemischen Reaktionen aus der Sicht des Kontinuums.	Arbeitsweisen der Chemie.
Chemische Symbole zur Beschreibung von Stoffen und Reaktionen aus Diskontinuumssicht.	Teilchen zwischen Vorstellung und Realität; erste differenzierte Atom- und Bindungsmodelle.
Systematisieren von Stoffen und Reaktionen.	Erkennen von Ordnungsprinzipien für Stoffe und Reaktionen.
Alkalimetalle, Erdalkalimetalle und Halogene – drei Elementgruppen.	Struktur und Eigenschaften.
Differenzierte Deutung von Reaktionsabläufen und Teilchenstrukturen.	Chemische Reaktion: Veränderungen auf Stoff- und Teilchenebene, Formelsprache, energetischer und zeitlicher Verlauf.

Auch in den neuesten Empfehlungen des Vereins (MNU 2000) finden sich die *fachlichen Leitlinien* wieder, wenngleich darauf verwiesen wird, dass die Gliederungsprinzipien der Fachwissenschaft nicht für den Chemieunterricht übernommen werden können.

Die Problemfelder und ihre sachlogische Abfolge in Verbindung mit der Schulbuchentwicklung stellen für viele Chemielehrkräfte bis heute den Rahmen für ihren Unterricht dar. Durch ihre Voraussetzungsgebundenheit sind kaum Variationen möglich, was erklärt, warum die Inhalte in den Schulformen der Länder sich sehr ähnlich sind (SCHLEIP 1994).

Deshalb finden sich auch im Hamburger Chemie-Lehrplan für die Sekundarstufe I der Gesamtschule die genannten Inhalte wieder (BEHÖRDE FÜR SCHULE 1991), die mit geringen Modifikationen auch im gegenwärtig diskutierten Entwurf des Rahmenplans Chemie Sekundarstufe I enthalten sind:[1]

<table>
<tr><th>Gültiger Lehrplan Chemie</th><th>Neuer Rahmenplan Chemie (Entwurf)</th></tr>
<tr><td>Jahrgang 8:</td><td rowspan="9">1.Vermittlung von Kenntnissen über
- Modellvorstellungen, um Zusammenhänge zwischen Eigenschaften und Aufbau von Stoffen zu erfassen,
- den Aufbau der Materie und die damit in Zusammenhang stehenden Gesetzmäßigkeiten,
- Bedingungen, die zu stofflichen Veränderungen führen,
- Nutzung von Stoffen in Alltag und Technik,
- Einbindung von Stoffen in das Kreislaufgeschehen der Ökosphäre.</td></tr>
<tr><td>1) Einführung in den Chemieunterricht</td></tr>
<tr><td>2) Stoffe, Stoffeigenschaften und Stoffänderungen</td></tr>
<tr><td>a) Eigenschaften von Stoffen</td></tr>
<tr><td>b) Stoffe bestehen aus kleinsten Teilchen</td></tr>
<tr><td>c) Stoffgemische und Reinstoffe</td></tr>
<tr><td>d) Chemische Reaktion</td></tr>
<tr><td>3) Brandschutz, Luft und Luftverschmutzung</td></tr>
<tr><td>4) Wasser</td></tr>
<tr><td>Jahrgang 9:</td><td rowspan="3">2. Die Anwendung ausgewählter Arbeitsmethoden auf einfache chemische Problemstellungen im Demonstrations- und Schülerexperiment.</td></tr>
<tr><td>5) Vom Aufbau der Atome und Moleküle</td></tr>
<tr><td>6) Energieträger</td></tr>
<tr><td>7) Kohlenhydrate und Alkohole</td><td rowspan="4">3. Das Wecken und Festigen des Sicherheitsbewusstseins beim Umgang mit Chemikalien und Geräten im Labor und im Alltag.</td></tr>
<tr><td></td></tr>
<tr><td>Jahrgang 10:</td></tr>
<tr><td>8) Säuren – Laugen – Salze</td></tr>
<tr><td>9) Redoxreaktionen im Alltag</td><td rowspan="2">4. Das Umsetzen von chemischen Sachverhalten in die chemische Fachsprache.</td></tr>
<tr><td>10) Wahlthema für Kurs II</td></tr>
</table>

1 http://www.erzwiss.uni-hamburg.de/Personal/Schenk/Rahmenpläne/Chemie2.htm

Es lassen sich in allen Plänen und Vorschlägen drei grundsätzliche Themenkomplexe feststellen, die im Chemieunterricht vermittelt werden sollen: Stoffe und ihre Eigenschaften, chemische Reaktionen und Teilchenvorstellungen und -modelle.

Diese drei wichtigen Grundkonzepte der Chemie werden deshalb im empirischen Teil dieser Arbeit das Grundgerüst für die Kompetenzuntersuchungen bei den Lernenden bilden.

1.1.2 Ziele des Chemieunterrichts

Obwohl also die fachlichen Inhalte relativ unumstritten zu sein scheinen, besteht über die Ziele eines zeitgemäßen, allgemein bildenden Chemieunterrichts kein Konsens. HÄUßLER et al. (1998: 33-36) nennen drei wesentliche Positionen:

a) Ziel sind ausschließlich die Fachinhalte (Abbilddidaktik)

Das Ziel eines an der Fachwissenschaft orientierten Chemieunterrichts ist die Vermittlung von Fachinhalten. Diese Fachinhalte stehen im Zentrum des Unterrichts, während außerfachlichen, anwendungsbezogenen oder gesellschaftlich relevanten Aspekten nur eine Rolle als Motivationshilfe zugewiesen wird.

Diese Zielsetzung, die alleinige Konzentration auf die Fachinhalte, wird in dieser Deutlichkeit in der Fachdidaktik nicht mehr ernsthaft vertreten. Allein durch den rasanten Fortschritt der Wissenschaft Chemie würde sich der Chemieunterricht durch den beschriebenen Ansatz in immer weitere Einzelheiten und fachliche Spezialitäten verlieren, ohne tatsächlich mit der Fachwissenschaft Schritt halten zu können. Außerdem kämen komplexe Zusammenhänge und Situationen in der aktuellen und zukünftig zu bewältigenden Lebenswelt der Schüler dabei zwangsläufig zu kurz.

b) Ziel ist „naturwissenschaftlich-technisches Einsichtengefüge“

Bei diesem Ansatz bleiben die Fachinhalte Fundament des Unterrichts. Sie orientieren sich weiterhin an naturwissenschaftsimmanenten Strukturen, aber nicht als Selbstzweck, sondern als Basis zur Vermittlung von überfachlichen Zielen. Das fachliche Lernen soll von den Lernenden als hilfreich für ihre Lebensbewältigung erkannt werden.

Diese Position spiegelt laut HÄUßLER et al. (1998: 34) die derzeit gängige Vorstellung vom Chemieunterricht in den Lehrplänen, den Schulbüchern und der fachdidaktischen Literatur wider und scheint auch von den Lehrkräften in der Praxis vertreten zu werden.

Auch die neuesten Empfehlungen des Fördervereins des mathematischen und naturwissenschaftlichen Unterrichts gehen in diese Richtung. Neben der weitgehenden Bestätigung der zu unterrichtenden fachlichen Inhalte sollen diese mit so genannten „Erschließungsbereichen“ verknüpft werden (MNU 2000). Es werden fünf Bereiche genannt:

- Schüler/Schülerin
- Technik
- Natur/Umwelt
- Alltag/Lebenswelt
- Fachwissenschaft Chemie

c) Ziel ist Handlungs- und Entscheidungsfähigkeit in der Welt

Dieser Ansatz orientiert sich an pädagogisch begründeten Festlegungen. Die fachlichen Inhalte haben hier die Funktion eines Werkzeugs, um Aufgaben verstehen zu können und handlungsfähig zu werden. Die Aufgaben ergeben sich aus Themen mit Bezügen zum Alltag, zur Umwelt oder zu der gesellschaftlichen Bedeutung von Chemie. Es gibt keine feste Abfolge von Fachinhalten mehr. Handlungs- und Entscheidungsfähigkeit zu erreichen, ist hier ein wichtigeres Ziel als das fachliche Lernen. Diese Position ist laut HÄUßLER et al. (1998: 36) in Deutschland noch relativ unbekannt.

Die Bemühungen Ansätze zu entwickeln, um den Chemieunterricht neu zu strukturieren und den (Allgemein-)Bildungsauftrag erfüllen zu können, kann man in der Bundesrepublik grob in zwei Richtungen aufteilen: Entweder wird versucht, die Fachwissenschaft an außerfachliche Systeme anzunähern (Gesellschafts-, Alltags- und Umweltbezug) oder auf der Ebene der Fachdisziplinen in ein fächerübergreifendes Konzept einzubinden. Dazwischen gibt es vielfältige Entwürfe, oder beide Integrationsversuche der Fachinhalte treten gemeinsam mit unterschiedlicher Schwerpunktsetzung auf.

Allen diesen Konzepten gemeinsam ist, dass die Öffnung verschiedener fachlicher Perspektiven auf die Welt bzw. eine Alltagsorientierung für die Lernenden sinnstiftend wirken soll, da diese im fachsystematischen Lernen offensichtlich nur selten einen Sinn erkennen können.[2] Der Hinweis auf Dinge aus der außerschulischen Welt der Jugendlichen, die in der Wissenschaft *scheinbar* zur Sprache kommen, soll die Motivation und damit den Lernerfolg der Schüler erhöhen. Dabei wird nicht beachtet, dass naturwissenschaftliche Phänomene nicht die Realität sein können, sondern eine theoriegeleitete Rekonstruktion der tatsächlich existierenden Dinge oder Sachverhalte sind (SCHENK 1984a).

Die Kunst, die fachlichen Inhalte so darzubieten, dass sie von den Lernenden als hilfreich für ihre eigenen Lebensperspektiven gedeutet werden

2 Siehe: Wirkungen des Chemieunterrichts 1.1.3 bzw. Interesse an naturwissenschaftlichem Unterricht 1.2.

können, liegt zwischen zwei Gefahren: dass sich ein (scheinbarer) Alltagsbezug wieder nur auf ein dünnes Motivationsmäntelchen für die Fachwissenschaft reduziert, oder vom Paradigma der Fachwissenschaft nichts übrig bleibt als eine anwendungsfixierte „Küchenchemie".

Für zukünftige Unterrichtskonzepte scheinen daher weniger Methoden gefragt zu sein, die versuchen, die Lernenden der Fachsystematik anzupassen, sondern vielmehr eine Theorie, die hilft, diejenigen fachlichen Inhalte zu finden, die es den Lernenden ermöglichen, Sinn im Lernen chemischer Inhalte zu finden.

1.1.3 Wirkungen des Chemieunterrichts

1.1.3.1 Wirkungen des traditionellen Fachunterrichts

Nach HÄUßLER et al. (1998: 34) scheint der in Deutschland vorherrschende Chemieunterricht ein an der Fachwissenschaft orientierter Ansatz zu sein, der die Anbindung der fachlichen Inhalte an überfachliche Ziele anstrebt, wie er unter 1.1.2.b) beschrieben wurde. Diese Aussage wird an den derzeit gängigen Lehrplänen, Schulbüchern und fachdidaktischen Veröffentlichungen festgemacht. Auch die publizierten Unterrichtsbeispiele scheinen darauf hinzuweisen, dass der genannte Ansatz derzeit in der Praxis des Chemieunterrichts gängig ist.

Wie dieser Unterricht auf die meisten Jugendlichen wirkt, kann man daraus schließen, dass die Fächer Chemie und Physik bei den meisten Schülerinnen und Schüler unbeliebt sind, Physik- und Chemiekurse abgewählt werden, sobald dies möglich ist, und die meisten Inhalte des Unterrichts schon nach kurzer Zeit vergessen werden. In jedem didaktischen Werk finden sich Dutzende von Literaturstellen, die die missliche Lage des Chemieunterrichts in Bezug auf seine Wirksamkeit belegen (z.B. STÄUDEL/KREMER 1993, BECKER 1994: 63-65).

Auf die geringe Beliebtheit des Chemieunterrichts wird in Kapitel 1.2 eingegangen. Neuere Ergebnisse über nur mäßige Leistungen von Jugendlichen beim Lösen von Aufgaben aus dem Bereich der Naturwissenschaften werden als Hinweis auf die mangelnde Wirksamkeit von naturwissenschaftlichem Unterricht diskutiert.

Solche Ergebnisse haben sich besonders in einer internationalen Schulleistungsstudie gezeigt, die in 45 Staaten von der IEA (International Association for the Evaluation of Educational Achievement) in den Jahrgängen 7 und 8 durchgeführt wurde. Diese als TIMSS II (Third International Mathematics and Science Study) bekannte Studie wurde in Deutschland vom Max-Planck-Institut für Bildungsforschung durchgeführt und ausgewertet (BAUMERT/LEHMANN et al. 1997). 1994 und 1995 wurde die Längsschnittstudie der mathematisch-naturwissenschaftlichen Fachleistungen jeweils am Ende der siebten und achten Klassen (Population 2) in fünfzehn Bundesländern durchgeführt.

Im internationalen Vergleich lagen die naturwissenschaftlichen Leistungen der deutschen Schülerinnen und Schüler in einem breiten Mittelfeld. Das Niveau des Wissens, das in dieser mittleren Leistungsgruppe der Population vorhanden ist, beschreiben die Untersucher als „*naturwissenschaftliches Alltagswissen, das noch kaum aus spezifischen Erwerbskontexten gelöst werden kann*“ (BAUMERT/LEHMANN et al. 1997: 57). Die Leistungszuwächse von Klasse 7 nach Klasse 8 liegen in Deutschland noch unter dem internationalen Durchschnitt.

Innerhalb Deutschlands ist die Leistungsheterogenität im internationalen Vergleich außergewöhnlich hoch. Die Leistungsunterschiede zwischen den Schulformen sind dagegen eher gering, was die Untersucher auf eine geringe Standardisierung (trotz relativer inhaltlicher Konformität!) des naturwissenschaftlichen Unterrichts über Schulen, Schulformen und Bundesländer hinweg zurückführen.

Innerhalb der Schulformen zeigte sich in der Untersuchung eine große Leistungsheterogenität wie auch eine große Streubreite zwischen den Bundesländern.

Leistungsunterschiede der Geschlechter in den Naturwissenschaften (vor allem Physik und Chemie) sind laut TIMSS nachweisbar, haben sich aber gegenüber vorausgegangenen Untersuchungen konstant zurückentwickelt.

Die Untersucher stellen fest, dass eine Diskrepanz besteht zwischen Kompetenzen, die im naturwissenschaftlichen Unterricht angestrebt werden, und dem, was die Schülerinnen und Schüler dann an Leistung zeigen. Defizite wurden durch die Studie vor allem beim konzeptuellen Verständnis und dem Verständnis naturwissenschaftlicher Arbeitsweisen festgestellt.

Die Leistungen in Chemie unterscheiden sich zwischen den verschiedenen Schulformen sehr wenig, dafür sind sie innerhalb der verschiedenen Schulformen besonders heterogen.

Im Fach Chemie fanden die Untersucher die größte Diskrepanz zwischen Alltagswissen und fachlich-konzeptuellem Verständnis. Sie postulieren für Biologie und Physik einen eher gleitenden Übergang zwischen Alltags- und Konzeptwissen, während in Chemie ein abrupter Sprung erfolge.

Die vorliegende Arbeit greift diese interessanten Ergebnisse auf und versucht Lernprozesse im Schulfach Chemie durch qualitative Forschungsmethoden genauer zu beleuchten, um Anhaltspunkte dafür zu bekommen, wie sich im Fach Chemie die Alltagstheorien der Lernenden den gängigen wissenschaftlichen Theorien annähern.

1.1.3.2 Wirkungen spezieller Unterrichtskonzeptionen

Über die zahlreichen, meist praxisbegründeten Ansätze, die sich in Inhalt oder Organisationsform vom traditionellen Chemieunterricht unterscheiden, gibt es nur wenige empirischen Untersuchungen bezüglich ihrer Effekte.

Handlungsorientierte Ansätze erfreuen sich großer Beliebtheit und sind in der Literatur mit vielen methodischen Handreichungen vertreten (z.B. GUDJONS 1997, BASTIAN/GUDJONS 1998). Empirische Untersuchungen über die Wirksamkeit der projektmethodischen Ansätze sind mir aber nicht bekannt.

Auch für die fächerübergreifenden Unterrichtskonzeptionen werden aus diesem Grund nur einige aufgeführt, deren Wirkungen empirisch überprüft wurde.

a) Fächerübergreifender Unterricht an Gesamtschulen

An der Gesamtschule gab es von Beginn an die Absicht, in der Sekundarstufe I eine gemeinsame naturwissenschaftliche Grundbildung zu vermitteln. Der fächerübergreifende Naturwissenschaftsunterricht sei bis heute ein Schwerpunkt in den Gesamtschulen geblieben (HÄUßLER et al. 1998: 60). Die Forschungsergebnisse zum naturwissenschaftlichen Unterricht an den Gesamtschulen seien aber spärlich und uneinheitlich und ließen keine gravierenden Unterschiede im Fachwissen bei den Lernenden aus Klassen mit herkömmlichem bzw. fächerübergreifendem Unterricht erkennen. Auch FISCHLER (1994: 216) schreibt: „*Erfolge oder Misserfolge des naturwissenschaftlichen Unterrichts an Gesamtschulen lassen sich – empirisch abgesichert – nicht angeben*". Es zeigten sich größere Unterschiede zwischen einzelnen Gesamtschulen als zwischen den verschiedenen Schulen. Die TIMS-Studie kann Leistungsunterschiede zwischen den Bundesländern ebenfalls nicht an Unterschieden zwischen Gesamtschulen und Schulen des gegliederten Schulsystems festmachen.

b) Ungefächerter naturwissenschaftlicher Unterricht: Mensch-Natur-Beziehung

Als Beispiel ist hier das Unterrichtskonzept PING (Praxis integrierte naturwissenschaftliche Grundbildung) zu nennen, dessen Ziel es ist, naturwissenschaftliches Grundwissen in den Lebens- und Bildungszusammenhang der Jugendlichen einzuordnen, um bei diesen menschengerechtes und umweltverträgliches Handeln zu fördern. Bildungsinhalt und Mittelpunkt der Bemühungen ist für PING das Verhältnis von Mensch und Natur.

1993 wurde PING als BLK-Modellversuch in Rheinland-Pfalz eingeführt und 1995 evaluiert (HANSEN/KLINGER 1998). In einer vergleichenden Untersuchung wurden Daten zu Unterrichtsklima, Selbstkonzept und Interesse erhoben.

Dabei ergab sich, dass das Unterrichtsklima, das naturwissenschaftliche Fähigkeitsselbstkonzept und das Interesse der Schülerinnen und Schüler positiver waren als an den Vergleichsschulen mit gefächertem Unterricht.

Die Untersucher führen diese Befunde vor allem auf die didaktisch-methodischen Anstrengungen der motivierten Lehrkräfte zurück. Ob durch PING auch das fachliche Lernen verbessert wurde, wurde nicht explizit untersucht. Es gibt aber Hinweise darauf, dass keine besondere Steigerung des fachlichen Wissens zu verzeichnen ist. Aufgaben, die die Lösung von Alltagsproblemen (z.B. Jahresabrechnung Warmwasser, Auffinden eines Igels im Spätherbst) verlangten, wurden nur von einem sehr kleinen Teil der Untersuchten mittels naturwissenschaftlicher Kenntnisse und Argumentationen gelöst.

Auch eine Untersuchung von MIE (1999) bescheinigt in einer Pilotstudie mit 64 Kindern der achten Jahrgangsstufe Gesamtschule in Schleswig-Holstein nach PING unterrichteten Schülerinnen und Schülern kein höheres Niveau an Fachkenntnissen als denjenigen, die in gefächertem Unterricht unterrichtet wurden.

c) Fächerübergreifender Unterricht: Wechselbeziehungen zwischen Naturwissenschaft, Technik und Gesellschaft

Der Ansatz STS (Science-Technology-Society) ist in den 80er Jahren in den USA mit dem Ziel entstanden, naturwissenschaftlich gebildete Bürger zu erziehen. Schwerpunkt ist die Thematisierung der gegenseitigen Beeinflussung von Technologie und Gesellschaft. Methodisch liegt der Schwerpunkt auf der größtmöglichen Selbständigkeit der Schüler.

AIKENHEAD (1994) berichtet über Untersuchungen zu Wirkungen von STS-Unterricht im Vergleich mit traditionellem Naturwissenschaftsunterricht, die viele positive Aspekte des STS-Unterrichts zeigen. Was die fachlichen Inhalte betrifft, so beherrschten die STS-Schülerinnen und Schüler naturwissenschaftliche Arbeitstechniken zwei- bis dreimal besser (BINADJA, 1992 nach AIKENHEAD). Die traditionellen naturwissenschaftlichen Lerninhalte würden von den STS-Lernenden ebenso gut oder etwas besser beherrscht (MEYERS, 1992 nach AIKENHEAD).

AIKENHEAD (1994) berichtet weiter von Evaluationen aus Projekten, die ebenfalls von einem STS-Ansatz ausgehen, und zeigen, dass das fachliche Lernen durch diese Unterrichtskonzepte nicht leidet; dass im Gegenteil zusätzliche Fähigkeiten oder Einsichten erworben werden. Über eine deutliche Verbesserung des fachlichen Lernens wird nicht berichtet.

DAHNKE (1997, 1998, 1999) und BEHREND (1997, 1998, 1999) untersuchten die Frage, ob der STS-Unterricht sein Postulat einlöst, die Schülerinnen und Schüler in besonderer Weise handlungsfähig zu machen. Die vergleichenden Untersuchungen wurden an drei neunten Realschulklassen in Schleswig-Holstein durchgeführt.

Dabei zeigte die nach STS unterrichtete Klasse einen größeren Zuwachs bei den Begriffen aus der Fachsprache und konnte diese Begriffe besser in „concept maps“ miteinander verknüpfen.

Eine Zunahme der Handlungskompetenz führen DAHNKE/BEHREND nicht zwingend auf den STS-Unterricht zurück:
Übungseffekte aus vorangegangenem Handeln (z.B. in einer Computersimulation) waren wichtiger für erfolgreiches Handeln als deklaratives Wissen.

Der traditionelle naturwissenschaftliche Unterricht, darunter auch der Chemieunterricht, erreicht nicht die gewünschten Ziele. Sowohl die Leistungen wie auch die Lernmotivation der Schülerinnen und Schüler entsprechen nicht den Erwartungen, die an den naturwissenschaftlichen Unterricht gestellt werden.

Die verschiedenen Reformprojekte sind bezüglich ihrer Wirkungen kaum empirisch untersucht. Die wenigen untersuchten Unterrichtskonzeptionen zu fächerübergreifenden Ansätzen zeigen, dass sie positive Wirkungen auf die Lernmotivation der Jugendlichen haben können. Allerdings weisen die Befunde darauf hin, dass dies vor allem an methodisch-didaktischen Faktoren liegt, die nicht zwangsläufig an einen fächerübergreifenden Unterricht gebunden sind. Was die spärlichen Befunde bezüglich des fachlichen Lernens angeht, so scheint dies durch fächerübergreifende Ansätze nicht in besonderer Weise gefördert zu werden.

Möglicherweise sind die Ergebnisse darauf zurückzuführen, dass als wichtig erachtete, tradierte Fachinhalte durch die verschiedenen methodischen Ansätze an Interessantheit gewinnen sollen, dabei aber kaum formuliert wird, was für die Lernenden den Lernanreiz genau ausmachen soll. Die Auswahl der Themen, welche die Lernenden dazu bringen sollen, sich mit Chemie zu beschäftigen, wird zum größten Teil intuitiv, zu einem kleinen Teil empirisch und in seltenen Fällen überhaupt nicht mit einer Theorie begründet.

Die vorliegende Arbeit versucht zum einen dazu beizutragen, die empirische Lücke in der Evaluation von Unterrichtsentwicklungen etwas zu füllen, indem sie die Wirkung eines Reformprojekts mit fächerübergreifenden und handlungsorientierten Anteilen bezüglich des fachlichen Lernens in Chemie untersucht. Zum anderen wird versucht eine Theorie darüber zu entwickeln, warum Jugendliche sich für Chemie interessieren und welche Erwartungen sie an ihr Chemielernen haben.

1.2 Das lernende Subjekt

1.2.1 Lehr-Lernforschung

In der fachdidaktischen sowie der kognitionspsychologischen Forschung lassen sich zur Zeit grob zwei Ansätze unterscheiden: der konstruktivistische und der Informationsverarbeitungsansatz. Während der Konstruktivismus eher darauf ausgerichtet ist, zu verstehen, wie Wissen und Bedeutung zwischen Lehrenden und Lernenden ausgehandelt und beim Lernenden subjektiv konstruiert werden, liegt der Schwerpunkt des Informationsverarbeitungsansatzes darauf, anhand von Modellen des kognitiven Systems Strukturen und Prozesse des Lernens nachzubilden und zu erklären, unter welchen Bedingungen und wie Lernen erfolgt. Entlang dieser beiden Ansätze sollen Ergebnisse zu Lehr-Lernprozessen im naturwissenschaftlichen Unterricht herangezogen werden, die Auskunft darüber geben können, wie Schülerinnen und Schüler lernen.

1.2.1.1 Konstruktivismus

Der konstruktivistische Ansatz geht davon aus, dass Informationen aus der Umwelt nicht durch das zielgerichtete Handeln eines Lehrers in das kognitive System eines Lernenden gelangen können. Es wird davon ausgegangen, dass über die Sinnesorgane des Menschen die Informationen als neuronale Impulse in das Gehirn gelangen. Aus den eingehenden Informationen wird individuelles Wissen, indem so genannte Bedeutungen konstruiert werden, die im jeweiligen Umfeld angemessen erscheinen, d.h. „Sinn" machen.

Das Individuum verfügt über kognitive Strukturen, mit deren Hilfe es im jeweiligen Kontext Bedeutungen konstruiert, die es ihm erlauben, Sprache oder Handlungen zu erzeugen. Bedeutungen, die sich in der Auseinandersetzung mit der Umwelt bewähren (Bedeutungsentwicklung), führen zur Weiterentwicklung der kognitiven Strukturen (Lernen), die wiederum effektivere Bedeutungen erzeugen. Verbesserte Bedeutungen ermöglichen eine bessere Handlungsfähigkeit. In Alltagssituationen werden Bedeutungen erzeugt, die sich zur Auseinandersetzung im Alltag bewähren, in der Schule solche, die sich im Kontext Schule bewähren.

Bei der Beobachtung von Lehr-Lernprozessen wurden dabei folgende Befunde erhoben (AUFSCHNAITER/WELZEL 1997):

Eine Verständigung zwischen Schüler und Lehrer ist nur dann möglich, wenn Angebote auf dem Komplexitätsniveau des Interaktionspartners gemacht werden.

- Die Schüler gehen in jeder Situation immer von der niedrigsten zu einer höheren Komplexitätsebene.
- Nur wenn Schüler häufig selbst tätig werden können, können sie auch Bedeutungen höherer Komplexität erzeugen.
- Die konstruktivistische Lehr-Lernforschung fordert aufgrund ihrer Ergebnisse folgende didaktische Konsequenzen:
- Die Lehrkräfte müssen berücksichtigen, dass eine Übergabe von Wissen nicht möglich ist. Ihre Aufgabe besteht darin herauszufinden, was Schüler aus einem Lernangebot machen, um sie bei der Nutzung zu unterstützen.
- Die Lehrenden müssen die Komplexitätsstufe der Schülerinnen und Schüler diagnostizieren, kennen und beachten.
- Die Lernangebote müssen so beschaffen sein, dass die Schülerinnen und Schüler eigene Bedeutungen erzeugen können, vor allem in Hinblick auf den zeitlichen Rahmen.
- Die Komplexität der Aufgaben muss berücksichtigt werden, z.B. die Erfahrungen, die die Lernenden inhaltlich und aus sozial vergleichbaren Umgebungen mitbringen.
- Die individuellen und sozialen Rahmenbedingungen für tätige Auseinandersetzung mit dem Lerngegenstand müssen gegeben sein, z.B. frei arbeitende Schülerinnen- und Schülergruppen.

1.2.1.2 Informationsverarbeitung

Der Informationsverarbeitungsansatz geht davon aus, dass Informationen vom Individuum zu spezifischen mentalen Repräsentationen codiert und im Gehirn gespeichert werden. Die Information wird in kleinste Bedeutungseinheiten, so genannte Propositionen zerlegt (Fenster = Rahmen und Scheibe), wobei Verknüpfungen mit bestehenden Propositionen gebildet werden (Fenster – Tür – Gardine etc.). So entstehen propositionale Netzwerke, die die Gedächtnisinhalte repräsentieren. Zusammengehörige Propositionen können Einheiten höherer Ordnung bilden, so genannte Schemata.

Das Schema „Haus“ wäre etwa repräsentiert durch die Propositionen „hat Fenster“, „hat Tür“, „wird von Menschen bewohnt“, „hat Dach“ etc. Lernen heißt danach, mit Hilfe bestehender propositionaler Netzwerke neue Propositionen zu bilden, neue Verknüpfungen herzustellen und die bestehenden Schemata umzustrukturieren.

Je nach Art der Information werden dabei unterschiedliche Propositionen und Vernetzungen aufgebaut, die je nach Form, Nutzungseffizienz und Anwendungsmöglichkeit verschieden sind.

Das Wissen ist also domain- oder bereichsspezifisch und kann häufig nur in Verbindung mit den Kontexten, die beim Wissenserwerb bestanden, wieder hervorgebracht werden (vgl. ANDERSON 1998: 116-126).

Arbeiten im chemiedidaktischen Bereich von SUMFLETH (1988, 1992a) und STACHELSCHEID (SUMFLETH/STACHELSCHEID 1990) zeigen, dass die Anwendbarkeit chemischen Wissens vom Verknüpfungsgrad des Fachwissens abhängt und mit geeigneten Unterrichtsmaterialien eine Unterstützung für den Aufbau vernetzter Denkstrukturen und damit eine bessere Problemlösefähigkeit im schulischen Kontext erreicht werden kann. Die Lernhilfen zielen darauf ab, das Vorwissen zu aktivieren und Systematisierungshilfen zu geben.

Auch Schülervorstellungen beeinflussen als Vorwissen den Lernprozess. SUMFLETH (1992b) geht davon aus, dass die mitgebrachten Alltagsvorstellungen der Schüler darüber entscheiden, welche Verknüpfungen zwischen neuen Lerninhalten und Vorwissen hergestellt werden. Eine verbesserte Lernleistung verspricht sie sich deshalb von der Anknüpfung des Fachwissens an das Alltagswissen. Durch die Berücksichtigung des Vorwissens sollen die neuen Lerninhalte besser in bestehende Strukturen integriert werden. Diese Verknüpfung soll außerdem die Anwendung des Wissens, auch in außerschulischen Bereichen, erleichtern. Die grundsätzliche Verschiedenartigkeit von schulischem Wissen und Alltagswissen wird hierbei nicht thematisiert.

Ein weiterer Vorschlag, das schulische Lernen zu verbessern, besteht im Versuch das Vorwissen umzuorganisieren, ein „conceptual change" zu erreichen. Durch das gezielte Herbeiführen kognitiver Konflikte zwischen alltäglicher und wissenschaftlicher Sichtweise soll ein Konzeptwechsel bei den Lernenden angeregt werden.

TODTENHAUPT (1995: 8f.) berichtet über uneinheitliche Ergebnisse bei Untersuchungen zur Wirksamkeit des „conceptual-change"-Ansatzes. Einige Untersucher meinten Konzeptwechsel bei den Probanden nachweisen zu können, andere fanden keine Veränderung der Konzepte bei den Lernenden. Einigkeit besteht darüber, dass ein Konzeptwechsel nur dann vollzogen wird, wenn die Lernenden die Notwendigkeit erkennen und es der Mühe wert finden, tiefer über ein Problem nachzudenken.

Die Erkenntnis, dass Menschen offensichtlich nur das dauerhaft und verständig lernen können, was sie auch lernen *wollen*, wird allerdings oft vernachlässigt. Statt dessen wird mit vielen methodischen Kunstgriffen versucht, den Schülerinnen und Schülern den Lernstoff effektiver zu vermitteln, den andere für sie ausgesucht haben. Neben der Anknüpfung an das Vorwissen wäre eine Anknüpfung an den Interessen und Entwicklungszielen der Jugendlichen dem Lernprozess sicher dienlich. Deshalb wird den Erwartungen von Jugendlichen an ihr Chemielernen in dieser Arbeit nachgespürt.

1.2.1.3 Schülervorstellungen

Sowohl konstruktivistische Forschungen wie Forschungen aus der pädagogischen Psychologie betonen, dass für einen gelingenden Lehr-Lernprozess das Vorwissen entscheidend ist und die Lehrenden deshalb etwas über die Vorstellungen der Lernenden wissen müssten. Die Konstruktivisten fordern dies, um auf der jeweiligen Komplexitätsebene mit den Lernenden kommunizieren zu können, die Lernpsychologen, um neue Informationen an das Vorwissen anknüpfen zu können.

Es gibt viele Forschungen zu Schülervorstellungen, die alle zeigen, dass trotz der Vielfältigkeit der Vorstellungen, mit denen Kinder und Jugendliche chemische und physikalische Phänomene erklären, sich typische Erklärungsmuster immer wieder nachweisen lassen (zusammenfassend bei DRIVER et al. 1994; siehe auch Kapitel 4.4).

TODTENHAUPT (1995) untersuchte Schülervorstellungen zur Redox-Thematik und deren Veränderung über die Jahrgangsstufen 6-13. Sie kommt zu dem Schluss, dass die Schülerinnen und Schüler über die Jahre ihre ursprünglichen Erklärungsmuster mit Fachbegriffen anreichern, ohne dass es zu Änderungen der zugrunde liegenden Vorstellungen kommt. Das Vorwissen zeige sich ziemlich resistent gegenüber den unterrichtlichen Bemühungen, was sie auf das Fehlen eines Verständnisrahmens zurückführt, in den das neue Wissen eingeordnet werden könnte.

Auch andere Untersuchungen (EHLERT 1993, LICHTFELD 1996, SUMFLETH/ GEISLER 1999) zeigen, dass Schülervorstellungen sehr stabil sind.

Da unabhängig von Schulform und Dauer des Chemieunterrichts immer wieder die selben Muster auftauchen, wäre auch denkbar, dass diese Muster nicht nur kollektive Missverständnisse sind, sondern Elemente konsistenter Lernertheorien, die bei der Entwicklung elaborierter fachwissenschaftlicher Erklärungen durchlaufen werden (müssen). Dieser Frage wird in der vorliegenden Arbeit nachgegangen.

1.2.2 Interesse an Naturwissenschaften

In zahlreichen Untersuchungen wurde nachgewiesen, dass neben den kognitiven Faktoren auch motivationale Faktoren der Lernenden Einfluss auf deren Lernleistung haben.

1.2.2.1 Interesse und Leistung

KRAPP (1992a) berichtet über relativ starke Korrelationen (r = .30) von Interesse und Leistung über alle Schularten, Jahrgänge und Fächer. Moderatorvariable sind Geschlecht (bei Jungen höhere Korrelationen) und Alter (bei höheren Klassen höhere Korrelationen).

Bei einer Metaanalyse von 127 Studien zu Fachinteresse und Leistung (SCHIEFELE, KRAPP, SCHREYER 1993) fanden sich hohe Korrelationen zwischen Interesse und Leistung in den Fächern Mathematik, Naturwissenschaft und Physik, während die Zusammenhänge in den Fächern Biologie, Sozialkunde und Literatur nicht so deutlich waren.

GARDNER (1987) berichtet, im Gegensatz zu KRAPP, dass entsprechende Untersuchungen nur eine sehr schwache Korrelation zwischen dem Interesse an Naturwissenschaft und der Leistungsfähigkeit in diesen Fächern zeigen würden. Dies scheint daher zu rühren, dass nicht nur spezielle Person-Gegenstands-Beziehungen, sondern auch allgemeine affektive Merkmale z.B. Einstellungen zum Fach in die Bewertung eingeschlossen wurden.

Größere Klarheit verspricht die Unterscheidung des Interesses an den Naturwissenschaften in Fachinteresse (Lehrkraft, Methoden, Unterrichtsklima) und Sachinteresse (Phänomen, Anwendung der Naturwissenschaften in verschiedenen Kontexten).

1.2.2.2 Fachinteresse

Das Fachinteresse hängt nach GRÄBER (1992, nach HÄUßLER et al. 1998: 121) in gewissem Umfang mit der Leistung zusammen. Für das Fachinteresse scheint der wichtigste Faktor das Fähigkeitsselbstkonzept zu sein. In zahlreichen Untersuchungen (z.B. KRAPP 1996b, GRÄBER/BOLTE 1996, KÖLLER et al. 2000) zeigt sich ein starker Zusammenhang zwischen Fachinteresse und der Wahrnehmung der eigenen Leistungsfähigkeit. Schwache Schüler wählen Kurse, von denen sie glauben, dass sie dort zurechtkommen, nicht die, für die sie sich interessieren. Schüler mit positivem Begabungskonzept wählen viel eher nach Interesse. Da Naturwissenschaften als schwierig gelten, wagen nur die begabteren Schüler diese Kurse zu wählen. (ROEDER 1989 nach KRAPP 1996b)

Dass für den Aufbau und den Erhalt von Interessen Rücksicht auf die Vorkenntnisse genommen werden muss, bestätigen TODT (1987) und KUBLI (1987). Wird der Unterrichtsinhalt verständlich und in einem angemessenen Abstraktionsgrad angeboten, sind diese Stunden relativ unabhängig vom Inhalt für die Schülerinnen und Schüler interessant. Das gilt auch für Tätigkeiten, die, wenn sie erfolgreich ausgeführt werden können, die Entwicklung überdauernder Interessen fördern können.

Diese Befunde bestätigen die Forderung nach Ermöglichung von Kompetenzerfahrung. Wenn Lernende kein Interesse an einem Lerngegenstand aufbauen, wäre also zu fragen, ob etwa die Überforderung der Lernenden und fehlende befriedigende Handlungsmöglichkeiten dafür verantwortlich sind (Stichwort: Hoher Abstraktionsgrad der zu verwendenden Fachsprache und der Experimente).

1.2.2.3 Sachinteresse

Für das Sachinteresse findet GRÄBER (1992, nach HÄUßLER et al., 1998: 121) für das Fach Chemie nur schwache Korrelationen mit der Lernleistung. Einen wesentlich wichtigeren Faktor stellt hier das Geschlecht dar.

Auch gibt es Befunde aus der TIMS-Studie, die in Physik große geschlechtsspezifische Interessenunterschiede, jedoch nur geringe Fachleistungsunterschiede fand. In Biologie wurden keine geschlechtsspezifischen Unterschiede in Leistung und Interesse gefunden.

In zahlreichen Untersuchungen wurde nachgewiesen, dass Mädchen die Fächer Chemie und Physik stärker ablehnen als Jungen (z.B. BECKER/ JÜNGEL 1982, KUBLI 1987, HÄUßLER und Hoffmann 1995 nach KRAPP 1996b). Bei beiden Geschlechtern steige das Interesse bei Themen mit Anwendungsbezug und Anbindung der Lerninhalte an alltagsweltliche Erfahrungen.

GRÄBER (1992 nach HÄUßLER et al. 1998: 121) fand für Chemie Sachinteressen aus der Lebenswelt wie Körper, Gesundheit, Ernährung Kleidung, Kosmetik, persönlicher Alltag und Hobbys. Noch größer sei das Interesse an chemietechnischen Anwendungen sowie deren Nutzen und Gefahren für die Umwelt. Bei den Tätigkeiten seien Versuche beliebt; lesen, Vorträge hören und rechnen seien dagegen unbeliebt.

In Chemie lägen die Interessen der Mädchen vor allem bei Inhalten mit persönlicher Bedeutung: Chemie im Haushalt, Reinigung, Ernährung, Schmuck, Naturerscheinungen.

Die Jungen gäben ein Interesse an Inhalten mit technischem Hintergrund an: Erdöl, Gebrauchsmetalle, Kunststoffe. HÄUßLER et al. (1998: 123) berichten, dass die Mädchen von Anfang an ein geringeres Interesse an Naturwissenschaften hätten, der Abstand zu den Jungen bleibe auch während der Sekundarstufe I erhalten. Auch KOTTE (1992) fand bei einer Untersuchung in zehn Ländern, dass Jungen sich mehr für Naturwissenschaften interessierten, diese Fächer leichter fänden, öfter einen Beruf mit naturwissenschaftlichem Hintergrund anstrebten und Naturwissenschaften als wichtiger für den zukünftigen Beruf einschätzten als ihre Mitschülerinnen. Das Interesse der Mädchen könne z.B. erhöht werden, wenn geschlechtsspezifische Sachinteressen berücksichtigt würden (BLK-Modellversuch Physikanfangsunterricht HOFFMANN et al. 1997 nach HÄUßLER et al. 1998).

1.2.2.4 Veränderung im Verlauf der Schulzeit

Es ist bekannt (z.B. BECKER/JÜNGEL 1982) und wurde durch die bereits zitierte TIMS-Studie erneut bestätigt, dass das Interesse an naturwissenschaftlichen Fächern im Laufe der Schulzeit abnimmt. GARDNER (1987) berichtet, dass die Fächer Physik und Chemie vom Interessenrückgang besonders betroffen seien. Als Erklärung für den allgemeinen Interessenrückgang wird in TIMSS unter anderem eine Fokussierung des Interessenspektrums der Jugendlichen auf individuelle Interessen angegeben.

HÄUßLER et al. (1998: 126) führen das geringe Interesse vor allem an Chemie und Physik auf die schlechte Passung der im Unterricht angebotenen Anwendungsbereiche mit den Interessen der Jugendlichen, vor allem der Mädchen, zurück.

Im gleichen Zeitraum, in dem das Interesse abnehme, steige, unabhängig vom Geschlecht, die allgemeine Bewertung des Faches Physik (HOFFMANN und LEHRKE 1986 nach KRAPP 1996b), was wohl daran liege, dass das Interesse stark an das Selbstkonzept der Schüler gebunden sei und mit Wertorientierungen nicht gleichgesetzt werden dürfe. Der Interessenabfall wird damit erklärt, dass die Jugendlichen eine Diskrepanz zwischen Anforderungen und Lernchancen des Unterrichts und ihren wichtigen eigenen Themen und Entwicklungszielen erleben würden.

1.2.2.5 Die Interessentheorie von TODT

Für die aufgeführten Befunde, dass das Interesse an den Naturwissenschaften von Selbstkonzept, Geschlecht, Alter und Konnotation der Inhalte abhängig ist, bietet die Interessentheorie von TODT (1987) eine Erklärung.

Seine Stufen-Theorie über die Entstehung von Interessen ist auch deshalb bedeutsam, weil sie über die individuelle Interessenlage des Einzelnen hinausgeht und so eine pädagogische Wendung möglich macht.

TODT beschreibt vier altersabhängige Entwicklungsschritte, in denen sich durch bestimmte Selektionskriterien spezifische Interessen entwickeln.

Für die Adoleszenz nennt er die Entwicklung von allgemeinen Interessen, wo die Jugendlichen relativ stabile Orientierungen an Objekten oder Tätigkeiten entwickeln, die in Hinblick auf einen Beruf erfolgversprechend zu sein scheinen. Die Ausdifferenzierung erfolgt anhand der Vereinbarkeit der Berufsperspektive mit der Geschlechterrolle und dem Berufsprestige. Allgemeine Interessen entwickeln sich in enger Wechselwirkung mit dem Selbstbild, vor allem mit dem Fähigkeitsselbstkonzept.

Wichtig ist nicht nur, dass Interessen nicht neu entstehen, sondern sich im Gegenteil durch Eliminierung immer speziellere Interessenbereiche herausbilden. Vor allem die Kriterien, anhand derer die Jugendlichen ihre Interessen eingrenzen, sind für eine pädagogische Nutzung der Interessenforschung entscheidend: Geschlechterrolle, Sozial- bzw. Berufsprestige, Selbstkonzept (vor allem Fähigkeitsselbstkonzept) und Stellenwert in der persönlichen Wertehierarchie.

Das Interesse wird also nur zum Teil von den Inhalten bestimmt. Bedeutsamer ist die Art, wie die Kenntnisse anzuwenden sind, z.B. ob ein Thema in Hinblick auf Berufswünsche persönliche Relevanz verspricht. BECKER/JÜNGEL (1982) fanden hohe Korrelationen der Fachbeliebtheit Chemie mit dem angestrebten Berufsziel bzw. der Wichtigkeit der Chemie für diesen Beruf.

TODT (1987) stellt außerdem dar, dass die Konnotation der Inhalte darüber entscheidet, ob sich Mädchen und Jungen gleichermaßen für ein Thema interessieren, da Interessen eliminiert werden, die nicht mit der Geschlechterrolle kompatibel scheinen. Eine Verbesserung der Interessen der Mädchen durch veränderte Curricula oder Unterrichtsorganisation konnte vielfach nachgewiesen werden (KELLY 1987, HANNOVER 1992, BLK-Versuch von IPN HÄUßLER und HOFFMANN 1995 nach KRAPP 1996b).

Aus der Betrachtung der Interessentheorie und der zugehörigen Forschungen wird klar, dass Interessen in engem Zusammenhang mit der Entwicklung des Selbst stehen. So spielen Kompetenzerleben, Fähigkeitskonzept usw. eine entscheidende Rolle. Anhand dessen, wie die Person ihre Fähigkeiten einschätzt, werden Anforderungen aus der Umwelt bearbeitet und Interessen eliminiert, die nicht zu den wahrgenommenen eigenen Fähigkeiten, der Geschlechterrolle, dem Berufswunsch, der Werteorientierung usw. passen. Interessen können somit auch als konzeptionalisierte Entwicklungsziele einer Person aufgefasst werden.

Es soll deshalb in dieser Arbeit nach einem Katalog von Anforderungen gesucht werden, die von der Umwelt an alle Jugendlichen in der Sekundarstufe I herangetragen werden und mit deren Interessen abgeglichen werden. Diese Zusammenschau der Entwicklungsziele mit einem solchen Anforderungskatalog – den Entwicklungsaufgaben (vgl. Kapitel 2) – kann wertvolle Hinweise darauf geben, wo das Lernen in Chemie für die Jugendlichen hilfreich erscheint und deshalb auch zur Erweiterung fachlicher Kompetenzen führen kann.

1.2.3 Selbstkonzeptforschung

Da die Interessen einer Person stark von ihrem Selbstkonzept abhängig sind, ist es nötig auf Forschungen aus diesem Bereich einzugehen.

Während die Interessenforschung eher vom Wert einer Sache für die Person ausgeht, geht die Selbstkonzeptforschung davon aus, dass das Bild, das eine Person von sich hat, auf die Auswahl der Interessengegenstände Einfluss hat, je nachdem welche Kompetenz sie selbst von sich in dieser Situation erwartet (Selbstwirksamkeit, Fähigkeitsselbstkonzept usw.).

Im Folgenden soll unter Selbstkonzept einer Person die Gesamtheit der Einstellungen zur eigenen Person (MUMMENDEY 1995: 55) verstanden werden.

Selbstkonzepte lassen sich bereichs- oder situationsspezifisch unterscheiden, d.h. eine Person kann sich für einen guten Schüler, einen schlechten Schwimmer, einen guten Zuhörer usw. halten. Ob hierarchische, nichthierarchische oder multidimensionale Modelle das Selbstkonzept zutreffender beschreiben, ist umstritten (MUMMENDEY 1995).

Auch die Frage, wie stabil oder veränderlich Selbstkonzepte sind, lässt sich nicht endgültig beantworten. Man nimmt an, dass die stark globalisierten und hoch subjektiv bedeutsamen Faktoren stabiler sind als bereichsspezifische Faktoren (MOSCHNER 1998).

Wie das Selbstkonzept entsteht, ist unumstritten, nämlich dass die zentrale Quelle des selbstbezogenen Wissens die sozialen Erfahrungen sind. Durch direkte und indirekte Rückmeldung aus den bedeutsamen Bezugsgruppen werden Annahmen über die Attribute der eigenen Person gebildet. Die für das Selbstkonzept bedeutsamen Bezugsgruppen wechseln in der Entwicklung: Für das Kleinkind die Eltern, für die Jugendlichen kommen in gleicher Stärke die Peers dazu. Studierende orientieren sich an den Rückmeldungen ihrer Kommilitonen, Erwachsene an den Zuschreibungen ihrer Arbeitskollegen (MOSCHNER 1998).

In dieser Arbeit werden einige Anteile des Selbstkonzepts untersucht, von denen man weiß, dass sie schulisches Lernen und Interessen beeinflussen bzw. durch Faktoren der Lernumgebung verändert werden können. Dies sind:

- Fähigkeitsspezifisches Selbstkonzept
- Selbstwirksamkeit
- Selbstbezug
- Selbstwert
- Soziales Fähigkeitskonzept
- Motivationale Orientierung

Da die genannten Anteile des Selbstkonzepts über soziale Vergleichsprozesse und Lebensbedingungen verändert werden, sollen sie als Indikatoren für die außerfachlichen Wirkungen des zu untersuchenden Schulversuchs dienen.

1.2.3.1 Fähigkeitsspezifisches Selbstkonzept

Auf die große Bedeutung des fähigkeitsspezifischen Selbstkonzepts (im Folgenden kurz Fähigkeitsselbstkonzept) für das Fachinteresse an Chemie wurde bereits hingewiesen (GRÄBER/BOLTE 1996).

Ebenfalls, dass das Fähigkeitsselbstkonzept geschlechtsspezifisch variiert. So zeigte sich in TIMSS, dass Mädchen in naturwissenschaftlichen Fächern eine geringere Einschätzung ihrer schulischen Fähigkeiten haben (Ausnahme Biologie).

Zum Einfluss des Fähigkeitsselbstkonzepts auf die Leistung berichtet JERUSALEM (1993) von Untersuchungen, die zeigen, dass in neuen Lernumgebungen das Fähigkeitsselbstkonzept die Leistung beeinflusst, sich längerfristig die Richtung dann aber umgekehrt. Die Ergebnisse sind uneinheitlich. Tendenziell scheint der skill-development-Ansatz zutreffend, wonach gute Schulleistungen das Fähigkeitsselbstkonzept stärken.

Eine schwache Beziehung zwischen Fähigkeitsselbstkonzept und Leistung gibt es dann, wenn die Schulleistung und die Akzeptanz in der Altersgruppe nicht oder negativ korrelieren („Streber"). Schwache Korrelationen gibt es auch, wenn die Lehrkraft individualisierende Unterrichtsstrategien bevorzugt, also die Leistungen weniger schnell und deutlich vergleichbar sind.

Da Selbsteinschätzungen von Schülerinnen und Schülern über sozialen Vergleich mit der Bezugsgruppe (den Mitschülern) angestellt werden, verändern Jugendliche bei Schulklassenwechsel ihr leistungs- und fachspezifisches Selbstkonzept. Sie schätzen ihre Fähigkeiten anhand des Niveaus der neuen Klasse neu ein und korrigieren es entsprechend (SCHWARZER, JERUSALEM & LANGE 1982 nach JERUSALEM 1993). Je weniger leistungsorientiert die Klassennorm ausfällt (bzw. wenn Beliebtheit eines Schülers nicht über Leistungskriterien bestimmt wird), desto weniger ist die Selbstbewertung an die klasseninterne Leistungshierarchie gebunden.

Fördert der im Unterricht verwendete Interaktionsstil die individuelle Orientierung, wird die Veränderbarkeit von Leistungen betont und somit Motivation, Selbstvertrauen und leistungsspezifische Selbstbewertungen gefördert.

Außer übertriebenem Konkurrenzdruck wirken sich mangelnde soziale Unterstützung, Anonymität, Regellosigkeit und Chaos im Unterricht auf das Fähigkeitsselbstkonzept aus.

Veränderungen im Fähigkeitsselbstkonzept können also Hinweise auf das Unterrichts- und Klassenklima im Schulversuch geben.

1.2.3.2 Selbstwirksamkeit

Die Selbstwirksamkeitserwartung ist eng mit dem Fähigkeitsselbstkonzept verknüpft. Der Begriff der Selbstwirksamkeit geht auf BANDURA (1977) zurück und *„beinhaltet – im Sinne einer Kompetenzerwartung – die Überzeugung einer Person das zur Erlangung eines Handlungsergebnisses erforderliche Verhalten erfolgreich ausführen zu können"* (MOSCHNER 1998: 460). Selbstwirksamkeitserwartungen basieren auf der Einschätzung der eigenen Fähigkeiten und der Beurteilung der Situation und ihrer Umstände.

ECKERLE/KRAAK (1993) fassen Untersuchungen über die Selbstwirksamkeitserwartung zusammen: Sie hat positive Wirkungen auf aktives, zupackendes Handeln (MIELKE 1984, JERUSALEM 1993, FEND 1997), auf das Lernen und die Leistungsmotivation (KRAMPEN 1982), auf Schulleistung (BOEHNKE 1990) und Schulerfolg (MARSH 1990, außerdem BAUMERT 1993: Selbstwirksamkeit wirkt auf den Schulerfolg über die Erhöhung der intrinsischen Motivation).

FEND (1997) untersuchte die Veränderung des Selbstwirksamkeitskonzepts über die Zeit und fand, dass jüngere Kinder noch glauben, durch Anstrengung alles erreichen zu können. Später kommt ein Begabungskonzept hinzu. Dann wird Erfolg oder Misserfolg auf die aufgewendete Anstrengung zurückgeführt, um ein positives Bild der eigenen Begabung zu erhalten. Dabei schreiben Menschen mit hoher Selbstwirksamkeitsüberzeugung einen Erfolg ihren Fähigkeiten zu, während für Misserfolge andere Faktoren verantwortlich gemacht werden. Bei niedriger Selbstwirksamkeitsüberzeugung ist dies genau umgekehrt, der mangelnden Intelligenz wird bei einem Misserfolg größere Bedeutung beigemessen.

Da Mädchen eher als Jungen der Meinung sind, dass ihre Erfolge von Anstrengung und nicht von Begabung herrühren, gibt es bei der Rückmeldung guter Noten bei Mädchen eher eine Stärkung des Selbstwirksamkeitskonzepts als bei Jungen.

JERUSALEM (1993) fand, dass das Unterrichtsklima mit dem Selbstwirksamkeitskonzept in Wechselwirkung steht, wobei ungeklärt ist, ob ein positives Unterrichtsklima die Selbstwirksamkeit erhöht, oder ein positives Selbstwirksamkeitskonzept die Jugendlichen den Unterricht positiver empfinden lässt.

Auch hier können Daten zur Selbstwirksamkeit Hinweise auf die außerfachlichen Wirkungen des zu evaluierenden Schulversuchs liefern.

1.2.3.3 Selbstbezug

Der Selbstbezug beschreibt das Verhältnis einer Person zum Lernen selbst (MIELKE 2000). Dieses Konstrukt ist vor allem für die Erklärung von allgemeinem Lerninteresse bedeutsam und sagt aus, welche kognitive oder emotionale Relevanz das Lernen für die Person hat. Bei hoher Relevanz des Lernens für eine Person kann davon ausgegangen werden, dass diese auch gute Lernleistungen zeigt.

Daten zur Entwicklung des Selbstbezugs können also Hinweise darauf geben, wie das zu untersuchende Unterrichtskonzept auf das allgemeine Lerninteresse wirkt, ob das Lernen für die Jugendlichen attraktiver wird.

1.2.3.4 Selbstwert

Der Selbstwert beschreibt die Bewertung, die eine Person von sich und ihren Fähigkeiten vornimmt.

JERUSALEM (1993) berichtet, dass das Selbstwertgefühl von Bezugsgruppen (d.h. dem klasseninternen Vergleich) weniger abhängig sei. FEND (1997) fand eine relativ hohe Stabilität des Selbstwertgefühls (Klasse 6 bis 10), die er damit erklärt, dass die Kinder und Jugendlichen sich auf vage Rückmeldesysteme (soziale Akzeptanz, Beliebtheit ...) verlassen müssen.

In TIMSS wird über ein Absinken des Selbstwertgefühls am Ende der achten Klasse (vor allem bei Haupt- und Gesamtschülern) berichtet. Die Untersuchenden führen das vor allem auf außerschulische Selbstzweifel zurück.

In der BIJU-Studie (MAX-PLANCK-INSTITUT FÜR BILDUNGSFORSCHUNG 1996) dagegen wurde ein genereller Anstieg des Selbstwertgefühls vom Ende der siebten bis Ende der zehnten Klasse gefunden. Die Gymnasiasten haben von Anfang an ein höheres Selbstwertgefühl, das kontinuierlich ansteigt. Es folgen Schülerinnen und Schüler der Gesamtschule, Realschule und Hauptschule.

Am Anfang der zehnten Klasse steigt das Selbstwertgefühl generell an (Ausklang der Pubertät, höheres Maß an Zufriedenheit mit Aussehen), gegen Ende der Sekundarstufe I reduzieren sich die Unterschiede zwischen den Schulformen. Das „Überholen" der Hauptschüler wird damit erklärt, dass die Selbsteinschätzung schwächerer Schüler gewinnt, weil ihre Stellung zur sozialen Vergleichsgruppe günstiger ausfällt.

Insgesamt sind die Unterschiede zwischen den Schulformen bei psychosozialen Merkmalen deutlich geringer als im Leistungsbereich.

Auch das Selbstwertgefühl wird also durch soziale Vergleiche mit der Bezugsgruppe (die zumindest auch die Klasse darstellt) beeinflusst. Veränderungen im Selbstwertgefühl könnten eine Folge der teilweisen Auflösung des Klassenverbandes durch den Schulversuch sein.

1.2.3.5 Soziales Fähigkeitskonzept

Das soziale Fähigkeitskonzept ist die Einschätzung der eigenen Fähigkeiten im Umgang mit anderen Personen (MIELKE 2000).

Da in der vorliegenden Untersuchung eines Schulentwicklungsprojekts Klassen neu zusammengesetzt werden, ist davon auszugehen, dass Teile des sozialen Fähigkeitskonzepts wie soziale Kompetenz oder Teamfähigkeit beeinflusst werden. Auch durch die Handlungsorientierung des Unterrichtskonzepts, die die Arbeit in Gruppen anstrebt, könnte das soziale Fähigkeitsselbstkonzept beeinflusst werden.

1.2.3.6 Motivationale Orientierung

Motivationsprozesse sind ebenfalls abhängig vom Selbstkonzept, vor allem von der Selbstwirksamkeit. Eine starke Selbstwirksamkeitserwartung lässt sich auch bei kumulativen Misserfolgen kaum erschüttern, während die Motivationsprozesse bei niedriger Selbstwirksamkeit drastisch abfallen (Bedrohung und Kontrollverlust siegen über zunächst positiv erlebte Herausforderung) (JERUSALEM 1990 nach JERUSALEM 1993).

In der motivationalen Theorie der Selbstbestimmung von DECI & RYAN (1985, 1991 nach KRAPP 1996a) gibt es einen gleitenden Übergang zwischen eindeutig fremdbestimmter (extrinsischer) und eindeutig autonomer (intrinsischer) Motivation. Die Entstehung von Interessen wird damit erklärt, dass Handlungen immer weniger fremdbestimmt durchgeführt werden, bis eine eindeutig intrinsische Motivation vorliegt. Intrinsische Handlungsziele zeichnen (neben relativ großem Wissen, emotional günstiger Gesamteinschätzung und hoher Wertschätzung im individuellen Wertesystem) Interessen aus.

Alle genannten Untersuchungen zu Anteilen des Selbstkonzepts können immer nur kleine Bereiche davon beleuchten, wie ein Mensch mit den Anforderungen von Schule und Gesellschaft umgeht. Die Daten dieser Untersuchungen werden zudem meist standardisiert erfasst und können so keine Aufschlüsse darüber geben, welches Gewicht den einzelnen Anteilen des Selbstkonzepts bei verschiedenen Personen zukommt.

Man könnte sich z.B. vorstellen, dass ein niedriges Fähigkeitsselbstkonzept in Chemie für einen Lernenden persönlich überhaupt keine Bedeutung hat, weil er der Beschäftigung mit Chemie ohnehin keinen Wert beimisst. Einem anderen würden Zweifel an seinen Fähigkeiten als Chemiker dagegen bedrohlich erscheinen, weil er etwa seine Berufsperspektive in diesem Bereich sieht. Deshalb wird in dieser Arbeit, neben der standardisierten Erfassung des Fähigkeitsselbstkonzepts, auch eine qualitative „Nachsuche" bei einzelnen Jugendlichen durchgeführt, um Zusammenhänge mit dem fachlichen Lernen besser erklären zu können.

Um außerfachliche Wirkungen des zu untersuchenden Reformversuchs festzustellen, wäre eine qualitative Vorgehensweise allerdings zu aufwendig. Eine standardisierte Erfassung von einigen Anteilen des Selbstkonzepts kann dennoch überprüfen, ob die Erwartungen der Lehrkräfte bezüglich der Wirkungen auf Persönlichkeitsstärkung der Jugendlichen und soziales Lernen erfüllt werden.

2 Der Ansatz der Bildungsgangforschung bei der Untersuchung der Entwicklung von chemischer Kompetenz

2.1 Entwicklungsaufgaben

Im vorherigen Kapitel habe ich dargestellt, wie viel Mühe Lehrende und Lernende aufwenden, um Unterrichtsinhalte zu lehren und zu lernen. Auch die meisten Forschungen in der Didaktik zielen darauf ab, herauszufinden, wie Lernprozesse optimiert werden können, wie Lernstoff und Lernumgebungen gestaltet werden können, damit die Lernenden einen möglichst großen Wissenszuwachs erreichen.

Dass diese Bemühungen aller am Lehr-Lernprozess Beteiligten häufig von geringem Erfolg gekrönt sind, wurde ebenfalls dargestellt.

Diese Beobachtung, dass der Unterricht die Lernenden häufig nicht erreicht, ist der Ausgangspunkt der Bildungsgangforschung, die versucht, die Lernenden und ihre Bildungsbemühungen in den Mittelpunkt ihrer Betrachtungen zu stellen. Die Bildungsgangforschung sucht deshalb danach, warum Jugendliche lernen, wie es ihnen gelingt, einen Sinn im Lernangebot zu finden, wie sie als Personen in der Auseinandersetzung mit einer Lernaufgabe gleichzeitig Kompetenz und Identität erwerben und sich bilden.

Wie kann dieser Ansatz einen Beitrag für die Didaktik leisten, wenn es ebenso viele Lernerbiografien gibt wie Lernende? Lassen sich verallgemeinerungsfähige Ziele der Lernenden erkennen? Verfehlt die Formulierung von Zielsetzungen, die den Jugendlichen gemein sind, nicht wieder das Individuum?

Eine erste Annäherung an diese Fragen erreicht man, wenn man davon ausgeht, dass Bildungsbiografien zwar einmalig sind, aber keinesfalls beliebig verlaufen, da sie sich in einem von der Gesellschaft abgesteckten Rahmen entwickeln. Gesellschaftliche Bedingungen und Anforderungen stellen für Menschen in ähnlichen Lebenssituationen weitgehend verbindliche Rahmungen für ihre persönliche Entwicklung auf. An den Berührungspunkten von individueller Entwicklung und soziokultureller Norm entstehen die so genannten Entwicklungsaufgaben.

2.1.1 Das ursprüngliche Konzept der Entwicklungsaufgabe

Der Begriff der Entwicklungsaufgabe geht auf HAVIGHURST (1948/1972) zurück, der sie als Schnittstelle zwischen den individuellen Bedürfnissen des Menschen und der gesellschaftlichen Norm definiert:

A developmental task is midway between an individual need and a societal demand. It assumes an active learner interacting with an active social environment. (HAVIGHURST 1948/1972: VI)

Als Quellen für Entwicklungsaufgaben nennt er biologische Veränderung (Pubertät, Alter), gesellschaftliche Aufgaben (Schuleintritt, Beruf) und persönliche Ziele des sich entwickelnden Individuums. Diese Herausforderungen, die sich aus den jeweiligen Umbrüchen ergeben, müssen vom Individuum angenommen und bewältigt werden, wenn es in der Gesellschaft glücklich und erfolgreich leben möchte. Es muss seine Entwicklungsaufgaben lösen.

A developmental task is a task which arises at or about a certain period in the life of the individual, successful achievement of which leads to his happiness and to success with later tasks, while failure leads to unhappiness in the individual, disapproval by the society, and difficulty with later tasks. (HAVIGHURST 1948/1972: 2)

Die Aufgabe ist dabei von der Gesellschaft vorgegeben und muss vom Individuum auch gesellschaftskonform gelöst werden. Die Anforderungen der Gesellschaft müssen erfüllt werden, an kritische oder widerständige Bearbeitungen ist bei ihm nicht gedacht. HAVIGHURST beschreibt Entwicklungsaufgaben für alle Lebensabschnitte von der Kindheit bis ins Alter. Für das Jugendalter, in dem für das Erwachsenenalter notwendige Kompetenzen erworben werden müssen, nennt er acht Aufgaben (siehe Tabelle 1), die in diesem Lebensabschnitt – er wird heute noch grob zwischen 12 und 18 Jahren angegeben (HURRELMANN 1995: 50) – bearbeitet werden müssen. Sie wurden aber vor über fünfzig Jahren für eine Idealbiografie von Jugendlichen des amerikanischen Mittelstands formuliert und können nicht ohne weiteres auf Jugendliche im heutigen Deutschland übertragen werden, da HAVIGHURSTs Theorie weder unterschiedliche Anforderungen anderer Kulturkreise noch die Veränderung gesellschaftlicher Anforderungen in der Zeit berücksichtigt.

HAVIGHURST [1]	DREHER & DREHER (1985)	Kurzform
Neue und reifere Beziehungen zu Altersgenossen beiderlei Geschlechts aufbauen.	Aufbau eines Freundeskreises: Zu Altersgenossen beiderlei Geschlechts werden neue, tiefere Beziehungen hergestellt.	PEERS
Übernahme der männlichen/ weiblichen Geschlechterrolle.	Sich das Verhalten aneignen, das man in unserer Gesellschaft von einem Mann bzw. von einer Frau erwartet.	ROLLE
Akzeptieren der eigenen kör-perlichen Erscheinung und effektive Nutzung des Körpers.	Akzeptieren der eigenen körperlichen Erscheinung: Veränderungen des Körpers und sein eigenes Aussehen annehmen.	KÖRPER
Emotionale Unabhängigkeit von den Eltern und von anderen Erwachsenen.	Von den Eltern unabhängig werden bzw. sich vom Elternhaus loslösen.	ABLÖSUNG
Vorbereitung auf Ehe und Familienleben.	Vorstellungen entwickeln, wie der Ehepartner und die zukünftige Familie sein sollen.	PARTNER FAMILIE
	Aufnahme intimer Beziehungen zum Partner (Freund oder Freundin).	INTIM
Vorbereitung auf eine berufliche Karriere.	Wissen, was man werden will und was man dafür können (lernen) muss.	BERUF
	Entwicklung einer Zukunftsperspektive: Sein Leben planen und Ziele ansteuern, von denen man glaubt, dass man sie erreichen kann.	ZUKUNFT
Werte und ein ethisches System erlangen, das als Leitfaden für Verhalten dient – Entwicklung einer Weltanschauung.	Entwicklung einer eigenen Weltanschauung: Sich darüber klar werden, welche Werte man hoch hält und als Richtschnur für eigenes Verhalten akzeptiert	WERTE
Sozial verantwortliches Verhalten erstreben und erreichen.	*(Sozial verantwortliches Verhalten ist hier Komponente der Weltanschauung, Anm. d. Autorin)*	
	Über sich selbst im Bild sein: Wissen, wer man ist, was man will.	SELBST

Tabelle 1: Entwicklungsaufgaben des Jugendalters bei HAVIGHURST (1948/1972) und DREHER & DREHER (1985)

1 Im Original:
1 Achieving new and more mature relations with age-mates of both sexes.
2 Achieving a masculine or feminine social role.
3 Accepting one's physique and using the body effectively.
4 Achieving emotional independence of parents and other adults.
5 Preparing for marriage and family life.
6 Preparing for an economic career.
7 Acquiring a set of values and an ethical system as a guide to behaviour – developing an ideology.
8 Desiring and achieving socially responsible behaviour.

2.1.2 Entwicklungsaufgaben des Jugendalters im heutigen Deutschland

Um diesen Mangel auszugleichen und aktuelle Informationen über die Wahrnehmung, Bewertung und Bewältigung von Entwicklungsaufgaben im Jugendalter in Deutschland zu bekommen, haben DREHER & DREHER (1985) die Entwicklungsaufgaben von HAVIGHURST mit Jugendlichen zusammen neu formuliert (siehe Tabelle 1) und sie deren Bedeutsamkeit (Wichtigkeit) einschätzen lassen.

Bei dieser Neuformulierung bestätigt sich, dass sich die Anforderungen, die HAVIGHURST für die amerikanischen Jugendlichen Mitte der 1940er Jahre formulierte, teilweise sehr stark verändert haben.

Durch veränderte Anforderungen der Gesellschaft, neue Lösungsmuster der Jugendlichen und die veränderte Erwartungshaltung der Eltern aufgrund deren eigener Normensetzung haben sich die Entwicklungsaufgaben etwa so gewandelt:

ABLÖSUNG

Die Ablösung von den Eltern ist nicht nur eine emotionale, sondern auch eine generelle Unabhängigkeit, mit eigener Wohnung, Wohngemeinschaft oder ähnlichem, was zu Zeiten HAVIGHURSTs für einen unverheirateten Jugendlichen gesellschaftlich kaum akzeptiert worden wäre. Der Ablöseprozess vollzieht sich heute nicht nur deutlicher, sondern auch problemloser, weil liberalere Erziehungsvorstellungen der Eltern die Verselbstständigung der Jugendlichen unterstützen (SCHRÖDER 1995: 220).

PARTNER/FAMILIE/INTIM

Zum Zweiten werden Partnersuche und Erfahrungen im Intimleben ganz klar von Ehe und Familie getrennt. Heirat und Geburt von Kindern liegen oft Jahre auseinander; Kinderaufzucht entfällt eventuell ganz oder ist nicht von einem Ehepartner abhängig. Feste Paarbindungen und traditionelle Familienrollen werden immer individueller; auch homosexuelle Partnerschaften werden zunehmend gesellschaftlich akzeptiert (HURRELMANN 1995: 48). Jugendliche bearbeiten die Aufgaben, die mit Körperlichkeit und Geschlechterrolle verbunden sind, heute früher und erleben sie aufgrund der gesellschaftlichen Liberalisierung lustvoller und konfliktfreier (HORNSTEIN 1990: 109).

Andererseits sind durch die größeren Freiheiten auch neue sexuelle Leistungsanforderungen entstanden, die vor allem Mädchen zwischen dem Bedürfnis nach Intimität und der gesellschaftlich erwarteten Eigenverantwortung alleine lassen (HORNSTEIN 1990: 111).

SELBST

Zum Dritten tritt die Individualität stärker in den Vordergrund, da die Gesellschaft immer weniger vorgängig entscheidet, wer man ist, sondern Identität etwas zu Erringendes ist (HORNSTEIN 1990: 139). Größeren Freiheiten in den individuellen Handlungsmöglichkeiten stehen aber auch größere Unsicherheiten in der Lebenswegplanung gegenüber. Den Jugendlichen werden Entscheidungen und Eigenstrukturierungen früher erlaubt, sie tragen aber auch eine gestiegene Eigenverantwortung für Fehlentscheidungen. Ob die Jugendlichen von den Individualisierungsprozessen profitieren oder zu den *Individualisierungsverlierern* zählen, ist stark schicht- und milieuabhängig (SCHRÖDER 1995: 223).

BERUF

Die Entwicklungsaufgabe Beruf wird diffuser und durch eine allgemeinere Zukunftsplanung (EA[2] Zukunft) ergänzt. In Zeiten hoher Arbeitslosigkeit und rasanter technologischer Entwicklung kann nicht mehr davon ausgegangen werden, dass ein erlernter Beruf auch die Existenzsicherung für das Leben darstellt. Zusätzlich werden Bildungstitel immer bedeutsamer, um überhaupt eine Ausbildungsmöglichkeit zu erhalten. SCHRÖDER (1995: 222) spricht von einem *Teufelskreis zwischen gestiegenen Leistungserwartungen und -anforderungen bei gleichzeitig beschleunigter Entwertung formaler Bildungsqualifikationen.* Die Lust und Freude an der Schule nimmt dadurch ab, während der empfundene Konkurrenz- und Leistungsdruck ständig steigt. HURRELMANN (1995: 111) spricht von *identitätsbedrohenden Attribuierungen* durch ungünstige Leistungsbeurteilung, da die Schülerinnen und Schüler die Anforderungen so verinnerlichen, dass sie die „Schuld" bei sich suchen. Zwischen formellen Leistungs- und Sozialanforderungen der Schule und eigenen Bedürfnissen und Interessen bleibt nur eine *instrumentalistisch-opportunistische Leistungsanstrengung, um vielleicht doch noch einen akzeptablen Schulabschluss zu erreichen.*

Für Jugendliche mit niedrigerer Bildungs- und Berufsaspiration bedeutet dies eine *gestauchte* Jugendphase mit früher Berufseinmündung und Familiengründung, während Jugendliche, die höhere Abschlüsse anstreben, eine *gestreckte* Jugendphase erwartet, die immer später in eine beruflich-finanzielle Selbstständigkeit mündet (SCHRÖDER 1995: 223).

WERTE

Die große Pluralität von Normen in einer modernen Gesellschaft hat wohl dazu geführt, dass die Entwicklungsaufgaben „Sozial verantwortliches Verhal

2 EA = Entwicklungsaufgabe.

ten", „gesellschaftliche und politische Verantwortung" und „Wertesystem" in der Formulierung bei DREHER & DREHER (1985) zum Konglomerat der „Weltanschauung" verschmolzen werden.

Die Bewältigung des Konsum- und Warenmarktes hat für die Jugendlichen ebenfalls eine wesentlich stärkere Bedeutung gewonnen, da nicht nur das Angebot stark zugenommen hat, sondern den Jugendlichen auch wesentlich größere materielle Möglichkeiten zur Verfügung stehen. Dies gilt aber bei weitem nicht für alle, da die Schere zwischen Arm und Reich ständig weiter auseinander weicht.

PEERS

Die Gleichaltrigengruppe hat nach SCHRÖDER (1995: 221) an Bedeutung gewonnen. Hier wird Identität produziert, da man sich seinen Status in der Gruppe erwerben muss. Rollen politischen Handelns werden eingeübt und Formen neuen Sozialverhaltens können dort erprobt werden. Die Gruppe setzt außerdem normative Standards im Bereich Liebe und Sexualität.

DREHER & DREHER (1985), die die Jugendlichen befragt haben, wie sie die Bedeutsamkeit der Entwicklungsaufgaben selbst einschätzen, antworten altersspezifisch etwas verschoben (Bedeutsamkeit nimmt von links nach rechts ab):

Jugendliche jünger als 15 Jahre

Beruf	Selbst	Zukunft	Peer	Werte	Rolle	Körper	Intim	Partner	Ablösung

Jugendliche älter als 15 Jahre

Selbst	Peer	Beruf	Intim	Werte	Zukunft	Rolle	Körper	Partner	Ablösung

Die Ablösung von der Familie stellt für die Jugendlichen offensichtlich kein bedeutendes Problem dar, was die Einschätzung der zitierten Jugendforscher bestätigt. Auch die Entwicklungsaufgaben mit Bezug zur Sexualität (Körper, Rolle, Intim, Partner und Familie) scheinen für sie weniger bedeutsam. Die Entwicklung eines Wertesystems nimmt in beiden Altersgruppen eine Mittelstellung ein. Während in der Gruppe der unter Fünfzehnjährigen die Berufsfindung und die Entwicklung eines eigenständigen Selbst die wichtigste Rolle spielen, verschiebt sich die Gewichtung bei den älteren Jugendlichen, wo die Entwicklung des Selbst und die *Peer Group* im Vordergrund stehen. Diese Verschiebung könnte auf zwei Arten gedeutet werden:

Zum einen könnte die Entwicklungsaufgabe der Berufsfindung bei den älteren Jugendlichen schon abgearbeitet sein, zum anderen könnte es sich um ein Verlagern dieser Aufgabe in die Zukunft handeln, da z.B. ein weiterer Schulbesuch diese Entwicklungsaufgabe nicht drängend erscheinen lässt. Für die erste Deutung spricht, dass auch die Entscheidung für den Besuch einer weiterführenden Schule schon eine Art der Spezialisierung auf einen Beruf hin darstellt. Für die zweite Deutung, ein Moratorium, spricht, dass auch die Entwicklungsaufgabe der Zukunftsplanung deutlich an Wichtigkeit verliert.

Auffällig bei beiden Altersgruppen ist wiederum, dass Beruf und Zukunft nicht mehr unmittelbar zusammengehören.

Die von DREHER & DREHER befragten Jugendlichen hatten in dieser Befragung auch die Möglichkeit, selbst Entwicklungsaufgaben zu formulieren. Sie nannten dabei folgende Schwerpunkte:

- Verbesserung der sozialen Kompetenz: Probleme lösen können bei Meinungsverschiedenheiten, Umgehen lernen mit Menschen verschiedener Generationen, Abbau von Vorurteilen, Toleranz gegenüber Menschen anderer Nationalität;
- Komplexe Strukturen des Staates und der Umwelt begreifen: Politische und wirtschaftliche Zusammenhänge durchblicken können; Klarheit über politische Ziele bekommen; Gesetze und ihre Sprache verstehen;
- Bewusstsein für Umwelt entwickeln: Handlungsmöglichkeiten für Umweltschutz und Friedenssicherung aufbauen und aktiv werden.

Mit Einschränkungen ist es wahrscheinlich, dass diese genannten Schwerpunkte in der Formulierung der Entwicklungsaufgaben nicht klar genug zum Ausdruck gekommen sind, da sie in dem sehr umfassenden Begriff der Weltanschauung (EA WERTE) zusammengefasst wurden. DREHER & DREHER meinen hingegen, dass die Jugendlichen damit Bereiche ansprechen, in denen sie Defizite und offene Probleme in der Erwachsenengesellschaft sehen und erfahren. Sie sehen dies als eine Möglichkeit zu erklären, wie neue Entwicklungsaufgaben entstehen, bzw. wo sie herkommen. Dies würde außerdem bedeuten, dass Defizite und Konflikte innerhalb der gesellschaftlichen Anforderungen nicht nur neue, widerständige Bearbeitungen, sondern ganz neue Entwicklungsaufgaben generieren.

DREHER & DREHER verstehen die Entwicklungsaufgabe also nicht mehr nur als eine gesellschaftlich gesetzte Norm, die erfüllt werden muss, sondern als eine Fähigkeit, die erworben werden muss, um mit gesellschaftlichen Realitäten und Problemen fertig zu werden.

Die Veränderung der Entwicklungsaufgaben, die Jugendliche zu bewältigen haben, sind aber nicht nur durch veränderte gesellschaftliche Realitäten zu erklären, sondern lassen auch Veränderung durch widerständige, nicht gesellschaftskonforme Lösungen vermuten.

Für die Generation der Großeltern oder sogar Eltern noch undenkbare Bearbeitungen, wie Auszug unverheirateter Paare aus der elterlichen Wohnung, sexuelle Freizügigkeit (Hippiebewegung) oder die provokante Demonstration von Unangepasstheit, wie bunte Haare (Punks) oder schrille Bekleidung, werden heute gesellschaftlich kaum noch beachtet oder kommen gerade im Modebereich sogar *en vogue*.

2.1.3 Das überarbeitete Konzept der Entwicklungsaufgabe

Trotz der gezeigten Schwächen, die die Theorie von HAVIGHURST hat, verbindet sein Ansatz die biologische Entwicklung und die Entwicklung als Übernahme von soziokulturellen Normen in einer sinnvollen Erklärung. Deshalb wurde HAVIGHURSTs Konzept von OERTER und MANDL (1977) wieder aufgegriffen, um die kognitive Entwicklung in der Schule als Regelungsprozess zwischen individuellen Fähigkeiten und schulischen Anforderungen zu beschreiben. OERTER (1978) stellt die Entwicklungsaufgabe als einen Punkt dar, der auf einer Strecke zwischen individueller Fähigkeit und soziokultureller Entwicklungsnorm liegt. Diese Strecke bzw. Distanz zwischen Norm und Fähigkeit kann unterschiedlich groß sein. In jedem Fall aber entscheidet das Individuum, auf welchem Punkt dieser Strecke es die Aufgabe bearbeiten will.

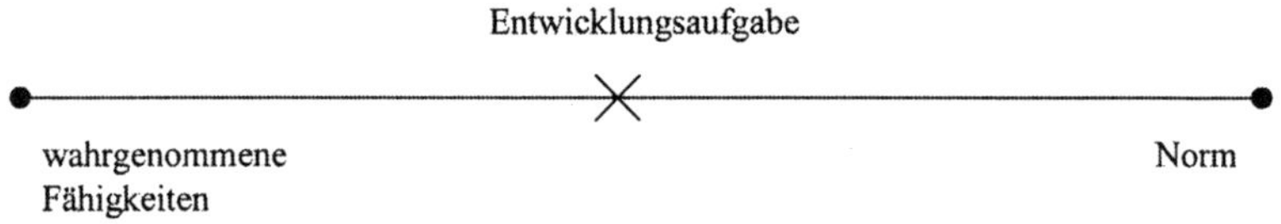

Abb. 2.1: Die Entwicklungsaufgabe als individuelle Setzung zwischen individuellen Fähigkeiten und gesellschaftlicher Norm nach OERTER (1978: 75)

Diese individuelle Setzung des Individuums, wieweit es eine vorgegebene Norm erfüllen will, wurde über die Entwicklungsaufgabe des schulischen Lernens hinaus ausgeweitet. Durch weitere Bearbeitung des Konzepts wurde die bereits angesprochene Schwäche in der Theorie von HAVIGHURST beseitigt, nämlich, dass Entwicklungsaufgaben nicht individuell bearbeitet und verändert werden können. Durch die Einführung einer Individuum-Gesellschaft-Rückkopplung wurde die Möglichkeit berücksichtigt, dass durch die individuelle Bearbeitung von Entwicklungsaufgaben auch die Entwicklungsnorm verändert wird.

Diesem Umstand wird im derzeit gängigen Strukturmodell der Entwicklungsaufgabe Rechnung getragen:

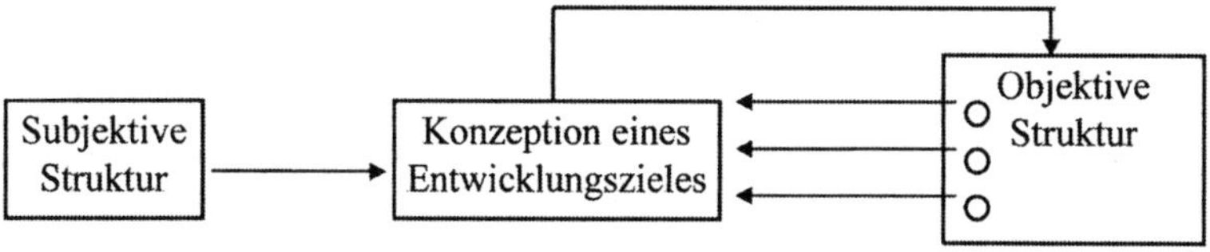

Abb. 2.2: Struktur der Entwicklungsaufgabe nach OERTER/MONTADA (1998: 121)

> Die subjektive Struktur entspricht dem jetzigen Entwicklungsstand erreichter Handlungskompetenzen, die objektive Struktur bietet Ausschnitte von Handlungsmöglichkeiten an, die normativ mit bestimmten Lebensperioden verknüpft sind (soziokulturelle Entwicklungsnormen). [...] Die Diskrepanz zwischen objektiver und subjektiver Struktur lässt dem Individuum die Veränderung des jetzigen Zustands wünschenswert erscheinen. Es wählt aus der objektiven Struktur die Aspekte aus, die seiner derzeitigen Entwicklungssituation entsprechen und formuliert Zielsetzungen für die nahe oder entfernte Zukunft. (OERTER/MONTADA 1998: 122)

Auch hier ist das Lösen einer Entwicklungsaufgabe nicht nur die Übernahme einer gesetzten Norm, sondern eher die Erweiterung von Handlungskompetenzen für die Bewältigung gesellschaftlicher Realitäten.

Das Konzept der Entwicklungsaufgabe ist geeignet, individuelle Entwicklung im Rahmen gesellschaftlicher Normen sinnvoll zu deuten. Es erklärt, warum es Aufgaben gibt, die sich allen Jugendlichen verbindlich stellen. Es erklärt auch, warum die Biografien dieser Menschen trotzdem einmalig bleiben, weil die Art, wie die Entwicklungsaufgaben bearbeitet werden, von der individuellen Struktur der Person, ihren Fähigkeiten, Wünschen, Interessen, Selbstbeschreibungen und vielem mehr abhängig ist.

Es eröffnet die Möglichkeit, Entwicklung nicht nur als Resultat biologischer Reifung oder vergangener Ereignisse zu sehen, sondern als ein Vorwegnehmen künftiger Geschehnisse, als Motor menschlicher Bemühungen.

In Hinblick auf die Didaktik bedeutet dies, dass es eine Art von Curriculum des Jugendalters gibt, das jeder Jugendliche individuell erfüllt in dem Bemühen, sich weiterzuentwickeln. Dies eröffnet die Möglichkeit zu verstehen, was Jugendliche lernen wollen, ohne ausschließlich auf die Suche nach teilweise kurzlebigen Interessen gehen zu müssen.

Die Bildungsgangforschung hat sich das Konzept der Entwicklungsaufgabe zu Nutze gemacht, um es auf schulisches Lernen zu übertragen und Lernen als Lösung von schulischen Entwicklungsaufgaben zu rekonstruieren.

2.2 Entwicklungsaufgaben in der Bildungsgangforschung

Das Konzept der Bildungsgangforschung stammt ursprünglich aus der Evaluation des nordrhein-westfälischen Kollegschulversuchs, der allgemeine und berufliche Bildung in der Sekundarstufe II in einem doppelqualifizierenden Bildungsgang zusammenbrachte (BLANKERTZ 1986). In diesem Kollegschulversuch liefen so unterschiedliche Bildungsgänge zusammen (Abitur, zahlreiche Berufsausbildungen), dass evaluative Kriterien für den Erfolg des Versuches schwer zu finden waren. Da sich die zahlreichen Curricula in mehreren beteiligten Schulen in ihrer Wirkung nur schwer überprüfen lassen würden, wurde als Kriterium für die Untersuchung die Kompetenzentwicklung der Schülerinnen und Schüler ausgewählt. Es wurde versucht, die Bildungsgänge der Schülerinnen und Schüler zu rekonstruieren und zu fragen, in welchen Stufen und in der Bearbeitung welcher Probleme sich die Lernenden die Kompetenz aneignen, die sie für ihr angestrebtes Bildungsziel brauchen, und inwieweit das Bildungsangebot in Form der Curricula dabei hilfreich ist.

Auf der Suche nach einem Modell, welches zur Abbildung von Kompetenzentwicklung sinnvoll sein könnte, wurde von den Evaluatoren das Konzept der Entwicklungsaufgabe als ursprüngliche Lernaufgabe auf das fachliche Lernen ausgeweitet.

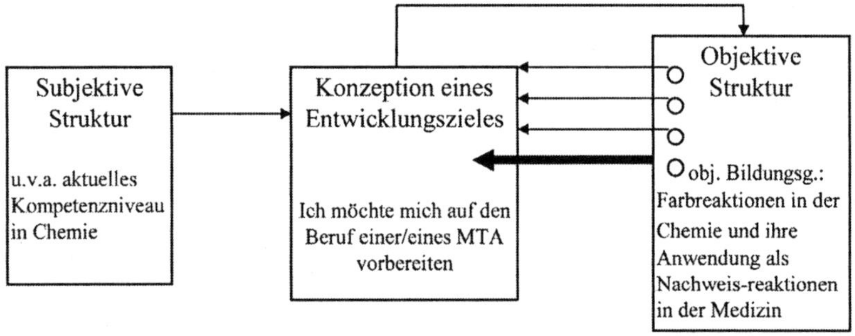

Abb. 2.3: Parallelisierung der Entwicklungsaufgabe „Beruf" mit einer Lernaufgabe im Chemieunterricht

In der zuvor skizzierten „Momentaufnahme" stellt sich der Bildungsgang der Lernenden in einer subjektiven und einer objektiven Struktur dar, deren vermittelndes Element das angestrebte Bildungsziel (hier Berufswunsch MTA) des jeweiligen Lernenden ist.

Die *objektive Struktur* des Bildungsgangs ist das institutionalisierte Lernangebot in Form von Schulstufen, Fächern oder Curricula, der durchgeführte Unterricht und die Bedingungen, unter denen er stattfindet, z.B. Größe der

Räume sowie soziale Herkunft der Lerngruppen, ihre Fähigkeiten und Ansprüche. Die *subjektive Struktur* ist die aktuelle Kompetenz des Individuums, die Fähigkeit, mit diesen objektiven Bedingungen fertig zu werden, die Lernangebote zu nutzen und sie sich auf seine jeweilig einmalige Weise zu Eigen zu machen, oder sie zurückzuweisen. Die Gemeinsamkeit oder Diskrepanz zwischen objektivem und subjektivem Bildungsgang ist der Motor für die Bemühungen des Lernenden, die aktuelle subjektive Struktur zu verändern. Er wählt aus dem Lernangebot die Aspekte aus, die zur Lösung einer seiner derzeitigen Entwicklungsaufgaben hilfreich erscheinen und formuliert bewusst oder unbewusst Entwicklungsziele für die nahe oder entfernte Zukunft.

In der Evaluation des Kollegschulversuchs wurde für jeden Bildungsgang die übergreifende Entwicklungsaufgabe der Berufsausbildung in eine Sequenz von bewältigbaren Entwicklungsaufgaben zerlegt, die schrittweise und aufeinander aufbauend zum jeweiligen Bildungsziel hinführen, (siehe GRUSCHKA, KORDES, MEYER, SCHENK in BLANKERTZ 1986) und rekonstruiert, wie die Lernenden diese Entwicklungsaufgaben lösen. Da die Jugendlichen die Entwicklungsaufgaben zwar individuell lösten, es alle jedoch mit der gleichen objektiven Struktur zu tun hatten, war die Zahl der möglichen Lösungen nicht unbegrenzt. So konnte evaluiert werden, in welchem Maße der Unterricht die entsprechenden Entwicklungsaufgaben aufgriff und entsprechende Lösungswege mitstrukturieren konnte.

Zum Beispiel wurden für den Bildungsgang Erzieherin bzw. Erzieher vier (Teil-)Entwicklungsaufgaben formuliert (GRUSCHKA 1986: 78):

- Das Modell der zukünftigen Berufsrolle: Welche Erwartungen habe ich an den Beruf? Welche Motive habe ich?
- Das Modell des Adressaten: Perspektivwechsel vom „Erzogenen" zum Erzieher. Entwickeln eigener Zugänge zu Kindern und Jugendlichen.
- Das pädagogische Handlungsmodell: Ziele pädagogischen Handelns werden präzisiert.
- Das Modell der Professionalisierung: Bilanzierung der eigenen Qualifikation in Hinblick auf die Berufspraxis.

Am Beispiel dieses Bildungsgangs soll ein weiterer Punkt deutlich gemacht werden, der das Konzept der Entwicklungsaufgabe für die Didaktik wertvoll macht: der *teachable moment*.

HAVIGHURST postuliert, dass die jeweiligen Entwicklungsaufgaben zu einer bestimmten Zeit im Leben eines Menschen bearbeitet werden müssen, wenn sie gute Ergebnisse zeigen sollen. Zu einem früheren oder späteren Zeitpunkt ist die Lösung der Entwicklungsaufgabe mühsamer und von geringerem Erfolg gekrönt.

> When the body is ripe, and the society requires, and the self is ready to achieve a certain task, the teachable moment has come. (HAVIGHURST 1972: 7)

Das bedeutet, wenn ein Jugendlicher bereit ist, eine Entwicklungsaufgabe zu lösen, kann man ihn in seiner Weiterentwicklung durch geeignete Bildungsangebote unterstützen, weil er gerade dann an entsprechender Information interessiert ist. Umgekehrt kann man am Beispiel des Bildungsgangs Erzieher-/Erzieherin sehen, dass jemand, der noch stark damit beschäftigt ist, seine Rolle als zukünftiger Erzieher zu finden, noch nicht bereit dafür ist, das Kind mit all seinen Interessen, Eigenheiten usw. wahrnehmen. Erst nachdem die eigene Rolle klar ist, kann der Adressat wahrgenommen werden. Zum Zeitpunkt des beginnenden Perspektivwechsels ist der *teachable moment,* der Zeitpunkt eines entsprechenden Bildungsangebots gekommen.

In der Untersuchung technisch-naturwissenschaftlicher Bildungsgänge (SCHENK 1986) wurde vor allem die Entwicklung fachlicher Kompetenz und Identität nachgezeichnet, obwohl auch die Entwicklungsaufgaben der gesellschaftlich-politischen Mündigkeit (EA WERTE) und der überfachlichen Identitätsbildung (EA SELBST) in die Betrachtung eingeschlossen wurden. Die Entwicklung der fachlichen Kompetenz wurde in Teilaufgaben zerlegt, die sich über eine zunehmend wissenschaftliche Konzeptionalisierungsfähigkeit in den verschiedenen Bereichen der Physik auszeichnen (siehe Kapitel 2.4).

Untersucht wurde die Kompetenzentwicklung bzw. Lösung der jeweiligen Entwicklungsaufgaben, indem Evaluationsaufgaben entwickelt wurden, die die individuellen Lösungen der Lernenden sichtbar werden ließen (siehe Kapitel 4.4).

Dabei zeigte sich, dass Lernprozesse immer da gelangen, wo die vom objektiven Bildungsgang herangetragenen Aufgaben vom Lerner bewusst oder unbewusst angenommen, für sich als bedeutsam empfunden und in individueller Weise abgearbeitet wurden, also an den Stellen, an denen objektiver und subjektiver Bildungsgang zur Deckung gebracht werden konnten. Kompetenzzuwachs wurde da sichtbar, wo vom Lernenden tragfähige Lösungen von Entwicklungsaufgaben erarbeitet worden waren.

Beispiele aus der Studie zum Physiklernen (SCHENK 1984) sollen das verdeutlichen.

Für die Entwicklungsaufgabe des fachlichen Lernens *Prüfen, ob „die Physik" auf die Wirklichkeit, in der wir leben, anwendbar ist,* fand SCHENK drei Entwicklungsziele bei den Lernenden:

- Man darf gar nicht versuchen, etwas zu verstehen, man muss es einfach nur lernen.
- Man kommt bei Problemen in der Wirklichkeit mit dem „Alltagsverstand" weiter; man muss nur wissen, welche physikalischen Formeln man bei welchen Fragestellungen anwenden muss.
- Physik kann helfen, die Wirklichkeit in neuen übergreifenden Zusammenhängen zu sehen und zu strukturieren.

Für eine Entwicklung fachlicher Kompetenz im Sinne eines verständigen Bemühens, Physik zu lernen, zeigte sich nur das dritte Entwicklungsziel als tragfähig. Nur so gelang ein Zusammenführen objektiver Ansprüche und subjektiv bedeutsamer Ziele. Die Bildungsbemühungen der Lernenden führten damit zur Erweiterung sowohl der fachlichen wie auch der persönlichen Identität.

Deutlicher wird dies in der Definition des Kompetenzbegriffs in der Bildungsgangdidaktik.

2.3 Was ist Chemische Kompetenz?

2.3.1 Der Kompetenzbegriff in der Bildungsgangdidaktik

In der Bildungsgangdidaktik versteht man unter Kompetenz im Sinne des Sprachwissenschaftlers CHOMSKY (vgl. HEURSEN 1983: 472-478) ein kognitives Regelsystem, mit dessen Hilfe ein Mensch sinnvolle sprachliche und andere Handlungen generieren kann. Die Kompetenz ist eine dem Forschenden nicht direkt zugängliche, kognitive Tiefenstruktur, die von der Performanz, der empirisch wahrnehmbaren Oberflächenstruktur des menschlichen Handelns, unterschieden werden muss.

Welche Anteile der kognitiven Tiefenstruktur jeweils in wahrnehmbare Handlungen umgesetzt werden, wird durch ein weiteres Regelsystem bestimmt: die Transformation. Dieses Regelwerk zwischen Kompetenzstruktur und Performanzebene folgt individuellen Mustern (Motivation, Intentionalität, Wissensbestand) und gesellschaftlichen Bedingungen (Normen, soziale Handlungserwartungen, institutionalisierte Kommunikationsmuster). Die Rekonstruktion des beschriebenen Regelsystems trägt zur Klärung der Frage bei, wie es zu individuell verschiedener Performanz kommt.

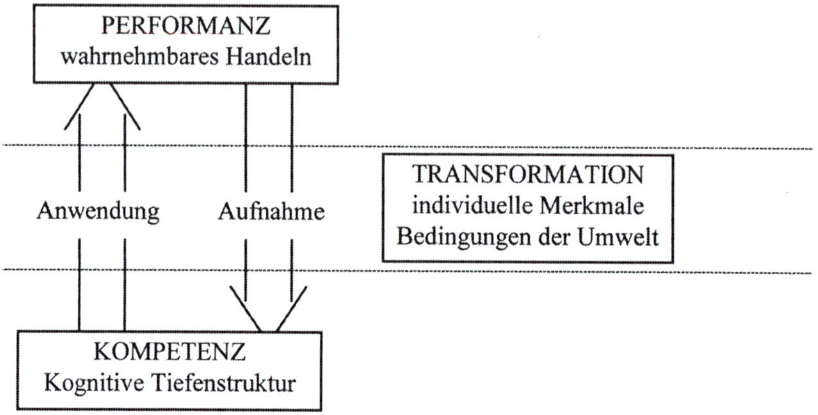

Abb. 2.4: Kompetenz-Performanzmodell (vgl. HEURSEN 1983: 472-478)

Geht man davon aus, dass Transformationsprozesse darüber entscheiden, welche Teile der Kompetenz in einer bestimmten Situation zur Anwendung kommen, ist es logisch anzunehmen, dass die Transformation auch die Wahrnehmung der Umwelt und deren Reaktion auf das gezeigte Handeln bestimmt. Genauso, wie die Anwendung der aktuellen Kompetenz eines Menschen durch die Transformation seiner individuellen Ziele, Wünsche, Erwartungen gesteuert wird, wird die Wahrnehmung der Umwelt durch diesen Filter geleitet und bestimmt somit, was in die Tiefenstruktur aufgenommen wird.

In der handelnden Auseinandersetzung mit seiner Umwelt erweitert der Mensch seine individuelle Kompetenz. Betrachtet man die Kompetenzentwicklung im schulischen Lernen, wird die Wichtigkeit der Transformationsebene als der Bereich deutlich, in dem pädagogisches Handeln wirksam wird.

Der Aufbau kognitiver Strukturen durch den Lerner im handelnden Umgang mit der Umwelt setzt voraus, dass die Umwelt für den Lerner eine Bedeutung hat und sich nicht als überkomplexe Realität darstellt, sondern als strukturierter Ausschnitt. Das heißt, dass Unterricht die Komplexität von Umwelt reduzieren und dem Wissensbestand der Lernenden Rechnung tragen muss. Gleichzeitig muss berücksichtigt werden, dass die Wahrnehmung der dargebotenen Lerninhalte auf eine jeweils individuelle Art geschieht.

Von der persönlichen Struktur hängt ab, was der jeweilige Lerner wahrnimmt, und was er als bedeutsam für seine Handlungspläne empfindet, um es in seine bestehende Kompetenz einzugliedern oder diese sogar umzustrukturieren. Teile des Lernangebots können zunächst zu den bestehenden Kompetenzen hinzugefügt werden, ohne eine Veränderung der grundlegenden Strukturen notwendig werden zu lassen (siehe PIAGET: Assimilation). Durch andere

Lernangebote kann es dagegen beim Lernenden zu einer Umstrukturierung seiner Kompetenz im Sinne der Piaget'schen Akkommodation kommen und eine erweiterte Kompetenz kann erworben werden. Im dritten Fall werden einzelne Kenntnisse und Fähigkeiten erworben, die man unter dem Gesichtspunkt des propädeutischen Lernens sehen kann. Man erwirbt Wissen in der Hoffnung, es später, bei veränderter Kompetenz, einmal verstehen und gebrauchen zu können. Jeder hat wohl schon einmal erlebt, wie sich einzelne Wissensfragmente in einem plötzlichen „Aha-Erlebnis" zu einem verstandenen Ganzen zusammenfügen.

Die Einzelfähigkeiten können aber auch im Transformationsprozess zwischen Erwartungen des Lehrenden und dem Wunsch des Lernenden, diesen Anforderungen gerecht zu werden, hilfreich sein. Die Performanz von Einzelwissen des Lernenden kann dabei die schulischen Anforderungen angemessen erfüllen, ohne dass das Wissen in sinnvolle Bezüge eingebunden ist und in der außerschulischen Auseinandersetzung mit der Welt angewendet werden kann. Diese Art von Wissen wird deshalb häufig wieder vergessen, wenn den schulischen Anforderungen, z.B. in Klausuren, genüge getan ist. Der Lernende zeigt hier seine Rollenkompetenz als Schülerin oder Schüler, nicht die fachliche Kompetenz im entsprechenden Unterrichtsfach. Die gezeigten (sprachlichen) Handlungen können nicht nur unverbunden neben der Kompetenz des Lernenden liegen; sie können sogar der individuellen Kompetenz entgegenstehen.

Wie hängen nun Lernen und Kompetenzentwicklung zusammen?

Kompetenz ist eine kognitive Tiefenstruktur, mit deren Hilfe ein Individuum seine Umwelt wahrnimmt und sinnvoll in ihr agiert. Durch die Interaktion mit der Umwelt verändert sich diese Struktur: Das Individuum lernt. Oder umgekehrt:

> Lernen ist eine dauerhafte und verbindliche, sukzessive Erweiterung und Umgestaltung von Kompetenz in der Auseinandersetzung des Individuums mit seiner natürlichen und sozialen Umwelt (mit der Erweiterung des schulischen Lernens) und dem Erwerb von Kenntnissen und Fertigkeiten im Bereich der einzelnen Unterrichtsfächer. (HERICKS 1993: 59)

Kompetenzentwicklung heißt also nicht nur Anhäufung von Wissensbestandteilen, sondern eine Erweiterung zukünftiger Handlungsmöglichkeiten, die vom Erwerbszusammenhang des Wissens weitgehend losgelöst sind und zu eigenen Handlungsplänen herangezogen werden können. Dabei ist zu beachten, dass diese Entwicklung nicht durch äußere Einflüsse gezielt steuerbar ist.

Was bedeutet dies aber wiederum für das schulische Lernen? Sind Lerninhalte dadurch beliebig? Lernt jeder Mensch dann nur das, was er individuell wahrnimmt und als bedeutsam empfindet? Diese Fragen führen zurück auf die Übertragung des Konzepts der Entwicklungsaufgaben auf das schulische Lernen.

Dort, wo vom objektiven Bildungsgang gefordertes Wissen in die subjektiven Handlungspläne eingeordnet werden kann, die zur Lösung von Entwicklungsaufgaben nötig sind, findet Kompetenzentwicklung statt.

2.3.2 Chemische Kompetenz

Wenn im Folgenden von chemischer Kompetenz gesprochen wird, so ist damit der Teil der Gesamtkompetenz eines Menschen gemeint, der beschreibt, über welches Wissen und welche Fähigkeiten dieser Mensch im Bereich Chemie verfügt, und wie er diese Kenntnisse in seinem Handeln in der Welt einsetzen kann und will.

Zweckmäßigerweise beschränke ich mich auf diejenige chemische Kompetenz, über die die Lernenden zu Beginn der Sekundarstufe I bereits verfügen, und jene, die sie durch den Unterricht in diesem Abschnitt ihres Bildungsgangs erwerben sollen. In diesem Ausschnitt ist die „Chemie" hauptsächlich als Unterrichtsfach zu sehen, nicht als angewandte Wissenschaft und Technik mit großer Bedeutung für Gesellschaft und Umwelt.

Um die Kompetenzentwicklung der Schülerinnen und Schüler im Fach Chemie einschätzen zu können, eignen sich Dimensionen der Fachkompetenz, die SCHENK (1986) für das Physiklernen ausgearbeitet hat, und die hier auf das Chemielernen der Sekundarstufe I übertragen werden:

a) Konzeptuale Dimension: Herstellung gültiger Relationen zwischen Phänomenen und Prozessen. Fähigkeit zur Rekonstruktion und Konstruktion von Fachsystemen. Begrifflicher Umfang und Qualität der Lernertheorie.

b) Formale Dimension: Gebrauchswissen, Regeln, Routinen.

c) Reflexive Dimension: Sinn des Handelns, Besonderheiten des Argumentierens.

Zu a): Die konzeptuale Dimension beschreibt die Konzeptualisierungsfähigkeit der Lernenden in den Bereichen Stoffkonzept, Konzept der chemischen Reaktion und Teilchenkonzept. Diese Dimension soll also zunächst die „Theorien" erfassen, mit denen sich die Schülerinnen und Schüler chemische Phänomene und Prozesse erklären. Im weiteren Verlauf ihres Bildungsgangs soll dann erfasst werden, wie sich diese „Lernertheorien" den derzeitig gültigen wissenschaftlichen Theorien, Modellen und Erklärungen annähern und wie sie sich dabei verändern.

Dass hier von „Theorien" gesprochen werden darf, die die Lernenden haben, begründet HERICKS (1993) ausführlich, indem er die Forschungstätigkeit des Wissenschaftlers mit dem Bemühen von Lernenden vergleicht, sich (in diesem Fall) chemisches Wissen anzueignen.

Was leitet den Wissenschaftler an?	**Was leitet die Lernenden an?**
Anerkannte Theorien, die das Handeln von Experten im Forschungszusammenhang anleiten.	*Alltagstheorien sind generative Strukturen, die das Beobachten, Erklären und Handeln physikalisch* (chemisch) *ungeschulter Erwachsener in alltäglichen Situationen anleiten* (SCHENK 1984: 114). *Sie sind kognitive Strukturen und korrespondierende Sprachmuster, die sich in diesen Alltagssituationen ständig bewähren. Das heißt, sie sind zutreffend auf Realität, sie sind logisch gültig [...]*
Aus den Theorien abgeleitetes Paradigma („Spielregeln", Sicht auf die Welt) zur Verständigung der Experten untereinander.	*und sie haben eine soziale Geltung – sie sichern sprachliche Verständigung zwischen allen vernünftigen Erwachsenen und müssen von allen Kindern erworben werden, wenn sie in den Kommunikationszusammenhang der Erwachsenen aufgenommen werden wollen* (SCHENK 1984: 116).

Eine Alltagstheorie ist also keine defizitäre Sicht der Welt, sondern eine notwendige Grundlage, um sich über diese Kommunikationsbasis eine erweiterte Sicht der Welt anzueignen. Sie ist auch nicht falsch, da sie sich ja offensichtlich im täglichen Handeln in der Welt bewährt, sondern ist nur eingeschränkter gültig als es übergreifende wissenschaftliche Theorien sind. Da auch wissenschaftliche Theorien in ihrer Weiterentwicklung aufeinander aufbauen, und die jeweils genauere oder umfassendere Theorie die vorherige ablöst, ist es sinnvoll anzunehmen, dass auch die Lernenden, wenn sie dazu angeregt werden, eine alte Theorie um eine umfassender gültige – und damit wissenschaftsnähere – Theorie ergänzen. Die „Alltagstheorie" wird dadurch nicht überflüssig, sondern bleibt Basis der Kommunikation mit chemisch ungeschulten Menschen.

Zu b): Die formale Dimension beschreibt die Formalisierungsfähigkeit, die professionelle Verfügung über Regeln und Gebrauchswissen. Dazu gehören z.B. die Elementsymbole, das Formulieren von Reaktionsgleichungen, Aufbau und räumliche Struktur von Molekülen, typische Reaktionsmechanismen und vieles mehr. Dieser formalen Dimension wird üblicherweise im Chemieunterricht ein hoher Stellenwert zugeschrieben. Das Beherrschen der Regeln entlastet bei der Problemlösung, weil manche Dinge nicht wieder konzeptionell entwickelt werden müssen. Andererseits kann der Rückzug auf Formalismen die Konzeptualisierungsfähigkeit stark beeinträchtigen, weil die fachlich korrekte Rede vom Verstehensprozess hinter dem Fachterminus abgespalten werden kann.

Zu c): Die reflexive Dimension beschreibt den Sinn, den der Lerner in seinem Bemühen, Chemie zu lernen, konstituiert.

Sie gibt die Einstellung zur Chemie und zum eigenen Chemielernen wieder, die sich parallel zu den fachlichen Fähigkeiten verändert. Sie kann von totaler Abspaltung des Lernens von den eigenen Zielen („Chemie ist gefährlich, unverständlich, und ich möchte nichts davon wissen.“) bis zu einer wissenschaftlich reflektierten Sicht der Welt („Die besondere Sichtweise der Chemie ist dazu geeignet, mir Sachverhalte aus meiner Umwelt zu erklären, die anders nicht zu erklären sind.“) reichen. Sie beschreibt also, wie fachliche Fähigkeiten an persönliche Bedürfnisse gebunden sind oder diesen entgegenstehen.

Wie kann nun im Chemielernen der Sekundarstufe I chemische Kompetenz erworben werden? Geht man weiter davon aus, dass sich Kompetenzerwerb in der Lösung von Entwicklungsaufgaben vollzieht, ist zunächst zu fragen, wie „chemische Entwicklungsaufgaben“ aussehen könnten.

2.3.3 Chemische Entwicklungsaufgaben

Setzt man voraus, dass die von DREHER & DREHER (1985) empirisch festgestellten Entwicklungsaufgaben auch heute noch Gültigkeit besitzen, so ist zu fragen, bei welchen dieser Aufgaben die Schülerinnen und Schüler chemische Kompetenz als hilfreich und erstrebenswert empfinden. Da sich die Jugendlichen ihrer Entwicklungsaufgaben nicht zwangsläufig bewusst sind, wäre eine direkte Befragung relativ künstlich und dadurch wenig hilfreich. Fasst man aber Interessen von Jugendlichen an Chemie als von diesen konzeptionalisierte Lern- und Bildungsziele auf, so kann man umgekehrt herangehen und aus den Ergebnissen der Interessenforschung Hinweise auf chemische Entwicklungsaufgaben bekommen.

In der Tat lassen sich die Befunde zu Interessen Jugendlicher an Chemie als Deutungen von Entwicklungsaufgaben interpretieren und geben erste Hinweise darauf, wo chemische Entwicklungsaufgaben liegen könnten:

EA ROLLE: Geschlechtsrolle finden

Mädchen lehnen die Fächer Chemie und Physik stärker ab als Jungen, weil Anforderungen und Aufgaben mit der Geschlechterrolle nicht kompatibel sind. Hinzu kommt, dass geschlechtsspezifische Sachinteressen unberücksichtigt bleiben. Hier scheinen die fachlichen Lernaufgaben in Chemie der Entwicklungsaufgabe der Mädchen entgegenzustehen.

EA ZUKUNFT: Entwicklung einer Zukunftsperspektive

Entscheidend für das Fachinteresse an Chemie ist das Fähigkeitsselbstkonzept. Die meisten Schüler erleben eine Diskrepanz zwischen Anforderungen und Lernchancen des Unterrichts und ihren Entwicklungszielen. Da naturwissenschaftliche Fächer als schwierig gelten, wagen nur die begabteren Schüler diese Kurse zu wählen.

Auch hier stehen die hohen Anforderungen und die Komplexität des Unterrichtsstoffes der Entwicklungsaufgabe entgegen, da die meisten Lernenden keine Hoffnung haben, chemische Inhalte verstehen und in ihre Handlungspläne einbinden zu können. Dieser Umstand steht auch der EA SELBST (Wissen, wer man ist und was man sein will) entgegen, da die Lernaufgaben nur für diejenigen Jugendlichen identitätskonform sind, für die der Lernstoff verständlich ist und damit auch für persönliche Ziele relevant werden kann.

EA BERUF: Wissen, was man werden will

TODT (1987) hat in seiner Arbeit gezeigt, dass es für das Schülerinteresse sehr bedeutsam ist, ob ein Thema im Hinblick auf Berufswünsche Nutzen verspricht. Da sich die meisten Schüler – und vor allem die Schülerinnen – kaum Berufe mit Chemie vorstellen können, ist ein Interesse in diese Richtung meist eliminiert. Auch hier stehen sich Lernaufgabe und Entwicklungsaufgabe entgegen.

EA KÖRPER: Akzeptieren der eigenen körperlichen Erscheinung

Vor allem die Schülerinnen äußern in Chemie Sachinteressen wie: Körper, Gesundheit, Ernährung, Kosmetik. Hier läge also eine Chance, Lernaufgaben in Chemie anzubieten, die die Jugendlichen eventuell für die Lösung ihrer Entwicklungsaufgabe hilfreich finden könnten.

EA WERTE: Entwicklung einer eigenen Weltanschauung

Die Jugendlichen nennen hier Sachinteressen wie chemietechnische Anwendungen und deren Nutzen und Gefahren für die Umwelt. Hier könnte die entsprechende Lernaufgabe, die ja auch vom Curriculum gefordert wird, der Aufbau eines *chemischen Weltbilds* sein. Wenn die einzelnen Produkte, die die Lernenden interessieren, als Stoffe gesehen werden können, die sich umbilden, in Kreisläufe eingebunden sind usw., kann das Wissen vom konkreten Gegenstand, z.B. Kosmetik, Waschmittel o.ä., auf weiter gefasste Dinge übertragen werden.

Da aber hinter einem Interesse für Chemie mehrere und wechselnde Entwicklungsaufgaben stehen können, sind auch andere Felder denkbar. Vielleicht zeigt sich ein Chemieinteresse, weil Peers, mit denen Kontakt gesucht wird, Interesse an Chemie haben (Kurswahlverhalten). Zusammenhänge zwischen Inhalten des Chemieunterrichts und den Entwicklungsaufgaben, die mit dem Intimleben, der Partnersuche und der Ablösung von der Familie zu tun haben, sind dagegen eher unwahrscheinlich.

HERICKS (1993), der das Physiklernen von Jugendlichen in der Sekundarstufe II untersucht hat, hat den Entwicklungsaufgaben BERUF und WERTE eine kompetenzfördernde Bedeutung zugeschrieben. Dies trifft sicher auch für das Lernen im Fach Chemie zu.

Für das Chemielernen könnten sich mit Einschränkungen auch die Entwicklungsaufgaben ROLLE und KÖRPER positiv auf die Kompetenzentwicklung auswirken. Da der Entwurf einer Zukunftsperspektive bei Jugendlichen der Sekundarstufe I zunächst auf eine weiterführende schulische Laufbahn oder Berufsausbildung gerichtet ist, scheint es sinnvoll, diese Entwicklungsaufgabe unter dem Aspekt der beruflichen Zukunft zu betrachten.

Für das Chemielernen der Sekundarstufe I können also folgende hypothetische, für die Kompetenzentwicklung in diesem Fach förderliche Entwicklungsaufgaben beschrieben werden:

BERUF/ZUKUNFT

- Wissen, in welchen Berufen chemische Kenntnisse gebraucht werden.
- Wissen, welche chemischen Berufe es vor allem auch für Frauen gibt.
- Wissen, welche Zukunftsaussichten diese Berufe haben.

WERTE

- Wissen, welche Bedeutung chemische Prozesse im Stoff- und Energiekreislauf der Erde haben.
- Wissen, welche Gefahren und welcher Nutzen in chemietechnischen Anwendungen liegen können.
- Wissen, wie man als politischer Bürger Einfluss nehmen kann.
- Wissen, welche chemischen Erfindungen Einfluss auf gesellschaftliche Entwicklungen hatten und haben.
- Wissen, wie man als Verbraucher umweltbewusst handeln kann.
- Wissen, wie man chemische Kenntnisse in Hobby und Freizeit gebrauchen kann.

KÖRPER

- Wissen, welche Bedeutung chemische Prozesse im menschlichen Körper haben.
- Wissen, wie (chemische) Stoffe dem Körper helfen und schaden können.

ROLLE

- Wissen, dass die Beschäftigung mit Chemie nicht nur eine Männerdomäne war und ist.
- Wissen, dass chemische Kenntnisse auch in klassischen weiblichen Domänen nützlich sein können (Ernährung, Kosmetik ...).

Da die Deutung von Entwicklungsaufgaben durch die Jugendlichen aber sehr viel variantenreicher sein dürfte als diese Aufzählung, sind vielfältige Möglichkeiten denkbar, wo eine Lernaufgabe in Chemie als hilfreich für die Lösung einer Entwicklungsaufgabe empfunden wird und so die Kompetenzentwicklung im Fach gefördert wird.

Durch die Erforschung individueller Lernerbiografien muss herausgefunden werden, ob es die genannten chemischen Entwicklungsaufgaben gibt, um die objektiven Bildungsgänge so zu konstruieren, dass sie anderen Jugendlichen eine subjektive Sinngebung erleichtern. Deshalb wird in dieser Arbeit versucht, Lernprozesse in Chemie bei einigen Jugendlichen nachzuzeichnen und daraufhin zu untersuchen, warum sie gelungen sind oder nicht.

Das Konzept der Bildungsgangforschung bietet eine Erklärung dafür, dass Chemieunterricht trotz aller Bemühungen nur wenige Lernende erreicht, da in diesem Fach der objektive Bildungsgang mit dem subjektiven Bildungsgang häufig nicht zur Deckung gebracht werden kann. Die Lernaufgaben im Chemieunterricht können von den meisten Schülerinnen und Schülern nicht als hilfreich für die Lösung ihrer Entwicklungsaufgaben erkannt werden oder stehen diesen sogar entgegen. Befunde aus der Interessenforschung unterstützen diese Behauptung. Dadurch, dass die Entwicklungsaufgaben, die der Motor für die Lernbemühungen der Jugendlichen sind, nicht im Angebot des fachlichen Lernens wiederzufinden sind, stagniert die Kompetenzentwicklung im Fach Chemie oder führt zu einer Abspaltung des fachlichen Lernens von den persönlichen Zielen.

Das Lernen im Bereich der Chemie dient dann ausschließlich der Erfüllung der Leistungsanforderung, die für einen angestrebten Bildungsabschluss notwendig ist. Ein Kompetenzerwerb in Chemie im Sinne einer erweiterten, subjektiv sinnvollen und objektiv angemessenen Handlungsfähigkeit wird nicht erreicht.

Es ist deshalb nötig, Bildungsbiografien von Jugendlichen zu erforschen, um aufzuklären, wo das fachliche Lernen von der kompetenzfördernden Wirkung der Entwicklungsaufgaben profitieren kann und wo chemische Entwicklungsaufgaben liegen könnten. Ein entsprechendes Bildungsangebot im Fach Chemie würde dann nicht nur die fachliche Kompetenzentwicklung fördern, sondern die Jugendlichen davon entlasten, ihre Identitätsentwicklung vom schulischen Lernen abspalten zu müssen.

3 Forschungsfeld: Der Schulversuch „Profilklassen“

3.1 Vorstellung des Schulversuchs

3.1.1 Ausgangspunkt für den Schulversuch

Die Schule, über die berichtet werden soll, ist eine große Hamburger Gesamtschule mit über 100 Lehrkräften und ca. 1200 Schülerinnen und Schülern in den Jahrgängen 5 bis 13. Es handelt sich um eine innovative Schule, die schon lange Schulentwicklung betreibt.

So richtete sie als erste Schule in Hamburg Integrationsklassen ein, in denen behinderte und nicht behinderte Schülerinnen und Schüler der Sekundarstufe I gemeinsam lernen. Die Lehrkräfte arbeiten dabei im Team mit Sozialpädagogen und -pädagoginnen.

In Zusammenarbeit mit einer nahegelegenen Gewerbeschule bietet sie ein „Berufs-Integrations-Modell“ an, wo Jugendliche in einem vierjährigen Bildungsgang sowohl das Abitur wie auch eine Berufsausbildung erhalten können.

Es gibt vielfältige Angebote und Neigungsgruppen für alle Altersstufen und Interessen, von denen hier nur der Schulzoo, der Schulzirkus, die Schülerbibliothek und eine Theatergruppe genannt werden sollen. Auch regelmäßige Projektzeiten im Schuljahr bieten Raum für die Neigungen der Jugendlichen. Eine eigene Berufsberatung kümmert sich um die nachschulischen Bedürfnisse der Jugendlichen.

Mehrere kleine Arbeitsgruppen des Lehrerkollegiums arbeiten an verschiedenen Unterrichtsreformen, z.B. im Bereich der Koedukation oder der Umsetzung des „Projekts integrierte naturwissenschaftliche Grundbildung“ (PING). Die vielfältigen Aktivitäten werden zur Zeit im Schulprogramm erfasst.

Der Schulversuch „Profilklassen“, der von den reformfreudigen Lehrkräften initiiert wurde, resultiert aus der Wahrnehmung, dass eine Kluft zwischen praktiziertem Unterricht und dem Erfolg des pädagogischen Handelns bestehe. Die Lehrkräfte meinten, dass ihr erzieherisches Wirken nicht mehr den Erfordernissen einer veränderten Gesellschaft bzw. einer veränderten Lebenswelt der Jugendlichen gerecht würde.

Auf Seiten der Schülerinnen und Schüler seien folgende Missstände zu beklagen:

- Mangelnde Sozialkompetenz (sozialer Egoismus, unangepasstes Sozialverhalten), ausgelöst durch einen Verlust an Geborgenheit und Selbstvertrauen, durch rückläufige soziale Einbindung der Jugendlichen in Familie und Peer Groups;
- Gleichgültigkeit, Unselbstständigkeit;
- Geringe Frustrationstoleranz, Verantwortungsbereitschaft und Eigeninitiative
- Zunehmendes Konkurrenzdenken;
- Mangelnder Bezug zu den Anforderungen des „nachschulischen Lebens".

Die Lehrkräfte verstanden diese Befunde als Herausforderung, denen sie durch Veränderung der Lernbedingungen begegnen wollten.

3.1.2 Erwartungen der Schule an den Schulversuch

Die neue Unterrichtsform sollte in der neunten und zehnten Jahrgangsstufe eingeführt werden, da hier die Probleme der Desintegration durch Leistungsdifferenzierung und die Notwendigkeit, die Jugendlichen auf das nachschulische Leben vorzubereiten, am drängendsten erschienen. Es sollten folgende pädagogisch-didaktische Maßnahmen getroffen werden:

a) Soziales Lernen fördern

Die äußere Leistungsdifferenzierung, also die Einteilung der Schülerinnen und Schüler einer Klasse in leistungsstärkere und leistungsschwächere Gruppen beginnt in der Gesamtschule in der sechsten Klasse mit den Fächern Englisch und Mathematik und nimmt in jeder Jahrgangsstufe weiter zu. Da außerdem eine Teilung der Klassen ohne Differenzierung, z.B. durch Wahlpflichtkurse, hinzukommt, werden an herkömmlichen Gesamtschulen in der neunten und zehnten Klasse nur noch ca. drei Stunden in der Woche im Klassenverband unterrichtet.

Um dieser Zersplitterung entgegenzuwirken und das soziale Lernen zu fördern, sollten nun stabilere soziale Bezugsgruppen geschaffen werden. Es sollte mehr Unterricht im Klassenverband erteilt und eine erzieherisch wirkende Bezugsperson eingesetzt werden. Die Zahl der in der Klasse unterrichtenden Lehrkräfte sollte insgesamt verringert und möglichst viel Unterricht durch die Klassenleitung erteilt werden.

b) Übernahme von Verantwortung für den eigenen Lernprozess initiieren

Obwohl an Gesamtschulen traditionell eine große Vielfalt an Wahlpflichtfächern angeboten wird, sollte den Interessen der Jugendlichen noch weiter entgegen gekommen werden.

Das Unterrichtsangebot im Schulversuch sollte den Lernenden die Möglichkeit geben, sich ihren Neigungen gemäß probeweise zu spezialisieren und mitzubestimmen, was sie lernen wollen. Die Lehrkräfte erhofften sich davon, dass die Relevanz dessen, was gelernt wird, sich nicht mehr nur über die Noten definiert, sondern zu einem weitgehend selbstbestimmten und eigenverantwortlichen Lernen führt.

c) Die Überbetonung des kognitiven Bereichs zurücknehmen

Auch wenn viele Gesamtschulen Phasen projektartigen Lernens in ihren Jahresplan integriert haben, bleiben diese meist auf eine oder zwei Wochen im Jahr beschränkt. Die zeitlich überwiegende, traditionell „kopflastige“ und teilweise lebensweltferne Wissensvermittlung sollte nun zu Gunsten realer Arbeitsprozesse zurückgenommen werden. Die Jugendlichen sollten die Möglichkeit bekommen, kontinuierlich und erlebnisorientiert etwas Nützliches zu leisten. Die Lehrkräfte erhofften sich dadurch, dass die Jugendlichen lernen würden, mehr Verantwortung zu übernehmen und im Team zu arbeiten – beides wichtige nachschulische Kompetenzen.

d) Problemorientiertes und fächerübergreifendes Lernen

Die Schaffung von authentischeren Lernsituationen, die von komplexen Problemen ausgehen, erfordert auch eine andere Unterrichtsorganisation als die im herkömmlichen Fünfundvierzigminutentakt wechselnden Fächer, die thematisch völlig unverbunden nebeneinander stehen. Es sollte deshalb problemorientiert aus einer fächerübergreifenden Perspektive unterrichtet werden; außerdem sollte eine flexiblere Zeiteinteilung möglich sein.

Die Lehrkräfte waren sich darüber im Klaren, dass diese Unterrichtsform es nötig macht, auch eine neue Sicht ihrer Aufgabe – als Berater und nicht nur als Belehrer – zu erlernen und Fähigkeiten zu entwickeln wie: Geduld, einen langen Atem haben und es aushalten können, dass Irrtümer, Umwege und Fehler gemacht werden.

3.1.3 Konzeption und Unterrichtsorganisation des Schulversuchs

Die Schule benannte zunächst zwei zentrale Aufgabenfelder, aus denen dann konkrete Arbeitsschwerpunkte konstituiert werden sollten:

a) Die Interessen der Jugendlichen (individuelles Aufgabenfeld)

Das jeweilige Profil soll Schülerinnen und Schülern mit allen intellektuellen Leistungsfähigkeiten gerecht werden, damit alle Talente und Fähigkeiten eingebracht werden können. Außerdem sollen die traditionellen Mädchen- und Jungenrollen aufgeweicht werden.

b) Die Schule als Lebensraum im Stadtteil (politisch-soziales Aufgabenfeld)

Hierunter versteht sich die Darstellung und Bewertung des schulischen und außerschulischen Lebens, die Gestaltung und Erhaltung der Schule und der Umgebung sowie die Spiegelung des (inter-)kulturellen Lebens im Stadtteil.

Aus den zwei genannten Aufgabenfeldern wurden nun von den Lehrkräften Profile entwickelt. Die Profile bestehen jeweils aus dem Arbeitsschwerpunkt, einem dreistündigen Wahlpflichtfach (z.B. „Mensch & Natur“) und ein bis drei weiteren Fächern, die in engem thematischem Zusammenhang mit dem Arbeitsschwerpunkt stehen (z.B. Chemie und Biologie). Alle zugehörigen Fächer werden an einem Tag unterrichtet, so dass ein geschlossener Profiltag entsteht, der Raum für größere Projekte und außerschulische Aktivitäten lässt.

Um den Unterricht im Klassenverband zu ermöglichen, werden die Schülerinnen und Schüler in den Profilfächern binnendifferenziert unterrichtet. Die Zahl der im Klassenverband unterrichteten Stunden kann damit, je nach Profil, auf elf bis siebzehn Stunden angehoben werden. Fächer, die nicht zum Profil gehören, werden – wie üblich – äußerlich leistungsdifferenziert und in gewohnter Stundenzahl unterrichtet.

Die bisher bestehenden Klassen werden aufgelöst und konstituieren sich durch die Wahl eines Profils durch die Schülerinnen und Schüler neu. Die Klassenfrequenz sinkt dabei von circa sechsundzwanzig auf durchschnittlich achtzehn Schülerinnen und Schüler.

Die Schule bot den Jugendlichen bei der Einführung des Schulversuchs 1997 elf Profile an, von denen nur das Profil „Mensch & Natur“ genauer vorgestellt werden soll:

a) „Mensch & Natur“ (Biologie und Chemie)

Fachliches Ziel des Profils soll es sein, den Jugendlichen naturwissenschaftliche und gesellschaftliche Kenntnisse zu vermitteln, die sie befähigen, sachgerechte Entscheidungen zu treffen und Verantwortung für Mensch und Natur übernehmen zu können.

Die konkreten Aufgaben, mit denen dies erreicht werden soll, wurden wie folgt geplant:

- Wasser – den Flüssen ihren Lauf lassen: Einen Abschnitt des Baches hinter der Schule untersuchen und schrittweise renaturieren.
- Wertstoff Müll: Ein System zur Müllsammlung und -trennung für die Schule einrichten.
- Naturschutz – Lebensräume für Menschen, Pflanzen und Tiere: Auf dem Schulhof ein Stück Natur gestalten.
- Boden, Ernährung, Landwirtschaft – die Lust am Essen: Selbst Gemüse im Schulgarten ziehen oder einen Ökomarkt auf dem Schulgelände organisieren.

- Saubere Luft – selbstverständlich? – Einfluss des Verkehrs auf die Luft untersuchen und alternative Verkehrskonzepte für den Stadtteil entwickeln.

Die Projekte sollen in vielfältiger Weise durch Einweihungsfeiern, Sommerfeste, Ausstellungen usw. präsentiert werden.

Neben den fachlichen Zielen soll in allen Profilen soziales Lernen, Verantwortungsbereitschaft, Eigeninitiative und Teamfähigkeit gefördert werden.

Im Profil „Mensch & Natur“ arbeiten zwei Lehrerinnen und ein Lehrer. Neben den Profilstunden werden noch die Fächer Ethik, Politik und Arbeitslehre von diesen Lehrkräften im Klassenverband unterrichtet. Die beiden Lehrerinnen sind die Tutorinnen der Klasse.

Es folgt eine knappe Darstellung der übrigen 1997 eingerichteten Profile:

b) Firma Bistro (Arbeitslehre und Kunst)

In diesem Profil soll ein Raum der Schule für einen Restaurantbetrieb passend gestaltet und einmal wöchentlich bewirtschaftet werden. Die Schülerinnen und Schüler sollen dabei handwerkliche, kaufmännische und gestalterische Fähigkeiten entwickeln und ausbauen.

c) Theaterwerkstatt (Deutsch, Kunst und Arbeitslehre)

Die Schülerinnen und Schüler dieses Profils sollen durch eigene Theaterproduktionen ihre Kreativität und ihre Ausdrucksmöglichkeiten erfahren und erweitern. Sie sollen dabei auch ihre Musikalität und ihre Sinneswahrnehmungen schulen können und technische Fertigkeiten erwerben (z.B. Beleuchtung, Bühnenbild).

d) Zeitung (Deutsch und Politik)

Die Schülerinnen und Schüler sollen über die regelmäßige Herausgabe einer Schülerzeitung und die Herstellung einer Jahreschronik lernen, sich Informationen zu beschaffen, diese zu verarbeiten und zu archivieren. Außerdem sollen sie alle notwendigen kaufmännischen und technischen Aspekte für die Herausgabe einer Zeitung kennen lernen (Layouttechniken, fotografieren, illustrieren, zeichnen, drucken usw.).

e) Studio (Deutsch und Kunst)

Diese Profilklasse soll den Lernenden die Möglichkeit geben, sich mit der Wirkungsweise audio-visueller Medien, die immer stärker ihr Leben beeinflussen, auseinander zu setzen. Durch die Produktion eigener Hörstücke, Filme und Pausenmagazine sollen die Jugendlichen Kenntnisse über die technischen Voraussetzungen erwerben und Erfahrungen mit sprachlicher, akustischer und filmischer Gestaltung machen.

f) Firma gut & nützlich (Arbeitslehre)

Die Schülerinnen und Schüler sollen lernen, eine Firma zu gründen und erfolgreich zu führen. Dafür sollen sie Produkte oder Dienstleistungen anbieten, die in der Schule oder im Stadtteil nachgefragt werden. Neben kaufmännischen und handwerklichen Fähigkeiten sollen die Jugendlichen Kenntnisse im Bereich Marktforschung, Werbung oder Design erwerben.

g) Sport (Sport)

Die Jugendlichen sollen ihre sportlichen Fähigkeiten verbessern, Kenntnisse über ihren Körper erwerben, Trainingsmethoden und neue Sportarten kennen lernen. Sie sollen sowohl ihr eigenes Können demonstrieren als auch Wettkämpfe be-treuen und den Sport an der Schule für die Öffentlichkeit präsentieren.

Die Wahl der Schülerinnen und Schülern machte es nötig, zwei Studio- und zwei Sportprofile einzurichten, während die angebotenen Profile „Zukunftswerkstatt", „Kunststücke", „Schule international" und „Politik-Werkstatt" nicht in ausreichender Zahl gewählt wurden.

Nachdem die Konzeption des Schulversuchs und die Erwartungen der Schule bezüglich seiner Wirkungen skizziert wurden, soll nun das Potenzial des Profilunterrichts aus der Sicht der Bildungsgangforschung ausgelotet werden.

3.2 Allgemein veränderte Lernbedingungen durch den „Profilunterricht"

Obwohl die neue Unterrichtsform zunächst an der objektiven Struktur des Bildungsgangs, dem institutionalisierten Lernangebot, ansetzt, stärkt sie auch in erheblichem Maße die Rolle des Lernenden im Lehr-Lernprozess.

Zunächst wird den Lernenden mit der Wahl eines Profils die Möglichkeit geboten, ihren Interessen gemäß eine Spezialisierung vorzunehmen. Dies bedeutet nicht nur, dass man sie mit ihren individuellen Neigungen als Person ernst nimmt, sondern bietet auch eine große Chance für den Kompetenzerwerb.

Deutet man nämlich Interessen als vom Lerner konzeptionalisierte Lern- und Entwicklungsziele, ist es wahrscheinlich, dass Lernangebote in diesem Bereich als hilfreich und persönlich bedeutsam empfunden und angenommen werden und so die Kompetenzentwicklung antreiben.

Dadurch, dass innerhalb des Profils weitere Möglichkeiten zur Mitbestimmung der Lernenden bei den Lernaufgaben vorgesehen sind, können sie weiter individualisiert und auf die Bildungsbedürfnisse der einzelnen Personen zugeschnitten werden. So könnte einer Abspaltung von dem, was man lernen muss, und dem, was man lernen möchte, begegnet werden.

Die Mitbestimmung über die Unterrichtsthemen weist den Lernenden außerdem eine aktivere Rolle im Lehr-Lernprozess zu, die dazu führen könnte, dass der institutionalisierte Lernprozess ein Stück weit zu einem eigenen wird, für den dann auch mehr Verantwortung übernommen wird. Einer defensiven Lernhaltung könnte vorgebeugt werden, weil der Lernende zum Gestalter seines Bildungsgangs werden kann.

Dadurch, dass die Lernaufgaben problemorientiert bearbeitet werden sollen, stellen sie sich dem Lernenden authentischer dar, d.h. sie sind nicht mehr nur Teile eines verordneten Curriculums, sondern haben Ernstcharakter: Nicht die Lehrkraft stellt eine Forderung, sondern die Aufgabe selbst bestimmt die Anforderungen. Die Lernenden können so erfahren, dass Wissen nicht schulischer Selbstzweck ist, sondern notwendig zur Bewältigung von Aufgaben. Die Trennung von Schule – mit praxisfernem Lernen und Leben – und nachschulischem Handlungszwang würde so durch das Profil überbrückt.

Dadurch, dass das zu erwerbende Wissen sich in der Lösung der gestellten Aufgabe bewähren muss, können die Lernenden ihr aktuelles Kompetenzniveau testen und sich neue Entwicklungsziele setzen. Sie erfahren so, was sie können und welche Handlungsmöglichkeiten ihnen diese Kompetenzen eröffnen. Die Erfahrung, dass man eine Aufgabe mehr oder weniger gut gelöst hat, gibt dabei eine authentischere Leistungsrückmeldung als die Bewertung durch eine Note.

Durch die individuellen Aufgabenstellungen, die den verschiedenen Bedürfnissen und Kompetenzständen der einzelnen Lerner entsprechen, können sich vor allem schwächere Schülerinnen und Schüler diejenige ihrem Kompetenzstand angemessene Aufgabe wählen, welche sie meinen bewältigen zu können. So können Leistungsdruck und Versagensängste abgebaut werden, die einen Lernprozess empfindlich stören oder sogar verhindern.

Die einseitige Betonung kognitiver Fähigkeiten wird aufgeweicht, und auch manuelle oder soziale Fähigkeiten werden gebraucht und geschätzt. Schülerinnen und Schüler mit sehr unterschiedlichen Begabungen können in der Teamarbeit die jeweiligen Fähigkeiten ihrer Mitschüler kennen und schätzen lernen. Nicht mehr nur der „Schlaue“ zählt, sondern auch der, der gut mit Werkzeug umgehen oder Konflikte im Team lösen kann. So kann Konkurrenzdenken ab- und Selbstvertrauen aufgebaut werden.

Auch die Lernumgebung wird durch die Profilklassen positiv beeinflusst. Obwohl der damit verbundene Klassenwechsel durchaus Probleme bereiten kann, eröffnet er prinzipiell die Möglichkeit eines Neuanfangs. Die Jugendlichen können ihr leistungs- und fachspezifisches Selbstkonzept durch das neue Bezugssystem einer neuen Klasse auch neu einstufen.

Wer in der alten Klasse als „Loser“ abgestempelt war, bekommt in der neuen Klasse die Chance, dieses Image loszuwerden.

Dadurch, dass mehr Unterricht im Klassenverband stattfindet, kann viel Zeit gemeinsam verbracht werden. Die Schülerinnen und Schüler können sich so besser kennen lernen und durch die Projektarbeit nicht nur zusammen lernen, sondern auch lachen, private Gespräche führen oder „Action“ machen. Durch diese Vertrautheit können Ängste abgebaut und ein günstiges Lernklima geschaffen werden.

Durch die Projekte, mit denen Schulgebäude und Schulleben mit- und umgestaltet werden, ist Schule für die Jugendlichen nicht mehr nur eine Lehranstalt, sondern wird zum Lebens- und Erfahrungsraum. Es wird „ihre“ Schule, für die sie sich auch verantwortlich fühlen und auf die sie stolz sein können. Die Schulzufriedenheit und die Lust am Lernen könnte dadurch erheblich verbessert werden.

Die geschilderten neuen Lernbedingungen bieten also aus der Sicht der Bildungsgangdidaktik eine Vielzahl Chancen, den Lehr-Lernprozess zu befruchten (vgl. MEYER 1986 und KORDES 1989: 117-125). Das Unterrichtskonzept „Profilklassen“ bietet aber auch in Bezug auf das fachliche Lernen neue Möglichkeiten, die am Beispiel des Profils „Mensch & Natur“ aufgezeigt werden sollen.

3.3 Veränderte Lernbedingungen in Bezug auf das Chemielernen

Das fächerübergreifende Lernen in Biologie, Chemie und „Mensch & Natur“ sowie die Erarbeitung der Lerninhalte am Projekt eröffnet auch für das Chemielernen günstige Möglichkeiten.

Zunächst ist zu erwarten, dass die Jugendlichen, die sich für das Profil entschieden haben, auch naturwissenschaftliche Interessen haben. Dies dürfte die Passung der Lerninhalte mit den persönlichen Bedürfnissen der Lernenden von vornherein erhöhen und so eine günstige Lernausgangslage schaffen. Allerdings kann nicht bei allen Schülerinnen und Schülern davon ausgegangen werden, dass sie explizit an Chemie interessiert sind.

Über die Verknüpfung mit den anderen Fächern bzw. über die Projekte sind aber gute Bedingungen vorhanden, um Zugang zur Chemie zu finden oder zu erhalten.

Wenn z.B. für ein Projekt, welches einem Lernenden am Herzen liegt, chemisches Wissen erforderlich ist, wird er sich über diese Notwendigkeit wahrscheinlich mit der Chemie auseinandersetzen, auch wenn er kein erhöhtes Interesse in diesem Bereich hat.

Ebenfalls über die freiwillige Wahl des Profils begründet, müssten die Schülerinnen und Schüler über ein positives, fachspezifisches Fähigkeitsselbstkonzept verfügen.

Die Erwartung, den Anforderungen in Chemie gewachsen zu sein, begünstigt ebenfalls das fachliche Lernen. Allerdings gilt auch hier, dass nicht alle Jugendlichen im Profil ihre Fähigkeiten im Fach Chemie zwangsläufig hoch einschätzen. Durch die unterschiedlichen, nicht direkt vergleichbaren Aufgaben und die Binnendifferenzierung sollten aber bei allen Schülerinnen und Schülern Kompetenzerfahrungen möglich sein, die das fachspezifische Fähigkeitsselbstkonzept verbessern oder erhalten. Durch die Anbindung an praktische Projekte kann außerdem der Gefahr der Theorieüberfrachtung und Überbetonung des kognitiven Bereichs begegnet werden und so Jugendlichen aller Leistungsstufen ein zufriedenstellendes Chemielernen ermöglicht werden.

Eine mangelnde Passung der Rollenerwartung der Mädchen mit den Inhalten des Chemieunterrichts, die ein Lernhindernis darstellen könnte, ist zwar auch im Profilunterricht nicht auszuschließen, jedoch ist das Problem den Unterrichtenden bewusst und wichtig. Die Lehrkräfte, die das Profil geplant haben, meinten ihr Programm so gestaltet zu haben, dass gerade Mädchen sich davon angesprochen fühlen müssten. Ein weiterer positiver Faktor ist, dass das Fach Chemie von einer weiblichen Lehrkraft unterrichtet wird.

Die fächerübergreifende Behandlung der Lerninhalte bietet die Chance, den Schülerinnen und Schülern die unterschiedlichen Sichtweisen der Fachwissenschaften Biologie und Chemie vom selben Ausschnitt der Welt deutlich werden zu lassen. Durch die Bearbeitung einer Aufgabe, z.B. die Ermittlung der Wasserqualität eines Baches mit Hilfe biologischer und chemischer Methoden, kann deutlich werden, welche Stärken und Schwächen die jeweiligen Herangehensweisen der Fächer haben. Dadurch, dass den Lernenden klarer wird, was die jeweiligen Fächer zu leisten in der Lage sind, könnte es für sie einfacher werden, den Lernstoff an ihre subjektiven Bedürfnisse anzubinden, d.h. es könnte klarer werden, was sie von ihrem Chemielernen zu erwarten haben und wozu sie ihre Fachkompetenz nutzen können.

Die enge Zusammenarbeit der Fächer und Lehrkräfte könnte außerdem vorteilhaft zur Vereinheitlichung von Begrifflichkeiten und Modellen genutzt werden. Die Schülerinnen und Schüler hätten dann die Chance zu entdecken, dass trotz der unterschiedlichen fachlichen Sichtweisen (z.B. Wasser als chemische Verbindung versus Wasser als Lebensraum) ein Wassermolekül immer die gleiche Struktur und (reines) Wasser immer die selben Eigenschaften hat. Die Lernenden könnten dann Vorstellungen und Konzepte entwickeln, die in allen naturwissenschaftlichen Fächern anwendbar und tragfähig sind.

Durch die projektorientierte, handlungsorientierte Erarbeitung der Lerninhalte könnte die Verknüpfung von Schulwissen und Alltagswissen verbessert werden. Da der Wissenserwerb nicht mehr nur an scharf abgegrenzte Fächer und die typische Lernsituation des Unterrichts, sondern auch an praktisches Tun gebunden ist, stünde den Lernenden ihr Schulwissen eventuell im Alltag eher zur Verfügung, weil es leichter aus dem Erwerbszusammenhang gelöst werden kann. Umgekehrt könnte in der Schule durch die „alltagsnähere" Gestaltung des Unterrichts die Mobilisierung von außerschulisch erworbenen Kenntnissen erleichtert werden. Chemie könnte so nicht mehr nur ein Schulfach sein, sondern durch das Wissen um die Anwendbarkeit chemischer Kenntnisse die Handlungsfähigkeit der Lernenden erweitern und so eine echte Kompetenz werden.

Es gilt nun zu fragen, ob die geschilderten Potenziale, die in der Planung der Profile angelegt sind, auch in der Praxis genutzt werden können, und welche Auswirkungen sie auf den Lehr-Lernprozess haben.

3.4 Fragestellungen im und an den Schulversuch „Profilklassen"

Die Versuchsschule hat sich von der Universität Hamburg eine wissenschaftliche Begleitung erbeten, um Fragen bezüglich der Wirksamkeit ihres Reformprojekts zu klären. Aus dem Bereich der schulorganisatorischen Fragestellungen wurden von der Begleitgruppe Probleme bezüglich der Lehrerbelastung[1], der Leistungsmessung in den Profilen[2] oder der Curriculumentwicklung[3] bearbeitet.

Mein Anteil am Fragenkatalog der Schule betrifft vor allem Aspekte der Legitimation des Projekts vor den betroffenen Jugendlichen, Eltern und Behörden. Auch die implizite Erwartung der Schule, dass sich in den Lernschwerpunkten das fachliche Lernen verbessert, soll durch diese Arbeit überprüft werden.

Die Klärung, ob z.B. die Schülerinnen und Schüler in „Mensch & Natur" in den naturwissenschaftlichen Fächern *mehr* gelernt haben als die Angehörigen der anderen Profile, ist aus fachdidaktischer Sicht aber nicht ausreichend.

Deshalb wird es in dem fachdidaktischen Teil der Arbeit (siehe Kapitel 4.4) darum gehen, *wie* die Schülerinnen und Schüler im Profil „Mensch & Natur" Chemie lernen.

Es soll versucht werden, die Kompetenzentwicklung im Fach Chemie während der neunten und zehnten Klasse besser kennen zu lernen. Das Ziel ist zu untersuchen, ob es eine Entwicklungslogik in den naturwissenschaftlichen Konzepten der Lernenden gibt, in der sie ihre Alltagstheorien denen der Fach-

---

1 ARNOLD et al., 2000.
2 PINGEL, 2000.
3 MELMER, 2000.

wissenschaft Chemie annähern. Dies könnte nicht nur die Lehrer-Schüler-Kommunikation verbessern, sondern auch für curriculare Überlegungen eine Rolle spielen.

Auch wenn dadurch ein erweitertes Verständnis der Lernprozesse der Schülerinnen und Schüler erreicht würde, bliebe die Frage offen, *warum* manche Lerner ihre chemische Kompetenz weiterentwickeln und andere nicht, obwohl die Potenziale dazu vorhanden sind.

Deshalb kommt aus der Bildungsgangdidaktik die Frage nach den fachlichen Entwicklungsaufgaben hinzu. An der Schnittstelle zwischen schulischen Anforderungen und persönlicher Entwicklung der Jugendlichen soll nach Entwicklungsaufgaben gesucht werden, für deren Bearbeitung das Fach Chemie den Jugendlichen hilfreiche Lernangebote machen kann, um die Kompetenzentwicklung zu fördern. Es soll also der Frage nachgespürt werden, was die Schülerinnen und Schüler lernen *wollen.*

Die Forschungsfragen und die Methoden, mit denen sie beantwortet werden sollen, werden nun im Einzelnen vorgestellt.

3.4.1 Unterrichtsentwicklung

Wie einleitend schon erwähnt, geht es in diesem Bereich der Arbeit vor allem darum, der Bitte der Versuchsschule nachzukommen, Argumente zu sammeln, die der Legitimation des Reformprojektes dienen könnten. Selbstverständlich ist die Kenntnis der Lernbedingungen aber auch für die fachdidaktischen und bildungsgangdidaktischen Forschungen unverzichtbar.

Zunächst ist also zu klären, wie der geplante Schulversuch in die Praxis umgesetzt wird und wie sich die Lernbedingungen real darstellen. Außerdem sollen die Wirkungen des Profilunterrichts auf das fachliche und außerfachliche Lernen untersucht werden.

3.4.1.1 Umsetzung des geplanten Schulversuchs

Da es von der Begleitforschungsgruppe personell nicht zu leisten war, den Unterricht in allen Profilen zu besuchen, wurden exemplarisch im Profil „Mensch & Natur“ Unterrichtsbeobachtungen am Profiltag der Klasse durchgeführt. Die Beobachtungsfragen wurden auf folgende Bereiche beschränkt:

a) Unterrichtsinhalte:

- Welche Projekte des geplanten Profilcurriculums werden in die Praxis übernommen? Wie werden sie konkret umgesetzt? Welche Schwierigkeiten ergeben sich dabei? Wie gehen die Lehrenden mit Planungspannen und Widerständen der Schülerinnen und Schüler um?

- Welche Anteile haben die Lernenden an der Auswahl der Unterrichtsinhalte? Welche eigenen Vorschläge machen sie, und welche Interessen werden dadurch sichtbar?
- Wie gehen die Lehrenden mit den Vorschlägen der Lernenden um?
- Wie gut ist die Passung der Inhalte der drei Fächer in Bezug auf das Projekt? Decken sich die Lernaufgaben in den Fächern mit den Anforderungen, die das Projekt stellt? Wo können Verbindungen zwischen „Kopf" und „Hand" hergestellt werden?
- Wo werden Ansätze zur Überwindung des Fachdenkens bei Lehrenden und Lernenden sichtbar?
- Welche Funktion haben die Phasen des praktischen Arbeitens? Sind sie Entspannung von der kognitiven Arbeit, dienen sie dem sozialen Lernen oder der Motivation der Schülerinnen und Schüler? Wie wird die praktische Arbeit von den Jugendlichen bewertet?

b) Unterrichtsziele

- Welche Schwerpunkte werden durch die Lehrkräfte gesetzt? Wird eher das Produkt und das fachliche Lernen oder mehr der Prozess und das soziale Lernen betont?
- Wo wird selbstständiges Arbeiten von den Lehrkräften geübt und gefordert?
- Wo zeigen die Lernenden Verantwortungsbereitschaft und Eigeninitiative?
- Wie wird das von den Lehrkräften gefördert?
- Wie gehen die Lehrenden und Lernenden mit Teamarbeit und Arbeitsverteilung um?
- Werden die traditionellen Geschlechtsstereotype bearbeitet?

c) Unterrichtsorganisation:

- Wie gehen Lehrende und Lernende mit den neuen Zeitstrukturen um? Wo nutzen sie diese zum kontinuierlichen Arbeiten, und wo schlagen die traditionellen Stundenmuster durch?
- Gelingt die Kooperation zwischen den Fachlehrkräften in Bezug auf die Organisation und die Durchsetzung von Unterrichtszielen?
- Gelingt die Kooperation der Fächer in Bezug auf das Projekt?
- Tragen alle Fächer in gleichem Maße zur Arbeit am Projekt bei?

3.4.1.2 Wirkungen des Schulversuchs auf das außerfachliche Lernen

Um die außerfachlichen Wirkungen des Profilunterrichts zu untersuchen, wurde in der Begleitforschungsgruppe ein Schülerfragebogen entwickelt, der einige von der Schule gestellte Fragen beantworten soll:

- Verändert der Profilunterricht die Erfahrungen der Jugendlichen mit ihrem Lernen? Werden sie dadurch, dass sie nicht mehr nur im kognitiven Bereich Kompetenzerfahrungen machen können, selbstbewusster und entwickeln sie mehr Vertrauen in ihre Fähigkeiten?
- Nehmen die Jugendlichen durch die Spezialisierung ihre Kompetenzen anders wahr und kommen sie so zu einem veränderten Fähigkeitsselbstkonzept in den Profilfächern?
- Gelingt es, zwischen dem Lernstoff und den Lernenden einen Bezug herzustellen, der es den Schülerinnen und Schülern ermöglicht, die Relevanz schulischen Lernens nicht nur in den Noten zu sehen?
- Verändert sich die Lernmotivation der Jugendlichen? Lernen sie lieber, mehr, oder aus anderen Gründen?
- Verändert der Profilunterricht den Umgang der Jugendlichen untereinander? Gelingt es, soziales Verhalten, Teamfähigkeit und Verantwortungsbewusstsein zu fördern?

Durch die Einschätzungen, die die Schülerinnen und Schüler im Fragebogen vornehmen, kann zumindest teilweise überprüft werden, ob die von der Schule gewünschten Veränderungen eintreten.

Die Befragung wurde zu drei Testzeitpunkten an der Profilschule und an zwei weiteren Hamburger Gesamtschulen in den neunten und zehnten Klassen durchgeführt. Dadurch können eventuelle Veränderungen nicht nur im zeitlichen Verlauf, sondern auch in Bezug auf die Vergleichsschulen mit herkömmlicher Unterrichtsorganisation festgestellt werden.

3.4.1.3 Wirkungen des Schulversuchs auf das fachliche Lernen

Für die Überprüfung der Wirkung auf das fachliche Lernen soll exemplarisch für die naturwissenschaftlichen Fächer untersucht werden, ob die Arbeit in den Lernschwerpunkten zu größerem fachlichem Wissen führt. Durch die TIMS-Studie liegt hier ein erprobtes Instrument vor.

Ein modifizierter TIMSS-Test, der ausschließlich naturwissenschaftliche Fragen enthält, wurde klassenvergleichend zu drei Testzeitpunkten in allen neunten und zehnten Klassen durchgeführt. Er stellt zunächst die Ausgangslage des Wissens fest und gibt dann Aufschluss darüber, ob die Schülerinnen und Schüler des Profils „Mensch & Natur“ größere Lernfortschritte in den Naturwissenschaften machen als die Jugendlichen in Klassen mit den anderen Arbeitsschwerpunkten.

Durch die schulvergleichende Durchführung des Tests an den zwei Vergleichsschulen kann auch der Sorge der Eltern nachgegangen werden, dass durch den Profilunterricht die Wissensvermittlung in den Fächern leiden könnte, die nicht zum Profil gehören.

3.4.2 Fachdidaktische Fragestellungen

Die Fachdidaktik kann sich mit der Feststellung, ob eine Schülergruppe mehr gelernt hat als eine andere, natürlich nicht zufrieden geben. Um Potenziale des Profilunterrichts für das Chemielernen auszuloten, muss herausgefunden werden, welche Lernbedingungen im Einzelnen für die Kompetenzentwicklung förderlich sind. Dafür muss in den Unterrichtsbeobachtungen darauf geachtet werden, ob der Profilunterricht wirklich die Potenziale ausnützt, die in Kapitel 3.3 geschildert werden:

- Stimmen die Lernangebote mit den Zielen der Lernenden überein? Wo arbeiten sie freiwillig, wo zeigen sie sich widerständig?
- Nehmen die Lernangebote Rücksicht auf die Geschlechterrollen? Wo werden Brüche deutlich, wo wird das Problem thematisiert?
- Erleichtert die Handlungsorientierung den Zugang zur Chemie über das Wissen um die Notwendigkeit chemischen Wissens zur Bewältigung bestimmter Aufgaben?
- Werden Lernangebote dem Kompetenzstand und den intellektuellen oder manuellen Fähigkeiten entsprechend gemacht? Wo wird dadurch Kompetenzerfahrung sichtbar?
- Führt die Leistungsrückmeldung durch Bewährung des Wissens an der Aufgabe zu zusätzlichen Kompetenzerfahrungen?
- Werden die Paradigmen der Einzelfächer deutlich? Können die Lerner die verschiedenen Sichtweisen der Fächer erkennen?
- Werden Modelle vereinheitlicht? Haben die Lehrkräfte hier zusammengearbeitet, oder stranden sie selbst an den Fächergrenzen?
- Werden „Kopf“ und „Hand“ verknüpft? Erleichtert das Wissen um die Anwendbarkeit von chemischen Inhalten den Zugang zum Fach?
- Werden Schulwissen und Alltagswissen verknüpft? Erleichtert das Wissen um die Erweiterung eigener Handlungsmöglichkeiten durch chemische Kompetenz den Zugang zum Fach?

Untersucht werden soll aber nicht nur, welche Unterrichtsbedingungen es den Lernenden erleichtern Chemie zu lernen, sondern auch auf welchem Wege sie überhaupt zu erweiterten Kompetenzen kommen.

Da es nicht wahrscheinlich ist, dass die Schülerinnen und Schüler ohne Zwischenschritte vom Alltagskonzept zum wissenschaftlichen Modell kommen, stellt sich die Frage, ob es mehr oder weniger typische Entwicklungsschritte oder -stufen gibt, auf denen die Lernenden ihre Erklärungen von chemischen Phänomenen den gängigen wissenschaftlichen Theorien annähern. Deshalb sollen die unterschiedlich elaborierten Theorien, die Lernende über den Aufbau, die Eigenschaften und Umwandlungen von Stoffen haben, erfasst und gegebenenfalls in eine (entwicklungs-)logische Abfolge gebracht werden.

Diese Erfassung bündelt die Forschungen an isolierten Schülervorstellungen und erweitert sie, indem sie den Lernenden konsistente Theorien über chemische Sachverhalte unterstellt, die Lehrkräfte nutzen können um die Lern-(um-)wege ihrer Schülerinnen und Schüler besser zu verstehen. Die Kenntnis über Lernertheorien eröffnet den Lehrkräften die Möglichkeit, die Kompetenzstände ihrer Schülerinnen und Schüler zu diagnostizieren und Lernangebote auf dem jeweiligen Kompetenzstand zu machen, um besser zu gewährleisten, dass sie vom Lernenden auch verstanden und verwertet werden können.

Die Erfassung der Lernertheorien, der so genannten konzeptualen Dimension der Fachkompetenz (siehe Kapitel 2.3.2), geschieht durch so genannte Evaluationsaufgaben. Durch diese Aufgaben, die von einem Experiment ausgehen, das die Schülerinnen und Schüler erklären sollen, wird die Fähigkeit zur Konstruktion und Rekonstruktion von Fachsystemen getestet.

Um die Kompetenzentwicklung der Lernenden im Profil „Mensch & Natur" im Verlauf der neunten und zehnten Klasse umfassend dokumentieren zu können, wurde auch die reflexive Dimension der Fachkompetenz untersucht. Sie wird aus Einzelinterviews rekonstruiert, in denen die Lernenden zu ihren Interessen befragt werden, welche Einstellungen sie zum Fach haben, und wie sie das Gelernte für sich nutzen können und wollen.

Die formale Dimension, das Beherrschen von Regeln und Routinen, wird durch die Leistung im TIMSS-Test abgebildet.

3.4.3 Bildungsgangdidaktische Fragestellungen

Obwohl die Kenntnis über die Entwicklung der Fachkompetenz für die Lehrenden sehr wichtig ist, wird damit noch nicht erklärt, warum manche Jugendliche ihre Kompetenz in Chemie erweitern können, andere aber nicht. Es soll deshalb untersucht werden, welche persönlichen Entwicklungsziele der Lernenden deren Kompetenzentwicklung vorantreiben und welche sie behindern.

Um herauszufinden, was die Jugendlichen im Fach Chemie lernen wollen, muss im Modell der Bildungsgangforschung (siehe Kapitel 2.2) zunächst rekonstruiert werden, an welchen Entwicklungsaufgaben Jugendliche gegenwärtig in der Sekundarstufe I arbeiten. Anhand von Einzelinterviews und Unterrichtsbeobachtungen sollte dies herausgefunden werden.

Dabei dienten beobachtbare oder geäußerte Interessen als Indikatoren für Entwicklungsaufgaben, da sich die Jugendlichen dieser Aufgaben nicht zwangsläufig bewusst sein müssen und diese deshalb durch direkte Befragung nur schwer zugänglich wären.

In einem zweiten Schritt werden die identifizierten Entwicklungsaufgaben mit der dokumentierten Kompetenzentwicklung im Fach Chemie zusammengebracht. Dies liefert Anhaltspunkte dafür, wo Entwicklungsaufgaben und fachliche Lernaufgaben kompetenzsteigernd in Einklang gebracht werden können bzw. wo sich Entwicklungsaufgaben und fachliches Lernen entgegenstehen (siehe Kapitel 2.3).

Die Vielzahl von Bearbeitungsmöglichkeiten der verschiedenen Entwicklungsaufgaben durch die Jugendlichen verhindert es zwar, „das" Curriculum anzubieten. Sie zeigt aber Richtungen auf, wo Lehrende hilfreiche Lernangebote machen können, damit die Lernenden chemische Kompetenz für sich nutzen wollen und können.

4 Empirische Untersuchungen zum Kompetenzerwerb in Chemie

4.1 Untersuchungen zu den Lernbedingungen

4.1.1 Die Methode Teilnehmende Beobachtung am Unterricht

Die teilnehmende Beobachtung am Unterricht wurde eingesetzt, um die praktische Umsetzung des Profilunterrichts, besonders im Hinblick auf veränderte Lernbedingungen, erfassen zu können.

Diese Methode ist eine Standardmethode der Feldforschung, bei der Informationen gesammelt werden, während der Beobachter sich in der gleichen natürlichen Lebenssituation befindet wie der Untersuchte. Es geht dabei darum, dem Forscher die Innensicht von Alltagssituationen zu gewähren. Sie eignet sich besonders für Untersuchungsgegenstände, die in soziale Situationen eingebettet und von außen schwer einsehbar sind. Außerdem eignet sie sich gut für explorative Fragestellungen, also zur Strukturierung von Neuland. (MAYRING 1996a)

Die Beobachtung ist aber nicht nur wichtig, um die Fragen der Unterrichtsentwicklung zu klären, sondern auch, um die Kompetenzentwicklung der Jugendlichen nachzeichnen zu können, weil dafür bekannt sein muss, welche Handlungsspielräume die Akteure im Lehr-Lernprozess haben und wie sie diese nutzen.

Die Aufgabe ist dabei, das Handlungswissen der Jugendlichen authentisch nachzuzeichnen und ihre subjektiven Deutungen der Umwelt zu erfassen, um sie auf die von der Wissenschaft erfasste „objektive" Struktur der sozialen Lebenswelt zu beziehen. *Jugendliche können nur dann „verstanden" werden, wenn der Forscher sie in ihren sozialen Kontext stellt und herausarbeitet, welchen Gestaltungsspielraum für Deutungen und Handlungen sie jeweils objektiv haben und wie sie ihn ausschöpfen.* (HURRELMANN 1985: 31)

Selbstverständlich wird auch bei größtem Bemühen eine Unterrichtsbeobachtung immer mit Selektivität verbunden sein. MOSER (1995: 147) nennt die *Selektion der Zuwendung* (welche Inhalte sind zu beobachten), die *Selektion der Wahrnehmung* (worauf ist bei den ausgewählten Inhalten zu achten) und die *Selektion der Erinnerung* (wie wird das Beobachtete aufgezeichnet).

Mit dem Wissen um diese Problematik wurde die Unterrichtsbeobachtung wie folgt gestaltet:

a) Selektion der Wahrnehmung und Zuwendung

Der Fokus der Beobachtung richtete sich auf die Jugendlichen und ihre Handlungen, die aber natürlich nicht vom Lehrerhandeln isoliert betrachtet werden können. Während des Unterrichts saß ich zwischen den Schülerinnen und Schülern im hinteren Bereich der Klasse, um möglichst viele Jugendliche beobachten zu können. Während der Projektarbeit ordnete ich mich wechselnden Schülergruppen zu, um auch hier möglichst alle Jugendlichen bei der Arbeit erleben zu können.

Da besonders zu Beginn der Beobachtung die Situation im Forschungsfeld noch sehr unbestimmt war, wurde eine offene Form der Beobachtung gewählt, die sich zwar an Forschungsfragen orientierte (siehe Kapitel 3.4), aber Raum für die Wahrnehmung und Aufzeichnung von Situationen ließ, die nicht im Fragenkatalog enthalten waren.

Direkte Einmischungen ins Unterrichtsgeschehen wurden vermieden, und auch eine Beteiligung an der Projektarbeit so weit reduziert, dass die für die Forschungsaufgabe nötige Aufmerksamkeit und Distanz möglichst aufrecht erhalten wurde.

b) Selektion der Erinnerung

Die Protokollierung erfolgte im Unterricht durch Kurznotizen, in der Projektarbeit mittels Diktiergerät. Alle Aufzeichnungen eines Profiltages wurden zusammen mit Tafelanschriften und Arbeitsblättern, möglichst noch am selben Tag, in ausführliche Protokolle überführt, um Informationsverluste zu vermeiden. Ich bin mir allerdings bewusst, dass meine Konzentration als Beobachtende über einen Zeitraum von sieben Unterrichtsstunden nicht gleichmäßig hoch war und dass so beträchtliche Informationsverluste entstanden.

Während des gesamten neunten Schuljahrs (August 1997 bis Juli 1998) nahm ich regelmäßig am Profiltag der Klasse „Mensch & Natur“ teil.

Die ersten Wochen der Beobachtung waren von der Unbestimmtheit meiner Rolle im Unterrichtsgeschehen geprägt. Die Lehrkräfte zeigten sich meinem Forschungsanliegen gegenüber ausgesprochen aufgeschlossen und hilfsbereit, konnten aber meine Rolle zwischen Hilfskraft, Referendarin, Wissenschaftlerin und Qualitätskontrolleurin nicht richtig festmachen.

Die Schülerinnen und Schüler ignorierten mich zunächst, bis eine Schülerin nach ca. acht Wochen vehement die Klärung meiner Rolle forderte. Es sei nicht klar, ob sich hinter der „wissenschaftlichen Begleitung“ nicht eine Spionin der Lehrkräfte verberge, oder was denn überhaupt in den Notizen stünde, die ständig gemacht würden. Nachdem ich den Lehrkräften und der Klasse meine Beobachtungsfragen und mein Forschungsinteresse nochmals explizit vorgestellt hatte, akzeptierten die Schülerinnen und Schüler meine Anwesenheit im Unterricht. Auch die Lehrkräfte konnten danach besser einschätzen, was sie von meinen Unterrichtsbeobachtungen erwarten konnten.

Nach etwa drei Monaten hatte ich die erhoffte, weiterhin diffuse, aber akzeptierte Rolle zwischen außenstehender Beobachterin und integriertem Mitglied der Lehr-Lerngemeinschaft erreicht.

Die Unterrichtsprotokolle wurden zunächst tabellarisch ausgewertet, um einen groben Überblick über den erteilten Unterricht, den Anteil der einzelnen Fächer, den Anteil praktischer Projektarbeit, Unterrichtsmethoden, Arbeitsformen usw. zu bekommen (siehe z.B. Tabelle 4.4-1). Dann wurden die Beobachtungsnotizen im Sinne einer strukturierenden Inhaltsanalyse (MAYRING 1991: 212-213) verdichtet. Das Ziel der Analyse war, das Material unter bestimmten, vorher festgelegten Ordnungskriterien einzuschätzen, wobei die in Kapitel 3.4 aufgeworfenen Fragen als Kategoriensystem dienten. So entstand ein Querschnitt durch das Beobachtungsmaterial, das zusammen mit entsprechenden Belegstellen helfen soll, die Fragen der Unterrichtsforschung zu beantworten.

4.1.2 Befunde zu den allgemeinen Lernbedingungen

4.1.2.1 Unterrichtsinhalte

a) Umsetzung des geplanten Profilcurriculums

Im ersten Jahr des Profils „Mensch & Natur" wurden die Projekte „Wasser" und „Lebensräume gestalten" umgesetzt und das Projekt „Ernährung" begonnen.

Beim Projekt „Wasser" wurde damit begonnen, die Wasserqualität eines Baches hinter der Schule mit chemischen Nachweismethoden und so genannten Indikatorlebewesen zu untersuchen. Dabei wurden die chemischen Grundlagen zur Messung von Leitfähigkeit, pH-Wert und Löslichkeit von Gasen erarbeitet. Weiter wurden die Entstehung saurer und basischer Lösungen, „Herstellung" aus und „Trennung" von Wasser in seine Elemente und die Eigenschaften des Wasserstoffs erarbeitet.

Es wurden Proben von Lebewesen aus dem Bach genommen, mikroskopisch untersucht und Artbestimmungen geübt. Zusätzlich wurde die Bedeutung dieser Organismen für die Nahrungskette und deren Indikatorfunktion für die Gewässergüte erarbeitet. Weitere Unterrichtsthemen waren der Aufbau und die Unterschiede von tierischen und pflanzlichen Zellen und die Bedeutung der Photosynthese für die Nahrungskette sowie die Hypertrophierung von Gewässern und die Abwasserproblematik.

Neben Nahrungs- und Gaskreisläufen wurden die Probleme von Schwermetallen in der Nahrungskette thematisiert und durch eine Untersuchung des Sediments im Bach hinter der Schule praktisch angebunden. Es wurde über Qualitätsstandards von Badegewässern und Trinkwasser gesprochen, und bei einer Exkursion ins „Wasserforum", einem Museum zur Wasserversorgung in

Hamburg, über die Trinkwasserversorgung und Einsparmöglichkeiten an der Schule gearbeitet.

Die Klasse hatte eine „Bachpatenschaft“, die verantwortliche Zuständigkeit für einen Teil des Baches, übernommen, der hinter der Schule fließt. Dabei wurden, in Kooperation mit dem Wasserwirtschaftsamt, Uferverbauungen entfernt, Bäume gefällt, Erlen gepflanzt, Müll beseitigt und eigene „Bachpatenausweise“ angefertigt. Außerdem wurden für eine Profilveränderung des Baches die Erdarbeiten und die dafür nötige Finanzierung geplant.

Profil -tag	**1. Std. C**	**2. Std. C**	**3. Std. M**	**4. Std. M**	**5. Std. M**	**6. Std. B**	**7. Std. B**
1	Keine Beobachtung						
2				C β		M β	▨
3	C β	C β	C β	M β	M β	B	▨
4	C β	C β	M β	M β	B β	▨	▨
5	C β	C β	M β	M β	M β	B β	B β
6	C β	C β		M β	M β	B	B β
7	C β	C β	M β	M β	M β	M β	B β
8			M β	M β	B β	B β	B β
9	alle β	M β	M β	M β	M β	M β	M β
10	C	C β	M β	M β	M β	B	B
11	C β	C β	C β	M β	M β	B	B β
12	M β	M β	M β	M β	M β	M β	M β
13	M β	M β	M β		B β	B β	M β
14	C β	C β	M β	Volleyball-Turnier			
15	C	C	M β	M β	M β	B β	
16	C β	C	M β	M β	B	B β	
17	▨	▨	C	C	M ▲	B ▲	B ▲
18	M β	M ▲	Putztag und Zeugnisvergabe				
19	M ▲	M ▲	M ▲	M ▲	M ▲	M ▲	M ▲
20	C	C	M ▲	M β	M ▲	M ▲	M ▲
21	C	C	M ▲	M ▲	M ▲	M ▲	M ▲
22	C	C		M ▲	M ▲	M ▲	M ▲
23	Keine Beobachtung						
24	C	M ▲	M ▲	M ▲	M ▲	M ▲	M ▲
25	Evaluationsaufgabe			Aktionstag: Müll			
26	M β	C	C	M β	M ▲	B ●	B ●
27	B ●	B ●	C ●	C ●	M ●	M ●	M ●
28	▨	▨	M ●	C ●	M ▲	M ▲	M ▲
29	B ●	B ●	C	C	M ●	M ▲	M ▲
30			M ▲	M ▲	M ▲	B ●	B ●
31	C	C		M ▲	M ▲	B ●	
32	M β	B ●			M ▲	M ▲	M ▲

	= Klassengeschäfte, -arbeiten etc.	▨	Unterrichtsausfall

Gesamtzahl ausgewerteter Stunden: 169 = 100 % davon (ca.):

M = Mensch & Natur (57%)	B = Biologie (19%)	C = Chemie (24 %)
β = Wasser (49%)	= Innenhof (26%)	= Ernährung (11%)

Praktische Arbeit	Wasser	Innenhof	Ernährung
in Chemie	0	0	0
in Biologie	2 %	0	0
in „Mensch & Natur"	6 %	17 %	0

Tabelle 4.1-1: Übersicht über die Projektarbeit in den einzelnen Fächern

Ihre Aktivitäten und erworbenen Kenntnisse stellten die Schülerinnen und Schüler vielfältig auf Schautafeln dar. Sie entwarfen Informationsmaterial für den Stadtteil und die Schulöffentlichkeit und produzierten Werbemappen zur Einwerbung von Sponsoren.

Beim Projekt „Lebensräume gestalten" wurde ein trister Innenhof des Klassenhauses neu gestaltet. Bei diesem Projekt wurde über Bauanleitungen hinaus nicht theoretisch zum Thema gearbeitet (z.B. Bodenzusammensetzung, Bodenbeschaffenheit, Licht- und Nährstoffbedarf verschiedener Pflanzen, Anpassung von Tieren und Pflanzen an besondere Standorte, Anfertigung von Planungsskizzen ...).

Die Schülerinnen und Schüler entsiegelten einen Teil des Bodens, bauten eine Weidenhütte, eine Trockenmauer, Sitzgelegenheiten aus Baumstämmen, einen Miniteich und stellten Gerätehäuschen auf.

Neben diesen rein praktischen Tätigkeiten standen vor allem die schriftliche und mündliche Kommunikation und die Aushandlung mit der Schulleitung und den anderen Klassen im Klassenhaus im Vordergrund.

Noch während des Baus am Innenhof wurde das Thema „Ernährung" begonnen, wobei Anatomie und Physiologie der Verdauungsorgane und ihre Anpassung an die Ernährungsweise unterrichtet wurden. Dabei gab es außer einigen Schülerversuchen keine praktische Bearbeitung des Themas. Das Projekt wurde aber in der zehnten Klasse, u.a. mit der Veranstaltung eines Ökomarktes an der Schule, durch einen Besuch auf einem Biohof und mit einer Exkursion in die Lehrküche der Hamburger Elektrizitätswerke, fortgeführt.

b) Rolle der Lernenden bei der Auswahl der Unterrichtsthemen

Die möglichen Projektthemen waren den Schülerinnen und Schülern schon bei der Wahl der Profile durch eine Informationsbroschüre der Schule bekannt. Darin war aber auch Raum für eigene Ideen der Jugendlichen vorgesehen.

Das erste Projekt „Wasser" war von den Lehrenden vor Beginn des Schuljahres inhaltlich grob vorgeplant worden. Den Schülerinnen und Schülern wurde dann ein Katalog vorgestellt, aus dem sie durch Mehrheitsentscheid Themenkomplexe auswählen konnten. Gewählt wurden die Komplexe „Bachpatenschaft", „Trinkwasser" und „Erkundung naturnaher Gewässer".

Die Angebote, ein Modell des Baches zu bauen oder seine Geschichte zu rekonstruieren, wurden von den Jugendlichen nicht angenommen.

Zu eigenen Vorschlägen befragt, nannten die Schülerinnen und Schüler Fahrradtouren in der Umgebung und am Bachlauf, für den sie eine Patenschaft übernehmen wollten. Diesen Schülervorschlag nahm die Lehrkraft in die Projektplanung auf und versprach bei passender Gelegenheit diese Fahrradexkursion zu unternehmen (sie fand in der zehnten Klasse statt).

Innerhalb der Themenkomplexe machten die Lehrkräfte wiederum Vorschläge, aus denen sich die Schülerinnen und Schüler Aufgaben aussuchen konnten. Dabei hatten die Lehrkräfte immer ein offenes Ohr für eigene Ideen der Jugendlichen, die über das Angebot hinaus allerdings keine eigenen Vorschläge machten.

Das darauf folgende Projekt „Innenhof" wurde ebenfalls von der Lehrkraft vorgeschlagen. Sie machte dabei den Schülerinnen und Schülern das Problem deutlich, dass die Projekte längerfristig geplant werden müssten und sie sich die Freiheit genommen hätte, dies schon zu tun. Die Jugendlichen nahmen den Vorschlag an, die konkrete Planung verlief dann aber zäh und widerständig. Bei einer Exkursion zum Zentrum für Schulbiologie und Umwelterziehung (ZSU), die der Informationsbeschaffung für konkrete Baumaßnahmen dienen sollte, zeigten sich die Jugendlichen desinteressiert und unwillig. Dies könnte daran gelegen haben, dass sie noch keine konkrete Vorstellung von der Veränderung des Hofes hatten und deshalb keine Verbindung zu den im ZSU realisierten Projekten herstellen konnten.

Die Jugendlichen arbeiteten nämlich im weiteren Verlauf mit umso mehr Freude am Projekt, je weiter seine Umsetzung fortschritt.

Die Veränderungen am Hof, die dann konkret realisiert wurden, wurden wiederum von der Lehrkraft bestimmt, weil sie die benötigten Materialien bzw. Menschen mit dem nötigen Know-how (ZSU) bereits angefordert hatte.

Zum Projekt „Ernährung" kann wenig gesagt werden, weil hierzu im Beobachtungszeitraum nur wenige Stunden ausschließlich theoretischer Unterricht erteilt wurden. Die Schülerinnen und Schüler konnten auf einem Fragebogen angeben, welche Themen sie im Projekt bearbeiten wollten. Die meisten Stimmen fielen auf: „Kochen", „Süßigkeiten testen", „Hamburger untersuchen", d.h. ein Hacksteak untersuchen, „Besuch eines Biohofes" und „Magersucht/Bulimie". Als eigener Schülervorschlag wurde das Thema „Rinderwahnsinn" genannt.

Von den meisten abgelehnt wurden ein Marktbesuch und die Durchführung einer Umfrage zum Thema Ernährung und Gesundheit.

Zusammenfassend kann man sagen, dass der Planungszwang der Lehrkräfte, z.B. die oft langfristig vorzunehmenden Terminplanungen mit außerschulischen Einrichtungen, die Auswahl der Projekte bestimmte. Allerdings hatten die Schülerinnen und Schüler innerhalb der Projekte immer noch große

Spielräume, ihre Ideen zu verwirklichen, konnten diese Chance aber nicht nutzen. Die über acht Schuljahre hinweg erlernte Haltung, das zu tun, was die Lehrkraft fordert, konnte im ersten Jahr des Profils nicht aufgebrochen werden. Ideensammlungen zu den umzusetzenden Projekten mittels Metaplan-Kärtchen wurden von einigen Schülern sogar explizit als Zeit- und Papierverschwendung kritisiert und der Wunsch geäußert, die Lehrkraft möge das Nötige an die Tafel schreiben.

Dieser Befund unterstreicht die Dringlichkeit, die Lernenden frühzeitig und schrittweise an der Gestaltung ihrer Bildungsgänge zu beteiligen, um Kreativität und Eigenverantwortung zu erhalten und zu fördern.

c) Passung von Unterrichtsinhalten und Projekt

Wie aus der Tabelle 4.1-1 ersichtlich ist, arbeiteten zu Beginn des Profils alle Fächer an Themen zum Projekt „Wasser". Die Klärung chemischer Parameter für die Wasseranalyse, die biologische Betrachtung von Wasserlebewesen und Naturschutzaspekte wie Nahrungskreislauf oder Gewässerverschmutzung waren sämtlich an das Projekt zur Übernahme der „Bachpatenschaft" angegliedert.

Im weiteren Verlauf entfernte sich das Fach Chemie mit der Besprechung der Säuren, Basen und Redoxreaktionen zunehmend von Thema Wasser. Die biologischen Lerninhalte (Photosynthese und Einzeller) können noch als zum Thema Nahrungskette gehörig gewertet werden, passten thematisch also noch dazu.

Obwohl sich die Lehrkräfte bemühten, den Schülerinnen und Schülern zu verdeutlichen, dass alle in den verschiedenen Fächern behandelten Themen das Wasser betreffen, konnten die Lernenden nach meiner Einschätzung die Zusammenhänge zwischen den geforderten Lernaufgaben und der Arbeit am Bach nicht herstellen.

Zum Thema Lebensräume fand keine theoretische Anbindung der praktischen Arbeit statt. In dieser Zeit wurde in Chemie ein Lehrgang zu Teilchenmodellen, zum Periodensystem und chemischen Bindungsarten abgehalten. Das Fach Biologie stellte Unterrichtszeit für die praktische Arbeit zur Verfügung, inhaltlich wurde das Thema nur in zwei Stunden grob gestreift.

Zum Thema „Ernährung" fand dagegen keine praktische Tätigkeit statt. In Biologie und „Mensch & Natur" wurden Anatomie und Physiologie des Verdauungssystems durchgenommen. Dabei wurden im Biologieunterricht eher die Tiere, in „Mensch & Natur" eher der Mensch in den Vordergrund gestellt. In Chemie wurden nur einige Nachweisreaktionen von Kohlenhydraten als Schülerversuch beim Lernen an Versuchsstationen durchgeführt. Allerdings wurde das Projekt „Ernährung" in der zehnten Klasse mit vielfältigen Aktivitäten fortgeführt.

Die Lernaufgaben in den Fächern begegneten sich also nur beim Thema „Wasser" mit den Anforderungen des Projekts. Es wäre wünschenswert gewesen, dass den Schülerinnen und Schülern die Zusammenhänge der einzelnen Unterrichtsinhalte deutlicher geworden wären, bzw. dass zu erwerbende Kenntnisse und Fähigkeiten wiederholt an das konkrete Objekt „Bach“ zurückgebunden worden wären. Die erlernten Wasseruntersuchungsmethoden wurden z.B. nicht mehr für eine kontinuierliche, überwachende Untersuchung (Monitoring) des Baches eingesetzt. Hierbei hätte sich Erlerntes in der Praxis bewähren und als nützlich erweisen können.

Obwohl weder die Lehrenden noch die Lernenden die praktische Arbeit als Ausgangspunkt der Unterrichtsinhalte bzw. als Bewährungsprobe der erworbenen Kenntnisse und Fähigkeiten sehen konnten, gab es sehr positive Beispiele, wie an der Herstellung eines Produkts gelernt werden konnte.

Eine Arbeitsgruppe von Schülerinnen und Schülern hatte die Aufgabe, sich um Sponsorengelder für benötigte Anschaffungen zu bemühen.

Diese Gruppe hatte eine Mappe hergestellt, in der sie die Klasse und ihre Vorhaben vorgestellt und ihr Anliegen geschildert hatte. Diese Mappe legten die Jugendlichen dann in nahegelegenen Geschäften und Betrieben vor.
Bei einer Firma bekamen sie dabei wertvolle Tipps, wie sie ihre Arbeit effektiver und professioneller gestalten könnten. Obwohl die Benotung dieser Mappen durch die Lehrkraft längst abgeschlossen war, setzte die Gruppe die Vorschläge der Firma in einem verbesserten Produkt um, wobei sie von der Lehrkraft zeitlich und inhaltlich unterstützt wurden. Am Ende war die Arbeitsgruppe sehr stolz auf ihr Produkt und hatte auch den Eindruck, etwas Nützliches gelernt zu haben.

d) Zusammenhang zwischen Lernaufgaben und praktischer Arbeit

Wie bereits geschildert, kann die Klärung der Frage, wie gut „Kopf“ und „Hand“ verbunden werden, nur für das Projekt „Wasser“ erfolgen, da in den beiden anderen Projekten nur praktisch oder nur theoretisch gearbeitet wurde.

Die Schülerinnen und Schüler bekamen zu mehreren Zeitpunkten Gelegenheit festzustellen, dass es nicht nur nützlich, sondern notwendig ist, die praktische Arbeit mit einer Planungsphase vorzubereiten.

Ein Beispiel dafür fand sich zu Beginn des Wasserprojekts, als die Lehrkraft von den Schülerinnen und Schülern forderte, dass sie ihre Fragen und Vorschläge zur „Bachpatenschaft“ sammeln und aufschreiben sollten (fünfter PT[1]). Diese Vorschläge sollten in einem Gespräch dem zuständigen Angestellten des Hamburger Wasserwirtschaftsamts (WWA) unterbreitet werden. Die Schülerinnen und Schüler waren der Meinung, dass sie das nicht bräuchten, weil sich das im Gespräch von selbst ergäbe. Die Lehrkraft ließ sich auf die Schülerargumentation ein und bestand nicht auf einer schriftlichen Fixierung.

1 PT = Profiltag.

Als dann der Mitarbeiter vom WWA zur Besprechung kam und wiederholt fragte, welche konkreten Pläne die Schülerinnen und Schüler für den Bach hätten, setzte sich in der Klasse die Erkenntnis durch, dass vor dem Zupacken das Denken kommen müsse.

Als die Situation sich jedoch bei der Planung der Umgestaltung des Innenhofs erneut ergab (neunzehnter PT) und sich die Schülerinnen und Schüler im ZSU informieren sollten, welche Projekte sich für die Innenhofgestaltung eignen würden, waren sie wieder unwillig; teilweise kam es zur offenen Arbeitsverweigerung. Allerdings setzte die Lehrkraft diesmal ihre Forderung nach einer schriftlichen Fixierung der Ergebnisse der Informationsexkursion vehement durch.

Die Vorüberlegungen und Planungen der praktischen Arbeit fielen den Jugendlichen im Beobachtungszeitraum noch sehr schwer: Das Zupacken stand im Vordergrund, die Theorie wurde als lästig empfunden.

So konnte ein Schüler, der im Klassenraum die Folgen einer Uferverbauung für ein Gewässer schildern konnte, eine Stunde später bei der Entfernung dieser Verbauungen am Bach die Frage nicht mehr beantworten, warum er dies tun würde. Dies mag zum einen daran liegen, dass die Schülerinnen und Schüler zwischen Unterrichtsinhalten und praktischer Arbeit keinen Zusammenhang sehen konnten, zum anderen könnte es auch daran gelegen haben, dass Planungspannen und Versäumnisse von den Lehrkräften geglättet wurden.

e) Funktion des praktischen Arbeitens

Für die Lehrenden stellte die praktische Arbeit in erster Linie ein Mittel dar, die Lernenden zu motivieren. Die Schülerinnen und Schüler sollten etwas tun können, was ihnen Spaß machte. Sie sollten sehen, was sie alles verändern und verbessern könnten und sich so für das Profil und seine Lerninhalte begeistern. Die praktische Arbeit war aber auch eine Form von Belohnung, wenn die Lernenden im Unterricht gut gearbeitet hatten. Teilweise wurde deutlich, dass den Lehrkräften die Projekte selber sehr am Herzen lagen und sie enttäuscht waren, wenn ihre Umsetzung schleppend verlief oder die Ausführung durch die Jugendlichen nicht so geschah, wie die Lehrkraft sich das vorgestellt hatte.

Die praktische Arbeit fand, für die Schülerinnen und Schüler erkennbar, nur im Unterricht von „Mensch & Natur“ statt. Die Fächer Biologie und Chemie gaben dafür großzügig Unterrichtszeit ab, gingen aber nicht mit fachspezifischen Fragestellungen oder praktischen Tätigkeiten zu den konkreten Objekten, z.B. zum Bach.

Für die Schülerinnen und Schüler waren die Phasen des praktischen Arbeitens eine Entlastung und Abwechslung vom normalen Unterricht. Immer, wenn sie der Unterricht langweilte, forderten sie praktische Arbeit ein. Nach meiner Einschätzung konnten sie die praktische Arbeit nicht im Zusammenhang mit dem im Unterricht erworbenen Wissen und Können sehen.

Sie bewerteten deshalb ihr Tun auch ihrer Begabung entsprechend sehr unterschiedlich. Die leistungsstärkeren Schülerinnen und Schüler meinten, bei der praktischen Arbeit würde man gar nichts lernen und die Unterrichtszeit sei verschwendet. Ein Schüler meinte, man solle doch im Winter wenigstens strammen „normalen“ Unterricht machen, damit man die im Lehrplan vorgesehenen Inhalte abarbeiten könne, um dann im Sommer die eingesparte Zeit auf die Projekte zu verwenden. Die eher leistungsschwächeren Schülerinnen und Schüler bewerteten dagegen die Phasen der praktischen Arbeit sehr positiv, weil diese es ihnen ermöglichten, von den Lehrkräften Anerkennung für ihre handwerklichen Fähigkeiten oder ihren Fleiß zu bekommen.

4.1.2.2 Unterrichtsziele

a) Schwerpunktsetzung durch die Lehrkräfte

Während in den Fächern Biologie und Chemie eher das fachliche Lernen betont wurde, legte die Lehrkraft im Fach „Mensch & Natur“ den Schwerpunkt auf das soziale Lernen. Dies äußerte sich nicht nur in den Methoden und Arbeitsformen, die in den jeweiligen Fächern gewählt wurden, sondern auch in der Anzahl der Klassenarbeiten. In Biologie und Chemie wurden je drei Arbeiten geschrieben, während in „Mensch & Natur" nur eine Leistungsmessung als Klausur stattfand. Die anderen Noten wurden anhand von Gruppenarbeiten oder Langzeitprojekten gegeben, wobei neben dem Ergebnis auch explizit die Arbeitsorganisation, Beteiligung und Arbeitsruhe bewertet wurden.

Bis auf wenige Ausnahmen (Stationenlernen, Schülerexperimente) wurde in den Fächern Biologie und Chemie das traditionelle Unterrichtsgespräch geführt; die selbstständige Arbeit in Gruppen oder in Einzelprojekten wurde fast ausschließlich in „Mensch & Natur“ verlangt.

b) Soziales Lernen

Es konnte eine Vielzahl von Situationen dokumentiert werden, in denen wichtige Lernprozesse möglich waren. Sie entstanden vor allem aus den Produkten und Tätigkeiten, die im traditionellen Unterricht in dieser Weise nicht möglich sind.

Zunächst gab es Möglichkeiten, den Umgang mit konkurrierenden Interessen zu erlernen.

Beim Projekt „Wasser“ sollte entschieden werden, ob man mit dem am Bach ansässigen Anglerverein kooperieren wollte. Ein Schüler, selbst Angler, sprach sich dafür aus, andere protestierten vehement.

Da ein Teil der Klasse an der Kontroverse nicht interessiert war, bat die Lehrkraft die diskutierende Schülergruppe sich in einen anderen Raum zu begeben, die Argumente zu sammeln und später der Klasse vorzulegen.

Auch beim Innenhofprojekt mussten die Interessen der Jugendlichen, die den Hof als Abkürzungsweg schätzten, gegen die der Jugendlichen abgewogen werden, die den Hof sperren lassen wollten, um Vandalismus zu vermeiden. Zusätzlich mussten Genehmigungen von der Schulleitung eingeholt werden, die nicht zu allen Vorhaben der Klasse ihre Einwilligung gab.

Für diese Aushandlungsprozesse gaben die Lehrkräfte den Jugendlichen immer genug Raum und betonten die Wichtigkeit solcher Prozesse. Besonders bei den Kontroversen um den Innenhof gelang es den Schülerinnen und Schülern sehr gut, eine für alle befriedigende Lösung herbeizuführen.

Auch der Umgang mit Kritik konnte an den Projekten geübt werden. Eine Mädchengruppe, die harsche Kritik an der ersten Ausgabe der „Profilzeitung" (ein Produkt des gleichnamigen Profils) geäußert hatte, musste wenig später erleben, dass ihre Entwürfe für einen „Bachpatenausweis" von einigen Mitschülern hart kritisiert wurden. Diese Kritik schmerzte sie mehr als eine schlechte Note und führte vielleicht dazu, dass auch sie die Arbeit anderer künftig vorsichtiger beurteilt.

c) Förderung von selbstständigem Arbeiten

Die Selbsttätigkeit der Schülerinnen und Schüler wurde hauptsächlich in den Projekten und in den Stunden von „Mensch & Natur" verlangt und gefördert. Während in Biologie und Chemie (mit Ausnahme einiger Schülerexperimente) ein überwiegend lehrerzentrierter Unterricht vorherrschte, fand in „Mensch & Natur" die Planung und selbstständige Durchführung der Projekte statt. Allerdings beteiligten sich die Lehrkräfte der Fächer Biologie und Chemie an der zeitlich und inhaltlich großzügigen Beratung und Betreuung der Arbeitsgruppen.

Generell waren alle Lehrkräfte bereit, ihren geplanten Unterricht spontan umzustellen oder einzelne Jugendliche oder Schülergruppen vom Unterricht freizustellen, wenn diese an einer sinnvollen Arbeit konzentriert oder engagiert arbeiteten.

Es wurde von den Lehrkräften auch darauf geachtet, dass Restarbeiten eines Projektes von den Jugendlichen nicht unvollendet liegen gelassen wurden. Allerdings hatten die Schülerinnen und Schüler kaum mit Konsequenzen zu rechnen, wenn eine Arbeit nicht in der ausreichend bemessenen Zeit fertig gestellt war.

d) Förderung von Verantwortungsbereitschaft und Eigeninitiative

Den Lernenden wurde von den Lehrkräften Verantwortung übertragen und auch gefordert, dass sie die Aufgaben zuverlässig erledigten. Sie lobten ausdrücklich, wenn Schülerinnen oder Schüler freiwillig und vorausschauend mitarbeiteten. Der Umgang mit Planungspannen und Unzuverlässigkeit schwankte zwischen der Notwendigkeit, die Jugendlichen die Konsequenzen ihres Handelns tragen zu lassen, und der Aufrechterhaltung der Arbeitsmoral sowie des Unterrichtsbetriebs. In vielen Fällen entschieden sich die Lehrkräfte dafür, die Folgen von Versäumnissen oder schlechter Planung der Lernenden abzumildern, indem sie selbst die entsprechenden Aufgaben übernahmen oder beendeten.

Ein Beispiel dafür ergab sich in der Planung des Projekts „Wasser". Drei Schüler hatten sich freiwillig gemeldet, um zum WWA zu gehen und die Vorschläge der Klasse zu den Arbeiten am Bach zu unterbreiten. Da sie vorher keine Terminabsprache vorgenommen hatten, trafen sie die zuständige Person nicht an. Um trotzdem am nächsten Profiltag am Bach arbeiten zu können, übernahm die Lehrkraft telefonisch die nötige Planung. Für einen Termin in den Weihnachtsferien, bei dem es um die Beantragung von Bezirkssondermitteln ging, fand sich ein Schüler, dem die Umlegung des Baches sehr am Herzen lag, bereit teilzunehmen.
Den eigentlichen Antrag schrieb dann aber die Lehrkraft, um die Terminfrist einhalten zu können.

Um die Jugendlichen zu motivieren, auch außerhalb der Schulzeit liegende, notwendige Termine wahrzunehmen, wurde von einer Lehrkraft gegen Ende des Profils ein so genanntes „Zeitkonto" eingeführt. Für eine Stunde Arbeit außerhalb der Schulstunden bekam der Lerner einen Punkt auf diesem Konto gutgeschrieben. Die Einlösung des Guthabens auf diesem Konto blieb aber unbestimmt.

Um die Verantwortlichkeit für die Projekte zu fördern und einen Überblick über die eigenen Leistungen zu bekommen, wurden zunächst Tätigkeitsberichte, später so genannte „Profiltagebücher" eingeführt. Die Lernenden sollten darin festhalten, was sie am entsprechenden Profiltag geleistet und wie sie den Tag empfunden hatten. Die konsequente Einhaltung dieser Dokumentation wurde aber nur von einer Lehrkraft gefordert und überprüft.

e) Umgang mit Teamarbeit und Arbeitsverteilung

Die Lehrkräfte bestimmten bei der Gruppenarbeit meist nur die Gruppengröße, während sich die Mitglieder selbst zusammenfinden konnten.
Dabei wusste die Lehrkraft um die individuellen Stärken der Lernenden und lenkte gelegentlich die Jugendlichen mit sanfter Überredung in die Gruppen, in denen diese Fähigkeiten besonders gebraucht wurden.

Die Gruppen bestanden recht konstant aus den gleichen Mitgliedern. Dabei fanden sich in den meisten Fällen die Lernenden nach Geschlecht und nach schulischer Leistungsfähigkeit zusammen. Manchmal gelang die selbstständige Einteilung nicht. Dies war besonders dann der Fall, wenn die Aufgabenbeschreibung nicht eindeutig war. Teilte dann eine Lehrkraft die Gruppen ein, akzeptierten es die Lernenden und arbeiteten auch meist gut zusammen.

Die Beurteilung der Arbeit der einzelnen Gruppenmitglieder erfolgte über die „Profiltagebücher", die aber erst zum Ende der neunten Klasse regelmäßig geführt wurden. Jugendliche, die in großer Ehrlichkeit darin vermerkt hatten, dass sie nichts gemacht hätten, mussten meines Wissens keine Konsequenzen fürchten. Besonders ein Schüler, der gerne theoretisch arbeitete, entzog sich häufig den praktischen Arbeiten, die er für Zeitverschwendung hielt. Die Lehrkräfte bestanden aber meist darauf, dass er seinen Anteil an der Arbeit erledigte, was mit pädagogischem Geschick in einigen Fällen erreicht wurde.

So war er einmal sehr verantwortungsbewusst dabei, einigen Mitschülern beim Aufbau eines Gerätehäuschen zu helfen, weil die Lehrkraft ihm gesagt hatte, dass bei der Aufbauanleitung seine intellektuellen Fähigkeiten von Nöten wären. In ähnlicher Weise bemühten sich die Lehrkräfte immer, möglichst alle Lernenden in die praktische Arbeit einzubinden.

f) Bearbeitung traditioneller Geschlechtsstereotype

Die Arbeit an den Geschlechterrollen fand hauptsächlich in den Phasen der praktischen Arbeit statt, wo mehrfach Spannungen zwischen Mädchen und Jungen auftraten.

Die Klasse bestand aus zehn Jungen und vier Mädchen, von denen drei eine feste Gruppe bildeten. Diese Gruppe der drei Mädchen wurde auch dann zugelassen, wenn die Lehrkräfte das Arbeiten in Zweiergruppen forderten.

Das vierte Mädchen in der Klasse wurde von der Mädchengruppe nicht akzeptiert und arbeitete deshalb meist alleine oder mit einer Jungengruppe, die aus eher leistungsschwächeren Schülern bestand, die in der Klassenhierarchie am unteren Ende standen. Während dieses eine Mädchen keine Scheu hatte, sich schmutzig zu machen oder „Männerarbeit" zu verrichten, zog sich die Mädchengruppe zurück, wenn es um nicht traditionell weibliche Tätigkeiten ging. Besonders bei der Neugestaltung des Innenhofs, die mit überwiegend körperlicher Tätigkeit verbunden war, blieben die Mädchen gerne im Klassenraum, bearbeiteten Arbeitsblätter oder zeichneten eine Bautafel. Dies stieß auf massiven Protest der Jungen, die das nicht als „richtige Arbeit" anerkannten. Nachdem dieser Konflikt zu einer Arbeitsverweigerung der Jungen geführt hatte, wurden Vereinbarungen getroffen, dass die Mädchen in Zusammenarbeit mit den Jungen praktische Tätigkeiten übernehmen würden, die ihnen zumutbar erschienen. Ab diesem Zeitpunkt bildeten sich immer wieder Gruppen aus Mädchen und Jungen, die zusammen im Hof arbeiteten. Besonders bei einem der Mädchen war festzustellen, dass ihr die Arbeiten, die sie vorher abgelehnt hatte, großen Spaß machten und sie durch die praktische Beteiligung erst Zugang zum Projekt bekam.

Eine Lehrkraft achtete verstärkt darauf, dass die Belange der Mädchen nicht übergangen wurden und versuchte auch die Mädchen in Arbeitsgruppen zu entsenden, die an Planungs- und Entscheidungsprozessen beteiligt waren.

Insgesamt bot der Profilunterricht einen guten Rahmen für die Arbeit an den Geschlechterrollen, da sich gerade durch die Projektarbeit Möglichkeiten ergaben, wie sie in einem traditionellen Unterricht nicht vorkommen.

Ohne die Problematik explizit thematisieren zu müssen, kann sie in den sich spontan ergebenden Situationen bearbeitet werden.

4.1.2.3 Unterrichtsorganisation

a) Zeitstrukturen

Eine weitere Beobachtungsfrage war, wie Lehrende und Lernende mit den neuen Zeitstrukturen umgehen; wo sie diese zum kontinuierlichen Arbeiten nutzen können, und wo die traditionellen Stundenmuster durchschlagen.

Die Zeitstruktur des Fünfundvierzigminutentakts wurde überwiegend aufrecht erhalten. Die Schülerinnen und Schüler forderten ihre Pausen teilweise sogar bei Freilandaktionen pünktlich ein. Die Gründe sind wohl darin zu suchen, dass dieser Fünfundvierzigminutentakt nicht nur über acht Schuljahre eingeübt ist, sondern außer am Profiltag auch noch den Rest der Woche über aufrecht erhalten wurde. Außerdem war es nur zu den festgelegten Pausenzeiten möglich, Jugendliche aus anderen Klassen zu treffen. Als dritter Punkt kommt hinzu, dass Präsentationen anderer Profile (z.B. Pausenradio), an denen die Schülerinnen und Schüler gerne teilnehmen wollten, meist in den Pausen stattfanden.

Ein kontinuierliches, aufgabenbezogenes Arbeiten konnte bei den Einzelarbeiten zum Thema „Wasser" beobachtet werden (neunter PT). Die Schülerinnen und Schüler hatten vier Schulstunden Zeit, um die Aufgaben zu erledigen. In der darauf folgenden fünften Stunde sollten die Arbeiten präsentiert werden. Es wurde sehr konzentriert gearbeitet. Wenn es laut wurde, ermahnten sich die Schüler gegenseitig; Pausen wurden völlig frei gemacht, ohne dass es zu unverhältnismäßigen Überziehungen gekommen wäre. Das gleiche konzentrierte Arbeiten wiederholte sich am elften Profiltag, als diese Einzelarbeiten zu Gruppenarbeiten zusammengefasst werden sollten.

In anderen Fällen war konzentriertes, kontinuierliches Arbeiten immer dann zu sehen, wenn die Lernenden eine klare Aufgabenstellung hatten und diese Aufgaben bis zu einem festgesetzten Zeitpunkt fertiggestellt sein mussten.

Besonders interessiert zeigten sich die Schülerinnen und Schüler bei Treffen mit außerschulischen Experten. Dies traf sowohl für die Besuche des zuständigen Beamten vom Wasserwirtschaftsamt wie auch auf die Unterrichtsstunde mit dem Angestellten der Hamburger Trinkwasserversorgung zu. Auch im Planungsgespräch zum Innenhof mit dem Schulleiter waren die Jugendlichen sehr konzentriert.

Bei den praktischen Arbeiten fand man engagierte, kontinuierliche Mitarbeit dann, wenn den Jugendlichen die Aufgaben persönlich wichtig waren, oder wenn schwächere Schülerinnen und Schüler dadurch zeigen konnten, dass auch sie Fähigkeiten besaßen.

Von den Lehrkräften wurde auf die Möglichkeit der freien Zeiteinteilung meist hingewiesen, wenn die Unterrichtseinheit nicht vor dem Klingelzeichen beendet werden konnte, also um ihre Stunde zu verlängern. Die Lehrenden nutzten auch die Möglichkeit, Stunden zu verschieben, um die Projekte vorwärts zu bringen.Vor allem das Fach Biologie gab viel von seiner Unterrichtszeit für die praktische Arbeit ab.

Alle Lehrkräfte verbrachten wesentlich mehr Zeit mit der Klasse, als es ihr Unterrichtsdeputat vorschrieb. So waren häufig zwei Lehrkräfte im Unterricht anwesend oder an der praktischen Arbeit beteiligt. In Phasen der Gruppenarbeit, die eine aufwendige Betreuung nötig machte, konnte den Schülerinnen und Schülern so optimale Unterstützung gegeben werden.

Häufig war die Funktion der zweiten Lehrkraft aber nicht klar. Es gab sogar Situationen, in denen sich die unterrichtende Lehrkraft von der zweiten Lehrperson gestört fühlte.

b) Kooperation der Fachlehrkräfte und fächerübergreifendes Lernen

Unter den Lehrkräften gab es Unsicherheiten, wenn sie die Grenzen ihres Faches überschreiten sollten. Sie betonten dann ausdrücklich, dass sie für die entsprechenden Themen keine Fachlehrer seien. Wenn die jeweilige Fachlehrkraft anwesend war, wurde um Bestätigung gebeten. Manchmal korrigierten sich die Lehrkräfte auch ungefragt gegenseitig.

Auch die Schülerinnen und Schüler forderten zeitlich und inhaltlich die gewohnte Zuständigkeit der einzelnen Fächer. So könne z.B. in Chemie nicht die Leitfähigkeit behandelt werden, das sei Physik. Trotzdem verlangten sie die Integration der Fächer, vor allem der Chemie, in die Projekte. Das Fach sollte irgendetwas mit dem Projekt zu tun haben.

Von den Lehrkräften wurden Versuche unternommen, den Beitrag der einzelnen Fächer zu den Projekten für die Schülerinnen und Schüler deutlich zu machen. So wurde z.B. zum Thema „Ernährung“ ein so genanntes Stationenlernen durchgeführt, bei dem zum einen Teil chemische Experimente und Aufgaben, zum anderen Teil biologische oder ökologische Fragestellungen bearbeitet werden mussten (siebenundzwanzigster PT). Die Besprechung der Aufgaben erfolgte danach durch die jeweilige Fachlehrkraft, und die Arbeitsblätter wurden in die jeweiligen Hefte abgelegt, da ein zu Beginn geplanter, für alle drei Fächer geltender Profilordner nicht realisiert wurde.

Die Lehrkräfte versuchten auch, die einheitliche Zielsetzung der Fächer im Profil dadurch zu verdeutlichen, dass die einzeln auf dem Stundenplan im Klassenraum ausgewiesenen Fächer am Profiltag durch ein Papier überklebt wurden und zumindest am Anfang und Ende jedes Profiltages alle drei Lehrkräfte anwesend waren (neunter PT). Der Papiersteifen war allerdings nach kurzer Zeit wieder vom Stundenplan verschwunden.

4.1.3 Befunde zu den Lernbedingungen im Chemieunterricht

Wie schon aus den vorangegangenen Abschnitten deutlich wurde, waren die Unterrichtsthemen des Fachs Chemie nur zu Beginn des Profils kurz an ein Projekt angebunden. Ein großer Teil Unterrichtszeit wurde in der neunten Klasse für Lehrgänge verwendet.

Auch dort, wo die Inhalte des Chemieunterrichts mit dem Projekt zu tun hatten, war für die Schülerinnen und Schüler nach meiner Ansicht ein Zusammenhang meist nicht erkennbar.

Die Entstehung saurer Lösungen wurde durch einen Schülerversuch (Verbrennung von Kohlenstoff und Lösen des entstandenen Gases in Wasser) eingeführt. Auf die Parallele zur Luftverschmutzung und zum Eintrag der Oxide in die Oberflächengewässer durch Regen wurde dann aber nicht hingewiesen.

Auch die Messung der pH-Werte verschiedener Lösungen im Chemiefachraum oder der Leitfähigkeit einer dort zubereiteten Kochsalzlösung konnte von den Lernenden nicht mit der am Bach durchgeführten Messung in Verbindung gebracht werden und wurde von der Lehrkraft auch nicht zurückgebunden. So konnte auch nicht deutlich werden, welchen Beitrag das Fach zum Projekt, respektive zur Überprüfung der Gewässergüte, leisten kann. Fachliches Lernen blieb von der Anwendung des Wissens isoliert, eröffnete also keine neuen Zugangsmöglichkeiten zum Fach.

Auch die Auswirkungen der physikalisch-chemischen Parameter auf die im Gewässer lebenden Organismen wurden nur sehr kurz angesprochen. Die Verbindungen zwischen Chemie und Biologie konnten so nicht deutlich werden, was etwa biologisch interessierten Jugendlichen die Akzeptanz des Faches Chemie erleichtert hätte.

Es wurde zwar in allen Fächern etwas zu „Wasser“ unterrichtet, von fächerübergreifendem Unterricht kann aber nicht gesprochen werden. Es blieb dem Fach „Mensch & Natur“ vorbehalten, komplexere umweltrelevante Themen anzusprechen bzw. zu versuchen, die in den Einzelfächern kurz thematisierten Sachverhalte an das Projekt anzubinden. Das umfassende und wichtige Thema „Nahrungs- und Gaskreisläufe in Gewässern“ blieb dabei jedoch auf einem sehr allgemeinen Niveau, das nicht mit speziellen Kenntnissen aus der Biologie (z.B. Photosynthese, Biologie des Wasserflohs) oder der Chemie (Sauerstoff oder gelöste Salze als Grundlage für Lebewesen) vertieft wurde.

So ergaben sich im Beobachtungszeitraum leider keine anderen Lernbedingungen für den Chemieunterricht, als sie sich für gewöhnlich darstellen.

Es ist zu hoffen, dass sich mit steigender Erfahrung im Verlauf des Schulversuchs ein Curriculum entwickelt, das diese Chancen des Profilunterrichts aufnimmt und für die Lehr-Lernprozesse nutzbar macht.

4.2 Untersuchungen zum naturwissenschaftlichen Wissen

4.2.1 Der Test zu naturwissenschaftlichem Wissen – TIMSS

4.2.1.1 Fragestellungen

Mit dem Test zu naturwissenschaftlichem Wissen sollte die Wirkung des Profilunterrichts auf das fachliche Lernen in den Fächern Biologie, Chemie und Physik untersucht werden.

Dabei war zum einen zu prüfen, ob die Jugendlichen des naturwissenschaftlichen Profils einen größeren Leistungszuwachs haben als die Schülerinnen und Schüler der anderen Profile, also ob der Profilunterricht das fachliche Lernen fördert. Klassenvergleiche innerhalb der Schule (siehe 4.2.2.2) sollten zeigen, ob z.B. die Schülerinnen und Schüler im Profil „Mensch & Natur" eine bessere Lernausgangslage haben oder ob sie im Verlauf der Zeit einen größeren Wissenszuwachs erreichen.

Zum anderen war der Befürchtung der Eltern nachzugehen, ob durch den Profilunterricht die Vermittlung fachlichen Wissens in den Fächern, die nicht zum Profil gehören, leidet. Für die Klärung dieser Frage war es nötig, die Untersuchung schulvergleichend zu gestalten (siehe 4.2.2.1).

Drittens wurden Leistungsunterschiede der Geschlechter untersucht, da schon aus der TIMS-Studie (BAUMERT et al. 1997) Unterschiede zwischen Mädchen und Jungen bekannt waren und der Versuchsschule die Mädchenförderung sehr am Herzen liegt (siehe 4.2.2.3).

Außerdem werden die Ergebnisse der Leistungsentwicklung im TIMSS-Test mit einer Befragung zur Schülerpersönlichkeit zusammengebracht (siehe 4.3), um Zusammenhänge zwischen Wissensentwicklung und Persönlichkeitsentwicklung untersuchen zu können.

Schließlich sollten die Ergebnisse dieses klassischen Wissenstests der Ergänzung der Ergebnisse zur individuellen Entwicklung der Fachkompetenz einzelner Jugendlicher im Profil „Mensch & Natur" dienen (siehe 4.4).

4.2.1.2 Planung

Die Aufgaben zum naturwissenschaftlichen Verständnis und Wissen wurden dem Aufgabenpool der TIMS-Studie (Third International Mathematics and Science Study) Untersuchungspopulation II[1] (BAUMERT et al. 1997) und Population III[2] (BAUMERT et al. 1998) entnommen.

---

1 Siebte und achte Jahrgangsstufe.

2 Abschlussjahr der Sekundarstufe II in allgemeinbildenden oder beruflichen Voll- und Teilzeitschulen.

Diese internationale Schulleistungsstudie, die in fünfundvierzig Staaten von der IEA (International Association for the Evaluation of Educational Achievement) organisiert wurde, wurde im deutschen Sprachraum vom Max-Planck-Institut für Bildungsforschung 1994/95 in fünfzehn Bundesländern als Längsschnittstudie durchgeführt (Population II).

Die Studie über die Leistungsfähigkeit der Jugendlichen in den mathematisch-naturwissenschaftlichen Fächern sollte innerhalb Deutschlands Aufschluss über die Unterschiede zwischen Schulformen und im internationalen Vergleich eine Standortbestimmung der mathematisch-naturwissenschaftlichen Bildung in Deutschland ermöglichen (siehe 1.1.3).

Aus dem Pool freigegebener Aufgaben wurden von der Begleitforschungsgruppe fünfunddreißig Aufgaben aus den Bereichen Biologie (zwölf Aufgaben), Chemie (elf) und Physik (zwölf) ausgewählt. Das entwickelte Testheft enthält sowohl Aufgaben mit Mehrfachwahlantworten (multiple choice), wie auch Aufgaben mit offenem Antwortformat. Durchführungszeit und Anzahl der Aufgaben wurden im Vergleich zur TIMS-Studie halbiert. Bei der Auswahl der Aufgaben wurde darauf geachtet, dass der Schwierigkeitsgrad in etwa mit dem der Originaluntersuchung vergleichbar war.

Die TIMS-Studie unterscheidet in den naturwissenschaftlichen Aufgaben vier Dimensionen der Leistungserwartungen: Einzelwissen, Zusammenhangswissen, Konzeptualisieren und Anwenden, Experimentieren und Beherrschung von Verfahren.

In jeder dieser vier Dimensionen gibt es Fragen mit unterschiedlichem Schwierigkeitsgrad (BAUMERT et al. 2000).

Da das Fach Chemie in der achten Jahrgangsstufe nicht in allen Schulen und Bundesländern erteilt wird, erstrecken sich die Aufgaben *zum größten Teil auf allgemeines Weltwissen oder chemisches Wissen, das im Biologie- oder Physikunterricht en passant vermittelt wurde* (BAUMERT et al. 1997: 57). Im Sachgebiet Chemie gibt es deshalb keine Aufgaben aus der Leistungsdimension *Konzeptualisieren und Anwenden.* Die chemischen Aufgaben stammen aus den Gebieten *Eigenschaften von Stoffen*, *Struktur der Materie* und *chemische Reaktionen.*

Die hier eingesetzten Testhefte wurden zweimal leicht modifiziert. Die Veränderungsmöglichkeiten waren beschränkt durch die Anzahl der öffentlich zugänglichen Aufgaben und die Notwendigkeit, den Schwierigkeitsgrad leicht zu erhöhen. Die Testhefte sowie die vorgenommenen Veränderungen sind im Anhang abgedruckt.

Die Untersuchung wurde als Längs- und Querschnittsstudie angelegt, d.h. der Test wurde außer an der Versuchsschule noch an zwei weiteren Gesamtschulen in Hamburg durchgeführt. Außerdem wurden in jeder Schule zwei aufeinanderfolgende Jahrgänge zu je drei Testzeitpunkten untersucht (siehe Erhebungsplan Tabelle 4.2-1).

Bei den Untersuchungen sollten die Schülerinnen und Schüler neben dem Test zum naturwissenschaftlichen Wissen auch einen Schülerfragebogen zum Selbstkonzept bearbeiten (siehe Kapitel 4.3), wofür je fünfundvierzig Minuten Bearbeitungszeit vorgesehen waren.

Statt ihres Namens sollten die Jugendlichen auf den Testheften einen feststehenden Code eintragen, damit einerseits Anonymität gewährleistet war, die Arbeiten aber andererseits zu allen drei Testzeitpunkten einer Testperson bzw. die Schülerfragebögen dem TIMSS-Test zugeordnet werden konnten.

4.2.1.3 Durchführung

Die Tabelle 4.2-1 gibt Auskunft über die Untersuchungszeitpunkte und die Zahl der untersuchten Schülerinnen und Schüler.

Die Zahlen in der ersten Reihe geben jeweils die Anzahl der Testbogen an, die eindeutig einem Code aus dem vorhergehenden Test zugeordnet werden konnten. Die Zahlen darunter (in Klammern) geben die Zahl der Jugendlichen an, die entweder neu im Jahrgang waren oder einen anderen Code verwendet hatten als in der vorhergehenden Untersuchung.

	1997			1998			1999			2000		
	Beginn 9. Klasse			Beginn 10. Klasse			Ende 10. Klasse					
1. Welle	P	V1	V2	P	V1	V2	P	V1	V2			
	155	100	157	117 (20)	104 (36)	66 (22)	92 (15)	76 (30)	52 (17)			
Testhefte	TIMSS I und Fragebogen I1			TIMSS III und Fragebogen I2			TIMSS II und Fragebogen I3					
				Beginn 9. Klasse			Beginn 10. Klasse			Ende 10. Klasse		
2. Welle				P	V1	V2	P	V1	V2	P	V1	V2
				135	143	88	105 (35)	104 (41)	78	109		
Testhefte				TIMSS II und Fragebogen II1			TIMSS III und Fragebogen II2			TIMSS III und Fragebogen II3		

P = Profilschule V1 = Vergleichsschule 1 V2 = Vergleichsschule

Tabelle 4.2-1: Erhebungsplan zu naturwissenschaftlichem Wissen und Schülerpersönlichkeit

Die Koordination der Untersuchungen wurde von der jeweiligen Schulleitung übernommen.

Die Untersuchungen wurden in den Klassenräumen der jeweiligen Schulen durchgeführt. Sie waren so geplant, dass die Schülerinnen und Schüler zunächst den Fragebogen zum Selbstkonzept bearbeiten sollten und in der darauf folgenden Stunde den Test zum naturwissenschaftlichen Wissen. Aus schulorganisatorischen Gründen konnte es jedoch vorkommen, dass zwischen der Bearbeitung der beiden Fragebögen durch die Jugendlichen ein bis zwei Tage lagen bzw. die Befragung einer Klassenstufe an zwei bis drei aufeinander folgenden Tagen durchgeführt werden musste.

Dieses Vorgehen war nötig, da die Klassen häufig leistungsdifferenziert, d.h. in leistungsstärkeren und leistungsschwächeren Gruppen unterrichtet werden.

Ab dem Testzeitpunkt 1999 wurden beide Bögen so an die Jugendlichen ausgegeben, dass jede zweite Testperson den Schülerfragebogen bearbeitete, während die dazwischen sitzende Person den Test zum naturwissenschaftlichen Wissen absolvierte. Damit konnte die Verfälschung durch Abschreiben verringert werden.

Die Testleiter und Testleiterinnen, die während der Bearbeitung die Aufsicht übernahmen, stellten vor jeder Befragung den Jugendlichen die Untersuchung vor und erläuterten die Fragebögen.

Bei der Untersuchung der zweiten Welle konnte 1999 keine ausreichende Zahl von Testleitern gefunden werden, weshalb in einigen Fällen die zum Testzeitpunkt in der Klasse unterrichtenden Lehrkräfte gebeten wurden, die Bearbeitung zu überwachen.

Um die Anonymität zu wahren, gaben die Jugendlichen in diesen Fällen ihre bearbeiteten Testbögen in einem verschlossenen Umschlag an die Lehrkräfte zurück.

Die vorgegebene Bearbeitungszeit zeigte sich als völlig ausreichend und wurde von den Schülerinnen und Schülern fast nie voll genutzt.

Die Jugendlichen waren überwiegend kooperativ, Verweigerungen gab es kaum. Die großen Variationen, die bei den Codes zwischen den Testzeitpunkten auftraten, weisen allerdings auf einen „stillen Boykott" hin. Nach einer kurzen Frist des Murrens entwickelten die Schülerinnen und Schüler aber meist Spaß daran, ihr Wissen zu testen und arbeiteten motiviert und konzentriert am TIMSS-Testheft.

4.2.2 Befunde zum naturwissenschaftlichen Wissen

Die Auswertung der Daten geschah durch R. Mielke, deren Ergebnisse im Folgenden zitiert werden (MIELKE 2000). Grundlage der Analysen sind die Daten der ersten Untersuchungswelle.

Bei der Feststellung der Ausgangslage der Leistungsfähigkeit werden zunächst alle Testpersonen berücksichtigt; bei der Leistungsentwicklung über die drei Testzeitpunkte werden dann nur noch die Schülerinnen und Schüler berücksichtigt, die zu allen drei Erhebungszeitpunkten an den Untersuchungen teilgenommen haben.

In den folgenden Grafiken werden diese gebräuchlichen Kürzel verwendet (siehe z.B. BORTZ 1999):

n = Stichprobenumfang.

M = arithmetisches Mittel: Kennzeichnet die zentrale Tendenz einer Verteilung.

s = Streuung: Kennzeichnet die Variabilität einer Verteilung.

t = t-Test: Prüft die Unterschiede zwischen zwei Stichproben.

F = F-Test: Prüft die Unterschiede von zwei und mehr Stichproben. Die Höhe der F-Werte gibt außerdem an, wie deutlich die Unterschiede der verglichenen Stichproben sind. Mit F^W werden in dieser Arbeit Varianzanalysen für Wiederholungsmessungen gekennzeichnet.

df = Freiheitsgrade: Anzahl der frei wählbaren Testwerte einer Stichprobe.

p = Irrtumswahrscheinlichkeit bzw. Signifikanzniveau. Je kleiner p, desto größer ist die Sicherheit, dass die Unterschiede nicht zufällig sind ($p < .05$ signifikant, $p < .01$ hoch signifikant).

In den folgenden Abbildungen werden signifikante Werte mit *, hochsignifikante Werte mit ** markiert.

Die Daten zu den Abbildungen und Bewertungen befinden sich im Anhang.

4.2.2.1 Schulvergleichende Ergebnisse

a) Ergebnisse 1997: Ausgangslage

Zunächst soll die Lernausgangslage der Profilschule und der zwei Vergleichsgesamtschulen festgestellt werden.

Um die Ergebnisse der vorliegenden Untersuchung mit denjenigen der TIMSS-Untersuchung vergleichen zu können, wurden die Werte in Rasch-Scores umgerechnet (vgl. ROST 1996). Dabei wird eine Gewichtung nach dem Schwierigkeitsgrad einer Aufgabe vorgenommen. Je schwieriger die Aufgabe, desto höher auf der Skala liegt der Referenzpunkt. Der Mittelwert wird auf 500, die Standardabweichung auf 100 festgelegt. In der TIMS-Studie Naturwissenschaften beschreibt der Wert 500 ein naturwissenschaftliches Alltagswissen, der Wert 600 ein beginnendes Verständnis von naturwissenschaftlichen Konzepten und Verfahren.

Die drei untersuchten Gesamtschulen schneiden deutlich besser ab als die Gesamtschulen in der bundesweiten TIMSS-Untersuchung ($M = 548$; $s = 103$). Der Vorsprung ist deutlich größer als der Leistungszuwachs, den man in einem Jahr erwarten kann. Die drei Schulen haben also eine gute Lernausgangslage in den Naturwissenschaften.

Bei drei Schulen, die hauptsächlich nach der Vergleichbarkeit des Einzugsbereichs ausgesucht wurden, lässt sich das Ergebnis nicht auf Hamburger Gesamtschulen insgesamt verallgemeinern.

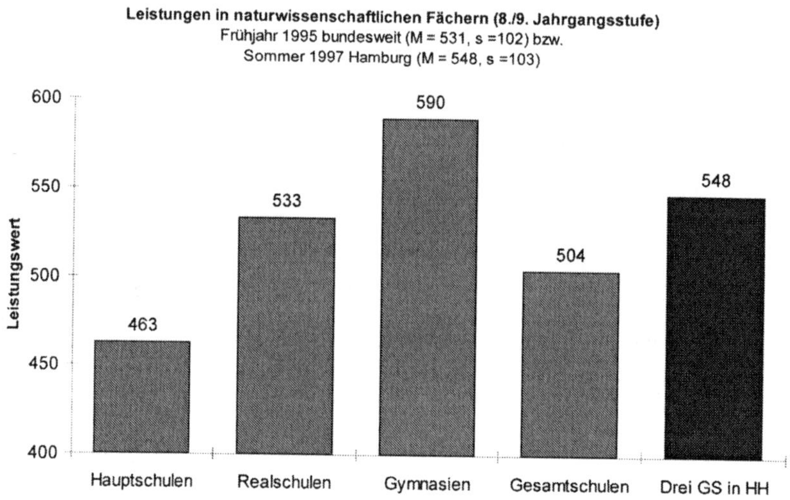

Abb. 4.2-1: Leistungen der untersuchten Gesamtschulen in den naturwissenschaftlichen Fächern im Vergleich zu den Ergebnissen der TIMS-Studie.

Zwischen den drei untersuchten Gesamtschulen gibt es außerdem deutliche Unterschiede. Die Profilschule und die Vergleichsschule 1 liegen im Leistungsbereich zwischen Realschulen und Gymnasien, während die Vergleichsschule 2 zwischen dem Leistungsniveau von Haupt- und Realschulen liegt (Leistungswerte: P = 563; V1 = 571; V2 = 489).

Die Leistungsunterschiede zwischen den Schulen sind hochsignifikant ($F = 26{,}1$; $df = 2$; $p < .01$). Die Unterschiede zwischen je zwei Schulen wurden mit mehrfachen t-Tests geprüft, wobei das Signifikanzniveau angepasst wurde (Signifikanz erst ab $p < .025$). Es zeigte sich, dass die Vergleichsschule 2 signifikant schlechter abschneidet als die Profilschule und die Vergleichsschule 1, die beide ein vergleichbar hohes Leistungsniveau erreichen.

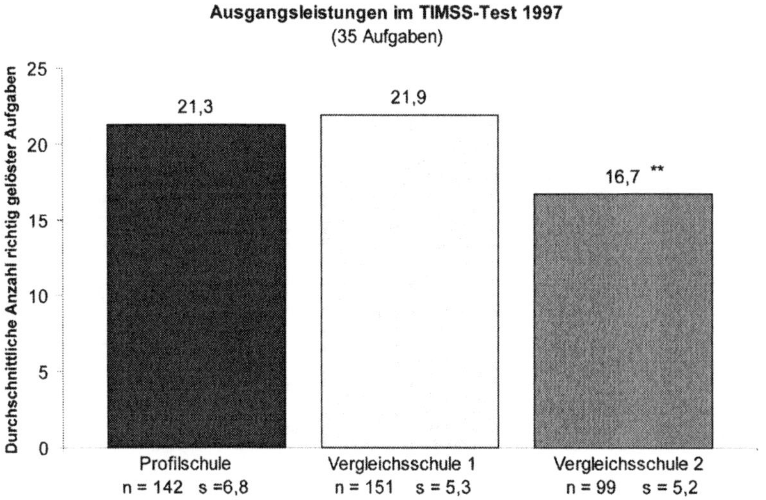

Abb. 4.2-2: TIMSS-Testleistungen der drei untersuchten Hamburger Gesamtschulen zum ersten Messzeitpunkt

Betrachtet man die Leistungen nach Fächern getrennt (Abb. 4.2-3 bis Abb. 4.2-5), zeigen sich ebenfalls signifikante Unterschiede des Leistungsniveaus zwischen den Schulen. Nachtests zeigten wieder, dass das Leistungsniveau in allen Fächern an der Profilschule gleich hoch ist wie an der Vergleichsschule 1, und dass die Vergleichsschule 2 in allen Fächern signifikant schlechter abschneidet als die beiden anderen Schulen.

In den folgenden Abbildungen sind die Aufgaben nach dem Schwierigkeitsgrad in der deutschlandweiten Stichprobe geordnet: Links befinden sich die leichteren, rechts die anspruchsvolleren Aufgaben. Die einzelnen Aufgaben (Bezeichnung nach TIMSS, j 09, i 10 usw.) sind im Anhang abgedruckt.

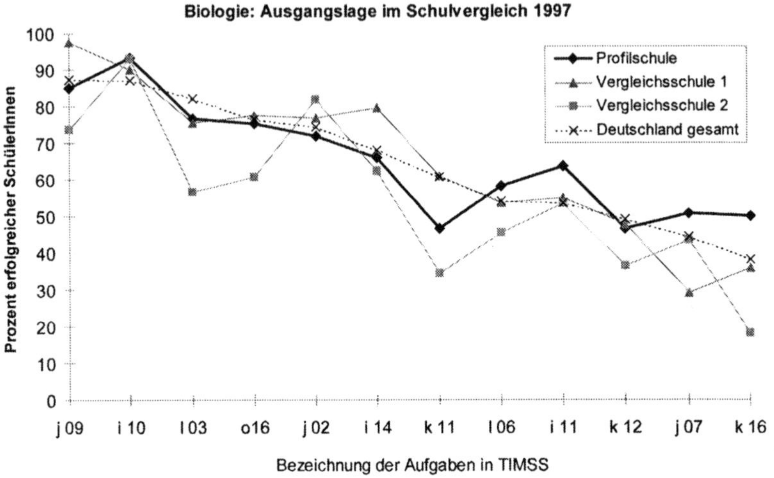

Abb. 4.2-3: TIMSS-Testleistungen in Biologie zum ersten Messzeitpunkt

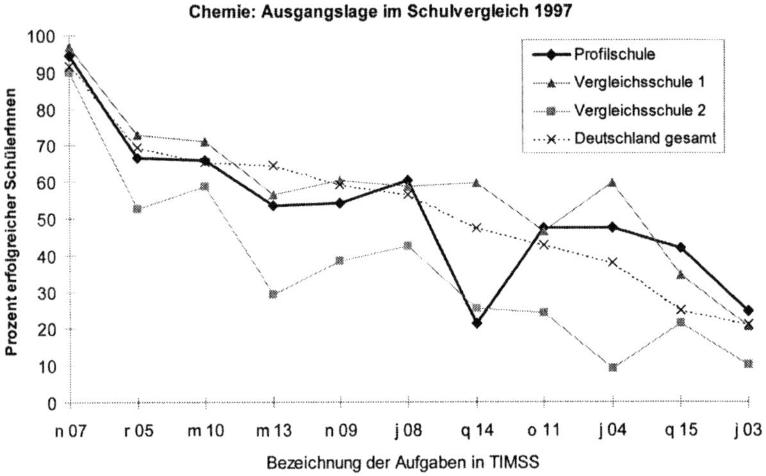

Abb. 4.2-4: TIMSS-Testleistungen in Chemie zum ersten Messzeitpunkt

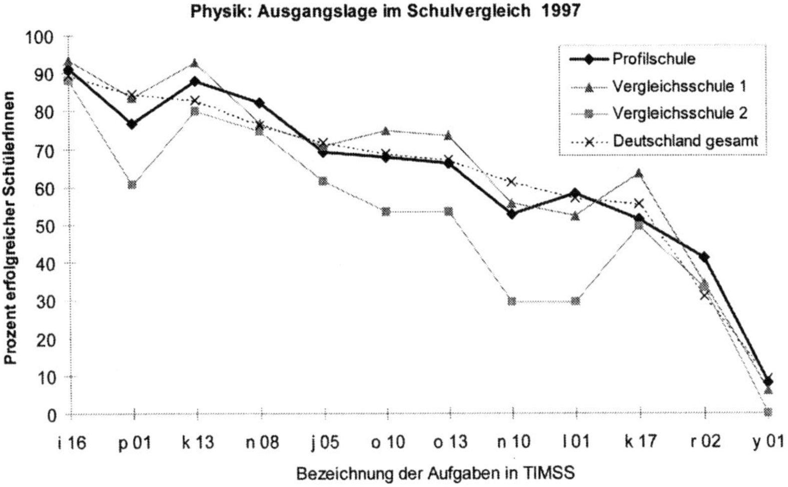

Abb. 4.2-5: TIMSS-Testleistungen in Physik zum ersten Messzeitpunkt

Zwischen den Mädchen und Jungen aller drei Schulen gibt es signifikante Leistungsunterschiede (F[3] = 13,3; df = 1; p < .01). Diese Geschlechterunterschiede in den naturwissenschaftlichen Fächern sind auch aus anderen Studien bekannt (z.B. KOTTE 1992: 246; BAUMERT et al. 1997). Nachtests zeigen, dass die Unterschiede ausschließlich auf die Profilschule zurückzuführen sind, an der die Mädchen hochsignifikant schlechter abschneiden als die Jungen.

3 Bei der Berechnung der Unterschiede durch Varianzanalysen wird für das Testen von einfachen Effekten auch bei zweistufigen Faktoren der F-Test (anstatt des t-Tests) verwendet.

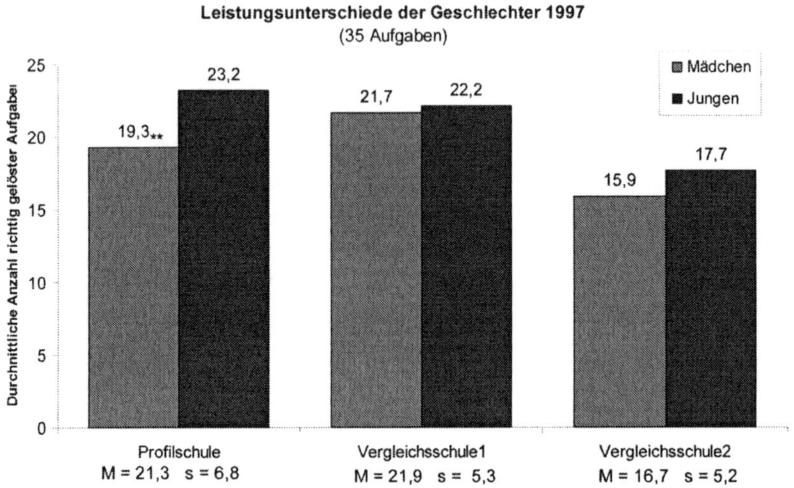

Abb. 4.2-6: Geschlechterunterschiede in den TIMSS-Testleistungen zum ersten Messzeitpunkt

Zu a) Fazit zur Lernausgangslage in den naturwissenschaftlichen Fächern

Die Schülerinnen und Schüler der Profilschule haben in allen drei naturwissenschaftlichen Fächern sowohl im nationalen Vergleich wie auch im Vergleich mit den beiden anderen Schulen eine gute Lernausgangslage. Das Leistungsniveau an der Profilschule ist in allen Fächern gleich hoch wie an der Vergleichsschule 1 und deutlich höher als an der Vergleichsschule 2.

Das signifikant schlechtere Abschneiden der Mädchen an der Profilschule ist nicht erklärbar, zumal dort gezielt Mädchenförderung betrieben wird. (*Bewusste koedukative Erziehung: Stärkung von Mädchen und Jungen durch besondere unterrichtliche Angebote auf fast allen Jahrgangsstufen.*)[4]

Eventuell stellt sich durch die gezielte koedukative Förderung eine Betonung der Geschlechterunterschiede und somit ein paradoxer Effekt ein, der zu einer Verstärkung der bekannten Leistungsunterschiede der Geschlechter in den Naturwissenschaften führt.

4 Zitat Homepage Gesamtschule* Die Schule nimmt am Comenius-Projekt der EU zum Thema „Gleichstellung in der koedukativen Schule mit dem Schwerpunkt Mädchenarbeit" teil. Mir bekannt sind: Projekttage für Jungen und Mädchen, gezielte Angebote für den Sportunterricht, zeitweise Aufhebung der Koedukation bei Sexualerziehung und Berufsorientierung.

b) Ergebnisse 1997-1999: Entwicklung des Leistungsniveaus

Um die Leistungsentwicklung der Jugendlichen der ersten Untersuchungswelle im Verlauf der Sekundarstufe I vergleichen zu können, werden bei der Auswertung nur die Aufgaben berücksichtigt, die zu allen drei Messzeitpunkten in den Testheften vermerkt waren (Biologie: sieben Aufgaben, Chemie: neun, Physik: acht).

Zunächst wird die Leistungsentwicklung in den drei Fächern zu allen drei Messzeitpunkten untersucht (Abb. 4.2-7 bis Abb. 4.2-9).

Es zeigt sich, dass das Leistungsniveau im Verlauf der Zeit in allen Fächern ansteigt. Dabei ist im Fach Biologie der Leistungszuwachs am geringsten ($F^W = 5{,}9$; $df = 1$, $p < .05$); im Fach Chemie mittelgroß ($F^W = 9{,}3$; $df = 1$, $p < .01$), und im Fach Physik deutlich höher als in den beiden anderen Fächern ($F^W = 69{,}3$; $df = 1$, $p < .01$). Die Schülerinnen und Schüler lernen also in allen Fächern dazu; einen großen Leistungszuwachs gibt es aber nur in Physik.

Die Leistungsentwicklung verläuft in allen Fächern unabhängig von der untersuchten Schule, d.h. die bei der Untersuchung der Ausgangslage festgestellten Unterschiede bleiben erhalten. Zu allen Messzeitpunkten und in allen Fächern schneiden die Profilschule und die Vergleichsschule 1 vergleichbar ab, während die Vergleichsschule 2 signifikant schlechtere Leistungen zeigt als die beiden anderen Schulen.

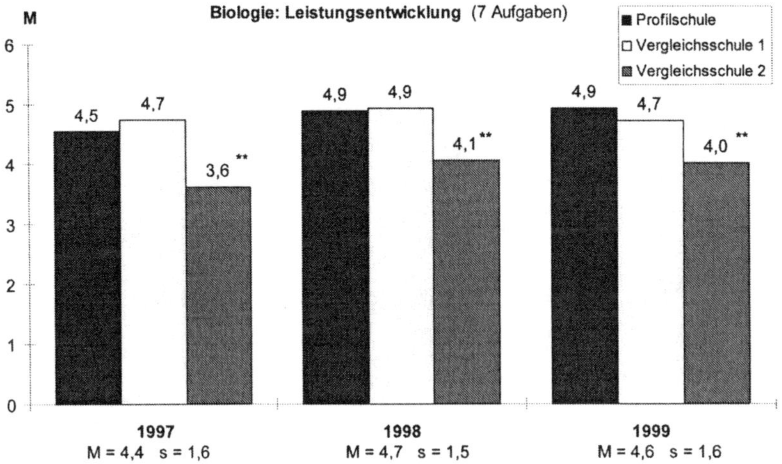

Abb. 4.2-7: Entwicklung des Leistungsniveaus in Biologie im Schulvergleich

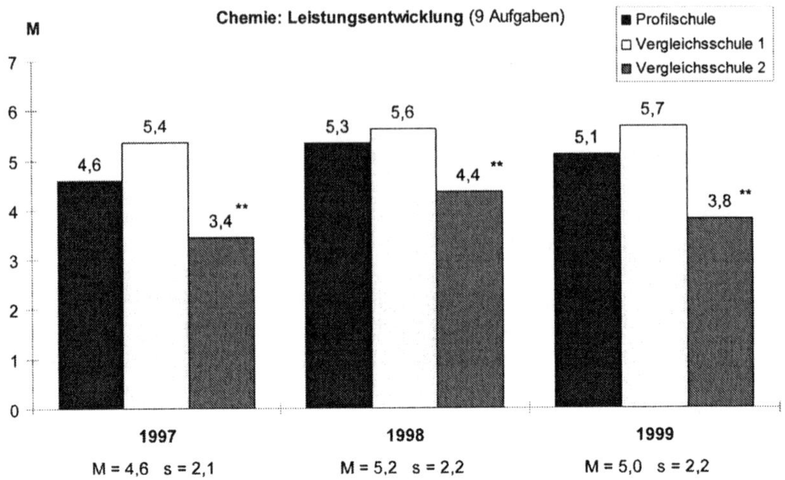

Abb. 4.2-8: Entwicklung des Leistungsniveaus in Chemie im Schulvergleich

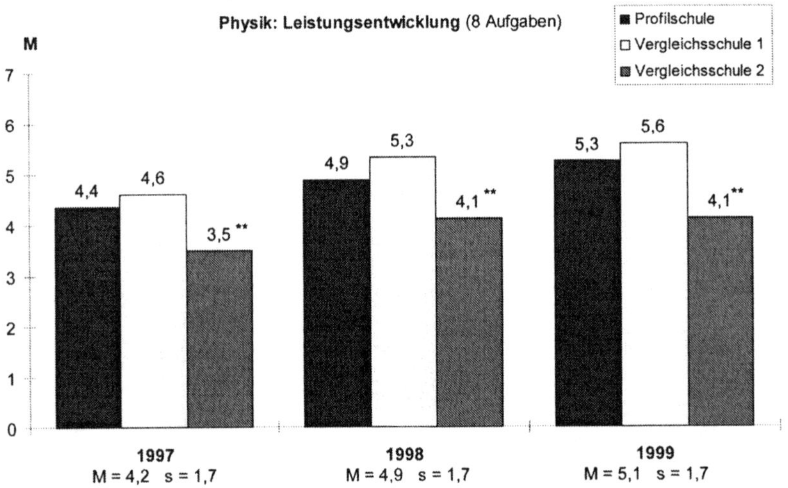

Abb. 4.2-9: Entwicklung des Leistungsniveaus in Physik im Schulvergleich

Zu b) Fazit zur Leistungsentwicklung

Die Ergebnisse des Tests zum naturwissenschaftlichen Wissen zeigen, dass der Profilversuch an der Versuchsschule das Leistungsniveau in den naturwissenschaftlichen Fächern nicht beeinträchtigt hat. Das Leistungsniveau kann im Vergleich mit den beiden anderen Gesamtschulen in allen drei Fächern gehalten werden. Die Befürchtungen der Eltern, dass das fachliche Lernen ihrer Kinder unter dem Profilversuch leiden könnte, können somit ausgeräumt werden.

Die Leistungsfähigkeit der Jugendlichen steigt zwar in allen Fächern von Beginn der neunten bis zum Ende der zehnten Jahrgangsstufe an, die Steigerung ist aber (außer im Fach Physik) nicht sehr groß.

Dies entspricht den Befunden der TIMSS-Untersuchung (BAUMERT et al. 1997), die über nur geringe Leistungsfortschritte von der siebten zur achten Jahrgangsstufe berichtet. Die Befunde über die mangelnde Wirksamkeit des naturwissenschaftlichen Unterrichts werden also leider wieder bestätigt.

Warum das in dieser Untersuchung für das Fach Physik nicht in gleichem Maße zutrifft, kann nicht geklärt werden. Eventuell ist die Leistungssteigerung auf die im Hamburger Lehrplan (BEHÖRDE FÜR SCHULE, JUGEND UND BERUFSBILDUNG 1989) auf die für neunten und zehnten Klassen vorgesehenen Inhalte (Energie, Kernenergie, Energieversorgung etc.) zurückzuführen, die den Interessen der Jugendlichen (Technische Anwendungen der Physik: Nutzen und Gefahren für die Gesellschaft) entgegen kommen (vgl. HÄUßLER et al. 1998: 26).

4.2.2.2 Klassenvergleichende Ergebnisse

Die folgenden Analysen basieren auf den Daten von acht Schülern und Schülerinnen der Profilklasse „Mensch & Natur“ und denen von vierundachtzig Schülern und Schülerinnen der anderen Profilklassen, die zu allen drei Erhebungszeitpunkten an der Untersuchung teilgenommen haben. Der geringe Stichprobenumfang für das Profil „Mensch & Natur“ birgt die Gefahr, dass die zum Vergleich herangezogenen Mittelwerte stärker als bei großen Stichproben durch einzelne Personen geprägt sind. Ein Blick auf die Häufigkeitsverteilungen ergibt allerdings keine Anhaltspunkte für diese Befürchtung.

Der Vergleich der Varianzen beider Stichproben zeigt ebenfalls regelmäßig, dass keine Auffälligkeiten anzunehmen sind. Es werden daher mit aller gebotenen Vorsicht trotz der ungleichen Stichprobenumfänge Vergleiche zwischen der Profilklasse „Mensch & Natur“ und den anderen Profilklassen vorgenommen.

Besonders interessant ist die Klärung der Frage, ob die Schülerinnen und Schüler des naturwissenschaftlichen Profils einen größeren Leistungszuwachs zeigen als die Jugendlichen der anderen Profilklassen, da die Profilschule sich implizit eine Verbesserung des fachlichen Lernens erhofft hatte. Diese Annahme soll für alle naturwissenschaftlichen Fächer überprüft werden (Abb. 4.2-10 bis Abb. 4.2-12).

Was die Lernausgangslage betrifft, zeigt die Klasse „Mensch & Natur" bessere Leistungen als die anderen Profile ($F = 4{,}8$; $df = 1$; $p < .05$). Weitere Signifikanztests zeigen, dass das bessere Abschneiden des naturwissenschaftlichen Profils dabei ausschließlich auf das Fach Physik zurückzuführen ist.

Betrachtet man die gesamte Klasse „Mensch & Natur", zeigt sie in Chemie und Physik jeweils zum zweiten Messzeitpunkt und in Biologie zum dritten Messzeitpunkt signifikant bessere Leistungen als die anderen Profile. Es kann damit aber nicht zweifelsfrei belegt werden, dass in der Klasse „Mensch & Natur" über den Zeitraum der Untersuchungen eine signifikante Leistungssteigerung auftritt, da zum letzten Testzeitpunkt nur noch acht von anfänglich fünfzehn Jugendlichen des Profils „Mensch & Natur" am Test teilnahmen und so die Möglichkeit besteht, dass dadurch eine Verschiebung in Richtung leistungsfähigerer oder -schwächerer Schülerinnen und Schüler zustande gekommen ist.

Betrachtet man nur die acht Jugendlichen der Klasse „Mensch & Natur", die zu allen Messzeitpunkten am Test teilnahmen, zeigen sich geringere Leistungszuwächse als in den anderen Profilen, was an den F-Werten der Längsschnittdaten sichtbar wird:

	Biologie			Chemie			Physik		
	F^W	df	p	F^W	df	p	F^W	df	p
„Mensch & Natur"	2,33	1	> .05	0,21	1	> .05	10,5	1	= .01
Andere Profile	4,45	1	< .05	8,17	1	< .01	34,7	1	< .01

Während die anderen Klassen ihr Leistungsniveau in allen Fächern steigern können, sind in der Klasse „Mensch & Natur" nur in Physik Zuwächse sichtbar.

Im Verlauf der neunten und zehnten Klasse ist an der gesamten Profilschule ausschließlich im Fach Physik ein Leistungsanstieg zu verzeichnen ($F^W = 23{,}6$; $df = 1$; $p < .01$), während sich in den beiden anderen Fächern das Leistungsniveau nicht nennenswert erhöht.

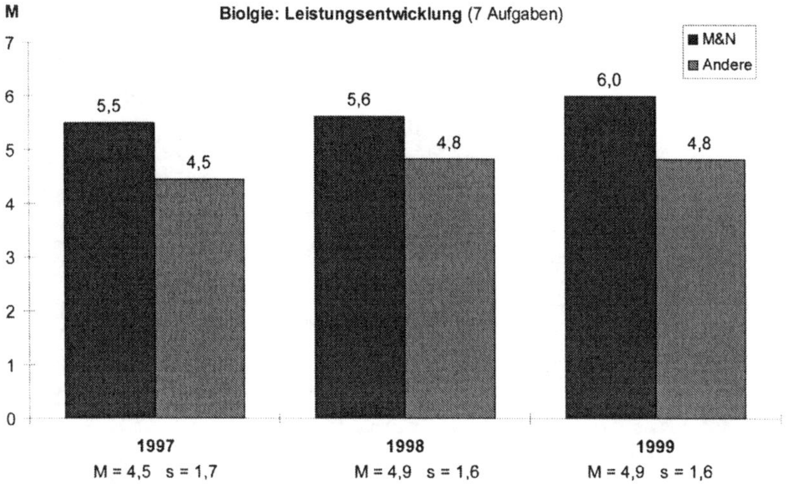

Abb. 4.2-10: Entwicklung des Leistungsniveaus in Biologie an der Profilschule. Vergleich von naturwissenschaftlicher Profilklasse (M&N) und anderen Profilklassen

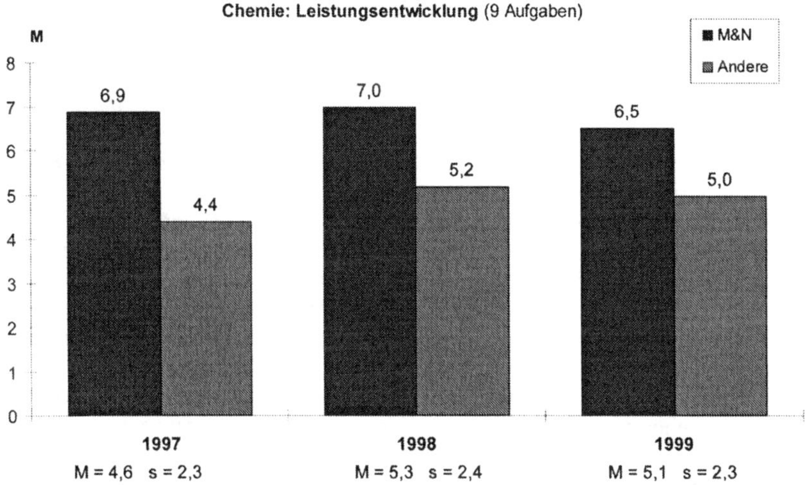

Abb. 4.2-11: Entwicklung des Leistungsniveaus in Chemie an der Profilschule. Vergleich von naturwissenschaftlicher Profilklasse (M&N) und anderen Profilklassen

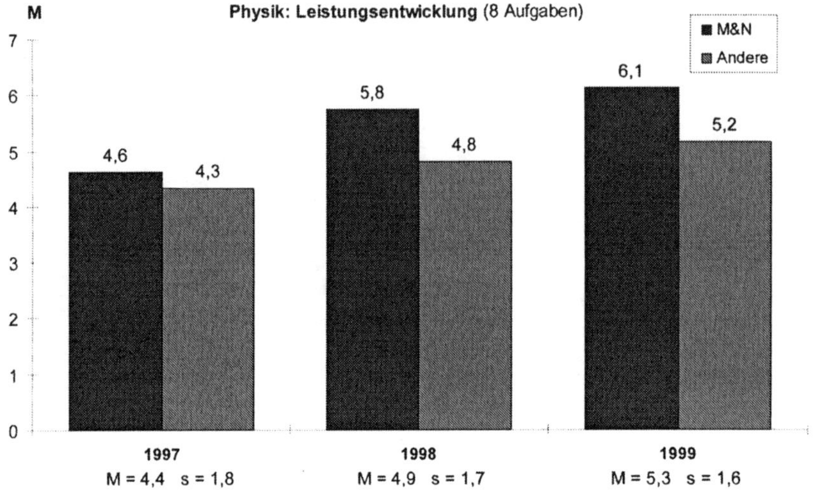

Abb. 4.2-12: Entwicklung des Leistungsniveaus in Physik an der Profilschule. Vergleich von naturwissenschaftlicher Profilklasse (M&N) und anderen Profilklassen

Zu b) Fazit zum fachlichen Lernen an der Profilschule

Die Schülerinnen und Schüler der Profilschule konnten in allen Fächern ihr Leistungsniveau etwas steigern, der Anstieg ist aber nur für Physik statistisch zu sichern, d.h. außer im Fach Physik ist keine Leistungssteigerung über die neunte und zehnte Klasse erkennbar. Eventuell sind die Unterrichtsinhalte in Physik dafür mitverantwortlich, dass es nur hier einen sichtbaren Lernzuwachs gibt (siehe Fazit 4.2.2.1 b).

Das Leistungsniveau der Klasse „Mensch & Natur" steigt ebenfalls nur in Physik an, während die anderen Profile in allen Fächern ihre Leistungen steigern konnten. Es kann aus den Ergebnissen also nicht geschlossen werden, dass das Profil „Mensch & Natur" naturwissenschaftliche Leistungen in besonderem Ausmaß zu steigern vermag. Im Profilfach Chemie liegt die Leistung der Klasse „Mensch & Natur" am Ende der zehnten Klasse sogar unter dem Wert der ersten Messung. Im Fach Physik, das nicht zum Profil „Mensch & Natur" gehörte, zeigt sich dagegen der einzige Leistungszuwachs.

Die Frage, ob der Profilunterricht eine positive Wirkung auf das fachliche Lernen hat, muss also eher verneint werden, obwohl eine gewisse Unsicherheit wegen der kleinen Stichprobe bleibt. Außerdem ist es ist möglich, dass das etwas höhere Ausgangsniveau der Klasse „Mensch & Natur" in Biologie und Chemie für das Ergebnis mitverantwortlich ist, weil die verwendeten

Testaufgaben entweder keine weiteren Steigerungen der Leistungsfähigkeit erfassen können, oder weil eine Leistungssteigerung auf einem bereits hohen Niveau schwieriger zu erreichen ist als auf einem niedrigen Leistungsstand.

4.2.2.3 Geschlechtsspezifische Unterschiede

Schon zum ersten Messzeitpunkt zeigte die Gesamtheit aller untersuchten Mädchen im TIMSS-Test signifikant schlechtere Leistungen als die Jungen. Die Entwicklung dieser Geschlechterunterschiede soll nun für alle Fächer untersucht werden (Abb. 4.2-13 bis Abb. 4.2-15).

Im Fach Biologie gibt es zu keinem Zeitpunkt Leistungsunterschiede zwischen den Geschlechtern.

In Chemie und Physik dagegen schneiden die Mädchen aller Schulen zu allen Messzeitpunkten signifikant schlechter ab als die Jungen.

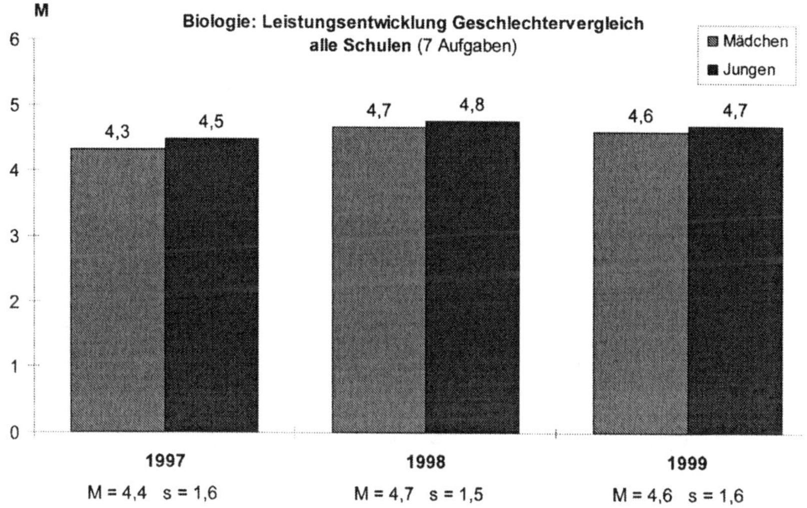

Abb. 4.2-13: Entwicklung des Leistungsniveaus in Biologie im Geschlechtervergleich (alle drei Schulen)

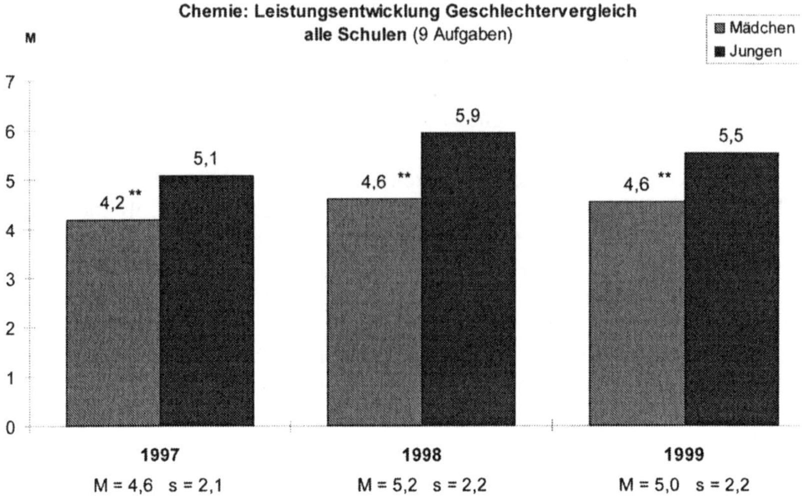

Abb. 4.2-14: Entwicklung des Leistungsniveaus in Chemie im Geschlechtervergleich (alle drei Schulen)

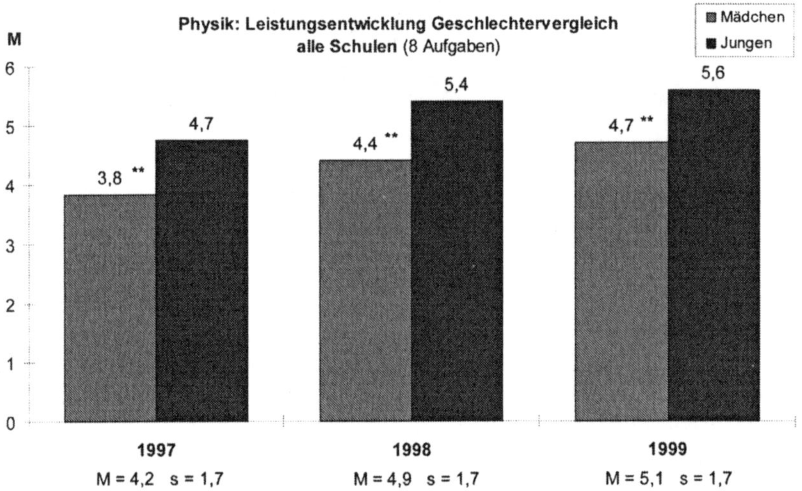

Abb. 4.2-15: Entwicklung des Leistungsniveaus in Physik im Geschlechtervergleich (alle drei Schulen)

Die Leistungsentwicklung verläuft unabhängig von Geschlecht und untersuchter Schule, d.h. die Mädchen machen keine größeren Fortschritte als die Jungen, und sie entwickeln sich an allen Schulen gleich. Das bedeutet auch, dass die Mädchen der Profilschule, die eine schlechtere Ausgangslage hatten, diesen Rückstand nicht aufholen konnten.

Zu a) Fazit zu den Geschlechterunterschieden in den einzelnen Fächern

Die Befunde dieser Untersuchung spiegeln die Ergebnisse der TIMS-Studie (BAUMERT et al. 1997) und früherer Studien wider (z.B. KOTTE, 1992: 246), die für die „harten" Naturwissenschaften ebenfalls erhebliche geschlechtsspezifische Unterschiede der Leistungen feststellen.

Die Leistungsentwicklung verläuft an allen drei Schulen gleich, scheint also vom erteilten Unterricht relativ unabhängig zu sein. Die Leistungsunterschiede zwischen den Geschlechtern bleiben erhalten, was bedeutet, dass die Mädchen im Verlauf der Zeit ihre Rückstände in den Fächern Chemie und Physik nicht aufholen können.

Auch durch die besondere Rücksichtnahme der Profilschule auf geschlechtsspezifische Probleme konnten die Leistungsunterschiede in den naturwissenschaftlichen Fächern nicht abgebaut werden.

4.3 Untersuchungen zum Selbstkonzept

4.3.1 Die Methode „Schülerfragebogen"

4.3.1.1 Fragestellung

Der Schülerfragebogen wurde von der Begleitforschungsgruppe entwickelt, um von den Jugendlichen einige Aspekte ihres Selbstkonzepts zu erfragen, die mit dem schulischen Lernen in Zusammenhang stehen. Die Untersuchung sollte zu drei Fragenkomplexen Aufschluss geben:

Zum einen waren im Rahmen des Begleitforschungsprojektes Fragen der Profilschule bezüglich der Wirkung des Profilversuchs außerhalb des fachlichen Lernens zu klären (siehe Kapitel 3.4.1.2). Um Veränderungen durch den Profilunterricht feststellen zu können, wurde die Untersuchung schulvergleichend gestaltet, und die Äußerungen der Jugendlichen an der Profilschule wurden Einschätzungen von Jugendlichen an Schulen mit herkömmlicher Unterrichtsorganisation gegenübergestellt.

Es sollte geprüft werden, ob die Schülerinnen und Schüler durch die Anbindung der Unterrichtsinhalte an praktische Arbeiten im Profilunterricht einen anderen Bezug zum Lernstoff herstellen (Selbstbezug) als die Jugendlichen an anderen Schulen.

Außerdem sollte geprüft werden, ob die Jugendlichen der Profilschule durch erweiterte Möglichkeiten der Kompetenzerfahrung im Profilunterricht mehr Vertrauen in ihre Fähigkeiten entwickeln und eher daran glauben, dass sie ihre eigenen Schulleistungen beeinflussen können (Selbstwirksamkeit und fähigkeitsspezifisches Selbstkonzept). Weiter war zu untersuchen, ob sich der Profilunterricht auch auf die Einschätzung der Jugendlichen bezüglich des Wertes ihrer eigenen Person auswirkt (Selbstwert). Es wäre durchaus denkbar, dass sich das Selbstwertgefühl besonders derjenigen Schülerinnen und Schüler ändert, die ihre sozialen und manuellen Fähigkeiten, welche im herkömmlichen Unterricht nicht in dem Maße gefragt sind, durch den Profilunterricht verstärkt einbringen können.

Da sich die Profilschule auch eine Verbesserung des sozialen Lernens durch den Schulversuch erhoffte, war die Einschätzung der Jugendlichen bezüglich ihrer sozialen Kompetenz und Teamfähigkeit von Interesse.

Auch die Motivation der Schülerinnen und Schüler über die Verwirklichung ihrer Interessen war der Profilschule wichtig, weshalb zu prüfen war, ob sich die Lernmotivation der Jugendlichen verändert, ob sie lieber, mehr oder aus anderen Gründen lernen als die Jugendlichen anderer Schulen.

Durch die Einschätzungen, die die Schülerinnen und Schüler im Fragebogen vornehmen, kann zumindest teilweise überprüft werden, ob die von der Schule gewünschten Veränderungen eingetreten sind.

Über diese Begleitforschungsfragen hinaus war es eine wichtige fachdidaktische Frage, wie sich das fachspezifische Selbstkonzept in der Spezialisierungssituation des Profils entwickelt, da bekannt ist, dass die Einschätzung der Jugendlichen bezüglich ihrer Fähigkeiten in einem Fach das Lernergebnis in nicht geringem Ausmaß mitbestimmt (siehe Kapitel 1). Eine Erhöhung des fachspezifischen Selbstkonzepts müsste sich deshalb in den Schulleistungen widerspiegeln. Dieser Zusammenhang kann in der vorliegenden Untersuchung leider nur für die naturwissenschaftlichen Fächer untersucht werden.

Durch den durchgeführten TIMSS-Test (siehe Kapitel 4.2) ergibt sich aber eine gute Möglichkeit, die Testleistungen in diesem Lernbereich mit der Einschätzung eigener Fähigkeiten zusammenzubringen. Hier war vor allem die Entwicklung in der naturwissenschaftlichen Klasse der Profilschule von Interesse.

Ein dritter Fragenkomplex wurde durch R. Mielke bearbeitet, ein Mitglied der Begleitforschungsgruppe, die grundsätzliche Zusammenhänge zwischen Aspekten des Selbstkonzepts und Lernprozessen aufdecken wollte. Durch die gemeinsame Betrachtung der Einschätzung des Selbstkonzepts der Jugendlichen und der TIMSS-Testleistung ergab sich die Möglichkeit, Aufschluss darüber zu gewinnen, wie das eigene Erleben des Lernprozesses mit dem Lernerfolg (in den naturwissenschaftlichen Fächern) zusammenhängt, und wie die verschiedenen Aspekte des Selbstkonzepts sich dabei gegenseitig beeinflussen. Da entsprechende Ergebnisse nicht nur für die Profilschule zur Ausschärfung ihrer Schulversuchskonzeption, sondern auch für die Fachdidaktik von Bedeutung sind, werden sie hier zitiert.

4.3.1.2 Konzeption des Fragebogens

Die eingesetzten Fragebögen enthielten insgesamt fünfundsechzig Items, die jeweils mit einer fünfstufigen Rating-Skala erfasst wurden, d.h. die Jugendlichen konnten durch ein Kreuz markieren, wie sehr sie einem Item zustimmten oder es ablehnten. Die einzelnen Items, die zum großen Teil aus bewährten Testheften stammen, wurden nach statistischer Prüfung zu folgenden Konzepten zusammengefasst (MIELKE 2000):

a) Selbstbezug

Das Konstrukt des Selbstbezugs beschreibt das Verhältnis einer Person zu der Sache, mit der sie sich beschäftigt. Da die Person-Gegenstandsbeziehung einen wichtigen Faktor für die Erklärung von Interessen darstellt, ist sie für das schulische Lernen relevant, da bei hohem Selbstbezug ein größeres Interesse und somit eine bessere Lernleistung zu erwarten ist (vgl. Ergebnisse der Interessenforschung Kapitel 1).
Der Bezug der Lernenden zu ihrem Lernstoff wurde durch vier Items erfasst:

Selbstbezug (α^1 = .60) (n = 341)	r_{it} [2]
Beim Lernen entdecke ich oft ganz neue Seiten an mir.	.51
Mir fällt es leicht, das, was ich lerne, mit meinen eigenen Interessen zu verknüpfen.	.36
Wenn ich lerne, denke ich darüber nach, was das zu Lernende mit mir selbst zu tun hat.	.33
Wenn ich merke, dass ich etwas verstanden habe, fühle ich mich richtig gut.	.32

1 α = Konsistenzkoeffizient: Maß für den Grad der Homogenität der Items im Hinblick auf das zu messende Merkmal, z.B. Selbstbezug. Die Werte spiegeln die Genauigkeit wider, mit der das Merkmal gemessen wird, wobei $\alpha = 1$ als hoch zuverlässig (nicht zu erreichender Idealfall) und $\alpha = 0$ als nicht zuverlässig (Probanden raten, haben Item missverstanden) zu interpretieren ist.

2 r_{it} = Trennschärfekoeffizient: Grad, mit dem das Item Personen mit hohem und geringem Selbstbezug unterscheiden kann. Der Trennschärfewert sollte möglichst hoch sein ($r_{it} > 0{,}3$ ist mittelhoch, $r_{it} > 0{,}5$ ist hoch). Ein nicht trennscharfes Item ($r_{it} < 0{,}3$) ist nicht geeignet, Probanden mit unterschiedlichem Ausmaß an Selbstbezug zu unterscheiden.

b) Selbstwirksamkeit

Der Begriff der Selbstwirksamkeit geht auf BANDURA (1977) zurück und beinhaltet – im Sinne einer Kompetenzerwartung – die Überzeugung einer Person, das zur Erlangung eines Handlungsergebnisses erforderliche Verhalten erfolgreich ausführen zu können (nach MOSCHNER 1998: 460).

Selbstwirksamkeitserwartungen basieren auf der Einschätzung der eigenen Fähigkeiten und der Beurteilung der Situation und ihrer Umstände. In mehreren Untersuchungen wurde nachgewiesen, dass die Selbstwirksamkeit auf Schulleistungen und Leistungsmotivation Einfluss nimmt (vgl. Ergebnisse der Selbstkonzeptforschung Kapitel 1).

Mit vier Items wird erfasst, inwieweit die Jugendlichen davon überzeugt sind, dass sie ihre eigenen Schulleistungen beeinflussen können:

Selbstwirksamkeit (α = .51) (n = 341)	r_{it}
Wenn ich genügend übe, gelingt es mir, eine gute Arbeit zu schreiben.	.39
Auch wenn ich mich noch so anstrenge: Richtig zufrieden sind die Lehrer mit mir nie. (-)[3]	.35
Immer wenn ich versuche, in der Schule voranzukommen, kommt mir etwas dazwischen, was mich daran hindert. (-)	.24
Wenn ich mich anstrenge, kann ich zufrieden stellende Leistungen erbringen.	.22

c) Selbstwert

Das Selbstwertgefühl konstituiert sich aus der Bewertung des gesamten, sehr komplexen Bildes, das eine Person von sich selbst hat. Es geht großteils auf soziale Quellen zurück und beinhaltet auch die Selbstbewertung der schulischen Fähigkeiten einer Person, weshalb es für das schulische Lernen relevant ist (vgl. Ergebnisse der Selbstkonzeptforschung Kapitel 1).

Wie die Jugendlichen den Wert ihrer Person einschätzen, wird durch sechs Items erfasst (vgl. ROSENBERG 1965):

Selbstwert (α = .77) (n = 341)	r_{it}
Ich finde, ich bin ganz in Ordnung.	.58
So wie ich bin, möchte ich eigentlich bleiben.	.56
Manchmal komme ich mir ganz unwichtig vor. (-)	.56
Manchmal wünsche ich mir, ich wäre ganz anders. (-)	.50
Manchmal habe ich den Eindruck, dass ich irgendwie überflüssig bin. (-)	.49
Im Großen und Ganzen bin ich mit mir zufrieden.	.42

3 Negativ formulierte Items (-) werden bei der Auswertung durch Umkehrung der Werte den positiv formulierten Items angepasst.

d) Fähigkeitsspezifisches Selbstkonzept:

Das fähigkeitsspezifische Selbstkonzept beschreibt die Selbsteinschätzung der Fähigkeiten einer Person, die aber jeweils nur für einen spezifischen Bereich gültig ist.

Zusammenhänge zwischen Fähigkeitsselbstkonzept und Leistung in einzelnen Schulfächern sind vielfach nachgewiesen worden, was die Untersuchung dieses Konstruktes für die vorliegende Arbeit relevant macht (vgl. Ergebnisse der Selbstkonzeptforschung und Forschungen zu naturwissenschaftlichen Interessen, Kapitel 1).

Die Jugendlichen sollten im Fragebogen ihre Fähigkeiten in den Fächern Deutsch, Musik, Gesellschaftslehre, Biologie, Kunst, Chemie und Sport einschätzen.

e) Motivationale Orientierung

Zur Untersuchung der Lernmotivation wurden zwei Konstrukte erhoben, wobei die intrinsische Motivation einen Handlungsantrieb beschreibt, der überwiegend von einer Person selbstbestimmt ist und die extrinsische Motivation überwiegend auf eine Handlungsaufforderung aus der Umwelt zurückgeht.

Da die motivationale Orientierung zur Erklärung der Entstehung von Interessen beiträgt und bei intrinsischer Lernmotivation positive Effekte auf die Güte der Lernergebnisse nachgewiesen sind (vgl. Ergebnisse der Interessenforschung, Kapitel 1), werden diese Konstrukte im Schülerfragebogen mit folgenden Items abgefragt (vgl. DECI & RYAN 1993):

Intrinsische motivationale Orientierung (α = .75) (n = 341) Ich lerne ...	r_{it}
... weil ich ein großartiges Gefühl habe, wenn ich interessante Dinge lerne.	.67
... weil es mir Spaß macht, wenn ich etwas Neues lerne.	.61
... weil ich mich zufrieden fühle, wenn ich mich durch das Lernen verbessere.	.49
Extrinsische motivationale Orientierung (α = .79) (n = 341) Ich lerne ...	r_{it}
... damit der Lehrer mich lobt.	.63
... damit meine Mitschüler nicht denken, ich sei dumm.	.57
... damit der Lehrer mich mag.	.56
... damit meine Eltern stolz auf mich sein können.	.54
... damit ich in der Klasse angesehen bin.	.54

f) Soziale Kompetenz

Das Konstrukt der sozialen Kompetenz wird von zwei Unterkonstrukten gebildet: Die „Assertivität“, welche die Bereitschaft und Fähigkeit beschreibt, mit der eine Person auf andere zugehen kann, und die „emotionale Unterstützung“, die beschreibt, wie eine Person ihre Empathie und emotionale Zuwendungsfähigkeit einschätzt.

Da es ein Anliegen der Profilschule war, die sozialen Fähigkeiten durch den Schulversuch besonders zu fördern, soll die Wirksamkeit der Maßnahme durch dieses Konstrukt überprüft werden.

Soziale Kompetenzen (α = .73) (n = 384)	Teilskala	Gesamtskala
Assertivität (α = .62)	r_{it}	r_{it}
Eine Person, die du noch nicht gut kennst, fragen oder ihr vorschlagen, sich zu treffen um etwas gemeinsam zu unternehmen.	.34	.39
Dich mit jemandem länger unterhalten, den du kennen lernen möchtest.	.36	.37
Einen guten Freund oder eine gute Freundin zur Rede stellen, wenn er oder sie ein Versprechen gebrochen hat.	.37	.37
Einem Freund oder einer Freundin sagen, dass er oder sie etwas getan hat, was dich verärgert hat.	.34	.32
Einem guten Freund oder einer guten Freundin vertrauen und (die „schützende Fassade" fallen lassen) auch Dinge über dich erzählen, wegen denen du dich schämst.	.34	.35
Dich einem neuen Freund oder einer neuen Freundin anvertrauen und ihm oder ihr auch schwächere Seiten von dir zeigen.	.38	.37

Emotionale Unterstützung (α = .68)		
Einem guten Freund oder einer guten Freundin helfen, ein persönliches Problem, das ihm oder ihr gerade schwer zu schaffen macht, zu verstehen.	.41	.33
Einem guten Freund oder einer guten Freundin helfen, Probleme mit der Familie oder Mitschülern zu bewältigen.	.49	.46
Für einen betrübten Freund oder eine betrübte Freundin ein guter und mitfühlender Zuhörer sein.	.44	.39
Einen guten Freund oder eine gute Freundin, dem oder der es gerade schlecht geht, mit Rat und Tat unterstützen.	.52	.51

g) Teamfähigkeit

Zur Beschreibung der Fähigkeit zur Teamarbeit wurden zwei Items herangezogen, die die Zuverlässigkeit und die Einsatzfreude einer Person in Gruppen abfragen. Auch dieses Konstrukt wurde in den Fragebogen aufgenommen, um die Wirksamkeit des Schulversuchs bezüglich der Förderung dieser Fähigkeiten zu überprüfen:

Zuverlässigkeit (n = 321)
Ich gehöre zu der Art von Menschen, auf die sich andere verlassen können.
Einsatzfreude in Gruppen (n = 321)
Wenn ich in einer Gruppe arbeite, halte ich mich gewöhnlich zurück und lasse die anderen planen. (-)

Außer den genannten Konstrukten wurden Elaborationsstrategien und Daten zur Schulunlust und zur Zukunftsperspektive erhoben. In der Profilschule wurden die Jugendlichen außerdem nach ihren Gründen für die Profilwahl gefragt. Der Fragebogen wurde zweimal leicht verändert und ist im Anhang abgedruckt.

4.3.1.3 Durchführung

Die Fragebögen wurden zusammen mit dem TIMSS-Test zu drei Testzeitpunkten an der Profilschule und an zwei weiteren Hamburger Gesamtschulen in den neunten und zehnten Klassen bearbeitet, damit eventuelle Veränderungen nicht nur im Verlauf der Zeit, sondern auch in Bezug auf die Vergleichsschulen mit herkömmlicher Unterrichtsorganisation festgestellt werden konnten (siehe Durchführung 4.2.1.3).

Die meisten Jugendlichen vermerkten es positiv, dass sich jemand für ihren Lernprozess und für ihre Person interessiert und bearbeiteten die Fragebögen ernsthaft und konzentriert. Einige meinten allerdings, dass es ein indiskretes Eindringen in ihren persönlichen Bereich sei. Diese Bedenken konnten trotz der Anonymisierung durch den Code nicht immer ausgeräumt werden.

4.3.2 Befunde zum Selbstkonzept

Auch hier werden, wie in Kapitel 4.2, nur die Daten der ersten Untersuchungswelle berücksichtigt (siehe Erhebungsplan Tab. 4.2-1).

4.3.2.1 Zusammenhänge zwischen Lernerfolg und Selbstkonzept

Die Analyse der erhobenen Daten mit Hilfe von Strukturgleichungsmodellen[4] (MIELKE 1998) zeigte, dass Lernen auf zwei Arten das Selbstkonzept verändern kann: Durch das erzielte *Lernergebnis* und durch das Erleben des *Lernprozesses*.

Durch das *Lernergebnis* werden Einschätzungen der eigenen Fähigkeiten verändert (fähigkeitsspezifische Selbstkonzepte, kurz FSK): „Ich habe eine gute Chemiezensur bekommen – ich bin ein guter Chemieschüler." Wie aus dem Beispiel ersichtlich ist, sind diese fähigkeitsspezifischen Selbstkonzepte abhängig von der Güte des Lernergebnisses. Sie beziehen sich auf den *Gegenstand des Lernens*.

Das Erleben des *Lernprozesses* verändert die Einschätzung der eigenen Person als Lerner oder Bewältiger von Lernaufgaben (Selbstwirksamkeit):

---

4 Sie dienen der Überprüfung gerichteter Zusammenhänge der untersuchten Konzepte, z.B. TIMSS-Testleistung, Fähigkeitsselbstkonzept, Selbstwirksamkeit etc. Anders als bei einfachen Korrelationen können damit Ursache-Wirkungs-Beziehungen überprüft werden.

„Ich habe mich gut auf den Unterricht vorbereitet und bin von der Lehrkraft gelobt worden – wenn ich mich bemühe, habe ich auch Erfolg". Für die Selbstwirksamkeit als Lerner ist das Erleben des Lernverhaltens bedeutsam, also der *Prozess des Lernens*.

Die Konstrukte, die erhoben worden waren und auf ihre Wirkungen bezüglich des Selbstwertgefühls untersucht werden sollten, wurden deshalb eingeteilt in solche, bei denen eher der Lerngegenstand im Vordergrund steht (TIMSS-Testleistung, FSK) und solche, bei denen das Erleben des Lernprozesses und der Bezug zu lernbereichsübergreifenden Merkmalen des Selbst thematisiert wird (Selbstwirksamkeit, Selbstbezug).

Das Modell, das die erhobenen Daten am besten widerspiegelt, ist der Abb. 4.3-1 zu entnehmen.

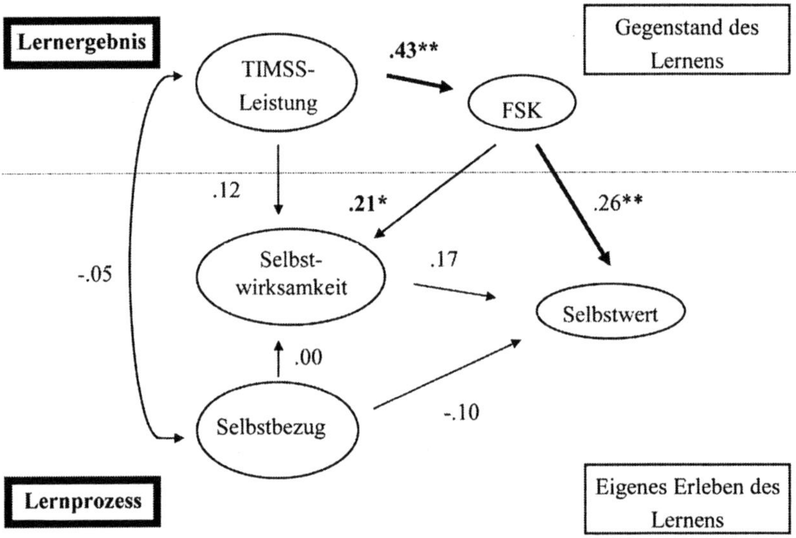

Abb. 4.3-1: Pfadmodell zu den Wirkungen von gegenstands- und prozessbezogenen Konzepten auf den Selbstwert ($x^2 = 7.35$ df = 2 p = .03 GFI = 0.99 AGFI = 0.92)[5]

Die Pfeile geben jeweils an, in welcher Richtung die Konstrukte aufeinander wirken; die Zahlen geben an, wie stark die Zusammenhänge sind. Signifikante Zusammenhänge sind mit *, hochsignifikante mit ** gekennzeichnet. Negative Vorzeichen bedeuten, dass die Zusammenhänge invers sind, d.h. je höher Konstrukt A, desto niedriger ist Konstrukt B.

5 Der Chi-Quadrat-Test zeigt, wie gut die erhobenen Daten zum angenommenen Modell passen. Je kleiner der Wert von x^2, desto besser spiegelt das Modell die Daten wider.

Die stärksten Zusammenhänge bestehen zwischen der TIMSS-Testleistung und dem fähigkeitsspezifischen Selbstkonzept, d.h. dass sich Jugendliche mit guten Testleistungen auch für gute Lerner in den naturwissenschaftlichen Fächern halten.

Das fähigkeitsspezifische Selbstkonzept beeinflusst wiederum die Selbstwirksamkeit und das Selbstwertgefühl. Es wirkt also über die schulischen Zusammenhänge hinaus auch auf Konzepte des allgemeinen persönlichen Selbstkonzepts. Diese Befunde betonen die Wichtigkeit von Kompetenzerfahrungen zum Aufbau und Erhalt eines positiven persönlichen Selbstkonzepts der Jugendlichen.

Um gute Testleistungen in den Naturwissenschaften zu erbringen, ist es für die Lernenden anscheinend eher hinderlich, wenn sie einen Bezug zum Lernstoff haben. Dies würde bedeuten, dass derjenige Lernende in den Naturwissenschaften erfolgreich ist, der das schulische Lernen gut von persönlichen Bedürfnissen abkoppeln kann.

Leider lässt die Untersuchung, die ja nur auf naturwissenschaftliche Leistungen beschränkt war, keine Aussage darüber zu, ob dies ein allgemeiner Befund schulischen Lernens ist oder nur auf die Naturwissenschaften zutrifft. Der Annahme, dass eine intensive Person-Gegenstandsbeziehung Ausdruck von Interesse sei und deshalb eine bessere Leistung zur Folge haben müsse, wird durch diesen Befund zumindest im letzten Teil widersprochen. Allerdings ist zu bedenken, dass die Qualität einer Lernleistung mit der gezeigten Testleistung nicht übereinstimmen muss, da ein tieferes Verständnis der Sachverhalte durch die TIMSS-Aufgaben meist nicht abgeprüft wird.

Auch zum Konstrukt Selbstwertgefühl steht der Selbstbezug in einem inversen Zusammenhang, d.h. Jugendliche, die den Wert ihrer Person eher hoch einschätzen, haben einen eher geringen Bezug zu ihrem Lernen.

Der Bezug zum Lernen steht nicht in Zusammenhang mit der Überzeugung, dass man seine Leistungen beeinflussen kann.

4.3.2.2 Veränderungen in der Wahrnehmung des Lernergebnisses

Grundlage für die Berechnungen sind die Daten der Schülerinnen und Schüler der ersten Untersuchungswelle, die zu allen Testzeitpunkten an der Untersuchung teilgenommen haben. Bei den klassenvergleichenden Berechnungen werden die Aussagen dadurch relativiert, dass eine kleine Stichprobe von nur acht Jugendlichen der Klasse „Mensch & Natur“ den achtzig Schülerinnen und Schülern der anderen Profilklassen gegenübergestellt werden (siehe 4.2.2.2).

a) Entwicklung der fähigkeitsspezifischen Selbstkonzepte im Schulvergleich

Die Jugendlichen sollten im Schülerfragebogen ihre Fähigkeiten in verschiedenen Fächern auf einer fünfstufigen Skala zwischen „sehr schwach" (Wert = 1) und „sehr stark" (Wert = 5) einschätzen.

Da die Frage nach dem Fähigkeitsselbstkonzept für das Fach Physik erst ab dem zweiten Messzeitpunkt im Fragebogen enthalten war, soll nur die Entwicklung der Fähigkeitsselbstkonzepte für die Fächer Biologie und Chemie untersucht werden.

Die Werte für das Fähigkeitsselbstkonzept in Biologie verändern sich im Verlauf der neunten und zehnten Klasse an keiner der drei untersuchten Schulen ($F^W = 0{,}002$; $df = 1$; $p > .05$)[6].

Der Wert für das Fähigkeitsselbstkonzept Chemie dagegen fällt im Untersuchungszeitraum insgesamt stark ab (alle drei Schulen: $F^W = 42{,}07$; $df = 1$; $p < .01$). Der Verlauf ist dabei an den drei Schulen unterschiedlich (Unterschiede zwischen den Schulen: $F^W = 6{,}12$; $df = 2$; $p < .05$).

Während die Werte an der Vergleichsschule 1 ($F^W = 25{,}00$; $df = 1$; $p < .01$) und an der Vergleichsschule 2 ($F^W = 19{,}06$; $df = 1$; $p < .01$) signifikant abnehmen, bleiben sie an der Profilschule konstant ($F^W = 1{,}65$; $df = 1$; $p > .05$). Es ist unwahrscheinlich, dass dieser Befund auf den Profilversuch zurückzuführen ist, da an der Profilschule nur acht Jugendliche Chemie als Profilfach hatten, wogegen achtzig Schülerinnen und Schüler mit herkömmlicher Unterrichtsorganisation unterrichtet wurden.

Wahrscheinlicher ist hingegen, dass die Schülerinnen und Schüler der Profilschule von Beginn an eine realistischere Einschätzung ihrer Fähigkeiten hatten, oder dass der Chemieunterricht an der Profilschule eher Kompetenzerfahrungen zulässt.

---

6 Die Höhe der F-Werte gibt an, wie deutlich die Unterschiede zwischen zwei Stichproben bzw. zwischen zwei Messzeitpunkten sind.

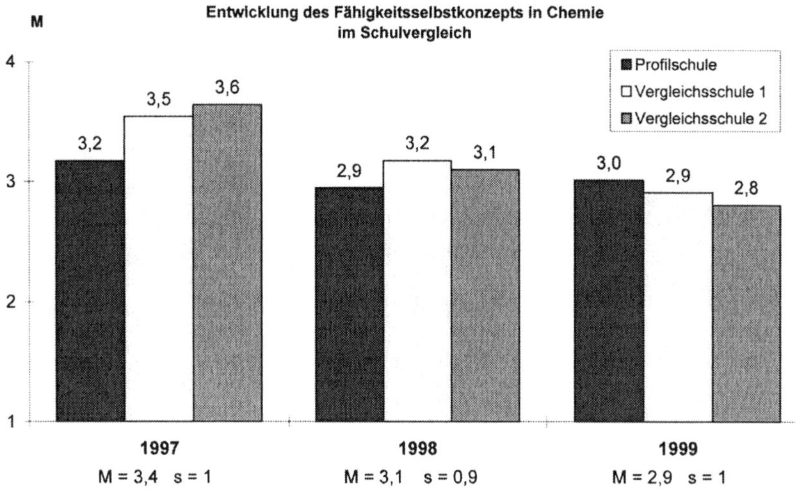

Abb. 4.3-2: Entwicklung des Fähigkeitsselbstkonzepts im Fach Chemie im Schulvergleich

b) Entwicklung der fähigkeitsspezifischen Selbstkonzepte im Klassenvergleich

Die Einschätzung des Fähigkeitsselbstkonzepts im Fach Biologie verändert sich an der Profilschule im Verlauf der neunten und zehnten Klasse weder im Profil „Mensch & Natur", noch in den anderen Profilklassen.

Im Fach Chemie dagegen fällt der Wert für die Klasse „Mensch & Natur" ab ($F^W = 24,65$; df = 1; $p < .01$), während die Werte der anderen Profile konstant bleiben ($F^W = 0,23$; df = 1; $p > .05$). Das zum ersten Messzeitpunkt deutlich höher eingeschätzte Fähigkeitsselbstkonzept der Klasse „Mensch & Natur" ($F = 7,06$; df = 1; $p < .01$) ist zum zweiten Messzeitpunkt auf das Niveau der anderen Klassen abgestürzt.

Dieser betrübliche Befund ist wohl so zu erklären, dass die Schülerinnen und Schüler der Klasse „Mensch & Natur" ihre Fähigkeiten zu Beginn des Profils überschätzt hatten, bzw. dass die von den Jugendlichen in „ihrem" Arbeitsschwerpunkt erwarteten Erfolge ausblieben.

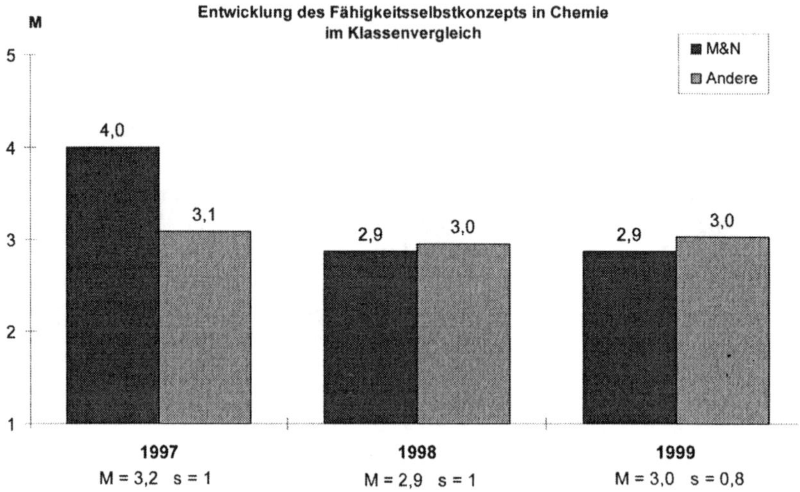

Abb. 4.3-3: Entwicklung des Fähigkeitsselbstkonzepts im Fach Chemie an der Profilschule. Vergleich von naturwissenschaftlicher Profilklasse (M&N) und anderen Profilklassen

c) Entwicklung der fähigkeitsspezifischen Selbstkonzepte im Geschlechtervergleich

Während die Einschätzung des Fähigkeitsselbstkonzepts im Fach Biologie im Untersuchungszeitraum auch in Abhängigkeit vom Geschlecht unverändert bleibt, verändern sich die Werte für das Fähigkeitsselbstkonzept im Fach Chemie stark geschlechtsspezifisch.

Sie fallen bei den Jungen deutlich stärker ab ($F^W = 34{,}56$; df = 1; $p < .01$) als bei den Mädchen, ($F^W = 10{,}74$; df = 1; $p < .01$), so dass die zum ersten und zweiten Messzeitpunkt vorhandenen Unterschiede zwischen den Geschlechtern zum Ende der zehnten Klasse egalisiert sind.

Bei den Jungen ist die Abnahme der Werte unabhängig von der Schule, während bei den Mädchen die Verläufe an den einzelnen Schulen unterschiedlich sind.

Während die Mädchen an der Vergleichsschule 1 ihr Fähigkeitsselbstkonzept im Fach Chemie deutlich nach unten korrigieren ($F^W = 15{,}62$; df = 1; $p < .01$), bleiben die Werte bei den Mädchen der Vergleichsschule 2 ($F^W = 3{,}64$; df = 1; $p > .05$) und der Profilschule stabil ($F^W = 0{,}34$; df = 1; $p > .05$).

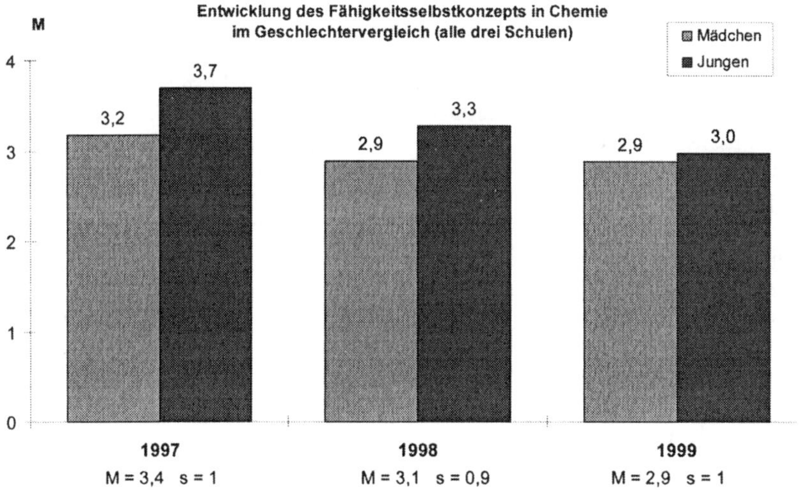

Abb. 4.3-4: Entwicklung des Fähigkeitsselbstkonzepts im Fach Chemie im Geschlechtervergleich (alle drei Schulen)

Dieser Effekt könnte auf die Mädchenförderung an der Profilschule zurückgehen, die eventuell das generelle Selbstwertgefühl anhebt und so auch die Einschätzung der eigenen Fähigkeiten positiv beeinflusst. So könnte erklärt werden, warum die Mädchen der Profilschule die schlechtesten TIMSS-Chemieleistungen zeigten (vgl. 4.2.2.1 und 4.2.2.3), die eigene Einschätzung ihres Fähigkeitsselbstkonzepts in Chemie aber weniger stark vom Lernerfolg abhängig zu sein scheint.

Die Schülerinnen und Schüler der Profilschule zeigen in der Einschätzung ihrer Fähigkeiten keine Unterschiede zu den Jugendlichen der Vergleichsschulen. Dies ist nicht verwunderlich, da sich die Unterrichtsorganisation in den naturwissenschaftlichen Fächern nur bei acht Jugendlichen von der herkömmlichen unterscheidet.

Dass die Werte für das Fähigkeitsselbstkonzept in Chemie allgemein im Verlauf der Sekundarstufe I abfallen, ist auch aus anderen Untersuchungen, z.B. aus der TIMS-Studie (BAUMERT et al. 1997) bekannt.

Die Stabilität des Fähigkeitsselbstkonzepts im Fach Biologie ist entweder darauf zurückzuführen, dass die Jugendlichen größere Unterrichtserfahrungen mit diesem Fach haben und ihnen die Einschätzung ihrer Fähigkeiten zu Beginn der Untersuchung schon realistischer gelingt, oder darauf, dass der Biologieunterricht positivere Lernerfolgserfahrungen zulässt.

Ein bedauerlicher Befund ist, dass Untersuchungsgruppen mit anfänglich hohen Werten im Fähigkeitsselbstkonzept Chemie (Klasse „Mensch & Natur", Gesamtpopulation der Jungen) diese rasch nach unten korrigieren, während Gruppen mit Selbstkonzeptwerten auf einem niedrigeren Ausgangsniveau weitgehend stabil bleiben. Die Korrektur dieser Selbsteinschätzung über die Leistungsrückmeldung durch die Lehrkräfte bzw. durch den Vergleich der eigenen Leistung mit den Leistungen der restlichen Lerngruppe führt zwar „nur" zu einer Anpassung überzogener Einschätzungen der eigenen Fähigkeiten in Chemie, reduziert damit aber auch die Freude und das Interesse am Fach (GRÄBER/BOLTE 1996), die von einem positiven Fähigkeitsselbstkonzept abhängig sind.

Besonders bedauerlich ist, dass die Klasse „Mensch & Natur", bei der durch das Profilkonzept besonderes Interesse für die Naturwissenschaften geweckt werden sollte, davon offensichtlich stark betroffen ist. Die Beobachtung, dass die Chancen des Profilkonzepts für das fachliche Lernen in Chemie nicht genutzt wurden (Unterrichtsbeobachtung siehe Kapitel 4.1), wird durch die vorliegenden Ergebnisse des Schülerfragebogens bestätigt.

4.3.2.3 Unterschiede in der Wahrnehmung des Lernprozesses

Die Jugendlichen hatten die Möglichkeit, den Items im Schülerfragebogen auf einer fünfstufigen Skala völlig zuzustimmen (Wert = 5) oder sie völlig abzulehnen (Wert = 1).

a) Selbstbezug (Bezug des Lernenden zum Lernstoff)

Die Werte für das Konstrukt Selbstbezug bleiben insgesamt gesehen im Messzeitraum unverändert. Untersucht man aber die Entwicklung an den einzelnen Schulen, gibt es unterschiedliche Verläufe.

Während sich an der Vergleichsschule 2 ($F^W = 0,15$; $df = 1$; $p > .05$) und an der Vergleichsschule 1 der Wert nicht verändert ($F^W = 3,46$; $df = 1$; $p > .05$), steigt er an der Profilschule hochsignifikant an ($F^W = 7,57$; $df = 1$; $p < .01$).

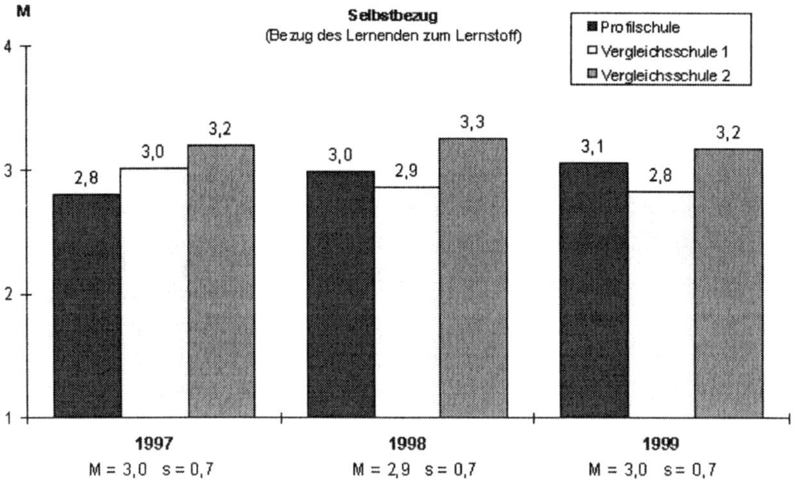

Abb. 4.3-5: Entwicklung des „Selbstbezugs" im Schulvergleich

Der Profilunterricht könnte dazu geführt haben, dass die Jugendlichen der Profilschule stärker empfinden, dass sie den Lernstoff mit ihren persönlichen Bedürfnissen verbinden können. Die Veränderungen sind jedoch nicht zwangsläufig den Wirkungen des Profilunterrichts zuzuschreiben. Die Schülerinnen und Schüler der Profilschule geben bei der Untersuchung der Ausgangslage den niedrigsten Wert an und holen eventuell nur in ihrer Einschätzung auf. Außerdem bleibt bei den Jugendlichen der Vergleichsschule 2 der Wert auch bei traditioneller Unterrichtsorganisation auf dem höheren Niveau stabil.

b) Selbstwirksamkeit (Einflussmöglichkeit des Lernenden auf seine Leistungen)

Die Wahrnehmung der Selbstwirksamkeit bleibt bei der Gesamtpopulation der untersuchten Jugendlichen – unabhängig von Schule und Geschlecht – über den gesamten Messzeitraum gleich.

Die Erfolgszuversicht der Jugendlichen an der Profilschule wird also durch den Schulversuch nicht positiv beeinflusst. Die Werte für das Konstrukt nehmen an der Profilschule sogar deutlich ab ($F^W = 4{,}54$; $df = 1$; $p < .05$).

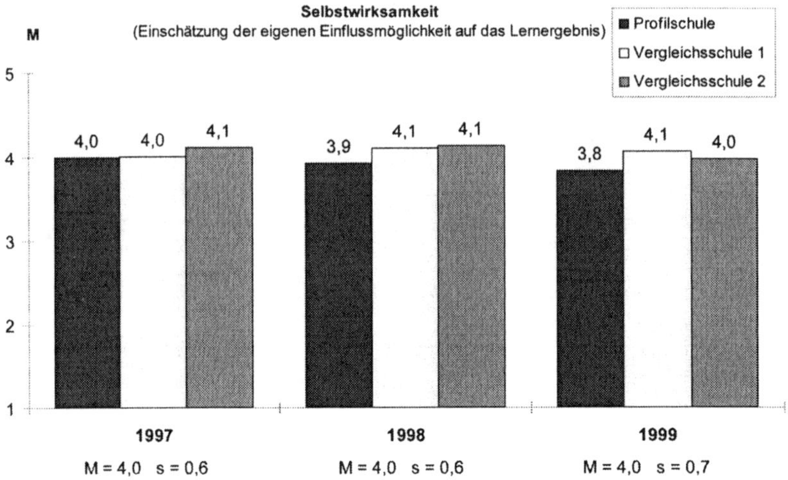

Abb. 4.3-6: Entwicklung der „Selbstwirksamkeit" im Schulvergleich

c) Selbstwert (Einschätzung des Werts der eigenen Person)

Die Einschätzung des Selbstwertgefühls steigt bei allen Jugendlichen im Messzeitraum signifikant an ($F^W = 4,57$; df = 1; $p < .05$). Der Verlauf ist unabhängig vom Geschlecht, verläuft aber an den drei Schulen unterschiedlich.

Während es an der Vergleichsschule 2 keine Veränderungen gibt ($F^W = 0,54$; df = 1; $p > .05$), steigen an der Profilschule ($F^W = 4,64$; df = 1; $p < .05$) und an der Vergleichsschule 1 ($F^W = 11,39$; df = 1; $p < .01$) die Werte für das Selbstwertgefühl signifikant an. Da der Anstieg in der Vergleichsschule 1 größer ist als an der Profilschule, können die Veränderungen nicht als Wirkung des Profilversuchs gewertet werden. Aus anderen Untersuchungen (MAX-PLANCK-INSTITUT FÜR BILDUNGSFORSCHUNG 1996) ist bekannt, dass das Selbstwertgefühl in dieser Altersstufe generell ansteigt, was dort mit dem Ausklingen der Pubertät und dem damit verbundenen höheren Maß an Zufriedenheit mit dem eigenen Körper erklärt wird.

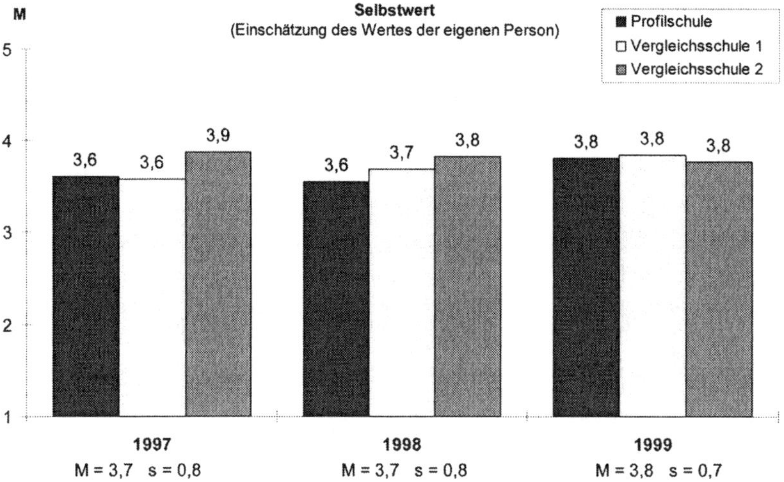

Abb. 4.3-7: Entwicklung des „Selbstwerts" im Schulvergleich

Dass die Entwicklung des Selbstwertgefühls an den drei Schulen unterschiedlich verläuft, könnte durch die unterschiedliche Bewertung der eigenen schulischen Leistungsfähigkeit, die ja einen Teil der Bewertung der eigenen Person ausmacht, erklärt werden. Die Vergleichsschule 1, die den größten Zuwachs bei den Werten des Selbstwertgefühls hat, zeigte auch die besten TIMSS-Testleistungen. Die Vergleichsschule 2 mit dem geringsten Zuwachs bei den Werten für das Selbstwertgefühl schnitt im TIMSS-Test auch am schlechtesten ab.

Bei den Jugendlichen an der Profilschule treten Veränderungen in der Einschätzung der Konstrukte auf, die für das Erleben des eigenen Lernens entscheidend sind. Während das Selbstwertgefühl ansteigt und sich der Bezug der Schülerinnen und Schüler zu ihrem Lernstoff verbessert, nimmt die Überzeugung, dass man seine eigenen Leistungen beeinflussen kann, ab. Diese Veränderungen in den Einschätzungen der Jugendlichen können dabei nicht auf den Profilversuch zurückgeführt werden.

Allerdings kann daraus auch nicht geschlossen werden, dass der Profilunterricht keinen Einfluss auf den Lernprozess hat, da es sich bei den untersuchten Konstrukten um relativ stabile Anteile des Selbstkonzepts handelt, die sich nicht in kurzer Zeit ändern (FEND 1997: 246). Außerdem wurde an der Profilschule nicht vergleichend nach dem Erleben am Profiltag gefragt, das sich eventuell von dem Erleben des Unterrichts an den anderen vier Tagen der Woche, an denen der Unterricht in herkömmlicher Weise erteilt wird, unterscheidet.

4.3.2.4 Unterschiede in der Einschätzung der sozialen Fähigkeiten

Bei der Einschätzung ihrer sozialen Fähigkeiten konnten die Jugendlichen auf einer dreistufigen Skala angeben, ob ihnen das im Item beschriebene Verhalten vollständig (Wert = 3) oder gar nicht gelingt (Wert = 1).

a) Soziale Kompetenz

Die Werte für die beiden Unterkonstrukte „Assertivität" und „Emotionale Unterstützung" steigen im Messzeitraum jeweils an. Diese Entwicklung ist unabhängig von Schule und Geschlecht.

In beiden Unterkonstrukten der „Sozialen Kompetenz" hat die Profilschule große Zuwächse, die allerdings kaum größer sind als die der Vergleichsschule 1. Da sich die Werte der Profilschule und der Vergleichsschule 1 außerdem zu keinem Zeitpunkt signifikant voneinander unterschieden, ist eine Wirkung des Profilversuchs auf die Einschätzung der Jugendlichen bezüglich ihrer „Sozialen Kompetenz" eher unwahrscheinlich.

Die Mädchen schätzten ihre sozialen Fähigkeiten zu allen Zeitpunkten höher ein als die Jungen. Bei der Einschätzung der Fähigkeit, auf andere zugehen zu können (Assertivität), ist der Unterschied zwischen den Geschlechtern weniger groß als bei der Einschätzung der eigenen Empathie und Zuwendungsfähigkeit (Emotionale Unterstützung), wo sich die Mädchen zu allen drei Zeitpunkten hochsignifikant besser einschätzen.

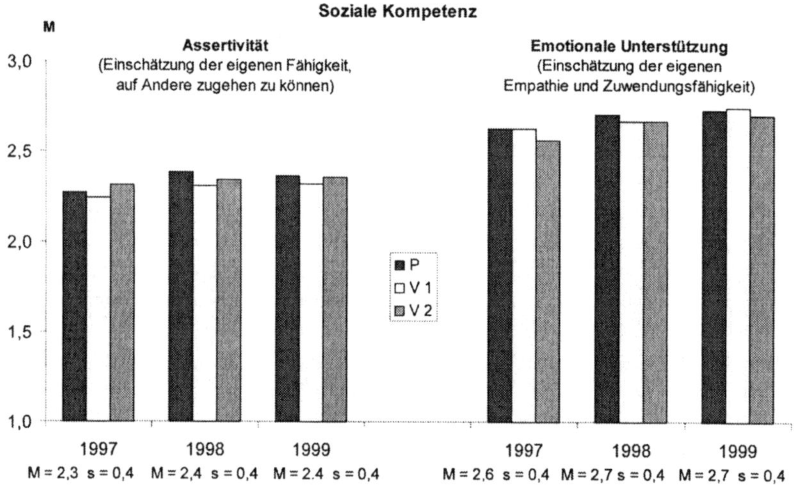

Abb. 4.3-8: Entwicklung der „Sozialen Kompetenzen" im Schulvergleich

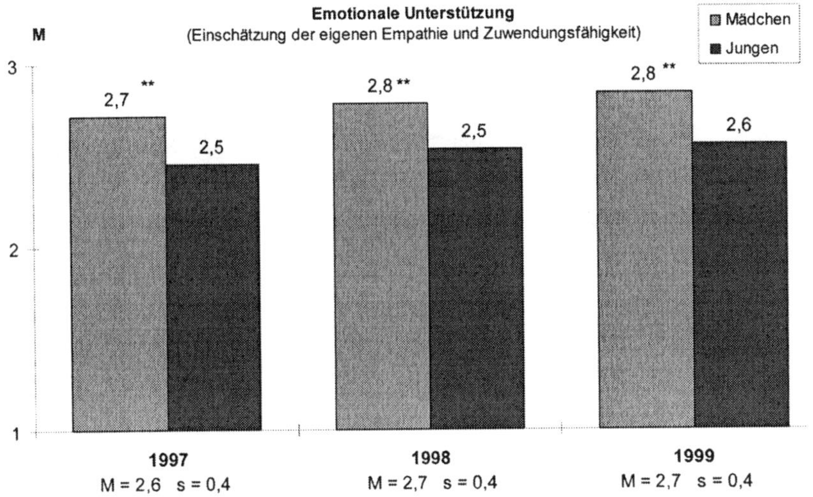

Abb. 4.3-9: Entwicklung der „Emotionalen Unterstützung" im Geschlechtervergleich (alle drei Schulen)

b) Teamfähigkeit

Die beiden Items, mit denen die Entwicklung der Teamfähigkeit gemessen werden sollte, wurden wieder mit einer fünfstufigen Skala erfasst (von „stimme gar nicht zu" = 1, bis „stimme völlig zu" = 5).

Insgesamt steigt der Wert für die Bewertung der eigenen Zuverlässigkeit im Laufe der Sekundarstufe I deutlich an ($F^W = 34{,}94$; df = 1; $p < .01$). Der Anstieg ist in allen Schulen und bei beiden Geschlechtern zu verzeichnen.

Allerdings ist der Anstieg in der Profilschule ($F^W = 24{,}80$; df = 1; $p < .01$) deutlich höher als an der Vergleichsschule 1 ($F^W = 5{,}80$; df = 1; $p < .05$) und der Vergleichschule 2 ($F^W = 9{,}06$; df = 1; $p < .01$).

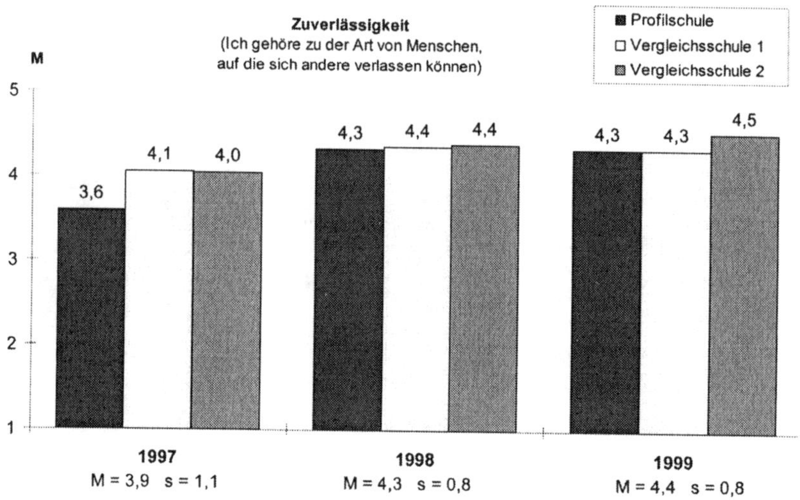

Abb. 4.3-10: Einschätzung der eigenen Zuverlässigkeit im Schulvergleich

Ob der Zuwachs bei der Einschätzung der eigenen Zuverlässigkeit an der Profilschule auf Wirkungen des Schulversuchs zurückgeführt werden kann, oder ob die Jugendlichen in ihrer anfangs deutlich niedrigeren Einschätzung gegenüber den Schülerinnen und Schülern der anderen Schulen nur „aufgeholt" haben, kann nicht geklärt werden.

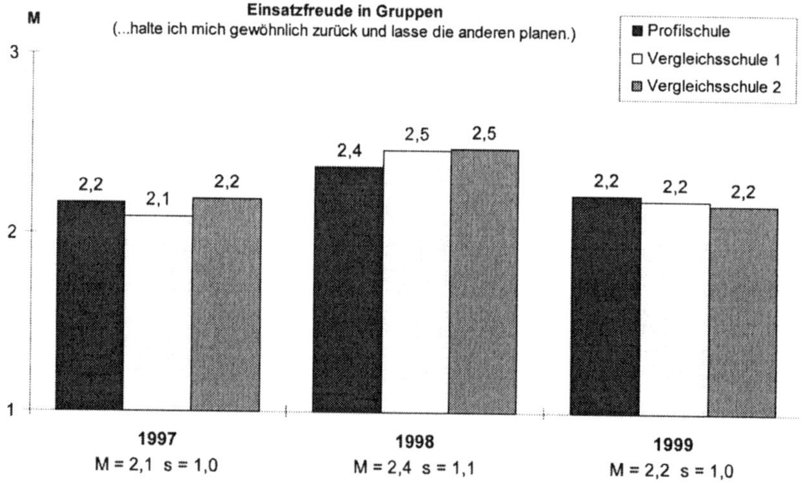

Abb. 4.3-11: Einschätzung der eigenen Einsatzfreude in der Gruppe im Schulvergleich

Bei der Einschätzung der eigenen „Einsatzfreude in Gruppen“ gibt es – unabhängig von Schule und Geschlecht – über den Messzeitraum keine Veränderung der Werte.

Zu Beginn der zehnten Klasse scheinen die Jugendlichen zwar ihre Einsatzfreude etwas geringer einzuschätzen (volle Zustimmung zur Aussage des Items wäre Wert = 5), am Ende der zehnten Klasse ist der Wert aber wieder auf dem Ausgangsniveau.

Die Jugendlichen aller Schulen schätzen ihre sozialen Kompetenzen und ihre Zuverlässigkeit am Ende der zehnten Klasse höher ein als zu Beginn der neunten Klasse.

Es sind keine Hinweise dafür gefunden worden, dass der Profilunterricht an der Versuchschule auf diese Entwicklung Einfluss nimmt.

4.3.2.5 Unterschiede in der Lernmotivation

a) Motivationale Orientierung

Die Einschätzung der Lernmotivation bleibt über den Messzeitraum an allen Schulen gänzlich unverändert. Der Profilunterricht an der Versuchschule hat also keinen Einfluss auf die motivationale Orientierung der Jugendlichen.

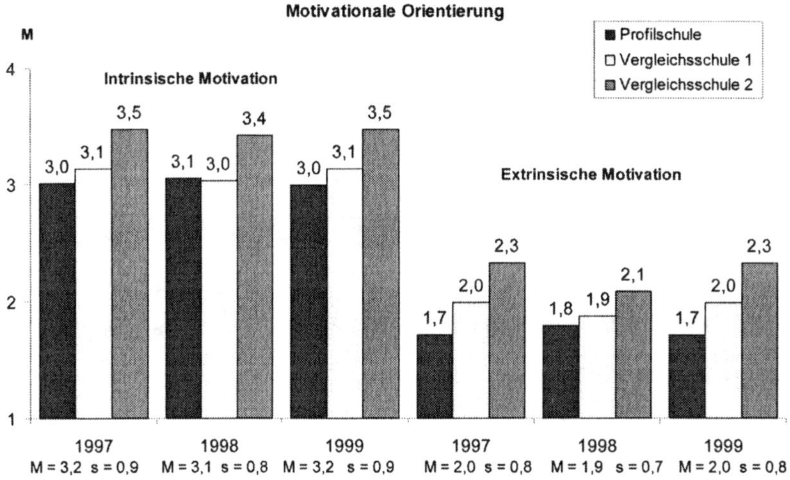

Abb. 4.3-12: Intrinsische und extrinsische Lernmotivation

b) Gründe für schulisches Lernen

Auch die Rangfolge der Gründe, aus denen die Jugendlichen lernen, bleibt sowohl zwischen den Schulen als auch im Verlauf der Zeit recht konstant. Deshalb sind hier beispielhaft die Gründe angegeben, die Profilschüler und -schülerinnen 1998 als ausschlaggebend für ihr Lernen genannt haben. Die helleren Balken sind Items aus der Skala der extrinsischen Motivation, die dunkleren geben Items aus der Skala der intrinsischen Motivation wieder.

Die berufliche Zukunft spielt für die Lernmotivation die größte Rolle, wobei das Ansehen eines Berufes fast genauso wichtig ist wie das Sich-hingezogen-fühlen zu einem zukünftigen Beruf. Diese Befunde sind schon aus der Interessenforschung bekannt (z.B. TODT 1987) und bestätigen, dass die Berufswahl für die Jugendlichen eine wichtige Entwicklungsaufgabe darstellt.

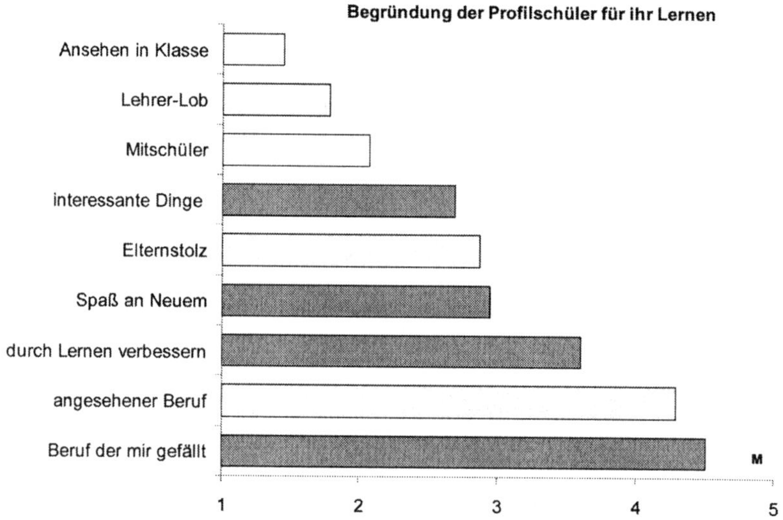

Abb. 4.3-13: Lernmotivation am Beispiel Profilschule Anfang zehnte Klasse

Die Gründe, aus denen die Jugendlichen der Profilschule ihren Arbeitsschwerpunkt gewählt haben, wurden nur zu Beginn der neunten Klasse erfragt. Dort spielen das Interesse und die Mitschüler eine sehr große Rolle, während die Eltern nach Angaben der Jugendlichen wenig Einfluss auf die Profilwahl nahmen. Diese Aussagen können gut vor dem Hintergrund von Entwicklungsaufgaben des Jugendalters interpretiert werden:

Mehrere Studien belegen, dass Interessen die stärksten Einflussfaktoren für die spätere Berufswahl darstellen (BERGMANN 1992), die eine der wichtigsten Entwicklungsaufgaben des Jugendalters ist. Die Entwicklungsaufgabe, stabile Beziehungen zu Gleichaltrigen herzustellen, äußert sich in der Wichtigkeit, die Freund oder Freundin für die Profilwahl haben. Dass die Eltern wenig Einfluss auf die Profilwahl haben, kann als beginnende Ablösung von den Eltern und ihrer Entscheidungsgewalt gedeutet werden.

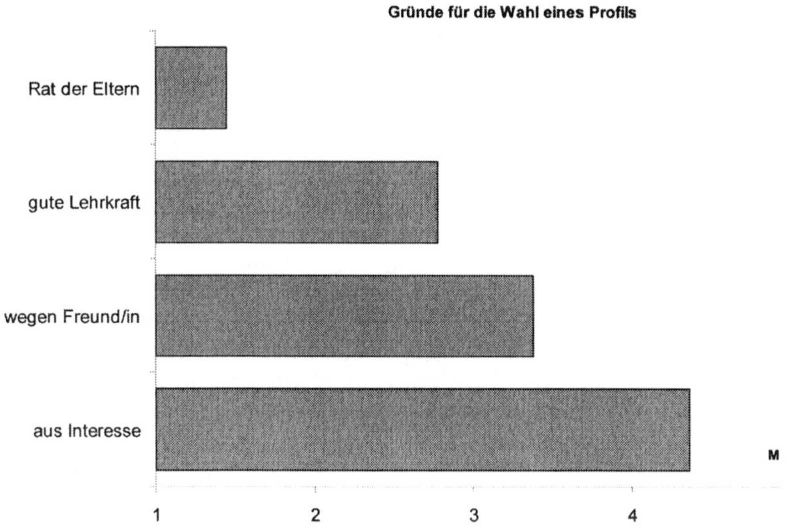

Abb. 4.3-14: Gründe für die Wahl eines Profils

Die Lernmotivation der Jugendlichen verändert sich im Verlauf der neunten und zehnten Klasse nicht. Auch der Profilunterricht nimmt keinen Einfluss auf die motivationale Orientierung der Schülerinnen und Schüler. Damit muss man sich generell fragen, wie groß die Einflussmöglichkeiten der Lehrkräfte dahingehend sind, Schülerinnen und Schüler zu motivieren, wofür viel Zeit aufgewendet wird. KRAPP (1992a) führt Untersuchungen an, bei denen der Versuch, die Interessantheit des Unterrichts für die Jugendlichen zu steigern, keinen Einfluss auf die Leistung hatte oder bisweilen sogar einen negativen Effekt erzielte. Es scheint deshalb aussichtsreicher, sich auf bestehende Interessen zu konzentrieren, für die auch eine positive Wirkung auf die Lernleistung nachgewiesen ist (KRAPP 1992a).

Die Gründe, aus denen Jugendliche lernen oder sich für einen bestimmten Interessenbereich interessieren, decken sich mit früheren Untersuchungen aus der Interessenforschung (z.B. TODT 1987). Aus der Sicht der Bildungsgangforschung bestätigen sie, dass die Entwicklungsaufgaben „Berufsfindung", „Beziehungen zu Gleichaltrigen" und „Ablösung von den Eltern" für die Jugendlichen noch immer von Wichtigkeit sind. Durch Berücksichtigung dieser und ähnlicher Problemfelder, die die Jugendlichen in dieser Altersgruppe beschäftigen, wäre die Motivation für schulisches Lernen eventuell eher positiv zu beeinflussen.

4.4 Untersuchungen zum Kompetenzerwerb

4.4.1 Ziele der Untersuchung und Methodenwahl

Ziel der Untersuchung war es herauszufinden, über welche chemische Kompetenz[1] die Schülerinnen und Schüler in der neunten Klasse verfügen, und wie sie diese bis zum Ende der zehnten Klasse weiterentwickeln.

Um die Kompetenzentwicklung im Fach Chemie nachzeichnen zu können, ist eine Prüfung der Kenntnisse, wie es mit dem TIMSS-Test geschehen ist, nicht ausreichend, da sich die Aufgaben zum größten Teil auf allgemeines Weltwissen oder chemisches Wissen, das im Biologie- oder Physikunterricht en passant vermittelt wurde, beschränken (BAUMERT et al. 1997: 74) und da außerdem im TIMSS-Untertest Chemie keine Aufgaben enthalten sind, bei denen Konzeptualisieren und Problemlösen geprüft wird (BAUMERT et al. 1997: 49). Es wird mit diesem klassischen Leistungstest also vorwiegend die formale Kompetenz (Begriffs- und Regelwissen) der Lernenden getestet, während Aussagen über ihre konzeptuale Kompetenz nicht möglich sind, weshalb eine ergänzende Untersuchung mit einer anderen Methode notwendig wird.

Ein Ergebnis der TIMS-Studie war außerdem, dass in den Fächern Biologie und Physik ein eher gleitender Übergang zwischen Alltagswissen und fachlich-konzeptuellem Wissen eintritt, während im Fach Chemie dieser Übergang eher sprunghaft erfolgt (BAUMERT et al. 1997: 87).

Es soll deshalb in dieser Arbeit untersucht werden, auf welchem Wege Schülerinnen und Schüler ihre Lernertheorien von einem Alltagsverständnis zu einer fachwissenschaftlichen Sicht auf chemische Phänomene weiterentwickeln.

Ein drittes Anliegen ist es herauszufinden, welche Aspekte die Jugendlichen an einer chemischen Fragestellung besonders interessieren, und welche Kenntnisse und Fähigkeiten sie zur Lösung heranziehen, da dadurch eventuell sich darin spiegelnde Entwicklungsaufgaben[2] identifiziert werden können und man Hinweise auf die reflexive Kompetenz der Lernenden bekommt.

1 Zum Begriff der chemischen Kompetenz (formale, konzeptuale, reflexive) siehe Kapitel 2.3.
2 Zum Begriff der Entwicklungsaufgabe siehe Kapitel 2.1 und 2.2.

Um Aufschluss über diese Fragen zu erhalten, wurde die Methode der Evaluationsaufgabe gewählt, die in der wissenschaftlichen Begleitung des Kollegschulversuchs Nordrhein-Westfalen entwickelt und angewendet wurde (BLANKERTZ 1986; siehe auch Kapitel 2.2).

Eine Evaluationsaufgabe ist eine Fachaufgabe, die aber im Vergleich zu „normalen" Lernaufgaben im Chemieunterricht von den Lernenden nicht nur *eine* richtige Lösung fordert, sondern Spielräume für individuelle Lösungsmöglichkeiten bietet. Diese Spielräume reichen von der im Unterricht gelehrten, fachlich optimalen Lösung bis zu alltagspraktischen Lösungen, die weit von der fachlichen Logik und ihren Regeln entfernt sind. Die Lösungen der einzelnen Lernenden geben dabei Auskunft über deren aktuelle konzeptuale Kompetenz und zeigen, mit welchen Lernertheorien sie arbeiten. So kann mit der Evaluationsaufgabe das *Verstehen* chemischer Konzepte geprüft werden, während in anderen Leistungstests häufig nur ein *Wissen* über chemische Inhalte geprüft werden kann. Sie ermöglicht auch Beiträge zur Klärung der Frage, wie sich die Annäherung der chemischen Theorien der Jugendlichen an die gängigen wissenschaftlichen Theorien vollzieht.

Die Evaluationsaufgabe gibt aber nicht nur Raum für individuelle Lösungsmöglichkeiten, sondern ist auch so weit gefasst, dass individuelle Fragestellungen bearbeitet werden können. Die Fragen, denen die einzelnen Lernenden nachgehen, können Aufschluss darüber geben, was sie von ihrem Chemielernen erwarten und welche Hoffnungen sie an die Erklärungsmöglichkeiten der Chemie knüpfen. So kann zum einen die reflexive Kompetenz der Lernenden rekonstruiert werden, zum anderen können dahinter liegende Entwicklungsaufgaben sichtbar gemacht werden.

4.4.2 Konstruktion und Planung der Evaluationsaufgaben

Die Methode der Evaluationsaufgabe wurde für die Fragestellung dieser Arbeit und das Vorwissen der Jugendlichen in der Sekundarstufe I entsprechend verändert, erfüllt aber noch die grundsätzlichen Bedingungen, die an eine Evaluationsaufgabe gestellt werden:

- Die Aufgabe sollte sowohl vor dem Hintergrund chemischer Kompetenz als auch vor allgemeinen Entwicklungsaufgaben des Jugendalters konstruiert werden, damit sie von den Lernenden als sinnvoll erachtet werden bzw. sie potenziell als Beitrag zur Bearbeitung einer oder mehrerer Entwicklungsaufgaben verstanden werden kann. Denkbar wäre hier, in die fachliche Aufgabe Aspekte der Geschlechterrolle, der Entwicklung eines eigenen Werteverständnisses oder der Berufsfindung einzuflechten.
- Die Aufgabe sollte den Lernenden neu sein, damit nicht ausgetretene Lösungswege beschritten werden, was für die Schülerinnen und Schüler ermüdend und für den Forschenden unergiebig wäre.

- Die Evaluationsaufgabe sollte so gestaltet werden, dass sie nicht ausschließlich mit formalen Fähigkeiten wie einzelnen Definitionen, Lehrsätzen oder Fachbegriffen beantwortet werden kann, sondern die Lernenden dazu anregt, ihre ganze Kompetenz in die Problemlösung einzubringen und ihre Lernertheorien vorzuzeigen.
- Die Aufgabenstellung soll erkennen lassen, dass von den Lernenden eine Lösung in chemischer Hinsicht angestrebt werden soll, zugleich aber offen genug gehalten sein, um den Lernenden die Bearbeitung eigener Fragen zu ermöglichen, die sie in der Aufgabe sehen, seien es nun technische oder alltagspraktische Lösungen. Dadurch, dass den Jugendlichen diese Möglichkeit gegeben ist, subjektiv interessante, also persönlich bedeutsame Fragen zu bearbeiten, ergibt sich die Chance für die Forscher, die sich darin widerspiegelnden Entwicklungsaufgaben und die reflexive Kompetenz identifizieren zu können.
- Um sicherzustellen, dass die gezeigten Leistungen das aktuelle Kompetenzniveau auch einigermaßen genau abbilden, muss beachtet werden, dass schon vor Beginn der Bearbeitung den Lernenden die Lösung der Aufgabe möglich erscheint. Dafür muss das Anspruchsniveau für Lernende aller Kompetenzstufen ein subjektiv befriedigendes Ergebnis ermöglichen. Es darf nicht so hoch sein, dass schwächere Lerner resignieren, muss aber hoch genug sein, dass die maximale Kompetenz gezeigt werden muss. Ist nämlich die Aufgabe z.B. mit einer Alltagstheorie befriedigend zu lösen, so ist es weder sinnvoll noch wahrscheinlich, dass kompliziertere fachliche Theorien zur Erklärung eines Phänomens herangezogen werden. In diesem Fall würde einem Lernenden fälschlich eine niedrige Fachkompetenz unterstellt, obwohl er über elaboriertere Theorien verfügt und diese nur aus ökonomisch vernünftigen Gründen nicht zur Anwendung bringt.
- Die Lernenden sollen die Möglichkeit zur Selbsttätigkeit haben, weil die Anwendung fachspezifischer Methoden ebenfalls Teil der Fachkompetenz ist (in diesem Fall das chemische Experiment). Methodisch muss das für die Aufgabe eingesetzte Experiment so gewählt werden, dass es den Lernenden einen selbsttätigen Umgang mit den Chemikalien und Gerätschaften erlaubt und möglichst nicht misslingen kann. Es ist außerdem darauf zu achten, dass die erwarteten Phänomene auch tatsächlich durch die Lernenden beobachtet werden können bzw. das Ergebnis glaubhaft ist. Zum Beispiel sollte Silber auch als glänzendes, metallisches Produkt erscheinen und nicht etwa als schwarze Flocken von kolloidalem Silber in einer Lösung (siehe Aufgabe 3).

Inhaltlich wurden den Evaluationsaufgaben die chemischen Grundkonzepte vom Verständnis der Stoffe und ihrer Eigenschaften, der Umwandlung von Stoffen und ihrem Aufbau zu Grunde gelegt, da es einen breiten Konsens darüber gibt, dass es sich dabei um die entscheidenden Verständnisbereiche der Chemie handelt.[3]

4.4.2.1 Die erste Evaluationsaufgabe

Ausgehend von dem Lehrsatz: „Bei einer chemischen Reaktion entstehen neue Stoffe mit neuen Farben und neuen Eigenschaften", der den Schülerinnen und Schülern zum Testzeitpunkt mehrfach im Unterricht begegnet war, wurde nach einer chemischen Reaktion gesucht, die möglichst auffällige Phänomene und Farbreaktionen als Zeichen für eine abgelaufene Veränderung zeigen sollte. Als geeignet erschien die Reaktion, bei der pulverförmiges, schwarzes Kupferoxid in Schwefelsäure gelöst wird und eine blaue Kupfersulfatlösung entsteht, aus der sich gemäß der elektrochemischen Spannungsreihe rötlich glänzendes, elementares Kupfer auf einem Eisennagel abscheiden lässt. (Die genaue Aufgabenstellung aller Evaluationsaufgaben findet sich im Anhang.)

Außerdem hat TODTENHAUPT (1995) die Reaktion benutzt, um Alltagsvorstellungen von Schülerinnen und Schülern der Jahrgangsstufen 6-13 zu ermitteln.[4] Ihre Ergebnisse bieten trotz der unterschiedlichen Forschungsfrage daher teilweise Vergleichsmöglichkeiten.

Außer dem benötigten Kupferoxid wurden den Schülerinnen und Schülern noch Ruß und Kobaltoxid zur Verfügung gestellt, so dass sie drei verschiedene schwarze Pulver in Glasgefäßen hatten, die mit dem Stoffnamen und der Summenformel beschriftet waren. Dadurch sollte getestet werden, ob schon vor der Durchführung des Experiments Spekulationen über Ausgangsstoff und erwartetes Endprodukt angestellt werden.

Die Einkleidung der Aufgabe sollte den Mädchen die Vereinbarkeit von Chemie und weiblichem Geschlecht aufzeigen und so eine Identifikationsmöglichkeit bieten. Sie sollte auch die Chemie an das Hobby der Jugendlichen anbinden, die sich in ihrer Freizeit gerne mit Fantasy-Spielen beschäftigen.

An die Einzelarbeit dieser Aufgabe wurde ein kleiner Fragebogen angehängt, der über die Akzeptanz der Aufgabe Auskunft geben sollte, um bei der nächsten Verbesserungen zu erreichen.

---

3 Siehe Kapitel 1.1. Außerdem werden diese grundlegenden Konzepte auch in der TIMS-Studie geprüft (BAUMERT et al. 1997: 74).

4 Genauer Wortlaut der Aufgabe: Ein Eisennagel wird in eine Kupfersulfatlösung getaucht. Nach einiger Zeit befindet sich auf ihm ein kupferfarbener Überzug. Erklären Sie diese Beobachtung!

4.4.2.2 Die zweite Evaluationsaufgabe

Da sich die Lernenden bei der ersten Evaluationsaufgabe kaum mit dem Konzept der chemischen Reaktion vertraut zeigten, sollte ein Experiment ausgewählt werden, bei dem möglichst wenig Variablen beteiligt sein sollten, um das Prinzip der Stoffumwandlung besonders deutlich zu machen. Geeignet erschien dafür eine Reaktion, die MINSSEN (o. J.) als geeignet schildert, um im Chemieanfangsunterricht das Prinzip der chemischen Reaktion einzuführen und zu verdeutlichen. Dabei wird Bleinitrat (weiß) mit Kaliumiodid (weiß) im Mörser verrieben, was zu einer gelben Substanz, dem Bleiiodid führt. Da Schülerinnen aus Sicherheitsgründen nicht mit bestimmten Bleisalzen arbeiten dürfen (Amt für Schule 1995, Anlage 3, S. 10-11), wurde statt dessen wasserfreies Kupfersulfat verwendet, das ebenfalls fast weiß ist und in Reaktion mit Kaliumiodid zu einer braunen Substanz (Iod-Iod-Kali) mit deutlichem Geruch nach Iod führt.

Eine Erklärung der Farbänderung durch Verbrennen, Verschwinden, Auflösen etc. wird dadurch erschwert, dass nur das eigene Reiben im Mörser die Reaktion auslöst. So sollte deutlich werden, dass sich die Stoffe umgebildet haben und neue Stoffe entstanden sind. Das Konzept der chemischen Reaktion müsste also bei den Lernenden gut angesprochen werden.

Auf die Einbettung der Aufgabe in eine Geschichte wurde verzichtet, da die Einkleidung der vorangegangenen Evaluationsaufgabe von einigen Schülern als kindisch empfunden worden war.

Dieser Evaluationsaufgabe folgte ein Fragebogen zum Fähigkeitsselbstkonzept und zu Einstellungen zur Chemie, der aber erst eine Woche nach Durchführung der Untersuchungsaufgabe an die Schülerinnen und Schüler gegeben wurde, um das Antwortverhalten nicht unmittelbar mit der Evaluationsaufgabe in Verbindung zu bringen. Es sollte geprüft werden, ob die Selbsteinschätzung der Lernenden mit den gezeigten Leistungen im TIMSS-Test und in der Evaluationsaufgabe übereinstimmt. Außerdem sollte die persönliche Relevanz von Chemie als Unterrichtsfach und die Haltung gegenüber der Chemie als angewandter Wissenschaft und Technik mit großer Bedeutung für Gesellschaft und Umwelt nachgefragt werden, um für die weiteren Interviews Jugendliche mit unterschiedlichen Einstellungen ausfindig machen zu können.

4.4.2.3 Die dritte Evaluationsaufgabe

Die dritte Aufgabe wurde so gewählt, dass sie mit der ersten gut vergleichbar war, um Veränderungen der Fachkompetenz besser erkennen zu können. Dafür sollte Kupfer versilbert werden. Auf reinem Kupferblech war die Abscheidung von Silber aus einer Silbernitratlösung aber nur so gering und so wenig stabil, dass es nicht glaubhaft gewesen wäre, dass das Produkt der Reaktion das Metall Silber sei. So wurden Büroklammern verwendet, deren Kupferlegierung so günstig in der Spannungsreihe zu liegen schien, dass eine Versilberung als metallisch glänzende Schicht ohne die Verwendung von Strom möglich war. Bei der Durchführung der Evaluationsaufgabe wurde dann erst offenbar, dass die Klammern aus Eisendraht bestanden, der nur dünn verkupfert war. Dies änderte zwar die Erklärungen, die die Lernenden für das Phänomen abgaben, nicht jedoch die Kompetenzstufe, auf der sie argumentierten, und war deshalb für den Wert der Untersuchung unerheblich.

Die Einkleidung der Aufgabe sollte auf die Möglichkeit des Auftauchens chemischer Prozesse, auch in nicht chemischen Berufen hinweisen. Die Lernenden sollten außerdem am Ende ihres Bildungsgangs ihre Kompetenz unter Beweis stellen können, indem sie in eine Expertenposition versetzt wurden.

4.4.3 Durchführung

Die drei skizzierten Evaluationsaufgaben, die samt Musterlösung im Anhang ausführlich dokumentiert sind, habe ich den Schülerinnen und Schülern der Klasse „Mensch & Natur“ in den zwei Jahren ihres Bildungsgangs gestellt: zur Mitte der neunten Klasse (April 98), zu Beginn der zehnten Klasse (Dezember 1998) und zum Ende der zehnten Klasse (Juni 1999).

Die Aufgaben wurden im Chemiefachraum der Klasse und in der für das Fach Chemie vorgesehenen Unterrichtszeit durchgeführt; beides hatten die kooperationsbereiten Lehrkräfte mir dankenswerterweise zur Verfügung gestellt.

Jede Aufgabe bestand aus drei Teilen: einem Experiment, einem Gruppengespräch und einer Einzelarbeit.

Das Experiment diente den Lernenden zum einen dazu, das schriftlich formulierte Problem durch eigene Tätigkeit nachzustellen und zu beobachten. Zum anderen sollte durch das Experimentieren eine Erklärung für das Phänomen bzw. eine Lösung für das Problem gefunden werden.

Im Gruppengespräch sollten die Lernenden anhand vorgegebener Fragen ihre Erklärungen für das Phänomen abgeben. Das sollte ihnen ermöglichen, die eigenen Gedanken zu ordnen und eigene Theorien möglichst nachvollziehbar und vollständig auszusprechen.

In der Einzelarbeit, die unter Klausurbedingungen stattfand, sollte jede Schülerin und jeder Schüler vorgegebene Fragen nochmals individuell bearbeiten. Dabei wichen die Fragen der Einzelarbeit nicht wesentlich von denen der Gruppenarbeit ab, sondern sollten nur Auskunft darüber geben, in wie weit der oder die Einzelne die Inhalte der Gruppendiskussion selbst konstruieren konnte. Als Hilfsmittel war das Arbeitsblatt aus der Gruppenarbeit zugelassen.

Die drei Aufgabenteile wurden, mit üblichen Pausenunterbrechungen, fortlaufend bearbeitet. Jede Lerngruppe wurde an ihrem Arbeitstisch mit Tonbandgerät und Videokamera aufgezeichnet.

Die Tabelle 4.4-1 zeigt den Ablauf einer Evaluationsaufgabe im Überblick.

	Experiment	Gruppengespräch	Einzelarbeit
Gruppengröße	3 - 4 Lernende und 1 Moderierender		1 Lernender
Arbeitsmaterial	Aufgabenblatt I Geräte, Chemikalien	Aufgabenblatt II	Aufgabenblatt III
Zeitrahmen	30 - 45 Minuten	30 - 45 Minuten	30 - 45 Minuten
Dokumentation	Videokamera, Tonbandgerät, Aufgabenblatt II		Aufgabenblatt III

Tabelle 4.4-1: Übersicht über den Ablauf einer Evaluationsaufgabe

Die Lerngruppen, denen sich die Jugendlichen selbst zuordneten, umfassten nicht mehr als vier und nicht weniger als zwei Schülerinnen und Schüler. Für die Fragen der Lernenden stand während des Experiments und der Gruppenarbeit eine Moderatorin bzw. ein Moderator zur Verfügung. Diese Versuchsbeobachter waren angewiesen, die Fragen fachlich richtig und ohne pädagogische Appelle zu beantworten, wenn die Gruppe beschlossen hatte, dass sie ohne Hilfe nicht weiterkommt. Dabei sollte möglichst auf dem Kompetenzniveau geantwortet werden, auf dem die Lerngruppe gerade argumentierte, damit die Antworten auch verstanden und verwertet werden konnten. Außerdem standen den Lernenden ihre Chemiehefte und Bücher sowie weitere Geräte und Chemikalien zur Verfügung, wenn sie diese zur Lösung der Aufgabe zu benötigen meinten. Die Gruppen arbeiteten im selben Raum und konnten sich untereinander austauschen.

Diese Möglichkeiten der Informationsbeschaffung spiegeln die Auffassung wider, dass die Beschaffung und Nutzung von relevanten Informationen eine verständige Einordnung in eine geistige Struktur erfordert und somit ein Zeichen für Kompetenz ist.

Die Moderierenden wurden vor der Durchführung der Aufgaben mit festgelegten Regeln vertraut gemacht, die eine möglichst einheitliche Behandlung der Lerngruppen durch die Versuchsleiter garantieren sollten (siehe Anhang). Neben der Aufgabe, als Informationsquelle für die Lernenden zur Verfügung zu stehen, sollten die Moderierenden Impulse in die Gruppe geben, wenn wahrscheinlich war, dass damit eine höhere Ebene der Bearbeitung durch die Lernenden angeregt werden könnte. Eine weitere Aufgabe der Moderation war es, das Gespräch in neue Bahnen zu lenken, wenn es sich festgefahren hatte. Wenn die Schülerinnen und Schüler die Hinweise nicht aufnahmen, sollte nicht weiter interveniert werden.

Die Schülerinnern und Schüler nutzten die Versuchsleiter allerdings nicht als Informationsquelle, da ihnen die Möglichkeit, auf ihre Fragen eine direkte und konkrete Antwort zu bekommen, wohl sehr fremd war.

Da auch die von mir betreuten Lerngruppen die Möglichkeit zum Fragen nicht nutzten, schließe ich daraus, dass dies nicht auf Scheu vor fremden Personen zurückzuführen ist. Vielmehr wurde den Moderierenden eine Kontroll- und Antreiberfunktion zugeschrieben, die diese auch zunehmend übernahmen. So setzte sich die vertraute Rollenzuweisung in Lehrkraft und Lernende teilweise wieder durch. In der ungewohnten Lernsituation der Evaluationsaufgabe schien die übliche Rolle sowohl den Lernenden, wie auch den moderierenden Personen (alle hatten zumindest teilweise Erfahrung im Unterrichten) Sicherheit zu geben.

Die Dokumentation geschah über die schriftlichen Äußerungen der Jugendlichen sowie über Video- und Tonbandaufnahmen der Lerngruppen. Die Tonbandaufzeichnungen wurden vollständig transkribiert (Regeln im Anhang), und die für die Auswertung wesentlichen Handlungen wurden nach Durchsicht der Videobänder in die Transkripte eingefügt.

4.4.4 Kompetenzniveaus als Auswertungsschablone

Um zu überprüfen, über welche Lernertheorien die Schüler verfügen und wie sie diese weiterentwickeln, wurden von mir zunächst die in der Literatur vorfindbaren Befunde zu Schülervorstellungen so gebündelt bzw. ergänzt, dass sie sich als nachvollziehbare Schritte auf dem Weg von Alltagstheorien zu wissenschaftlichen Theorien darstellten.

Für jedes chemische Grundkonzept (Reaktion, Stoff, Teilchen) wurden verschiedene Kompetenzniveaus gebildet und für diese Niveaus typische Kennzeichen und Erklärungsmuster zusammengestellt.

Um erfassen zu können, wie die Schülerinnen und Schüler mit fachspezifischen Methoden umgehen, wurden zusätzlich Niveaus für die Experimentierfähigkeiten zur Beschreibung der Lernerkompetenz entworfen.

Im Verlauf des Forschungsprozesses stellte sich die Einteilung in vier Niveaustufen als sinnvoll und für die Auswertung praktikabel heraus. Bei weniger als vier Niveaus ist eine Weiterentwicklung im Verständnis der Grundkonzepte bei den Lernenden schlechter sichtbar; bei mehr als vier Niveaus ist die Zuordnung schwierig und bringt keine klareren Ergebnisse.

4.4.4.1 Vorstellungen zu Stoffen und Stoffeigenschaften

Forschungen über Schülervorstellungen zu Stoffen und deren Eigenschaften lassen vermuten, dass sich der Stoffbegriff in folgender Weise entwickeln könnte:

S 1 Alltagskonzepte: Dinge

- Ein Objekt und seine Eigenschaften werden gleichgesetzt. Etwas ist ein Glas und aus Glas. Stoffe sind Dinge, aus denen man etwas herstellen kann, z.B. Baustoffe, Kleiderstoffe (DRIVER 1994: 73-77; KRNEL 1998).
- Stoffe und Objekte werden gleichgesetzt. Stoffe werden mit objekttypischen Eigenschaften beschrieben (EHLERT 1993, 1994).

- Stoffe sind Sachen, die man anfassen kann und die Raum beanspruchen (DRIVER 1994: 73-77).
- Dinge/Objekte *sind* einfach (da ist ein Tisch, da liegt ein Buch) oder Dinge geschehen: Eis schmilzt, Regen fällt (JUNG 1979).

S 2 Alchimistische Konzepte: Materialien, aus denen die Dinge gemacht sind

- Stoffe werden mit stoffarttypischen Eigenschaften beschrieben (EHLERT 1993, 1994).
- Material ist das, *woraus ein Ding gemacht ist*, z.B. ein Tisch ist aus Holz, ein Buch ist aus Papier. Dabei ist Holz eine Eigenschaft des Dings/Tisches (JUNG 1979).
- Die Farbe ist Potenz (kann etwas rot machen) oder unsichtbarer Inhalt (verborgene rote Kügelchen) und wird im Experiment immer auf nur eine Zutat zurückgeführt (PIAGET/INHELDER 1980).
- Im Experiment stehen „Alltagseigenschaften" im Vordergrund: Bei der Unterscheidung von Salz und Zucker z.B. die Löslichkeit, während Leitfähigkeit nicht untersucht wird. Metalle werden nur schlecht von glänzenden Kunststoffen unterschieden, da die unmittelbar sichtbare Eigenschaft „Glanz" im Vordergrund steht, während die Leitfähigkeit den Lernenden weniger wichtig ist (SUMFLETH 1992a).

S 3 Vorwissenschaftliche Konzepte: Bestandteile von Materialien

- Stoffe sind das, *woraus die Materialien gemacht sind*, z.B. Holz/Papier besteht aus Lignin, Cellulose etc. Dabei ist der Stoff (Cellulose) die Eigenschaft einer Eigenschaft (Papier) (JUNG 1979).

S 4 Wissenschaftliche Konzepte: Stoffe

- Stoffe haben stoffspezifische Eigenschaften (Siedepunkt, Schmelzpunkt, Dichte, Farbe, Löslichkeit etc.).

4.4.4.2 Vorstellungen zur chemischen Reaktion

Nach Durchsicht einiger Untersuchungen zu Schülervorstellungen über die chemische Reaktion schlage ich folgende Kompetenzstufen vor:

R 1 Keine oder Alltagstheorien: es passiert einfach, etwas verschwindet

- Veränderung passiert eben, Sachen können einfach verschwinden. (Ein Streichholz verbrennt, ein Tropfen Parfüm verschwindet.) (DRIVER 1994: 85-87).
- Dinge werden durch die Reaktion irreversibel zerstört (unbrauchbar) oder verschwinden (EHLERT 1993, 1994).

- Animistische Vorstellungen, wie z.B: Hitze oder Wasser beeinflussen die Farbe eines (Kupfersulfat-)Kristalls, wie Pflanzen, die bei großer Hitze welk und braun, bei Regen wieder grün werden. Ein Kristall ist durstig oder traurig und wird deshalb bleich (SCHLÖPKE 1991).

R 2 Alchimistische Theorien: Eigenschaftsänderungen ohne Stoffänderung

- Das Material des Produkts muss schon irgendwo im Ausgangsmaterial enthalten gewesen sein (Wasser, das bei einer Verbrennung entsteht, muss schon vorher im Holz vorhanden gewesen sein.) (DRIVER 1994: 85-87).
- Vorstellung vom verborgenen Sein: Das Produkt ist schon unsichtbar im Ausgangsstoff enthalten (SCHLÖPKE 1991).
- Das Produkt ist nur eine modifizierte Form des Ausgangsmaterials (DRIVER 1994: 85-87).
- Stoffe bleiben auch nach der Reaktion erhalten, z.B. Eigenschaften ändern sich, die Stoffe selbst bleiben aber erhalten (EHLERT 1993, 1994).
- Substratvorstellung: Wandern von Eigenschaften auf einem Substrat. Stoffe sind energiereicher oder -ärmer, sie können Eigenschaften übertragen (SCHLÖPKE 1991).
- Die Ausgangsstoffe machen eine Transmutation durch; Stahlwolle brennt und wird zu Kohle (DRIVER 1994: 85-87).
- Im Experiment beziehen sich Hypothesen über Veränderungen auf die Quantität der Zutaten bzw. auf die Reihenfolge ihrer Zugabe (PIAGET/INHELDER 1980).

R 3 Vorwissenschaftliche Theorien: Mischungs- und Entmischungstheorien

- Stoffe (Verbindungen) entmischen sich und mischen sich neu (EHLERT 1993, 1994).

R 4 Wissenschaftliche Theorien

- Ausgangsstoffe reagieren miteinander und werden zu einem neuen Stoff (nach DRIVER 1994: 85-87).
- Die Ausgangsstoffe werden verbraucht und es entstehen neue Stoffe (EHLERT 1993, 1994).

4.4.4.3 Vorstellungen zu Teilchen und dem Aufbau der Stoffe

Schülervorstellungen zu Teilchen tauchen in der Literatur erst auf dem Niveau auf, auf dem die Lernenden sich für das Material der Dinge interessieren, also auf einer Stufe, auf der sie das Objekt vom Material, aus dem es gemacht ist, ablösen können. Es sind folgende Kompetenzstufen denkbar:

T 1 Alltagskonzepte: Keine Teilchen

- Teilchen sind nicht notwendig, Dinge werden nur im Ganzen gedacht.

T 2 Alchimistische Konzepte: Stückchen

- Teilchen sind kleine Stücke eines Materials. Sie variieren in Größe und Form, es gibt keine Zwischenräume zwischen ihnen, und sie haben die gleichen Eigenschaften wie das unzerteilte Material (DRIVER 1994: 92-97; KRNEL 1998).
- Lückenlos aneinander gefügte Stückchen, z.B. kleine Würfelchen. Stückchen haben die gleichen Eigenschaften wie das Ausgangsmaterial (PFUND 1981).

T 3 Vorwissenschaftliche Konzepte: Zutaten

- Teilchen sind Zutaten eines Moleküls z.B. N_2O_4 aus N und O bzw. N_2 und O_4. Sie sind nicht verbunden, sondern können beliebig gruppiert werden (DRIVER 1994: 92-97).

T 4 Wissenschaftliche Konzepte:

- Teilchen als Atome, Moleküle, Ionen; diskontinuierliche Vorstellungen.

4.4.4.4 Experimentierfähigkeit

Die Arbeit von PIAGET/INHELDER (1980) lässt vermuten, dass es auch auf der Handlungsebene Stufen gibt, wie mit fachspezifischen Methoden, in diesem Fall mit dem Experiment, umgegangen wird. Ich schlage folgende Kompetenzstufen vor:

E 1 Alltagskonzepte: Dinge benutzen

- Es besteht nicht der Wunsch oder die Fähigkeit, Manipulationen an/mit Objekten auszuführen. Dinge werden benutzt und nicht zum Gegenstand von (manipulativer) Betrachtung.

E 2 Alchimistische Konzepte: Unsystematisches Manipulieren

- Es wird versucht, *Genaueres über die Dinge herauszufinden;* das Interesse richtet sich auf das Material, aus dem ein Ding gemacht ist.
- Die Fähigkeiten befinden sich im konkret-operatorischen Stadium; es werden einige Variablen als aussichtsreich für Manipulationen erkannt, das experimentelle Vorgehen ist jedoch unsystematisch.

E 3 Vorwissenschaftliche Konzepte: Gezielte Manipulationen aller Parameter

- In der Beschäftigung mit den Stoffen, die das Material bilden, werden die Manipulationen gezielt vorgenommen.

- Die Fähigkeiten befinden sich im formal-operatorischen Stadium; es kann von der unmittelbaren Beobachtung abstrahiert werden. Es wird ein Kombinations*system* aller Variablen erstellt und die verschiedenen Möglichkeiten werden experimentell überprüft.
- Es werden systematisch *alle* Variationsmöglichkeiten getestet, auch wenn schon ein zufriedenstellendes Ergebnis erreicht ist.
- Es besteht ein Verständnis für Proportionen.

E 4 Wissenschaftliche Konzepte: Gezielte Variation erfolgversprechender Parameter

- Die Fähigkeiten sind zu E3 nur graduell verschieden. Sie zeichnen sich aus durch höhere Geschwindigkeit, bessere Organisation des Beweises und die Geschlossenheit von Entdeckungs- und Beweismethoden. Die Kombinatorik ist von Anfang an eine beweiskräftige Deduktion.
- Versuche/Produkte werden ohne vorheriges Durchspielen aller Möglichkeiten gezielt durchgeführt/hergestellt. Die nicht erfolgversprechenden Variationen werden nicht mehr alle durchgespielt, sondern durch Anwendung von Fachwissen im Kopf eliminiert. Vollständige Kombinationssysteme, Prüfung aller Möglichkeiten.

4.4.4.5 Auswertungsschablone

Die Tabelle 4.4-2 auf Seite 153f. zeigt die fertige Auswertungsschablone, nach der die Schüleräußerungen bei den Evaluationsaufgaben bewertet wurden.

Diese Schablone ist zugleich Instrument und Ergebnis dieses Auswertungsprozesses. Ausgehend vom Forschungsstand zu Schülervorstellungen wurden die Konzepte über chemische Reaktionen, Stoffe und Teilchen zunächst je für sich geordnet bzw. ergänzt. Anschließend wurden die einzelnen Konzepte zueinander in Beziehung gesetzt, damit zusammenhängende Lernertheorien denkbar wurden. Dabei wurde die Kategorie der Experimentierfähigkeit eingefügt, da manche Schüleräußerungen oder Handlungen ohne die Handlungsebene nur unvollständig erklärt werden konnten.

Bei der Entwicklung der hypothetischen Lernertheorien war es wichtig davon auszugehen, dass die Konzepte der Lernenden in sich geschlossene, konsistente Theorien sind. Wenn ein Schüler beispielsweise eine chemische Reaktion auf eine Transmutation zurückführt, ist es in sich schlüssig eine „innere Kraft“ bei den beteiligten Materialien anzunehmen, die die beobachtete Veränderung hervorgerufen hat.

Für die Auswertung der Schüleräußerungen ist es notwendig die Fragen zu rekonstruieren, die sich die Lernenden jeweils stellen, um die Sinnhaftigkeit der Äußerung in der jeweiligen Situation zu verstehen. Arbeitet eine

Schülerin beispielsweise an der Frage, *warum* das Kupfer am Eisennagel haftet, wird sie für die Frage *was* da auf dem Nagel ist, nicht zugänglich sein bzw. eine Antwort geben, die nicht den Erwartungen des Fragenden entspricht.

Um die Lernwege der Schülerinnen und Schüler nachvollziehen zu können, ist es also unerlässlich anzunehmen, dass sie in sich schlüssige Theorien zu sie interessierenden Fragen an ein chemisches Phänomen haben.

Die von mir konstruierten Lernertheorien wurden während der Auswertung der Evaluationsaufgaben ständig verfeinert, ergänzt und überprüft.

4.4.5 Hermeneutische Auswertungsmethode

Um die chemische Kompetenz der Lernenden mittels der Auswertungsschablone bewerten zu können, muss man zunächst die Lernertheorien zu den Grundkonzepten verstehen und entschlüsseln.

Um die Bedeutungsstrukturen der mündlichen und schriftlichen Schüleräußerungen möglichst objektiv rekonstruieren zu können, eignet sich besonders die Methode der „objektiven Hermeneutik", die auf OEVERMANN zurückgeht. Nach REICHERTZ (1991) existiert dabei nicht *ein* Verfahren der objektiv-hermeneutischen Textinterpretation, sondern lediglich ein gewisses gemeinsames Grundverständnis.

Gemeinsam seien den verschiedenen Varianten drei Forderungen, die vor der Interpretation der Texte erfüllt sein müssten, um eine möglichst objektive Auslegung zu erreichen:

- Man solle mit viel Zeit an die Texte herangehen und vorschnelle Bewertungen unterlassen.
- Man solle sicherstellen, dass der Interpretierende nicht neurotisch und/oder ideologisch verblendet ist.
- Der Interpretierende müsse Mitglied der untersuchten Sprach- und Interaktionsgemeinschaft sein.

Niveau	**Experimentierebene**	**Grundkonzept Chemische Reaktion**
Alltagstheorien 1	Es besteht nicht der Wunsch oder die Fähigkeit, Manipulationen an/mit Objekten auszuführen. *Dinge werden benutzt* und nicht zum Gegenstand von (manipulativer) Betrachtung.	*Veränderungen passieren einfach.* - Dinge verschwinden oder werden unbrauchbar. - Animistische Vorstellungen
Alchimistische Theorien 2	Es wird versucht, *Genaueres über die Dinge herauszufinden;* das Interesse richtet sich auf das Material, aus dem ein Ding gemacht ist. Die Testperson erkennt einige Variablen als aussichtsreich für Manipulationen; das experimentelle Vorgehen ist jedoch unsystematisch, die Hypothesen und die experimentelle Prüfung lückenhaft. Es ist ein empirisch tastendes Probieren, ohne dass die Person ein System entdeckt.	*Veränderungen haben eine Ursache, die im Material der Dinge begründet ist.* Transmutationen: Durch geeignete Manipulationen lassen sich die Veränderungen herbeiführen. Von Material spreche ich hier deshalb, weil ein handwerklich-technischer Zusammenhang besteht. Bei den Veränderungen ändert sich die räumliche Gestalt, aber nicht das Material.
Vorwissenschaftliche Theorien 3	Die Testperson erstellt ein Kombinations*system* aller Variablen und überprüft die verschiedenen Möglichkeiten systematisch. Es besteht ein Verständnis für Proportionen und die Möglichkeit, von verschiedenen Punkten aus zum gleichen Ergebnis zu kommen.	Veränderungen betreffen nur die Eigenschaften, nicht den Stoff selbst. Stoffe können sich entmischen und neu mischen. Verbindung zwischen Ausgangsstoff und Endprodukt kann hergestellt werden. Bei Reaktionswegen werden häufig nur die „wichtigen" Stoffe berücksichtigt.
Wissenschaftliche Theorien 4	Versuche/Produkte werden ohne vorheriges Durchspielen aller Möglichkeiten gezielt durchgeführt/ hergestellt. Die nicht erfolgversprechenden Variationen werden durch Anwendung von Fachwissen im Kopf geprüft und eliminiert.	*Veränderung als chemische Reaktion* zwischen den Ausgangsstoffen, die verbraucht werden und zu neuen Produkten werden. Bei Reaktionswegen werden alle beteiligten Stoffe berücksichtigt.

Grundkonzept Stoffe und Stoffeigenschaften	Grundkonzept Teilchen	Niveau
Dinge/Objekte Sie haben Eigenschaften des täglichen Gebrauchs (gefährlich, nützlich, wertlos ...). Das Material ist ebenfalls eine Eigenschaft des Objekts (Der Tisch ist stabil, aus Holz, schön, braun ...)	*Dinge werden nur im Ganzen gesehen*, Teilchen können weder gedacht werden noch auf Verlangen gezeichnet werden.	Alltagstheorien 1
Material (z.B. Metall) mit materialtypischen Eigenschaften *(z.B. hart, glänzend, geeignet um ... herzustellen, usw.)* Das Material hat aber auch „innere Kraft", „Stärke" (Eigenschaft einer Eigenschaft). Die Unterscheidung zwischen Eisen (Material) und Eisennagel (Ding) wird vollzogen.	*Stückchen des Dings* (Scherben) können nicht beliebig zerteilt werden. Sie lassen sich wieder zum Ganzen zusammensetzen (wie ein zerbrochenes Glas).	Alchimistische Theorien 2
Das Material besteht aus einem Stoff mit stofftypischen Eigenschaften (Aggregatszustand, Reaktionsverhalten), die unabhängig vom Verwendungszusammenhang sind. (Beziehung zwischen Eigenschaften).	*Bausteine im Sinne von kleinsten Baueinheiten/Zutaten* Teilchen besitzen die gleichen Eigenschaften wie der Stoff selbst. Verbindungen werden als Mischungen gesehen. H_2O ist eine Mischung aus Wasserstoff und Sauerstoff. Beginn einer diskontinuierlichen Vorstellung.	Vorwissenschaftliche Theorien 3
Stoff mit stoffspezifischen Eigenschaften *(z.B. Siedepunkt, Schmelzpunkt, CuO ist schwarz, Cu ist rötlich)*. Verbindungen können nun als Reinstoffe gesehen werden.	*Moleküle, Atome, Ionen*; diskontinuierliche Vorstellung. Atome bilden den Stoff, sie sind nicht der Stoff selbst.	Wissenschaftliche Theorien 4

Tabelle 4.4-2: Auswertungsschablone für die Kompetenzniveaus der Lernenden in den Evaluationsaufgaben.

Wenn diese Grundbedingungen erfüllt sind, kann der Interpretierende mit der Rekonstruktion des Sinns einer Handlung bzw. der Bedeutung eines Textes beginnen. Diese Entschlüsselung ist möglich, weil beim handelnden Subjekt ein stabiles Regelsystem angenommen wird, welches Sprache und Handlungen produziert (Kompetenz)[5]. Die unterstellte Regelhaftigkeit in der Kommunikation ermöglicht es dem Interpreten, dasselbe Regelsystem, mit dem Texte produziert werden, zu benutzen, um deren Bedeutung zu rekonstruieren. Bedeutsam ist dabei immer das sequenzielle Vorgehen, d.h. der

5 Zum Kompetenzbegriff siehe Kapitel 2.

Interpretierende muss mit der gleichen Abfolge den Text interpretieren, in der er produziert wurde, da ein Sprecher oder Handelnder mit einer Aktion schon die Optionen für die folgenden Sequenzen vorgibt.

Allen Varianten der hermeneutischen Textauslegung ist weiterhin gemein, dass sie generell nur für Einzelfallanalysen mit nicht standardisierter Datenerhebung verwendet werden. Um dennoch zu allgemeinen Aussagen gelangen zu können, werden gemeinsame Strukturen gesucht.

Dafür muss zunächst in den Einzelaussagen eines Textes eine gemeinsame Struktur entdeckt und beschrieben werden. Über Falsifikation wird geprüft, ob alle Aussagen des Textes der beschriebenen Struktur zugeordnet werden können. Findet sich kein gegenteiliger Textbeleg, gilt die gefundene Struktur als gültig.

Nachdem eine Reihe von Einzelfällen derartig analysiert ist, können wiederum über Falsifikation gemeinsame Typen beschrieben werden.

Diese langwierige und zeitaufwendige Vorgehensweise wird bei dem von mir angewendete Auswertungsverfahren dadurch vereinfacht, dass die Texte nicht in einer völlig unbestimmten, sondern von mir erzeugten Lernsituation entstanden sind, wodurch die Zahl der möglichen Interpretationsvarianten stark eingeschränkt wird. Dennoch wird jede Deutung einer Lernsituation überprüft, indem die Frage rekonstruiert wird, der der Lernende gerade nachgeht.

Auch die Entwicklung von fallübergreifenden Strukturen muss nicht über viele Einzelfallanalysen erfolgen, da eine Auswertungsschablone bereits von mir entwickelt wurde. Da die entworfene Auswertungsschablone aber auf empirische Befunde zurückgreift, kann man das Vorhandensein der Strukturen (Lernertheorien) mit einiger Sicherheit annehmen. Die Zuordnung der Textaussagen zum jeweiligen Bereich der Auswertungsschablone und die nachfolgende Einordnung eines Lernenden zu einem Kompetenzniveau erfolgt wie beim skizzierten, hermeneutischen Verfahren über geduldige, sorgfältige Falsifikation aller Textbelege. Was bei hermeneutischen Methoden die Gültigkeit der Deutungen und die nachfolgende Verallgemeinerbarkeit angeht, so lassen sich diese *immer nur konkret an den Interpretationstexten selbst beantworten, indem man die Plausibilität der Interpretationen an den Belegstellen nachweist oder widerlegt* (OEVERMANN nach WAGNER 1999).

Ich bemühe mich daher, im nächsten Abschnitt nicht nur meine Vorgehensweise möglichst offen zu legen, sondern auch mit der exemplarischen Interpretation eines Textes die Plausibilität meiner Auswertung nachzuweisen.

Um Zufälligkeiten in den Deutungen der Texte auszuschließen, wird immer wieder die *geradezu streitsüchtige* Bearbeitung durch mehrere Interpretierende gefordert (REICHERTZ 1991: 225).

Diese geforderte Objektivierung konnte wegen mangelnder materieller und personeller Mittel nicht bei allen Texten geleistet werden. Statt dessen wurden exemplarisch meine Interpretationen von sechs Schülerarbeiten mit anderen Forschern diskutiert, um das Auswertungsverfahren zu trainieren.

4.4.5.1 Auswertungsleitfaden

Dem geforderten sequenziellen Vorgehen gemäß beginne ich bei der Auswertung zunächst mit den Äußerungen eines Lernenden während des Experiments, fahre fort mit jenen während des Gruppengesprächs und interpretiere zuletzt die schriftlichen Arbeiten.

Zunächst werden für jeden Teil der Evaluationsaufgabe die einzelnen Aussagen des Lernenden dem Grundkonzept zugeordnet, in dem sie bedeutsam erscheinen (dieser Satz sagt etwas zu Stoffen aus, jener etwas zu Reaktionen). Sätze, die akustisch stark verstümmelt sind, oder von denen vermutet wird, dass sie außerhalb der Aufgabendeutung der Lerner stehen, werden zunächst nicht interpretiert. Dann werden den Aussagen zu den Grundkonzepten Kompetenzniveaus zugeordnet (z.B. E2, R1, S2, T1). Dabei wird immer geprüft, ob die Äußerungen in den benachbarten Kompetenzniveaus ebenfalls Sinn machen würden (Falsifikation). Bei der gesamten Auswertung ist zu rekonstruieren, an welchen Fragen der Lernende oder die Lerngruppe gerade arbeitet, um die Äußerungen der Lernenden in diesem Zusammenhang verstehen zu können.

Sind alle Teile der Aufgabe ausgewertet, wird überprüft, wo die Bewertung der Kompetenzniveaus innerhalb der Grundkonzepte (E, R, S, T) differiert und wie dies zustande kommt. Ist eine plausible Erklärung für die verschiedenen Kompetenzniveaus innerhalb eines Grundkonzepts (z.B. R1, R2, R3) gefunden worden oder eine neue Einstufung erfolgt, wird eine Gesamthypothese erstellt und der oder die Lernende in jedem Grundkonzept einem Kompetenzniveau zugeordnet (z.B. Jutta: E3, R2, S2, T1).

Bei der Prüfung, warum die Lernenden ihre Kompetenzniveaus innerhalb eines Grundkonzepts wechseln, dass also z.B. zur chemischen Reaktion Äußerungen auf den Kompetenzniveaus 1, 2 und 3 innerhalb einer Evaluationsaufgabe auftauchen, muss an folgende Möglichkeiten gedacht werden:

a) Gründe für Äußerungen im darunter liegenden Kompetenzniveau

- Die vom Lernenden aktuell verfolgte Frage verlangt kein höheres Niveau in der Argumentation.
- Die Aufgabe konnte auf einem niedrigeren Niveau für den Lernenden zufrieden stellend bearbeitet werden; die volle Kompetenz kam also gar nicht zum Einsatz.

- Es handelt sich um Fehler, die nicht als solche erkannt werden, weil sie „sicheres Wissen" (das Symbol N steht für Natrium) zu sein scheinen, tatsächlich aber Relikte aus früheren Lernertheorien sind.
- Es handelt sich um echte Fehler, die von der Schülerin oder dem Schüler auch erkannt werden könnten, wenn die Äußerung nochmals durchdacht würde.
- Es handelt sich um Tast- und Suchfehler auf dem Weg zu höheren Kompetenzniveaus.

b) Gründe für Äußerungen im darüber liegenden Kompetenzniveau

- Dem Lernenden fallen Schwächen seiner Argumentation auf; er versucht, unter Zuhilfenahme seiner Wissensbausteine die nächst höhere Kompetenzebene zu erreichen.
- Bei den Elementen der höheren Theorie handelt es sich um isolierte Fachbegriffe, die eingestreut werden, um das richtige „Stichwort" zu liefern und die Lehrkräfte bzw. die Moderatoren zu bedienen.
- Die Elemente wurden durch die Fragestellung, durch die Moderation oder durch die Gruppengespräche induziert, also ad hoc angepasst. Es ist also wichtig, die Äußerungen eines Lernenden nicht isoliert von denen der anderen Lerngruppenmitglieder zu betrachten, sondern bei der Einstufung die Kommunikation im Umfeld der Äußerung mit zu berücksichtigen.

4.4.5.2 Exemplarische Interpretation

In diesem Abschnitt sollen die Grundkonzepte bzw. das Kompetenzniveau einer Schülerin exemplarisch rekonstruiert werden, um die Interpretationsmethode deutlich zu machen. Das Material stammt aus den schriftlichen und mündlichen Äußerungen der Schülerin zur ersten Evaluationsaufgabe. Die wörtlichen Zitate sind kursiv gedruckt, die Interpretationen finden sich am rechten Textrand. Unterstrichen sind die Fragen, an denen die Testperson oder die Lerngruppe gerade arbeitete. Vor den mit * gekennzeichneten Stellen wurden nicht relevante Textpassagen (private Gespräche, Störungen etc.) herausgeschnitten.

Die Schülerin Karin (15 Jahre) – Mündliche Äußerungen während des Experiments:

Die Gruppe ist zunächst dabei, den im Arbeitsblatt geschilderten Versuch nachzustellen. Sie beginnt mit der Mischung Ruß/Schwefelsäure zu experimentieren. Als Yen zweifelt, dass bei dem Experiment Gold entsteht, stimmt Karin zu.	
K[9]: Ja, das kann ja gar nich' sein, d... (?)	
Zunächst überlegt sie, wie lange die Alchimistin gewartet hat, bevor sie den Nagel aus der Lösung genommen hat.	**S 1** Der Nagel braucht eine gewisse Zeit, um sich zu verändern/ zu verfärben.
K[15]: Nach wenigen Minuten, das is' doch grad' ma' eine Minute um, oda?	**E 2**
K[17]: Guck ma', nach wenigen Minuten nahm sie einen goldenen Nagel aus dem Glas, ... (?) Muss ja schon G(g)old sein, wenn er raus kommt.	Karin meint der Nagel müsse gold(-en) sein, wenn der Fürst das glauben sollte. **S 1**
Noch bevor der erste Nagel fertig ist spekulieren Susanne und Yen, dass der Versuch wohl mit Kupferoxid gehen soll. Es ist nicht zu verstehen, aber ich glaube, Susanne schließt hier von dem „Gold", das entstehen soll, auf das einzusetzende Pulver. Karin stimmt zu, indem sie nochmals den Gedanken aufnimmt, dass ja kein Gold entstehen kann, weil:	
*K[22]: *... ich mein', wenn das so geh'n soll, dann wär'n alle Leute reich auf der Welt... dann bräuchte man ja nur Ruß und Schwarzsäu- ... äh ... Schwarzsäur... (lacht) ... Schwefelsäure.*	Logische, alltagspraktische Begründung, die hier sowohl angebracht als auch ausreichend ist. **S 1**
Als Susanne vorschlägt, den Versuch mit Kupferoxid durchzuführen, stimmt sie zu, weil ja auch mehrere Pulver oder Reagenzgläser zur Verfügung stehen.	Begründung des Experiments vor der Erfahrung: „Wenn die Lehrkraft viele Gläser ausgibt, dann werden auch viele Mischungen gemacht."
K[23]: Ja, deswegen ham wir ja auch mehrere ...	**E 1**

K^{24}: Ja, wir ham doch auch mehrere. Das bringt Susanne auf die Idee, den Versuch gleich mit allen möglichen Kombinationen durchzuspielen. Sie organisiert eine arbeitsteilige Versuchsreihe, bei der sie selbst Kupferoxid, Karin Kobaltoxid und Yen alle drei Pulver verwenden soll. Es wird so gemacht, und in jedes Reagenzglas kommt noch ein Nagel hinein. Dann bekommt Karin Zweifel, was in welchem Reagenzglas ist und ordnet die verschiedenen Versuchsansätze im Reagenzglasständer.	Es werden bei verschiedenen Mischungen verschiedene Veränderungen erwartet. Es werden vier von sechs möglichen Kombinationen ausprobiert.
K^{38}: O.K., also das is' jetzt ... ich hatte jetzt Kobaltoxid, oder?	
K^{39}: Dann stell' das doch ma' so in eine Reihe, damit wir wissen in welchen Reagenzgläsern was war.	Für das Bemühen um Systematik: **E 3**
Während des Sortierens schlägt sie vor, die Reagenzgläser so stark zu füllen, dass die Nägel ganz bedeckt sind.	Die Variationen Schütteln und Füllmenge sind dagegen unsystematisch.
K^{46}: Ja, vielleicht machst du auch 'n bisschen mehr da rein.	**E 2**
K^{47}: Ja, bis oben hin, der Nagel muss doch da drinnen sein, näh? Soll der nich' noch geschüttelt sein?	**R 2**
Genau jetzt entdeckt Susanne, dass sich ihre Lösung (CuO/Schwefelsäure) grün verfärbt, Karin entdeckt die Rotfärbung, die offensichtlich ihr Interesse findet, sie überrascht und eventuell sogar erschreckt. *K^{49}: Guck ma', das wird rot.* *K^{50}: Guck dir's ma' an.* *K^{51}: Aaaah, Hilfe.* Yen und Susanne entdecken nun, dass sich bei dem Nagel in dem Reagenzglas, das alle schwarzen Pulver enthält, auch eine Veränderung zeigt. *K^{56}: Das wird jetzt auch ... oh, mein Gott, das is' ja furchtbar hier.*	Das Ding hat nur die Farbe geändert, das Material ist gleich geblieben. **S 1**
Sie versichert sich, dass es sich um den Ansatz mit dem Gemisch aus den drei Pulvern handelt.	Zusammenhang zwischen Manipulation und Veränderung.
K^{57}: Das war (E.S.) *das Gemisch, näh?*	**R 2**

Nachdem sich die Überraschung gelegt hat, gibt sie zu bedenken, dass die Nägel eher kupfern aussähen.	Keine Veränderung des Materials, sondern nur eine Färbung des Dings Nagel.
K[58]: Ja, aber da ... die seh'n doch eher kupfer aus als gold. Oder bild' ich mir das jetzt ein?	**S 1**
Sie versucht nun das Ergebnis im Aussehen in Richtung „Gold" zu verbessern, indem sie vorschlägt, die Nägel länger in der Lösung zu lassen, bzw. die Mengen des zugegebenen Kupferoxids zu reduzieren.	Neue Variation der Expositionszeit und der Mengenverhältnisse, aber ohne System bzw. Quantifizierung.
K[61]: Ja, lass das doch ma' drin.	**E 2**
K[62]: (?) drei Sekunden.	
K[65]: (zu Yen:) Vielleicht hast du ja auch zu viel Kupfer ...	**R 2**
Sie vergleicht nochmals die Ergebnisse (um daraus auf eine verbesserte „Vergoldungslösung" schließen zu können). Dabei gibt es wieder Unsicherheit, was in welchem Reagenzglas ist.	Die Variation der verwendeten Pulver ergibt unterschiedliche Ergebnisse. Es ist aber unklar, wie beides zusammenhängt.
*K[67]: * ... is' das, das jetzt der Erste hier, näh?*	**E 2**
K[69]: War das jetzt der Erste?	
K[73]: Also meine is' ... is' ... (?) ... Kobalt.	**R 2**
Während das geklärt wird, meint Yen, dass Ruß nicht für die Reaktion wichtig ist, und Susanne stimmt zu. Sie schlägt vor, nochmals Kobalt- und Kupferoxid auszuprobieren. Karin schlägt vor, die neuen Stoffe in die bereits vorhandenen Versuchsansätze zu geben.	Das Vorgehen ist alltagspraktisch (man spart Abwasch und Pulver), entspricht aber nicht dem üblichen Vorgehen bei einem chemischen Experiment. Die verwendeten Stoffe haben den Status von Dingen. Dass von ihren Eigenschaften völlig abgesehen wird, zeigt sich daran, dass zu einem schwarzen Pulver Kupfer gesagt wird.

S 1

K[74]: Ja, warte, dann tu' doch hier in das Kobalt, tu' doch 'n ... Kupfer rein ...
K[77]: Ja, tu's da rein ...

E 1

K[78]: ... is' ja in Ordnung.
Ich weiß nicht, welchen Ansatz sie sich hier anschaut:
K[87]: Also hier mit dies'm Nagel passiert nicksch.
Ein weiterer verkupferter Nagel wird angeschaut. Als Yen meint, dass sie sich Gold viel glänzender vorstelle, meint Karin:
K[95]: Also, ich find' eher, dass das kupfer is' ... und nich' gold.

Gemeint ist die Farbe des Nagels, nicht die der Stoffe. **S 1**

Die Schülerinnen sehen sich die Nägel an, die immer noch in den jeweiligen Reagenzgläsern stecken. Es wird versucht, die Ergebnisse den verschiedenen Ansätzen zuzuordnen. Susanne fragt deshalb nochmals, was in welchem Reagenzglas ist.

Karin spricht wieder über die eingesetzten Stoffe als Zutaten, als „Dinge".

K[96]: Das is' ... das is' ... Kobalt. Kobalt, ja

S 1

Y[96]: Das is' Ruuuß ... und das is' Gemisch ... und das is' ... Kupferoxid und Kobalt... -oxid.
Susanne sieht sich die Nägel an und meint, dass der bei dem Kobalt richtig schön ... und Karin ergänzt:

Silber ist wiederum eine Farbe und kein Metall.

K[99]: Silber und ... (?) ...

S1

Susanne wiederholt „Silber". Die Gruppe begutachtet nun die Ergebnisse und setzt sie mit den zugegebenen Stoffen in Verbindung. Yen weist darauf hin, dass bei den Nägeln die „vergoldet" sind, Kupferoxid beteiligt ist. Karin stimmt zu.

Es wird ein Zusammenhang zwischen verwendetem Pulver und Ergebnis hergestellt. Der relevante Stoff (Kupfer) wird benannt.

K[104]: Ja, weil da Kupfer mit drin is'.

R 3

Y[105]: Es verkupfert ja den Nagel.
Sie wiederholt die Äußerung von Yen in spöttischem Ton.

Spott gilt der Alchimistin?

K[105]: Es verkupfert den Nagel [spöttisch] ...
Die Gruppe ist aber mit dem Ergebnis noch nicht zufrieden. Wahrscheinlich suchen sie nach einer Lösung, die dem Ergebnis „Gold" näher kommt. Susanne schlägt deshalb vor, nochmals Kobalt oder Kupfer mit Ruß zu versuchen.
K[110]: Meinst du?
K[111]: Wir ham nur ein Versuch, näh?

Yen schlägt vor, es mit Kobalt zu versuchen, denn bei Kupfer wüssten sie schon, dass es wieder ... Karin ergänzt:	Zusammenhang zwischen verwendetem Pulver und Ergebnis wird hergestellt.
K[113]: ... wird wieder ... kupfrig. Kupferfarben.	Das Produkt ist aber kein Stoff, sondern eine Farbe. **R 3, S 1**
Es wird erneut geklärt, was sich in welchem Reagenzglas befindet.	Gesprochen wird über die Pulver als Dinge, nicht als Stoffe.
K[114]: Ja, aber das hier is' jetz ... ähm ... *K[116]: Das Gemisch.*	
K[118]: Und das and're is' ... Kupfer und ... Koba-... Kobalt.	**S 1**
K[119]: Is' das Kobolt oder Kobalt? Kobalt. Hm-mh. Dann macht jemand noch einen Vorschlag, wahrscheinlich den, den Nagel aus dem Glas zu holen. Auf jeden Fall schüttet Karin die Flüssigkeit aus einem Reagenzglas ins Abfallglas. *K[128]: Stimmt, das kann man ja auch ma' mach'n. Gib mir mal ... den Becher da. Ich kipp' das da jetzt rein, jetzt könn' wir den Nagel da raus hol'n.* Der Nagel steckt offensichtlich im Bodensatz fest. *K[129]: Guck ma', das klebt da drin fest.* *K[133]: Guckt euch das ma' an, Alter ... der Nagel klebt darin fest.* *K[134]: Ja, der hängt da fest drin.* Aber auch außerhalb des Reagenzglases ist das Ergebnis nicht zufrieden stellend.	
K[135]:.. (?) ..., das sieht nich' gold aus, glaubst doch selbst nich'.	Die Farbe ist das entscheidende Kriterium. **S 1**
Die Moderatorin zeigt einen Rotgoldring, der von der Gruppe nicht weiter beachtet wird. Karin reinigt den Nagel, den sie aus dem Glas geholt hat, mit einem Papiertuch und stellt fest, dass die Kupferschicht abgeht. *K[147]: Iih ... der rollt sich auf.*	Das Abblättern wird mit einem Laut des Ekels quittiert. Das Ding Nagel wird unschön. **S 1**
K[148]: Fass ma' an hier. (Kuck dir das mal an hier?) *Die Moderatorin zeigt der Gruppe nochmals den Ring, mit dem Hinweis, dass es reines Gold sei. Um auf die Farbe hinzuweisen, bittet sie Yen, ihren Ring daneben zu halten. Die sagt, dass ihr Ring ebenfalls reines Gold wäre.*	Gesprochen wird über die Farbe eines Dings, nicht über ein Metall.

K[152]: Ja, aber deins is' gelb ... also gelber.	**S 1**
Die Gruppe kann aber den Hinweis nicht aufnehmen und wendet sich wieder den Nägeln zu. Als Yen einen Nagel säubert, stellt sie fest, dass er „pellt".	
K[159]: Ham wir eben schon rausgefunden. Pass auf ... nich' dass deine Finger da nass werden da, näh. Du weißt, was da passiert ...	Hinweis auf gefährliche „Flüssigkeit". **S 1**
Karin entleert weitere Reagenzgläser in das Abfallglas, dabei fällt ein Nagel mit hinein. Bevor sie ihn mit der Pinzette herausgeholt hat, ist er stabil verkupfert. Weil der Nagel so „schön" geworden ist, spekuliert Yen, ob es sich um Rotgold handelt und erinnert an den Ring der Moderatorin. Karin bleibt dabei, dass es kein Gold sei.	Die Entscheidung, worum es sich handelt, wird mit dem Auge getroffen, d.h. die Farbe ist entscheidend. Es geht nicht um ein Metall oder gar einen Stoff.
K[164]: Guck ma' das is' Kupfer, das is' doch kein Gold.	**S 1**
Susanne fragt, aus welchem Reagenzglas der Nagel war.	Zusammenhang zwischen Mischung und Ergebnis wird gesucht.
K[166]: Das is' der aus dem gewesen ...	
K[167]: Der war in allen drin.	**R 2**
Karin wirft nun einen Nagel in den Erfolgs-(Abfall-)topf.	Prüfung, ob die gewünschte „Verfärbung" reproduzierbar ist
K[168]: Gib mir ma' noch ma'n Nagel. Den tun wir jetzt ma' da hin ..., weil ma' guck'n, was dann passiert.	**R 2**
K[169]: Das war der nämlich da raus ... und da drin hat er sich eben umgefärbt, also gebt mir noch ma' ...	**S 1** Es werden vorher keine Hypothesen aufgestellt
K[172]: Ma' gucken, was dann passiert, ja wer weiß, näh?	**E 2**
Der Nagel verändert sich innerhalb kürzester Zeit.	Das erwünschte Ergebnis wird mit „Abfall" erzielt.
K[173]: Halt ma'. Guck ma' ... oh Gott	
K[174]: Der hat den ganzen Abfall ... (?) ... Nich' dass der Tisch nich' auch noch ... Willst du die Nägel behalt'n?	**S 1**

K[175]: Das is' alles ... das is' voll das Abfall. Ich dacht' das ... (?) ... das is' hier aus allen Gläsern.	
Susanne fragt nach, ob alle Stoffe in dem Abfalltopf enthalten waren.	Nur die Pulver sind wichtig, die Säure nicht.
S[175]: Ja, aber dann muss das doch das Ganze gewesen sein?	
K[176]: Ja.	
S[176]: Also alles drei?	
K[177]: Zwei.	**S 1**
Mit zwei meint Karin wohl, dass zwar Ruß drin ist, er aber keine Wirkung hat.	**R 2**
Susanne schlägt vor, nochmals alles zu mischen und den Versuch im Reagenzglas zu wiederholen. Während Susanne und Yen experimentieren, betrachtet Karin den Nagel aus dem Abfallglas.	
K[182]: Ich glaub', diesen Nagel nehm' ich mit ...	
Yen meint, sie würde auch einen Nagel mitnehmen, wenn er Gold wäre, aber das sei nur „Katzengold“.	Hier geht es um ein Material, aber im Sinne einer Eigenschaft des Nagels.
K[185]: Stimmt. Vielleicht is' das auch Katzengold. Ja klar, das is' es, ich mein' das is' kein echtes Gold.	**S 1**
Susanne betrachtet auch die Nägel und meint, wenn es jetzt (alle Pulver im Reagenzglas) nicht klappen würde, könne sie sich das auch nicht anders vorstellen.	Abfall ist **ein** Ding, keine Mischung aus Stoffen.
K[187]: Ich mein', wenn das hier in dem Abfall geht und in dem, wo... doch klappt ...	**S 1**
Die Moderatorin fragt nun die Gruppe, mit welchem Stoff sie es erreicht hätten, dass der Nagel golden wurde.	Die Frage wird so interpretiert, wie eine **stabile** Verkupferung erreicht wurde.
K[192]: Alle drei.	**R 2**
Yen bestätigt. Susanne und Kerstin sagen fast gleichzeitig:	Angeregt durch die Frage erreicht Karin hier R 3, da sie eine Verbindung zwischen der goldenen Farbe des Nagels und dem eingesetzten „Kupfer“ herstellt.
K[194]: Ja, also hauptsächlich Kupfer.	**R 3**

Nachdem die Moderatorin fragt, ob sie alle drei Stoffe bräuchten, meint Yen, dass man Ruß nicht brauchen würde. Karin denkt noch über die bisherigen Versuche nach und schließt sich dann der Meinung von Yen an.	Ruß ist Dreck und für eine Veränderung nicht notwendig oder sogar störend.
K^{197}: *Ja, aber ... Ja, guck, ich mein' die ... Der war ... (?) ... mit Kupfe...*	
K^{198}: *... und der is' ... de ... der is' ja voll dreckig ...*	**S 1**
K^{200}: *Lass ma' ohne Ruß probier'n.*	**R 2**
Sie erinnert sich daran, dass sie diese Variante schon ausprobiert hätten und dass sie nicht mehr so viel CuO übrig hätten.	Obwohl diese Variation schon experimentell geprüft ist, wird sie wiederholt.
K^{201}: *Ich mein', das hatten wir doch eigentlich schon ... Äh, so viel hatt'n wir aber nich' mehr, näh? Von dem Kupfer, mein' ich jetzt ...*	**E 2**
Während Susanne den Versuch Kobalt-/Kupferoxid durchführt, überlegt Karin noch mal, welche Rolle der Ruß spielen könnte.	Ruß ist eine Farbe. Er färbt den Nagel schwarz.
K^{210}: *Jaa. Na, guck ma' hier, wo das Ruß mit drin war, da is' voll schwarz geword'n ... Aber da eben war auch mit Ruß drin.*	**S 1**
Sie weist nochmals darauf hin, dass die Schicht abgeht.	Karin sucht weiter nach einer geeigneten Manipulation für eine stabile Verkupferung.
K^{212}: *Ich mein', der hier pellt. Guck ma', da unten. Das is' nämlich nur oben drauf, da unten kommt wieder Eisen ... (?) ...*	**R 2**
K^{214}: *'S is' nur oben drauf.*	
Inzwischen ist der letzte Nagel verkupfert. Karin meint, dass die Schicht aus Kupfer und Kobalt besteht und findet die Erklärung ausreichend, da ihr Ziel ein schöner goldener Nagel ist, nicht die Klärung, woraus das „Gold" besteht.	Die Schicht wird nicht als Metall gesehen, sondern als (Farb-) Mischung der zwei eingesetzten Pulver (Zutaten).
K^{215}: *Ja, das is' Kupfer und Kobalt.*	**S1**
K^{216}: *Fertig.*	
Die Moderatorin fragt nun die Gruppe, ob sie also beide Stoffe bräuchten. Während Susanne das bejaht, lässt sich Karin von der Frage der Moderatorin verunsichern.	Die Überlegungen gründen sich auf die Erfahrung: „Wenn die Lehrkraft nachfragt, war etwas falsch."

K[219]: Oder woll'n wir jetzt noch ma' nur mit Kupfer probier'n?	**E 2, R 2**
Yen wirft ein, das hätten sie schon gemacht.	Dennoch ist klar, dass „Kupfer" das relevante Pulver für die goldene Farbe ist.
K[220]: Ja, aber ... dann wissen wir's wenigstens genau. *K[221]: Ich mein', besser is', aber wir ham kein Kupfer mehr.*	
K[233]: Also, weil das kann ja sein, dass man wirklich nur Kupfer braucht, und dass wir das dann irgendwie überseh'n hab'n. Aber obwohl der ... die drei sind so dreckig, nä ... wer weiß. Mal guck'n.	**R 3**
Yen macht nochmals einen Versuch nur mit Kupferoxid. Susanne fragt sich währenddessen, wie die Alchimistin es geschafft hat, dass der Nagel sich nicht pellt. Sie behauptet, dass die Verkupferung nur dann gut drauf bleibt, wenn Ruß mit dabei ist. Karin fragt nochmals genau nach, ob das bei allen so gewesen sei. Susanne bestätigt das.	Es wird der Zusammenhang zwischen stabiler Verkupferung und der Beteiligung von Ruß geklärt.
K[238]: Is' da jetzt Ruß drin gewesen? *K[239]: Nein. Und er pellt?*	
K[240]: Ja, aber und ... Und in den andern drei, war da Ruß mit drin? *K[241]: Oh, mein Gott. (lacht) Jetzt machen wir hier alle Versuche fünfmal, oder?* *S[242]: Da kannst du dran scheuern, wie du willst, der pellt sich nich'.* *K[243]: Und da war wirklich Ruß mit dabei?*	**R 2**
Susanne bestätigt. Die Frage verlagert sich nun darauf, wie man eine stabile Schicht erzeugen kann.	Auf der Suche nach der geeigneten Manipulation wird eine Hypothese aufgestellt und experimentell geprüft.
K[244]: Dann gucken wir jetzt ma', ob der gleich pellt ... und wenn wir dann ... probier'n wir noch mit Ruß und gucken, ob er dann nich' pellt.	**R 2**
K[245]: Dann wissen's wir es ja.	**E 3**
Nachdem der letzte Nagel zwar verkupfert ist, aber „pellt", schlägt Susanne vor, es nochmals mit Kupfer und Ruß zu versuchen.	Das Ergebnis des Versuchs mit Kupfer und Ruß ist ein „dreckiger Nagel".

K^{246}: Hatten wir doch schon. Das war doch einer von den Dreckigen. Oder nich'?	**S 1**
Trotzdem hilft sie mit und weist darauf hin, dass der Nagel nicht ganz von der Lösung bedeckt ist.	
K^{261}: Na, dann mach' noch 'n bisschen mehr, damit du auch das oben ... (?) ... der steht ja raus.	
Dann entdeckt sie, dass eine andere Gruppe mit Chemiebüchern arbeitet.	
K^{264}: Die ham da die ganzen Chemiebücher.	
Als die Moderatorin sagt, dass sie auch Bücher benutzen können, lehnen Yen und Karin zuerst ab.	
*K^{267}: Ja, ich war ... (?) ... Also, ich mein', wir sind ja nich' solche schwachen ... **	
K^{269}: Hier, guck ma'. Alles aufgenomm'.	?
Nun wird der Nagel aus der Ruß-Kupferoxidmischung genommen und gesäubert.	Wichtig ist nur, dass die Schicht stabil ist. Die Schicht selbst und woraus sie besteht, ist unwichtig.
K^{274}: Und pellt er?	**S 1**
K^{280}: Also, das is' jetzt Kupfer und mit Ruß ...	
K^{281}: ... wenn ich das recht sehe.	
Trotz des Rußes löst sich die Kupferschicht. Yen schlägt vor, es mit Kobalt- und Kupferoxid zu versuchen.	
K^{283}: Das hatt'n wir doch auch schon.	
Yen stimmt zu und meint, dass alle drei Pulver nötig seien. Karin und Susanne stimmen zu.	Die Funktion der zugegebenen Pulver wird nicht einzeln betrachtet. Alle drei haben etwas „damit zu tun", dass es eine stabile Verkupferung gibt.
K^{285}: Damit er nich' pellt ... also hat das Kobalt damit auch was zu tun, damit er nich' pellt.	
K^{287}: Guck, der pellt hier auch.	
*K^{288}: Ja, alle drei Stoffe, dann pell'n die nich'. **	**R 2**

Gezeigte Kompetenz im Experiment:

E 3	Auf der Handlungsebene versucht Karin während des ganzen Experiments System in die Versuchsreihe zu bekommen. Sie kann auch Beobachtetes interpretieren, daraus Hypothesen bilden und experimentell prüfen (240-245).
(E 2)	Sie lässt sich jedoch immer wieder verunsichern bzw. vertraut sich selbst nicht. Die Ergebnisse werden nicht systematisch ausgewertet.
R 2	Bei der chemischen Reaktion kommt Karin auf Kompetenzniveau 2, da sie nach geeigneten Manipulationen sucht, um ihr gewünschtes Ergebnis „schöner Nagel“ zu erreichen. Das kann man festmachen an den Spekulationen, ob Schütteln (47), Verweildauer des Nagels in der Lösung (17/61/62) oder die zugegebene Kupfermenge (65) etwas am Ergebnis ändern.
(R3)	Sie stellt an einigen Stellen eine Verbindung zwischen Ausgangsstoff und Endprodukt her und identifiziert Kupfer als wichtigsten Stoff, was auf ein Niveau R 3 hindeutet. Dies geschieht aber nur an den Stellen 104 bzw. 113, wo sie von Yen inspiriert wird, und an den Stellen 194 und 233 auf die Fragen der Moderatorin.
S 1	Die Äußerungen zu den Stoffen und Stoffeigenschaften bleiben auf dem Kompetenzniveau 1, da es nicht ihr Ziel ist, den Stoff Gold herzustellen, sondern das Ding Nagel schön glänzend zu machen. Dass von Stoff- oder Materialeigenschaften völlig abgesehen wird, ist daran erkennbar, dass sie sowohl ein schwarzes Pulver, als auch einen rotglänzenden Überzug als Kupfer bezeichnet. Das Ergebnis der Versuche sind jeweils Farbüberzüge auf dem Nagel, aber keine Stoffe.

Mündliche Äußerungen während des Gruppengesprächs:

Die erste Frage auf dem Arbeitsblatt war: Die Alchimistin Sophie wollte Gold machen und dadurch reich werden. Hat das geklappt? Begründet bitte Eure Antworten.	
Yen interpretiert die Frage, indem sie spekuliert, ob der Fürst den Betrug bemerkt hat. Karin sieht die Frage anders.	Das Metall Gold konnte von der Alchimistin nicht hergestellt werden.
K[2]: *Ja, aber es is ja die Frage, ob sie ähm, also ob das geklappt hat. Ich meine, es hat nicht geklappt.*	**S 2**
Yen meint, es hätte zum Teil geklappt.	Es wurde etwas Wertloses hergestellt.
K[3]: *Sie hat Katzengold gemacht, aber mehr nicht.*	**S 1**
K[4]: *Aber dadurch kann sie ja nicht reich werden.* Yen widerspricht nochmals, dass sie doch reich werden könnte, weil der Fürst ja bezahlen würde. K[5]: *Ja, wenn er so dumm ist und es nicht mitkriegt.*	
Nun steigt Susanne mit der Frage ein, woher die Alchimistin wusste, dass der Fürst dumm ist.	Die Alchimistin hat ein Ding hergestellt, das golden aussah, aber nicht das Metall Gold.
K[7]: *Nein, wartet mal. Das klappt so nicht. Ich meine okay, sie hat Gold gemacht, und sie ist vielleicht reich geworden, aber das war nur wegen dem Fürsten, weil er es nicht erkannt hat.*	**S 1**
K[8]: *Aber sie hat kein Gold gemacht. Sie ist reich geworden, aber sie hat kein Gold gemacht.*	**S 2**
Yen wiederholt: Hat kein Gold gemacht. Karin präzisiert:	
K[10]: *Aber hat kein echtes ...*	**S 2**
K[11]: *Bitte begründet eure Antwort* (Vom Arbeitsblatt vorgelesen). *Ja es ist ja nur Katzengold, ne?* Alle schreiben. Dann wird die nächste Frage bearbeitet: Wie hat die Alchimistin es geschafft, dass der Nagel golden wurde?	
K[15]: *Indem sie Kobalt, Ruß und Kupfer gemischt hat.*	Die eigenen Versuche werden auf die Alchimistin übertragen.

	Durch die geeignete Mischung wird der Nagel golden. **R 2**
Nachdem Yen noch die Schwefelsäure ergänzt hat, wird es so aufgeschrieben. Die dritte Frage auf dem Arbeitsblatt betrifft den Weg vom schwarzen Pulver bis zum goldenen Nagel. Nun denkt die Gruppe zum erstem Mal über eine Erklärung nach. Yen schlägt als Erklärung Oxidation vor. Karin widerspricht:	Durch die Äußerung von Yen wird bei Karin eine Art Merksatz aktiviert.
K[20]: *Nee, das ist ne Reaktion mit Sauerstoff, oder? Doch! Irgend sowas war das.*	**Wissens-Insel**
Yen bemerkt, dass ja Kupfer- und Kobaltoxid beteiligt sind.	Eine entsprechende Reaktion kann nur mit (Luft-)Sauerstoff ablaufen.
K[21]: *Aber kein reiner Sauerstoff.* Yen beharrt darauf, dass es sich um ein Oxid handelt. Karin antwortet ihr nicht mehr, sondern sucht anderweitig Informationen. K[22]: *Hat mal jemand ne Chemiemappe? Kann ich mal eben mein Chemiebuch holen?* Moderatorin bejaht. K[23]: *Ich hol mal eben das Chemiebuch.*	**S 2**
Sie blättert eine Zeit, dann wiederholt die Moderatorin die Frage, wie das Goldene auf den Nagel kommt. Susanne antwortet, dass der Ruß die „Vergoldung" am Nagel festhält.	Karin fragt nach der Funktion der beteiligten Pulver.
K[33]: *Aber was hat das Kobalt und das Kupfer damit zu tun?* Susanne meint, es ginge jetzt erst mal um das schwarze Pulver. K[34]: *Das sind alles drei schwarze Pulver.* K[35]: *Also sozusagen, das Ruß hält das Kupfer und das Kobalt am Nagel und ...*	**R 2**
Yen hat folgenden Vorschlag: Kupfer verkupfert, Ruß hält es fest, Kobalt erhält es so.	Was welche Funktion hat, ist ungeklärt.
K[36]: *Das kann auch genauso gut umgekehrt sein.*	**R 2**
Nun fragt die Moderatorin, was das Goldene auf dem Nagel sei.	Das Goldene ist ein Metall.
K[38]: *Kupfer.*	**S 2**
Die Moderatorin fragt, wo der Ruß und das Kobalt seien.	Die Antwort von Karin auf diese Frage ist wieder auf dem Niveau **S 1**.

K[40]: Da mit drin. Das ist so gemischt.	Sie merkt, dass ihre Theorie nicht konsistent ist und ruft deshalb nach der Lehrerin.
K[41]: Das ist ein Gemisch. ... Frau X.!! (Chemielehrerin der Klasse, Anm. d. Autorin) Karin widmet sich wieder dem Chemiebuch und liest daraus vor. *K[49]: Also da ist schon mal Kupferoxid.* *K[51]: Kupferoxid, schwarz, spröde, Schmelztemperatur.*	**S 1**
Susanne wiederholt, dass Kobalt und Kupferoxid die goldene Farbe ergeben. *K[53]: Und der Ruß?* Susanne wiederholt „zum Befestigen".	Was welche Funktion hat, bleibt ungeklärt.
K[55]: Ich glaub' dem Ganzen nicht so, aber ich hab da auch keine Erklärung für.	**R 2**
Karin wendet sich wieder dem Chemiebuch zu. Die Moderatorin fragt nach dem Blauen. Karin antwortet nicht auf die Frage, sondern liest der Gruppe vor, was sie im Buch gefunden hat.	Karin findet zwar die richtigen Stoffe, kann mit der Information aber nichts anfangen, was sie weiterbringt.
K[63]: Eisen reagiert mit Kupferoxid. *K[64]: Nee. Kuck mal hier:* (liest) *„Eisen reagiert mit Kupferoxid. Nach der Reaktion sind rotes Kupfer und grau-schwarzes Eisenoxid erkennbar"... Das erklärt wenigstens schon mal den ... Ich mein', das erklärt das rote Kupfer und das Grau-Schwarze da dran.*	**S 2**
Während die Moderatorin die beiden anderen Gruppenmitglieder zum Weg des Pulvers und den Farben befragt, macht Karin plötzlich eine Äußerung, die nicht ins Gespräch zu passen scheint und wahrscheinlich aus dem Buch stammt. Sie hat vermutlich von der Reduktion des Kupfers gelesen, was das Gegenteil von Oxidation ist, und will Yen nun mitteilen, dass sie vorher mit ihrer Behauptung (K[20]) recht hatte.	Durch das Buch aktivierte
K[75]: Also jedenfalls keine Oxidation, sondern eine Reduktion.	**Wissens-Insel**
Yen fragt, wie man nun die Farben erklären könne.	Karin startet ihre Erklärung, indem sie den wichtigsten Ausgangsstoff und das

entscheidende Produkt verbindet. Sie kehrt aber schon im nächsten Satz wieder in die alchimistischen Erklärungsmuster zurück.

K[79]: Ich mein', das Kupferoxid, das reagiert denn ja zu Kupfer. Und das Kobalt verhindert ja, dass die schwarze Färbung da eintritt und dass es anfängt zu blättern, verhindert das Ruß, oder?

R3

R2

S[79]: Das ist die blaue Lösung.
K[80]: Nee.
S[80]: Doch im Prinzip ist es ja so. Kupfer mit Schwefelsäure.
K[81]: Ja. Das wird zwar kupferfarben.

S 1

S[79]: Blau.

Dann wiederholt Susanne ihre Theorie und Yen fragt, warum sie das nicht so schreiben sollten.

Die Funktion der Stoffe bleibt ungeklärt.

K[83]: Weil mir das immer noch nicht ... (?) ... komisch

R 2

Die Moderatorin bietet an, dass die Schülerinnen auch nochmals experimentieren könnten. Diese nehmen das Angebot an. Es wird Kupferoxid mit Schwefelsäure in das Reagenzglas getan und ein Nagel zugefügt.

Das Produkt ist das Metall Kupfer.

K[90]: Kuck, da ist jetzt schon wieder Kupfer drauf, aber ich sehe da nix Blaues. Doch, es wird blau.

S 2

K[91]: Nato-grün.

Es gibt ein Gespräch darüber, ob die Lösung nun blau, grün, durchsichtig oder klar ist. Susanne gibt nacheinander Kobaltoxid und Ruß dazu. Dann fragt Karin Susanne:

K[100]: Was hast du da jetzt reingepackt?

Susanne hat alles reingetan. Die Kupferschicht löst sich trotzdem ab und Susanne fragt, warum das dann bei den anderen nicht abgeblättert sei. Die Frage wird als Gruppenfrage gestellt. Die Moderatorin gibt Auskunft. Anschließend fragt sie nochmals, ob man alle drei Stoffe brauche. Susanne ist sich dessen sicher.

Nun geht es zu der Frage, wie die Stoffe aus Teilchen zusammengesetzt sind. Diese Frage behagt Karin gar nicht.	
K[115]: Ich hasse Teilchen, ich ...	Vorstellungen zu Teilchen hat sie nicht und empfindet es deshalb als Zumutung, dass welche von ihr verlangt werden.
K[118]: Das ist das erste Mal, dass ich Frau X. vermisse.	Es ist auch niemand da, der ihr die Teilchen vorzeichnet.
K[122]: Ich kann so was nicht aufzeichnen. Ich hasse Teilchen! Wie soll man so was denn aufzeichnen? Susanne meint, sie würde einfach aufschreiben, dass ..., und nennt nochmals ihre Theorie. *K[125]: Ich mach's jetzt wie bei den Arbeiten, ich schreib' einfach was auf.*	**T 1**
Und zu Susannes Theorie:	Die Manipulation bleibt für das Ergebnis wesentlich.
K[126]: Ja, aber es kommt ja darauf an, ob es geschüttelt ist, und wie lange das da drin ist. *K[129]: Zum Glück sind die 30 Minuten in zwei Minuten um.*	**R 2**
Die Moderatorin ermutigt, den Weg des Pulvers aufzuzeichnen, indem sie die Gruppe erinnert, dass sie das vorhin schon gesagt hätten. Susanne schlägt der Gruppe vor aufzuschreiben, dass Kupferoxid mit Schwefelsäure blau wird. *K[131]: Was war das jetzt - Kupfe...?* *S[131]: ...oxid mit Schwefelsäure.*	Karin macht aus den Stoffen Kupferoxid und Schwefelsäure die Dinge Kupfer und Schwefel.
K[132]: Also Schwefel und Kupfer. Also nur Schwefel und Kupfer, mehr nicht?	**S 1**
Susanne diktiert weiter, dass Kobaltoxid dazugegeben wurde. *K[133]: Wie heißt das? Kobalt...?*	
Nun geht Yen an das Zeichnen und spricht vor sich hin von Sauerstoff, Kupferoxid plus Kobaltoxid.	Die Arbeit von Yen löst bei Karin einen Fachbegriff aus.
K[139]: Du machst da grade eine Reaktionsgleichung, oder bilde ich mir das ein?	**Wissens-Insel**

Yen murmelt weiter: *Ruß.*	Für eine Reaktionsgleichung muss man Dinge in Buchstaben verwandeln, und die sind für Ruß nicht bekannt.
K[140]: Du weißt doch gar nicht, wie Ruß aussieht. Die Moderatorin fragt, wie der Nagel aus Teilchen zusammengesetzt sein könnte. Yen hat die Idee vom Aggregatzustand und meint: *Fest, ganz eng aneinander.* Die Moderatorin bittet, das aufzuzeichnen.	Ein Nagel besteht aus aneinandergereihten Eisenstückchen.
K[147]: Also soll ich jetzt hier so'n Nagel beschreiben und dann so ...	
K[151]: Also sollen wir jetzt einfach so ne Reihe von Eisenteilchen aufmalen oder was? Das ist ja schließlich ein Eisen, hätt' ich fast gesagt.	**T 1**
Moderatorin wiederholt die Frage 4, die natürlich Karins Frage nicht beantwortet.	Karin hat und braucht keine Teilchen.
K[153]: Jetzt geht das hier los, ey. Gleich hab' ich keinen Bock mehr.	
Die Moderatorin sagt, dass sie zeichnen sollen, wie Pulver usw. zusammengesetzt sind.	Sie will nur die Moderatorin zufrieden stellen, weiß aber nicht, welche Teilchen diese sehen will.
K[156]: Einzeln oder alles zusammen? *K[158]: Sollen wir jetzt erst malen, wie das Pulver ist, und dann, wie die Lösung, und dann, wie der goldene Nagel ist, oder alles zusammen?*	

Gezeigte Kompetenz beim Gruppengespräch:

R 2 Wie beim Experiment erreicht Karin beim Konzept chemische Reaktion das Kompetenzniveau 2. Die Reaktion bleibt völlig ungeklärt; der Anteil, den die Stoffe daran haben, ebenso. Auch die Information aus dem Buch ist für sie nicht nutzbar. Die folgenden Stellen, die nicht in R2 passen, rechtfertigen keinesfalls die Einstufung in ein höheres Kompetenzniveau. An den Stellen 20/21 und 139 werden durch Yen Wissens-Inseln aktiviert, an Stelle 75 durch das Buch. Der eine Satz, der auf Niveau 3 anzusiedeln wäre (79), ist wahrscheinlich ebenfalls durch das Buch induziert, wobei das Niveau im weiteren Verlauf nicht gehalten werden kann.

S 2 Bei Stoffen und Stoffeigenschaften erreicht sie das Kompetenzniveau 2. Dort wo es nötig ist, berücksichtigt sie Eigenschaften der Materialien. Auch Kupfer und Gold sind nicht mehr nur Farben, sondern Metalle.

T 1 Was die Teilchenvorstellungen betrifft, so befindet Karin sich auf Kompetenzniveau 1. Sie ist zwar bemüht, die Forderung nach Teilchen zu erfüllen, ist damit aber überfordert. Sie ist ärgerlich, dass man ihr nicht sagt, was sie sich vorstellen soll.

Schriftliche Äußerungen zum Gruppengespräch:

1.) Die Alchimistin Sophie wollte Gold machen und dadurch reich werden. Hat das geklappt? Begründet bitte eure Antworten.

Sie ist zwar reich geworden aber hat kein echtes Gold gemacht. Sie hat es geschafft, Katzengold herzustellen, mehr aber nicht.	Kriterium zur Unterscheidung echtes vs. Katzengold ist der ökonomische Wert. **S 1**

2.) Wie hat die Alchimistin es geschafft, dass der Nagel golden wurde?

Indem sie Ruß, Kobaltoxid und Kupferoxid mit Schwefelsäure gemischt hat.	**R 2**

3.) Wie erklärt ihr euch den Weg vom schwarzen Pulver zum goldenen Nagel? Wie kann man die verschiedenen Farben erklären?

Als wir Kupferoxid mit Schwefelsäure vermischten, verfärbte sich der Stoff blau.	„Stoff" wird hier synonym für ein Gemisch verwendet, nicht für den Stoff Kupfersulfatlösung. Es entstehen Verfärbungen, keine neuen Stoffe. **S 1**
Als wir dann Kobaltoxid hinzufügten, wurde es schwarz. Dann haben wir Ruß hinzugefügt, damit die Farbe nicht vom Nagel abblättert.	Die Funktion von Kupfer- und Kobaltoxid ist unklar. **R 2**

4.) Woraus bestehen die verschiedenen Stoffe? Zeichnet bitte auf, wie Pulver, Lösung und vergoldeter Nagel aus Teilchen zusammengesetzt sind.

Es ist nur eine Art Legende angegeben. Neben dem Wort Kobaltoxid ist ein blauer Strich, neben dem Wort Kupferoxid ein roter und neben Ruß ein schwarzer Strich.	Die Dinge können nicht als Stückchen gedacht werden. **T 1**

Schriftliche Äußerungen bei der Einzelarbeit:

1.) Beschreibe bitte genau, welche Substanzen ihr bei dem Alchimistenexperiment benutzt habt und was ihr damit gemacht habt (Versuchsdurchführung).

Wir haben Kupferoxid, Kobaltoxid, Ruß und Schwefelsäure benutzt. Wir haben einmal jeden Stoff mit Schwefelsäure gemischt. Kupferoxid und Kobaltoxid mit Schwefelsäure, Schwefelsäure, Ruß und Kupferoxid, Ruß, Kobaltoxid und Schwefelsäure und alle drei Stoffe mit Schwefelsäure in einem Reagenzglas. Wir haben die verschiedenen Stoffe gemischt und in jedes Gemisch einen Eisennagel gelegt und dann beobachtet, was passiert.	Die rezeptartige Aufzählung lässt darauf schließen, dass „Stoffe" hier die Bedeutung von Zutaten haben, also Dinge sind. Sie zählt aber systematisch alle möglichen Variationen auf. **S 1, R 2, E 3**

2.) Beschreibe Schritt für Schritt, was du bei der Durchführung des Experiments beobachten konntest (Versuchsbeobachtung).

Die verschiedenen Stoffe haben auf verschiedene Weise mit dem Eisennagel und der Schwefelsäure reagiert. Nach nur wenigen Sekunden hat der Nagel meist mit dem Stoff reagiert.	Das Wort „reagiert" ist eine **Wissens-Insel;** Karin bemüht sich, die Fachsprache zu benutzen. „Reagiert" wird synonym gebraucht für „der Nagel hat sich verändert". **R 2**

3.) Wie kannst du dir erklären, was passiert ist? Beschreibe dabei genau den Weg, wie das Kupfer auf den Nagel kommt. Zeichne alle verschiedenfarbigen Stoffe, wie sie aus ihren Teilchen zusammengesetzt sind, dazu.

Die Schwefelsäure greift den Nagel an und lässt so das Kupferoxid reagieren zu Kupfer, was sich auf dem Nagel festsetzt.	Die Schwefelsäure hat die Kraft, den Nagel anzugreifen. **S 2** Edukt : Produkt **R 3**

4.) Warum kann bei diesem Experiment kein Gold entstehen?

Weil sich ein Metall nicht in ein anderes verwandeln kann.	**S 2**

Gezeigte Kompetenz bei den schriftlichen Arbeiten:

E 3	Hier wird das experimentelle Vorgehen mit allen sechs möglichen Variationen beschrieben.
R 2	Die Reaktion bleibt weiterhin ungeklärt; der Nagel oder die Mischungen verändern sich nicht, sie werden eher verfärbt.
(R3)	In Frage 3 der Einzelarbeit erreicht Karin R3, indem sie das wesentliche Edukt und Produkt in einen korrekten Zusammenhang bringt. Da in der Frage nur nach dem Kupfer gefragt wird, kommt sie nicht in Erklärungsnöte bezüglich der Funktion von Kobaltoxid und Ruß. Die Säure raut den Nagel an, damit in einer Art Kondensationsprozess das Kupfer besser haften kann.

S 2 Der Begriff Stoff wird häufig für Dinge eingesetzt. In der Einzelarbeit ist Gold aber deutlich ein Metall, das sich von dem wertvollen Ding unterscheidet. Auch die ätzende Wirkung der Säure ist nicht nur eine Eigenschaft des Dings Säure (Säure = ätzend), sondern eine materialtypische Eigenschaft: die Kraft, den Nagel anzugreifen.

Abschließende Einstufung:

Die Kompetenzen in den verschiedenen Grundkonzepten zeigen bei Karin die Konstellation: E3, R2, S2 und T1. Die kurzen „Ausflüge" ins Niveau R3 sind stets von außen induziert und können nie lange und konsistent durchgehalten werden. Deshalb ist eine Einordnung in ein höheres Kompetenzniveau nicht gerechtfertigt.

4.4.6 Befunde zu den Lernertheorien

4.4.6.1 Erste Aufgabe

An der ersten Aufgabe im April 1998 nahmen vier Schülerinnen und neun Schüler teil. Es wurden folgende Kompetenzniveaus diagnostiziert:

	1	2	3
Experiment	0	9	4
Reaktion	1	7	5
Stoffe	4	7	2
Teilchen	4	7	2

Tabelle 4.4-3: Häufigkeit der vorgefundenen Kompetenzniveaus in den vier Grundkonzepten bei der ersten Evaluationsaufgabe

	E	R	S	T
Olaf	3	3	3	2
Reiner	3	3	2	3
Bernd	2	3	3	1
Norbert	2	3	2	2
Sascha	2	3	2	3
Frederike	2	1	1	2
Richard	2	2	1	2

	E	R	S	T
Tim	2	2	1	1
Christian	2	2	2	1
Ulrich	2	2	2	2
Yen	3	2	2	2
Karin	3	2	2	1
Susanne	2	2	1	2

Tabelle 4.4-4: Kompetenzniveaus der einzelnen Schülerinnen und Schüler bei der ersten Evaluationsaufgabe

Die Gruppenarbeit begann nach zwanzig bis dreißig Minuten des Experimentierens und dauerte zwischen vierzig und fünfzig Minuten. Allerdings wurden während der Gruppenarbeitsphase immer wieder Versuche durchgeführt.

Vor dem Experimentieren äußerten zwei Schüler die Vermutung, dass das Kupferoxid wohl der entscheidende Stoff für das zu erreichende Ergebnis sei. Es wurden aber in allen Gruppen Versuche mit allen Chemikalien gemacht. Die Schülerinnen und Schüler interessierten sich, nachdem sie das geschilderte Experiment nachvollzogen hatten, vor allem dafür, wie man eine stabile Verkupferung erzeugen kann. Zwei Schülergruppen meinten herausgefunden zu haben, dass nur bei gemeinsamer Verwendung aller Stoffe die Kupferschicht stabil auf dem Nagel haftet. Die Schülerinnen der Gruppe 3 blieben auch nachdem sie selbst den Gegenbeweis geführt hatten bei dieser Behauptung. Sie wurde nach der Aufgabe von mir im Labor überprüft und konnte weder bestätigt noch widerlegt werden. Es ist nicht auszuschließen, dass sich die elektrochemischen Potenziale gegenseitig beeinflussen und auch die Anwesenheit von Kohlenstoff die Verkupferung günstig beeinflusst. Die Schülerinnen meinten außerdem herausgefunden zu haben, dass sich unter Beimischung von Kobaltoxid ein anders gefärbtes Metall auf dem Nagel bilden würde. Diese Behauptung konnte nicht bestätigt werden, da Kobaltoxid schwerlöslich ist und deshalb gar nicht an der Reaktion teilnehmen kann.

Allen Schülern war klar, dass es sich erstens nicht um Gold handelt, und dass zweitens nur die Oberfläche des Nagels von der Veränderung betroffen war.

Alchimistische Erklärungsmuster dafür waren:

- Durch das Mischen der Farben der beiden Metalle Kupfer und Kobalt entsteht die „Farbe“ auf dem Nagel, während dem Ruß (Dreck) eine Klebstofffunktion zugeschrieben wird.
- Durch die „Powermischung“ entsteht eine Schicht auf dem Nagel, „wie wenn man Farbe auf einen Mülleimer streicht“.
- Das Kupferoxid enthält bestimmte Teilchen, die den Nagel kupferfarben werden lassen.
- Das Kupfer aus dem Pulver legt sich um den Nagel (Transmutation von schwarzem Pulver zu elementarem Kupfer).
- Durch das Lösen des schwarzen Kupferoxids in der Säure werden die Farben „getrennt“. Das Blaue bleibt in der Lösung und das Rote bildet die Schicht auf dem Nagel. Der Grund für das Haften ist hier eine Art Magnetismus des Eisennagels.

Die Vorwissenschaftler stellten bereits Zusammenhänge zwischen dem Ausgangsstoff und dem Produkt her und lieferten folgende Erklärungen:

- Durch die Schwefelsäure kommt es zu einer chemischen Reaktion, durch die sich Kupfer bildet und sich die Kupferteilchen an den Nagel binden.
- Die Säure wird eingedickt, weil das Kobaltoxid das Wasser an sich bindet (Übertragung von Gelerntem aus dem Unterricht: Kobaltchlorid wurde dort zum Nachweis für Wasser eingeführt: Es ist blau und verfärbt sich durch Feuchtigkeit rötlich.). Dadurch kann das Kupfer sozusagen auf dem Nagel auskristallisieren.
- Durch die Säure werden Kupfer- und Sauerstoffteilchen getrennt (Entmischung). Die Kupferteilchen lagern sich dann auf dem Nagel ab.
- Dass die Veränderungen nur die Oberfläche betreffen können, wird dadurch begründet, dass sich der Nagel sonst in Form und Härte verändert, ja zersetzt haben müsste.

Die einzige Alltagstheoretikerin der Klasse nennt ausschließlich Beobachtungen; eine Erklärung für die Veränderung sucht sie nicht. In manchen der Versuchsansätze passiert eben nichts, und in manchen verfärbt sich der Nagel.

An angelernten Formalismen und Wissensinseln fallen vor allem die Worte „reagiert" und „oxidiert" auf, die jeweils synonym für eine Veränderung verwendet werden.

Diese Ergebnisse decken sich mit den Befunden von TODTENHAUPT (1995), bei denen Schülerinnen und Schüler sehr ähnliche Erklärungsmuster liefern, warum das Kupfer am Nagel haftet. In der sechsten Klasse fanden sich Stichwörter wie färben, kleben, in Farbe legen. In der siebten Jahrgangsstufe kamen Anziehungskräfte und Kristallisationsprozesse dazu, in der achten und neunten Klasse Entzugs- oder Entmischungsprozesse. Ab der siebten Klasse finden sich ähnliche Wissensinseln, wie sie in meiner Untersuchung aufgetreten sind. Auch hier stehen dafür die Worte „reagiert", „Oxid", „Oxidation und Reduktion". TODTENHAUPT berichtet weiter, dass ab der zehnten Klasse die vorher genannten Erklärungsmuster mit verschiedenen Fachtermini vermischt werden und in dieser Form bis zum Abitur auftreten.

Der kleine Fragebogen[6] zur Akzeptanz der Evaluationsaufgabe, der anschließend an die Einzelarbeit bearbeitet wurde, brachte folgende Ergebnisse:

Dreizehn Jugendliche gaben an, dass ihnen die Aufgabe gefallen hätte. Zur Begründung wurde neben der Tatsache, dass sie keine Noten bekommen hätten (7), auch angegeben, dass sie etwas Neues gelernt hätten (6). Die Gründe, warum sie nicht so gut war, streuten über das ganze Antwortangebot, jedoch war nur ein Jugendlicher der Meinung, dass die Aufgabe zu schwer gewesen wäre. Beim Bearbeiten der Aufgabe empfand die Mehrzahl das Experimentieren als hilfreich (9); Wissen aus dem Unterricht wurde nur in zwei Fällen als hilfreich angesehen.

6 Der Fragebogen ist im Anhang abgedruckt.

4.4.6.2 Zweite Aufgabe

An der zweiten Aufgabe im Dezember 1998 nahmen drei Schülerinnen und zwölf Schüler teil. Es wurden folgende Kompetenzniveaus diagnostiziert:

	1	2	3	ohne Zuordnung
Experiment	0	7	3	5
Reaktion	0	9	6	
Stoffe	6	3	6	
Teilchen	4	8	3	

Tabelle 4.4-5: Häufigkeit der vorgefundenen Kompetenzniveaus in den vier Grundkonzepten bei der zweiten Evaluationsaufgabe

	E	R	S	T
Bernd	2	3	3	1
Nick	-	3	3	2
Norbert	3	3	3	3
Olaf	2	3	3	1
Reiner	2	3	3	3
Sascha	3	3	3	1
Richard	2	2	1	2

	E	R	S	T
Christian	-	2	1	2
Tim	2	2	2	2
Ulrich	-	2	1	2
Otto *[7]	-	2	1	1
Sobeir*	3	2	2	3
Yen	2	2	2	2
Karin	-	2	1	2
Frederike	2	2	1	2

Tabelle 4.4-6: Kompetenzniveaus der einzelnen Schülerinnen und Schüler bei der zweiten Evaluationsaufgabe

Die Schülerinnen und Schüler zeigten sich von dem Phänomen, dass sich zwei weiße Pulver beim Verreiben in ein braunes verwandeln, wenig überrascht. So endete die Experimentierphase in allen Gruppen schon nach fünfzehn Minuten. Einige Lernende interessierten sich dafür, wie man eine Farbvertiefung erreichen kann. Der Geruch wurde nicht identifiziert. In einer Gruppe (Frederike) wurde der Versuch, Kochsalz und Zucker zu verreiben, durchgeführt. Die Gruppenarbeit dauerte zwischen vierzig und sechzig Minuten. Die Farbe wurde auf Kupfer (braun, im Mörser) bzw. Schwefel (gelb, auf den Händen) zurückgeführt. Der Geruch wurde als Schwefeldampf interpretiert.

7 *Schüler, die den zehnten Jahrgang wiederholen.

Alchimistische Erklärungsmuster für die Farbänderung waren:

- Druck (Größe des Mörsers), Reibungswärme, Essbarkeit
- Kristallgröße der beteiligten Stoffe (Kristallform von Kochsalz und Zucker [vgl. Pulverform des Kupfersulfats] behindert die Reaktion, die Stoffe lassen sich nicht vermischen.)
- Der Wassergehalt von Kochsalz und Zucker „ertränkt" die Reaktionsfreudigkeit.
- Schwefel als aktiver Stoff reagiert, während Kochsalz und Zucker passive Stoffe sind (Yen: Frau und Frau können zusammen kein Kind bekommen).

Die Vorwissenschaftler stellten fest, dass der Unterschied zwischen den weißen Pulvern darin besteht, dass die einen miteinander reagieren und sich dadurch verändern, während Kochsalz und Zucker eben nicht reagieren würden und damit unverändert blieben. Die neuen Stoffe sind aber immer eine Addition der Ausgangsstoffe A + B = AB, oder eine Neukombination der „Zutaten" AB + CD = AC + BD. Ein neuer Stoff im Sinne von A + B = C wird nicht genannt, obwohl explizit gesagt wird, dass sich die Eigenschaften der Stoffe verändert hätten. (Norbert: *Es findet eine chemische Reaktion statt, die dazu führt, das sich die chemischen Eigenschaften ändern, damit auch die Farbe und der Gestank.*)

Wie schon bei der ersten Aufgabe fällt auf, wie viele Jungen versuchen, mit Formalismen zu argumentieren, ohne für das Phänomen eine Erklärung finden zu können, während die Mädchen hart an der Erklärung der Farbänderung bzw. an der „Funktion" der einzelnen Stoffe arbeiten. Es scheint sich wieder einmal zu bestätigen[8], dass die Mädchen näher am Phänomen bleiben, während die Jungen eine völlige Abstraktion vom Phänomen vornehmen können, so dass ihre formalen Erklärungsversuche teilweise vollständig am Phänomen vorbeigehen. Dieses Vorgehen der Jungen kann im Chemieunterricht dazu führen, dass ihre Kompetenz überschätzt wird, wenn ihr „Reden über" von den Lehrkräften als „Verstehen von" gedeutet wird[9].

Im Gegenzug können die Fähigkeiten der Mädchen unterschätzt werden, die im Bemühen das Phänomen zu ergründen und die *Ursache* für eine chemische Reaktion zu finden, auch auf animistische oder alchimistische Erklärungsversuche zurückgreifen und nicht mit einer eher mathematischen Herangehensweise argumentieren.

Ein kleiner Fragebogen[10], der eine Woche nach Bearbeitung der Aufgabe bearbeitet wurde, um direkte Wechselwirkungen zwischen Evaluationsaufgabe und Befragung zu vermeiden, sollte Daten zur Einschätzung der eigenen Fähigkeiten, Interesse und Einstellungen erheben.

8 Z.B. Harding, J. in Kelly 1981 nach Wienekamp 1990: 99.
9 Jungwirth, H. 1990 nach Adolphy 1997: 15.
10 Der Fragebogen ist im Anhang abgedruckt.

Der Fragebogen diente dazu, Schülerinnen und Schüler mit möglichst unterschiedlichen Einstellungen zur Chemie und ihrem Chemielernen zu finden, um sie für die weiteren Interviews auszuwählen.

Während im Schülerfragebogen (siehe Kapitel 4.3) nur ein allgemeines Fähigkeitsselbstkonzept in Chemie abgefragt wurde, werden hier die in Tabelle 4.4-7 mit R, S und T gekennzeichneten Items als Teil-Fähigkeitsselbstkonzepte *Reaktion*, *Stoff* und *Teilchen* erfasst.

Teil-Fähigkeitsselbst-konzepte Chemie	Ist mir völlig klar	Ist mir etwas klar	Habe ich noch nicht völlig verstanden	Habe ich noch gar nicht verstanden
^{R} Was eine chemische Reaktion ist	10	4	2	0
^{T} Was ein Molekül ist	5	7	4	0
^{T} Was ein Atom ist	7	8	1	0
^{T} Was ein Ion ist	4	11	1	0
^{S} Was eine Verbindung ist	6	7	2	1 fehlt
^{S} Was ein Element ist	9	4	3	0
^{S} Was eine Lösung ist	5	6	5	0
^{S} Was ein Gemisch ist	7	6	3	0
Eigene Einschätzung des Könnens				
Experimentieren	8	8	0	0
Mit gefährlichen Stoffen umgehen	10	5	1	0
Versuchsprotokolle schreiben	1	9	4	2
Mit dem Periodensystem arbeiten	8	8	0	0
Reaktionsgleichungen aufstellen	3	6	3	3

Interesse an Chemie (BOLTE 2001)	Trifft voll zu	Trifft eher zu	Trifft eher nicht zu	Trifft gar nicht zu
An einem chemischen Problem zu knobeln macht mir einfach Spaß.	1	5	8	2
Wenn ich in Chemie etwas Neues dazulernen kann, bin ich bereit, auch meine Freizeit dafür zu verwenden.	0	5	5	6
Chemie gehört für mich persönlich zu den wichtigen Dingen.	1	2	8	5
Allgemeines Fähigkeitsselbstkonzept Chemie (JOPT 1978)	Trifft voll zu	Trifft eher zu	Trifft eher nicht zu	Trifft gar nicht zu
Ich glaube, dass mir Chemie bestimmt leichter fiele, wenn ich mich mehr dafür interessieren würde.	4	7	3	1 1 fehlt

Kein Mensch kann alles. Für Chemie habe ich einfach keine Begabung.	2	5	7	2
Chemie würde ich viel lieber machen, wenn das Fach nicht so schwer wäre.	3	7	3	2 1 fehlt
Ich möchte später am liebsten einen Beruf haben, bei dem Chemie möglichst keine Rolle spielt.	7	3	5	1
Chemie ist ein Fach, das ich sehr gerne mache und das mir liegt.	2	1	11	2
Einstellungen zur Chemie (BOLTE 2001)				
Solides chemisches Wissen muss Bestandteil unserer Allgemeinbildung sein.	2	4	9	1
Die Beschäftigung mit Chemie würde ich gerne aus meinem Leben streichen.	3	7	2	4
Außer viel Umweltverschmutzung hat die Chemie den Menschen nichts gebracht.	3	3	6	4
Die Chemie kann uns helfen, unsere Umweltprobleme zu bewältigen.	6	7	1	2

Tabelle 4.4-7: Ergebnisse des Fragebogens nach der zweiten Evaluationsaufgabe (n = 16)

Was das Interesse an Chemie angeht, so ist dieses für eine Klasse mit naturwissenschaftlichem Arbeitsschwerpunkt erstaunlich gering. Chemie wird von vielen als schweres Fach gesehen, obwohl dies die Lernenden – wohl zum Erhalt ihres Fähigkeitsselbstkonzepts – eher auf mangelndes Interesse als auf mangelnde Begabung zurückführen.
Obwohl viele Lernende sich ungern mit Chemie beschäftigen und der Ansicht sind, dass Chemie nicht unbedingt zur Allgemeinbildung gehören müsse, sind die Einstellungen zu Chemie als Technologie eher positiv.

4.4.6.3 Dritte Aufgabe

An der dritten Aufgabe im Juni 1999 nahmen vier Schülerinnen und zehn Schüler teil. Es wurden folgende Kompetenzniveaus diagnostiziert:

	1	2	3	ohne Zuordnung
Experiment	0	8	5	1
Reaktion	1	8	5	
Stoffe	3	7	4	
Teilchen	1	10	3	

Tabelle 4.4-8: Häufigkeit der vorgefundenen Kompetenzniveaus in den vier Grundkonzepten bei der dritten Evaluationsaufgabe

	E	R	S	T
Bernd	3	3	3	3
Norbert	3	3	3	3
Reiner	3	3	3	3
Sascha	2	3	2	2
Yen	2	3	2	2
Frederike	2	1	1	2
Christian	2	2	2	2

	E	R	S	T
Tim	3	2	2	1
Nick	2	2	2	2
Olaf	3	2	3	2
Richard	2	2	2	2
Ulrich	-	2	2	2
Susanne	2	2	1	2
Karin	2	2	1	2

Tabelle 4.4-9: Kompetenzniveaus der einzelnen Schülerinnen und Schüler bei der dritten Evaluationsaufgabe

Das Experiment verlief etwas anders als geplant, da bei der Vorbereitung nicht daran gedacht wurde, dass die Büroklammern aus Eisendraht bestehen, der nur dünn verkupfert ist. Da die in der Schule vorhandenen Pinzetten magnetisch waren, fiel einigen Arbeitsgruppen dies sofort auf. Den anderen Gruppen fiel es auf, als sie ergründen wollten, ob die Klammer nach dem Experiment durchgängig aus Silber bestünde oder nur an der Oberfläche versilbert wäre, und den Draht mit einer Schere durchschnitten. Da die Kupferschicht auf den Klammern sehr dünn ist, konnte sie im Querschnitt aber nicht mehr erkannt werden. So entwickelten sich Theorien über das Verschwinden des Kupfers auf Grund der ätzenden Wirkung des Silbernitrats. Trotz dieser Komplikation ist die Aufgabe voll auswertbar, da sich dadurch zwar die Erklärungen der Lernenden für das Phänomen änderten, nicht jedoch die Kompetenzstufe, auf der sie argumentierten.

Die Dauer des Experiments schwankte zwischen elf und dreißig Minuten, wobei die „schnellen" Gruppen auch während des Gruppengesprächs noch zum Experiment zurückkamen oder neue Versuche durchführten, während die „langsamen" Gruppen entgegen der Anweisung in der Moderatorenschulung sehr von ihren Moderatorinnen „ausgefragt" wurden. Die Zeit der Gruppenarbeit schwankte entsprechend zwischen vierzig und achtzig Minuten. Die Gesamtarbeitszeit variierte zwischen den Gruppen von siebzig bis neunzig Minuten.

Olaf erinnerte sich bei dieser Fragestellung als Einziger an den Nagelversuch der ersten Aufgabe. Neben der Frage, ob das Kupfer verschwunden oder unter der Silberschicht erhalten geblieben war, interessierte die Schülerinnen und Schüler auch, warum das Silber so *fest* haftete. *Dass* eine Silberschicht entstanden war, wurde nicht angezweifelt.

Bei den alchimistischen Erklärungsmustern ist die Versilberung ein schlichter Prozess des Auflösens und Kondensierens. Die Versilberung findet statt, indem das Kupfer verschwindet (häufig spurlos) und an seine Stelle das Silber tritt. Ob das Kupfer verschwindet, ist abhängig von der „Stärke" der Säure bzw. des Silbernitrats.

Die Vorwissenschaftler haben Mischungs- und Entmischungstheorien; ein Schüler nennt als Produkte Kupfernitrat und Silber. Werden Ladungen an die Teilchen gezeichnet, so handelt es sich nicht um Ionen, sondern um eine Art magnetischer Wechselwirkungen, damit die Eisenschicht Fe^- und die Kupferschicht Cu^+ sich gegenseitig anziehen (aneinander haften).

Auch hier decken sich die Befunde mit denen der ersten Aufgabe bzw. mit denen von TODTENHAUPT 1995. Auch dort wird beschrieben, dass den Eigenschaften der Stoffe von den Lernenden häufig wenig Bedeutung zugemessen wird und so nicht zwischen Kupfersulfat (Silbernitrat) und Kupfer (Silber) oder zwischen elementarem Kupfer (Silber) und Kupferionen (Silberionen) unterschieden wird. So kann nicht deutlich werden, dass zur Entstehung von Kupfer bzw. Silber eine chemische Reaktion ablaufen muss.

Tatsächlich formuliert Norbert: *Das Silber war schon vorher in Form von Silbernitrat vorhanden. Es lagerte sich nur [...] ab. Bei diesem Experiment hat eine Ionenbindung stattgefunden. Dies ist keine chemische Reaktion, denn man kann diese Reaktion durch eine Elektrolyse rückgängig machen.*

4.4.6.4 Entwicklung der Lernertheorien in der Klasse „Mensch & Natur"

Die Veränderungen in den Lernertheorien der Schülerinnen und Schüler sind gering. Da sich die Kompetenzniveaus der einzelnen Lernenden in höchstens einem Grundkonzept verändern, kann die Frage, über welche Stufen sich die Lernertheorien weiterentwickeln, nicht geklärt werden.

Die größten Fortschritte sind im Stoffkonzept zu verzeichnen, wo vier Lernende ihre Theorien weiterentwickeln können. Allerdings fällt auch eine Schülerin in ein weniger entwickeltes Stoffkonzept zurück.

Bei den Teilchenkonzepten entwickeln sich drei Schülerinnen und Schüler weiter; einer fällt hinter das Ausgangsniveau zurück.

Die betrüblichsten Befunde betreffen das Konzept der chemischen Reaktion, das nur eine Schülerin weiterentwickeln konnte, während ein Schüler vom Niveau R3 wieder auf das Niveau R2 zurückgeht.

	Aufgabe 1				Aufgabe 2				Aufgabe 3				Entwicklung
	E	R	S	T	E	R	S	T	E	R	S	T	
Bernd	2	3	3	1	2	3	3	1	3	3	3	3	T1→T3
Christian	2	2	2	1	-	2	1	2	2	2	2	2	T1→T2
Norbert	2	3	2	2	3	3	3	3	3	3	3	3	S2→S3
Reiner	3	3	2	3	2	3	3	3	3	3	3	3	S2→S3
Richard	2	2	1	2	2	2	1	2	2	2	2	2	S1→S2
Tim	2	2	1	1	2	2	2	2	3	2	2	1	S1→S2
Yen	3	2	2	2	2	2	2	2	2	3	2	2	R2→R3
Susanne	2	2	1	2	-	-	-	-	2	2	1	2	-
Frederike	2	1	1	2	2	2	1	2	2	1	1	2	-
Ulrich	2	2	2	2	-	2	1	2	-	2	2	2	-
Olaf	3	3	3	2	2	3	3	1	3	2	3	2	R2←R3
Sascha	2	3	2	3	3	3	3	1	2	3	2	2	T2←T3
Karin	3	2	2	1	-	2	1	2	2	2	1	2	T1→T2 S1←S2
Nick	-	-	-	-	-	3	3	2	2	2	2	2	*[11]

Tabelle 4.4-10: Gezeigte Kompetenz der einzelnen Schülerinnen und Schüler in den Grundkonzepten bei den drei Evaluationsaufgaben

Die Experimentierfähigkeit soll nicht weiter betrachtet werden, da im Zuge der Auswertungen deutlich wurde, dass ein Lernender durchaus die Fähigkeit zum Experimentieren haben kann, das Experiment aber nicht selbst durchführen möchte oder es für seine Überlegungen nicht braucht.

Die Häufigkeit der Kompetenzniveaus in den Grundkonzepten zeigt deshalb ebenfalls keine großen Veränderungen:

	Experiment			Reaktion				Stoffe			Teilchen		
	E1	E2	E3	oZ	R1	R2	R3	S1	S2	S3	T1	T2	T3
Aufgabe 1	0	9	4	0	1	7	5	4	7	2	4	7	2
Aufgabe 2	0	7	3	5	0	9	6	6	3	6	4	8	3
Aufgabe 3	0	8	5	1	1	8	5	3	7	4	1	10	3

Tabelle 4.4-11: Häufigkeit der diagnostizierten Niveaus in den Grundkonzepten bei allen drei Evaluationsaufgaben

11 Nick konnte eventuell nicht richtig eingestuft werden, da er an der ersten Aufgabe nicht teilgenommen hatte und seine Äußerungen in der dritten Aufgabe sehr spärlich waren.

Die kleinen Veränderungen, die sich von Mitte der neunten Klasse (April 1998) bis zum Ende der zehnten Klasse (Juni 1999) ergaben, zeigt die Abb. 4.4.1, die das durchschnittliche Kompetenzniveau der Klasse „Mensch & Natur“ in den Evaluationsaufgaben darstellt.

	Experiment	Reaktion	Stoffe	Teilchen
Aufgabe 1	2,3	2,3	1,9	1,9
Aufgabe 2	2,2	2,5	2,1	1,9
Aufgabe 3	2,4	2,3	2,1	2,1

Tabelle 4.4-12: Kompetenzentwicklung der Gruppe in den Grundkonzepten über alle drei Evaluationsaufgaben

Das Kompetenzniveau im Grundkonzept Chemische Reaktion bleibt relativ unverändert. Die zweite Aufgabe könnte geeigneter gewesen sein, die Lernenden zu einer elaborierteren Theorie zu veranlassen, da ein Verschwinden, Herauslösen etc. bei diesem Schülerexperiment als Erklärungsmöglichkeit nur schwer herangezogen werden kann.

In den Grundkonzepten Teilchen und Stoffe gibt es im Verlauf der neunten und zehnten Klasse eine leichte Weiterentwicklung der Lernertheorien.

Die Veränderungen über den Zeitraum der Messung sind jedoch so gering, dass nicht von einer Weiterentwicklung der Fachkompetenz gesprochen werden kann. Dies bestätigt auch der durchgeführte TIMSS-Test, bei dem die Klasse „Mensch & Natur“ am Ende der zehnten Klasse schwächer abschneidet als zu Beginn der neunten Klasse[12].

12 Ergebnisse im Kapitel 4.2.

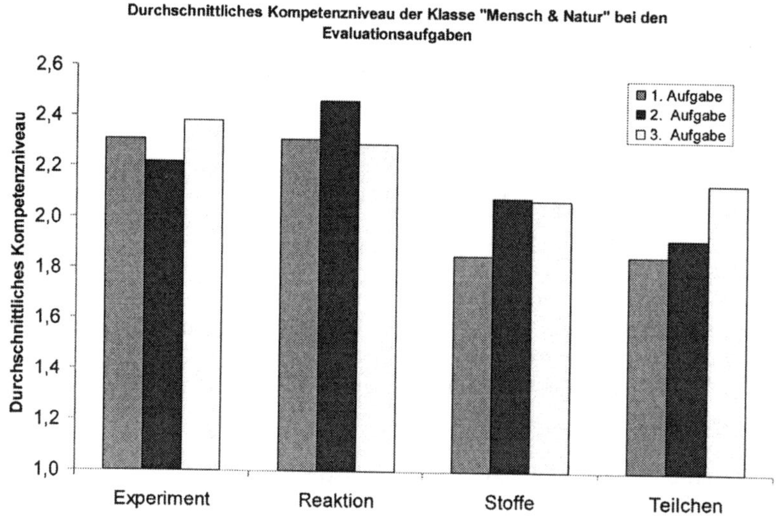

Abb. 4.4-1: Kompetenzentwicklung der Gruppe in den Grundkonzepten über alle drei Evaluationsaufgaben

Dennoch lernen die Schülerinnen und Schüler im Verlauf der Sekundarstufe I fachliche Inhalte. Dies wird z.B. deutlich, wenn man sich die von den Lernenden in den einzelnen Aufgaben benutzten Fachtermini ansieht. Dass diese Lernzuwächse sich kaum auf die Fähigkeiten auswirken, chemische Phänomene besser verstehen und erklären zu können, liegt daran, dass die erworbenen Wissensbruchstücke weder dazu auffordern noch geeignet sind, eine Umstrukturierung im Sinne einer PIAGETschen Akkommodation bei den Lernenden anzuregen, zumal dazu nicht einmal der zeitliche Raum vorhanden ist. Die Fachtermini und unverdauten Erklärungsmuster, z.B. vom Edelgaszustand, bleiben neben den recht stabilen Grundkonzepten liegen. Nur sehr selten kann man bei den Evaluationsaufgaben beobachten, dass sich Schülerinnen und Schüler über formale Kenntnisse auch in ein höheres konzeptuales Kompetenzniveau ziehen können. Meist werden sie umgekehrt – im Bemühen, die hochangelernten formalen Kenntnisse zur Performanz zu bringen – behindert, das Phänomen in den Mittelpunkt zu stellen und sich konsistente Theorien darüber zu bilden.

Die von mir angenommenen Kompetenzniveaus konnten in den Arbeiten der Jugendlichen wiedergefunden werden. Die Theorien über die drei Grundkonzepte (R, S, T) können allerdings bei einem Lernenden in verschiedenen Kompetenzniveaus angesiedelt sein.

Das Konzept der chemischen Reaktion eilt häufig dem Stoffkonzept voraus, während das Teilchenkonzept bis in das vorwissenschaftliche Niveau (R3, S3) hinein eine Stückchentheorie bleiben kann.

4.4.6.5 Schülerarbeiten als Beleg für die angenommenen Kompetenzniveaus

a) Frederike, die Alltagstheoretikerin (Auszüge aus der ersten Evaluationsaufgabe)

Zum Grundkonzept Chemische Reaktion stellt sich ihr nicht die Frage, warum etwas passiert. Sie nimmt die Veränderungen einfach als gegeben hin; eine Ursache sucht sie nicht. Auf die Frage, ob es der Alchimistin gelungen sei, Gold zu machen, antwortet Frederike, dass es nicht geklappt hat:

$F^{I/43}$: *Weil Ruß nicht funktioniert, weil Kobaltoxid auch nicht funktioniert und bei Kupferoxid wurde es nur kupfern.*

Auf die Frage nach dem Weg vom schwarzen Pulver bis zum goldenen Nagel schreibt sie auf ihrem Gruppenarbeitsblatt:

$F^{I/Gruppe}$: *Durch Oxid und Säure werden Lösungen hergestellt, die den Nagel verkupfern. Das Kupferoxid hat ganz bestimmte Teilchen drin, so dass der silberne Nagel zu Kupfer wird.*

Dies beschreibt ein (experimentelles) Vorgehen, ist aber keine Erklärung für das Phänomen. Bei der Einzelarbeit gibt sie zu den Veränderungen gar keine Erklärung mehr ab, sondern beschreibt nur ihre Beobachtungen während des Experiments. Auf die Frage, warum bei diesem Experiment kein Gold entstehen kann, schreibt sie lapidar: *So was funktioniert nicht.*

Zum Stoffkonzept äußert sie sich ausschließlich über Dinge und deren Farben. In der Einzelarbeit schreibt sie z.B.:

$F^{I/Einzel}$: *Bei dem dritten Versuch* (Schwefelsäure mit CuO. 1. und 2. Versuch Schwefelsäure mit Ruß, bzw. Kobaltoxid. E.S.) *wurde das Wasser nicht grau, sondern türkisgrün und der Nagel genau in der Farbe von Einpfennig- und Zweipfennigstücken.*

Von der schwefelsauren Lösung bzw. der Schwefelsäure spricht sie abwechselnd als Schwefeloxid, Schwefel oder eben als graues oder grünes Wasser. Die Eigenschaften sind ihr nicht wichtig, da die Schwefelsäure nur eine Zutat ist, damit man die Pulver anrühren kann.

Ihr Teilchenkonzept ist gerade so weit, dass sie sich Stückchen vorstellen kann. Vor der Reaktion zeichnet sie den Nagel im Reagenzglas als vollständiges Bild. Auch nach der Reaktion bleibt er gegenständlich und wird nur mit Kreisen überzogen, die auf dem Blatt der Gruppenarbeit Eisenteilchen und in der Einzelarbeit Kupfer und Schwefel heißen.

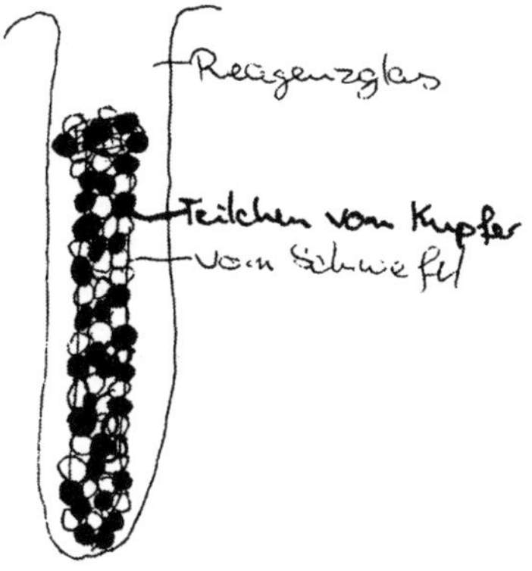

Abb. 4.4-2: Frederikes Zeichnung

Da mit Karin schon eine typische Alchimistin vorgestellt wurde, hier ein Beispiel für einen Übergang zwischen zwei Kompetenzniveaus.

b) Yen, die Alchimistin auf dem Weg zur Vorwissenschaftlerin (Auszüge aus der zweiten Evaluationsaufgabe)

Ihr Grundkonzept der chemischen Reaktion stützt sich auf die (Re-)Aktivität gewisser Bestandteile in den weißen Pulvern. Sie überträgt das Konzept der aktiven und passiven Anteile eines Stoffes sogar auf ein Geschlechterbild, wobei die passiven Stoffe (Salz und Zucker) mit dem Bild „Frau“ verbunden werden.

$Y^{II/81\text{-}85}$: *Guck' mal, Schwefel reagiert mit Kalium, dann bleibt, dann bleiben die Iodid ja alleine. Im Endeffekt ist der Schwefel sozusagen Schuld, dass die alle vier miteinander reagieren. Aber, ähm, Kochsalz und Zucker, das geht einfach nicht. Weil es einfach kein Schwefel enthält. Weil die miteinander... das geht einfach nicht. Das ist wie ... wenn Frau und Frau ein Kind bekommen wollen. Frau und Frau können keine Kinder bekommen, das ist genau dasselbe wie ... weil Zucker und Kochsalz nicht miteinander. Ist so.*

Diese Theorie ist auf dem Weg zu einem Entmischungs- und Neukombinationskonzept. Die Erklärung der Braunfärbung ist aber wieder alchimistisch begründet, eine Art von Transmutation des Kupfersulfats.

$Y^{II/Einzel}$: *Ich denke, dass der Schwefelgehalt mit dem Kalium reagiert und der Wassergehalt vom Kaliumiodid mit Kupfer reagiert. Die braune Farbe kommt vom Kupfer.*

Sie macht einen Anlauf, sich über ihre formalen Kenntnisse ins nächste Kompetenzniveau zu ziehen, kann ihr Wissen aber nicht für eine Erklärung benutzen.

$\text{Y}^{\text{II/109-110}}$: *Natrium ... Chlor. Kein Wunder! Zucker und Natriumchlorid können sich nicht verbinden, weil Natriumchlorid Edelgaszustand hat. Natrium: Hauptgruppe I, Chlor: Hauptgruppe VII. Wenn die sich miteinander verbinden, haben die Edelgaszustand, deswegen können die sich gar nicht verbinden. Mit irgendwas reagieren. Verstehst du? Weil das schon den Edelgaszustand hat.*

$\text{Y}^{\text{II/129}}$: *Weißt du, was das ganz Komische ist? Kalium und Iod ... ergeben zusammen den Edelgaszustand. Was mich interessiert, wieso es trotzdem mit Kupfer reagiert.*

Sie verfolgt diesen Gedanken nicht weiter und schreibt auch in der Einzelarbeit nichts mehr darüber. Es scheint ihr nicht hilfreich bei der Lösung der Fragen zu sein.

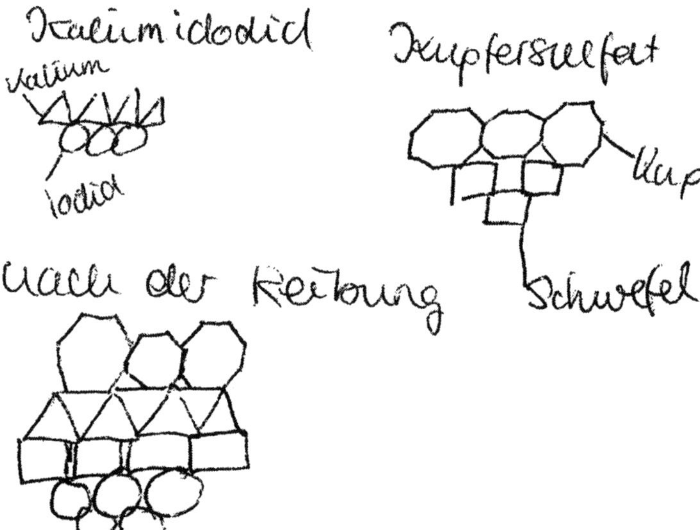

Abb. 4.4-3: Yens Zeichnung

Aus dem Zitat $\text{Y}^{\text{II/81-85}}$ wird auch Yens Stoffkonzept deutlich. Sie scheint das Reaktionsverhalten der Stoffe zu berücksichtigen, ignoriert aber andere stofftypische Eigenschaften, z.B. Farbe.

So scheint Kupfersulfat eine Mischung aus Kupfer und Sulfat zu sein, wobei Sulfat mit Schwefel gleichgesetzt wird. Die Eigenschaften, vor allem des Schwefels, sind deshalb eher als eine Art „innere Kraft“ zu sehen.

Das Grundkonzept hinter den Teilchen ist ein Stückchenmodell. Die Pulver setzen sich in der Zeichnung aus je zwei unterschiedlichen Symbolen zusammen.

Die verschiedenen Formen werden nicht mit einer Zuschreibung von Eigenschaften an die Stoffe verbunden, sondern dienen nur dazu, die Stückchen auch ohne farbige Darstellung auseinander zu halten.

c) Bernd, der Vorwissenschaftler (Auszüge aus der dritten Evaluationsaufgabe)

Bernds Grundkonzept einer chemischen Reaktion ist deutlich ein Entmischungs- und Neukombinations-Konzept.

$B^{III/570}$: *Wenn praktisch die beiden Stoffe (Kupfer und Silbernitrat, E. S.) die Metalle in sich austauschen. Weil ich behaupte jetzt, hierbei ist Silber oder Silberoxid entstanden und, ähm, Kupfernitrat, daher die Farbe.*

Die Farbe, die Bernd meint, entstand durch das Auflösen eines Stücks Kupferblech in Silbernitratlösung und ist als stofftypische Eigenschaft zu werten.

$B^{III/571}$: *Kuck mal, wenn das grün ist, dann muss es ja wohl Kupfernitrat sein.*

Er benutzt für seine Überlegungen noch andere stofftypische Eigenschaften, z.B. dass außer Kupfer nur noch Gold ein farbiges Metall ist.

$B^{III/407}$: *Das ist einfach kein Kupfer. Aber das ist das einzige, was nicht silbern aussieht. Okay, und Gold.*

Außerdem berücksichtigt er das Reaktionsverhalten: Er bemerkt, dass es sich bei den Büroklammern nicht um reines Kupfer handeln kann, weil dort die Silberschicht haftet, während sie von Kupferblech leicht abzuwischen ist.
Er kann zwar die Produkte der Reaktion benennen, nennt in der Einzelarbeit aber nur Kupfernitrat explizit als neuen Stoff. Auch in der Gruppenarbeit wird das deutlich:

$B^{III/Gruppe}$: *[...] bildet sich Kupfernitrat und das Silber bildet eine Schicht [...]*

Kupfernitrat bildet sich neu, während Silber sich nur formiert, auf die Klammer legt. Das wissenschaftliche Konzept einer chemischen Reaktion hat er noch nicht erreicht.

Sein Teilchenkonzept ist ein Baustein- oder Zutatenmodell, bei dem alle beteiligten Atome gezeichnet werden, sich aber nicht im Sinne von Ionenverbindungen konstituieren. In der gezeichneten Lösung findet keine Dissoziation der Moleküle statt.

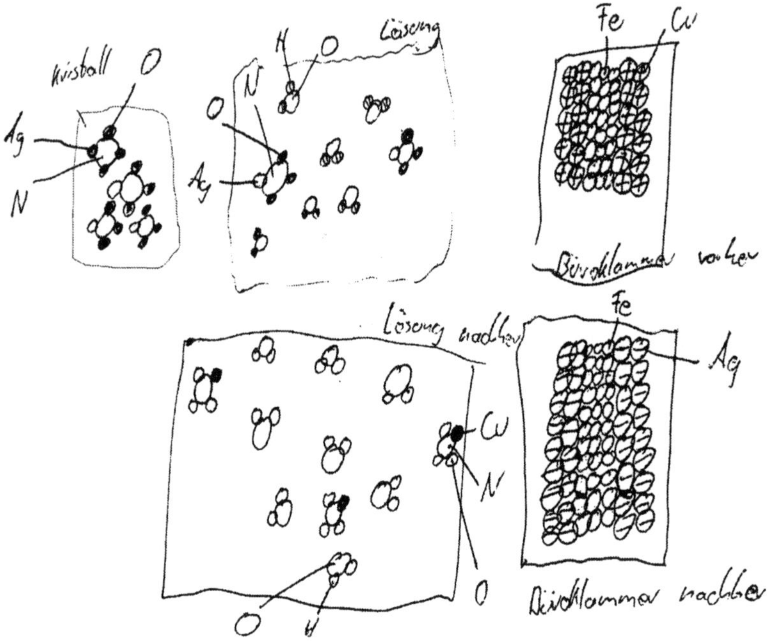

Abb. 4.4-4: Bernds Zeichnung

4.5 Untersuchungen zur Lernerpersönlichkeit

4.5.1 Ziele und Methode

Mit den Evaluationsaufgaben und dem Wissenstest in den Naturwissenschaften wurde versucht, die chemische Kompetenz der Lernenden zu rekonstruieren. Die genannten Untersuchungen zeigten, dass einige Lernende ihre Kompetenz weiterentwickeln können, während sie bei anderen stagniert oder die Jugendlichen am Ende der zehnten Klasse sogar schlechtere Leistungen zeigen als zu Beginn der neunten Klasse. Um Anhaltspunkte zu bekommen, welche subjektiv bedeutsamen Faktoren die Erweiterung oder Stagnation der chemischen Kompetenz moderieren, sollten Interviews mit den Lernenden durchgeführt werden.

Die Interviews sollten hauptsächlich dazu dienen, einen Einblick in die Entwicklungsaufgaben der Jugendlichen zu bekommen und aufzudecken, wo es Berührungspunkte des Lernens im Fach Chemie mit den Entwicklungszielen der Jugendlichen gibt bzw. geben könnte (siehe Kapitel 2).

Die Interviews sollten also Zusammenhänge zwischen dem Lernangebot im Fach Chemie und den Entwicklungszielen der Jugendlichen sichtbar machen.

Da Entwicklungsaufgaben (bzw. die Bearbeitung derselben) den Jugendlichen in der Regel nicht bewusst sind, wird nach individuellen Entwicklungszielen, Lernerwartungen und Interessen gefragt.

Die Aussagen der Jugendlichen zu ihren Entwicklungszielen, z.B. auf die Frage: „Was möchtest du später beruflich machen?" werden rekonstruiert als Deutung von Entwicklungsaufgaben, hier z.B. die Entwicklungsaufgabe Beruf.

Die Antworten auf die Fragen nach den Erwartungen der Jugendlichen an ihr Lernen im Fach Chemie geben Auskunft über ihre Einstellungen zum Fach und zeigen, wie sie ihre fachliche Kompetenz nutzen können und wollen. Sie geben gleichzeitig Auskunft darüber, ob Lernangebote im Fach Chemie von den Schülerinnen und Schülern als hilfreich für die Lösung ihrer Entwicklungsaufgaben empfunden werden.

Nach Interessen wird gefragt, weil diese als Strategien zur Bewältigung von Entwicklungsaufgaben aufgefasst werden. So hat TODT (1987) nachgewiesen, dass Interessen sich häufig im Hinblick auf einen späteren Beruf und entlang von Geschlechterrollen entwickeln, bzw. nicht damit kompatible Interessensgebiete eliminiert werden. Nach der Definition von KRAPP (1992b) sind Interessen stabile Präferenzen gegenüber einem Fach oder Lerngegenstand, stehen im Einklang mit dem Selbstbild, werden emotional günstig bewertet und nehmen einen hohen Rangplatz im Wertesystem der Person ein. So eignen sich Fragen nach Interessen auch, um etwas über die Arbeit am Selbstbild und Wertesystem zu erfahren.

Die Interviews wurden als teilstrukturierte Einzelbefragungen entlang eines Interviewleitfadens angelegt. Die Methode wurde ausgewählt, da bei Einsatz eines Leitfadens die Vergleichbarkeit der Daten erhöht wird und sie durch die Fragen Struktur gewinnen, während die Sichtweisen des Interviewten in der relativ offenen Gesprächssituation gut zur Geltung kommen können. Dabei muss der Interviewer aber jederzeit entscheiden, ob er die Reihenfolge der Fragen umstellt, eine vielleicht schon en passant beantwortete Frage weglässt oder einen Aspekt vertieft nachfragt.

4.5.2 *Durchführung*

Es wurden Interviews zu drei aufeinander folgenden Zeitpunkten durchgeführt (Juli 1998, April 1999 und Juni 1999). Jedes Interview nahm durchschnittlich zwanzig Minuten in Anspruch. Die Interviews fanden alle in Klassenräumen der Schule statt, um das für die Jugendlichen gewohnte Umfeld nicht verlassen zu müssen.

Das erste Interview wurde in Zusammenarbeit mit Studierenden eines Seminars zur Selbstkonzeptentwicklung an der Universität Hamburg durchgeführt, damit alle vier Schülerinnen und zehn Schüler der Klasse befragt werden konnten.

Für das zweite und dritte Interview wurden aus den vorliegenden Daten (erstes Interview, Kurzfragebogen im Anschluss an die zweite Evaluationsaufgabe) zehn Jugendliche ausgesucht, die sich in Bezug auf ihr Geschlecht, Kompetenzniveau in Chemie und Einstellung zu den Naturwissenschaften deutlich unterschieden, um eine möglichst große Vielfalt von Meinungen und Persönlichkeiten zu erhalten.

Name	Interview 1: Naturwissenschaften für später	An einem chemischen Problem knobeln macht mir Spaß.	Chemie ist ein Fach, das ich sehr gerne mache und das mir liegt.	Beschäftigung mit Chemie gerne aus meinem Leben streichen.
Bernd	Ja sehr	***	****	*
Yen	Nein	***	***	*
Susanne	Nein	***	**	***
Frederike	Nein	**	**	***
Norbert	Vielleicht	**	**	***
Olaf	Vielleicht	**	**	***
Ulrich	Ja	**	**	****
Karin	Nur Biologie	**	*	****
Tim	Ja sehr	*	**	***
Richard	Zum Teil	*	*	****

* völlige Ablehnung der Aussage   **** völlige Zustimmung zur Aussage

Alle befragten Schülerinnen und Schüler zeigten sich mit den Interviews nicht nur einverstanden, sondern vermittelten den Eindruck, dass sie sich freuten, dass sich jemand für sie und ihre Lerngeschichte interessiert. Ich gehe deshalb davon aus, dass die Jugendlichen auf meine Fragen offen geantwortet haben.

Die Gespräche wurden auf Tonband aufgezeichnet und komplett transkribiert. Die Transkriptionsregeln sind im Anhang abgedruckt. Auf der Basis der drei Interviews wurden Einzelfallstudien erstellt, die Einblick in die Entwicklungsziele der einzelnen Personen geben sollen. Im Weiteren werden sie in Kapitel 5 als Teil der Lernerbiografien zur Erklärung des Verlaufs der Kompetenzentwicklung herangezogen.

4.5.3 Konstruktion der Interviewleitfäden entlang von Entwicklungsaufgaben

4.5.3.1 Interview 1 (Juli 1998)

Dieses Interview wurde in Zusammenarbeit mit einem Seminar zur Selbstkonzeptentwicklung durchgeführt und hat deshalb den Schwerpunkt Selbstkonzept und schulisches Lernen. Es beinhaltet aber auch Fragen, die über die Entwicklungsziele der Jugendlichen Aufschluss geben können. Die Entwicklungsaufgaben, die von der jeweiligen Frage betroffen sein könnten, sind in der Spalte hinter der jeweiligen Frage angegeben. Das Interview wurde im Anschluss an das zweite Betriebspraktikum der Schülerinnen und Schüler durchgeführt. Bei der Frage nach der Attribution von Erfolg und Misserfolg (Frage 18 und 19) wird deshalb vom Interviewer als Gesprächs- bzw. Gedächtnisstimulus darauf zurückgegriffen.

Das Gespräch begann mit einer einleitenden Geschichte, die zeigen sollte, in wieweit der zuvor im Unterricht behandelte Komplex Wasser, Gewässerschutz und -qualität etc. im Gedächtnis geblieben ist bzw. in dieser Situation abgerufen werden kann.

	Interviewfrage	
1	An einem heißen Sommertag machst du mit deinen Freunden eine Radtour an die Elbe. Bei der Ankunft am Fluss sind alle sehr erhitzt und wollen sich durch ein Bad erfrischen. Einige springen sofort ins kühle Nass, andere stehen zögernd am Ufer. Springst du ins Wasser oder würdest du nicht in der Elbe baden? Warum?	Schwerpunkt Welcher Problemzugang wird gewählt? KÖRPER ROLLE PEER
2	Wie wichtig ist es für dich, dass du etwas über Wasserqualität weißt?	BERUF SELBST
3	Wie wichtig findest du es, dass du es auch naturwissenschaftlich (chemisch, physikalisch, biologisch) erklären kannst?	BERUF WERTE SELBST
4	Redest du über das in der Schule erlangte Umweltwissen auch außerhalb der Schule mit Anderen?	BERUF, WERTE SELBST
5	Kannst du dir vorstellen, dass du in deinem Beruf einmal Naturwissenschaften (Chemie, Physik, Biologie) gebrauchen kannst?	BERUF

6	Was möchtest du später mal werden? Wie stellst du dir deine Zukunft vor?	BERUF ZUKUNFT
7	Gibt es einen Zusammenhang mit dem, was du hier in der Schule lernst und dem, was du später vorhast?	BERUF, SELBST ZUKUNFT
8	Lernst du viel?	SELBST
9	Lernst du gern?	
10	Welches sind deine Lieblingsfächer?	BERUF,
11	Welches sind deine starken Fächer?	SELBST
12	Welches sind deine schwachen Fächer?	
13	Was machst du, wenn du nicht in die Schule gehst?	BERUF,
14	Woran hast du Spaß?	SELBST PEERS
15	Was kannst du besonders gut, was weniger gut? In welchem Bereich hast du deine Stärken, in welchem deine Schwächen?	SELBST
16	Wie wichtig ist es für dich, dass du dies kannst? Bist du stolz darauf?	SELBST
17	Wie zufrieden bist du mit dem, was du kannst?	SELBST
18	Was ist in letzter Zeit bei dir richtig schief gelaufen?	SELBST
19	Was hat in letzter Zeit bei dir besonders gut geklappt?	SELBST

4.5.3.2 Interview 2 (April 1999)

Es wird in diesem Interview vor allem nach Interessen gefragt, um zu sehen, an welchen Entwicklungsaufgaben die Jugendlichen arbeiten. Das Interview wurde im Anschluss an die Verfertigung einer sog. „Facharbeit" durchgeführt. Dabei sollten sich die Schülerinnen und Schüler aus vorgegebenen Aufgaben eine auswählen, die in ihrem Interessenbereich lag, und sie unter chemischen, biologischen und ökologischen Gesichtspunkten theoretisch und praktisch bearbeiteten. Die Aussagen der Befragten im Interview konnten mit den Ergebnissen der Arbeit abgeglichen werden.

Am Ende des Interviews wurde nach der Einstellung zur Unterrichtsform „Profilklassen" gefragt, um die Aussagen zu den Projekten gegebenenfalls in einem größeren, motivationalen Zusammenhang sehen zu können.

	Interviewfrage	
1	Welche Facharbeit hast du gemacht?	Schwerpunkt Interesse, alle EA[1] möglich
2	Warum hast du das Thema gewählt?	
3	Wie gut ist dir die Arbeit gelungen? Was würdest du bei der nächsten Arbeit anders machen?	SELBST
4	Welche *Teile der Arbeit/Projekte* haben dir Spaß gemacht, warum? Welche nicht, warum?	Alle EA
5	Wie bist du vorgegangen, um die *Arbeit/Projekte* fertig zu kriegen? Wie hast du es organisiert, woher hast du dir die Informationen geholt?	Alle EA
6	Hast du mit Leuten außerhalb der Schule über *Thema der Arbeit/die Projekte* gesprochen?	Alle EA
7	Wirst du dich weiter *mit dem Thema der Arbeit/-mit solchen Projekten* beschäftigen?	Alle EA
8	Hast du durch die *Arbeit/Projekte* etwas gelernt, was du für die Schule gebrauchen kannst? Was?	
9	Hast du den Eindruck, dass du durch die *Arbeit/ Projekte* etwas gelernt hast, was du für dich persönlich gebrauchen kannst? Vielleicht auch in Hinblick auf einen Beruf oder ein Hobby?	SELBST, BERUF, ZUKUNFT, WERTE
10	Gibt es Dinge, die du jetzt besser verstehst oder anders siehst als vor *der Arbeit/den Projekten?*	SELBST, WERTE
11	Konntest du dir das Profil aussuchen, war es die richtige Wahl für dich?	Alle EA
12	Wie siehst du den Profilunterricht im Vergleich zum „normalen" Unterricht? (Wenn ich Schulleiterin wäre und dich fragen würde, ob ich Profilunterricht an meiner Schule einführen soll, was würdest du mir raten?)	Bewertung Profil zur Einschätzung der Aussagen

4.5.3.3 Interview 3 (Juni 1999)

Das letzte Interview wurde kurz vor der Entlassung aus der Schule bzw. dem Übergang in die Oberstufe durchgeführt und ist deshalb schwerpunktmäßig auf die Entwicklungsziele der Befragten ausgerichtet.

1 EA = Entwicklungsaufgabe.

	Interviewfrage	Schwerpunkt
1	Was machst du jetzt nach diesem Schuljahr? a) Schule b) Berufsausbildung c) weiß nicht	BERUF ZUKUNFT
a)	Weißt du schon, welche Leistungskurse du wählen wirst? Welche Gründe hast du dafür? Meinst du, dass du gut auf die Oberstufe vorbereitet bist? Weißt du schon, ob du danach studieren willst oder einen Beruf lernen? Was/Welchen?	Alle EA
b)	Seit wann hast du diesen Berufswunsch? Wie ist es dazu gekommen? (Traumberuf oder einzig erreichbare Lehrstelle?) Was denkst du, was du dafür können musst? Denkst du, dass du gut auf die Ausbildung vorbereitet bist? Wie wichtig ist es in diesem Beruf, über chemische Kenntnisse zu verfügen?	BERUF
c)	Woran denkst du liegt es, dass du keine Lehrstelle hast? Wie wirst du deine Zeit verbringen?	SELBST ZUKUNFT
2	Wie sieht dein Leben in naher Zukunft aus? Willst du bald von zu Hause ausziehen? Mit Freunden zusammenziehen?	ZUKUNFT, ABLÖSUNG
3	Was sind deine nächsten Ziele?	ZUKUNFT, SELBST
4	Hast du schon eine Vorstellung davon, wie dein Leben in fernerer Zukunft aussehen soll? Möchtest du einmal Familie und Kinder, oder lieber Single und Karriere?	ROLLE PARTNER
5	Was sind deine großen Ziele? In etwa: „In meinem Leben will ich unbedingt ...“	ZUKUNFT SELBST
6	Welche Technologien hältst du für die Zukunft für wichtig?	WERTE
	Über welche sollte man deiner Meinung nach informiert sein? Aus welchem Grund? Welche möchtest du gerne genauer verstehen? Glaubst du, dass das, was du bisher gelernt hast, dazu ausreicht?	ZUKUNFT SELBST

7	Welche Chancen siehst du, die sich durch die Chemie den Menschen bieten? Welche Gefahren siehst du?	ZUKUNFT
8	Du bist bald wahlberechtigt, was meinst du, was man wissen sollte, bevor man sich für eine Partei entscheidet?	WERTE
9	Meinst du, dass auch naturwissenschaftliche Kenntnisse für eine politische Entscheidung wichtig sein können?	WERTE

4.5.4 Auswertungsmethode Qualitative Inhaltsanalyse

Die Interviews wurden im Sinne einer strukturierenden Inhaltsanalyse (MAYRING 1991: 212-213) geordnet und verdichtet. Als Kategoriensystem dienten die Entwicklungsaufgaben des Jugendalters, die um die Ordnungskriterien „Lernerwartungen an Naturwissenschaften" und „Akzeptanz des Profils" erweitert wurden.

Dazu wurden zunächst die Äußerungen einer Person aus allen Interviews nach den genannten Kategorien geordnet. Danach wurde die Einordnung durch einen hermeneutischen Falsifikationsprozess kontrolliert und überprüft, ob die Aussagen nicht auch in Zusammenhang mit anderen Entwicklungsaufgaben zu interpretieren sind.

Zuletzt wurde versucht, für die jeweilige Person wichtige Entwicklungsaufgaben und deren individuelle Deutung zu identifizieren und zu prüfen, ob diese Berührungspunkte zum Chemielernen aufweisen. Die Auswertungsmethode soll an der Schülerin Susanne vorgezeigt werden.

4.5.5 Auswertungsbeispiel Susanne

Die wörtlichen Zitate aus den Interviews sind kursiv gedruckt. Die Hoch-Zahl am Namenskürzel des Interviewten gibt an, aus welchem der drei Interviews das Zitat stammt. Ein * gibt die Stellen an, wo im Originaltext Kürzungen vorgenommen wurden.

ROLLE

Eine zentrale Entwicklungsaufgabe scheint für Susanne ihre Rolle als Frau zu sein. Sie deutet sie ausgesprochen traditionell. Das spiegelt sich zunächst in ihren Interessen im Profil wider, bei denen Kochen eine große Rolle spielt.

I²: *Und welche äh Sachen ham dir noch so Spaß gemacht?*
S²: *Na gut, der Ökomarkt, ja. *Aber ich denk mal mehr das Verkaufen und das Fertigmachen da, also Kochen, nä. Das hat mir viel Spaß gemacht.*

I²: *Denkst du denn so jetzt, *dass das 'ne gute Wahl für dich war, Mensch & Natur*?*
S²: **... dass das eigentlich so 'ne richtige Entscheidung war, Mensch & Natur zu wählen. Obwohl ich 'n bisschen enttäuscht war, weil einige Sachen nicht durchgeführt worden sind, *Basteln und Kochen zum Beispiel. Wir ham nie richtig gekocht, nä. Weder Marmelade mal selbst gemacht, noch sonst irgendwas.*

Auch die Aktionen, bei denen am Gewässer, für das die Klasse eine Patenschaft übernommen hat, Müll gesammelt wurde, haben ihr Spaß gemacht. Sie scheint sie unter einem Ordnungsaspekt zu betrachten.

S²: *Oh, das Müllsammeln hat mir Spaß gemacht, (...) obwohl das nachher eigentlich äh, ziemlich unnütz war, weil der Müll kommt ja irgendwie immer wieder dahin. Aber das hat mir sehr viel Spaß gemacht, und würd' ich auch jederzeit wieder tun.*

Hingegen lehnt sie „Männerarbeiten" ab, fühlt sich mehr für das Musische zuständig, auch wenn ihre Haltung von den Jungen in der Klasse abgelehnt wurde.

I²: *Was waren so Sachen, wo du sagst: Das hat mir keinen Spaß gemacht, da hatt' ich überhaupt keine Lust 'zu?*
S²: *(...) Das mit dem Innenhof. *Ich mein, gut, da ham wir Mädchen sowieso nicht viel gemacht, weil wir ja von vornherein gesagt haben, wir ham keine Lust da mit Steine klopfen und da zusammenbasteln und so. Wir sind mehr für das Gestalterische, schriftlich und so nä, also das hat mir nicht so gut gefallen. *Ja und weil auch dann äh (räuspern) äh so blöde Sprüche von den Jungs kamen so von wegen: Ja, wir müssen hier arbeiten und die machen nichts.*

Haushaltsführung ist für sie nicht nur ein Hobby, sie dient auch zur Selbstbestätigung, wenn ihr etwas misslungen ist.

I¹: *Was machst du, wenn du nicht in der Schule bist?*
S¹: *Dann bin ich zu Hause und mach' den Haushalt.*
I¹: *Fällt dir noch was anderes ein? Was weiß ich, dass du so ein Hobby hast, wie Comics sammeln? Dass du dafür ganz speziell unterwegs bist?*
S¹: *(...) Nö. Eigentlich nicht. Wie gesagt, in meiner Freizeit dann auch noch Haushalt machen*.*
I¹: ** Würdest du das* [gemeint sind Frustrationen, E.S.] *auch durch Sport ausgleichen, dass du irgendwie Basketball spielst, oder ein bisschen joggst?*
S¹: *Ja das schon. Aber ich mach es eher durch Haushalt machen. Putzen, putzen, putzen und dann fühl' ich mich meistens auch gut. Ich komm' dann nach Hause und wenn ein scheiß Tag war, mach' ich mich an die Arbeit und danach geht's mir dann auch wieder gut. Weil ich weiß dann, die Wohnung*

ist sauber. Das ist mein Verdienst. Ich kann mich in Sessel setzen. Ich weiß, nachher kommt meine Mutter. Die wird stolz auf mich sein. Wie jeden Tag, dass ich ihr da geholfen hab, und das ist auch eine gute Methode, seinen Frust wegzuputzen. Im Prinzip.

BERUF

Eine weitere wichtige Entwicklungsaufgabe ist es für Susanne, sich auf ihren Beruf als Krankenschwester vorzubereiten, den sie schon im ersten Interview angeben kann. Im Interview 3 gibt sie an, dass sie diesen Berufswunsch schon mit zwölf Jahren gehabt habe, und seit dem Betriebspraktikum sei sie ganz sicher, dass das der richtige Beruf für sie sei. Auch hier hat sie in ihre berufliche Zukunft schon eine eigene Familie mit Kindern eingeplant.

I[1]: *Und wie stellst du dir das dann vor in Zukunft?*
S[1]: *Ich hoffe, dass ich nächstes Jahr meinen Realabschluss krieg'. Und dann werde ich Ausbildung machen als Krankenschwester. Und denn mal kucken. Nach der Ausbildung vielleicht in die Altenpflege gehen. Und dann irgendwann noch mal, wenn das dann klappt, als Krankenschwester zu arbeiten. Weil, ich hatte mir das schon einmal überlegt, wenn ich dann später mal Kinder bekomme, das wär' ja nicht so gut, wenn ich die alleine lasse, wenn ich Krankenschwester bin. Ja, es gibt natürlich Mutterschaftsurlaub, aber das ist natürlich nicht so gut, wegen der Schichtarbeit, nä. Und dann werde ich dann als Altenpflegerin erst mal arbeiten, so lange bis die dann groß sind, so hatte ich mir das dann überlegt. Und dann als Krankenschwester.*

Im dritten Interview hat sie bereits eine Ausbildungsstelle in einem Krankenhaus. Die Ausbildung nimmt nun aber eine wichtigere Stelle ein als die familiäre Zukunftsplanung.

I[3]: *Hast du denn 'ne Vorstellung schon davon, wie dein Leben so in fernerer Zukunft aussehen könnte?**
S[3]: *Naja, Familie könnt' ich mir schon vorstellen. Auch so mit Kind und so, nä. Aber (...) erst mal nach der Ausbildung (...) und denn muss man mal kucken. Also es ist noch nichts geplant. Ich will da auch nichts überstürzen.*
I[3]: *Gibts irgend so was wie große Ziele für dich?**
S[3]: *(...) Ich würde gerne, wenn ich es noch schaffe, würde ich gerne noch eine zweite Ausbildung machen als Physiotherapeutin.* (...) Und dann da mal kucken, wie man sich da denn weiterentwickeln kann. Ob das nu Selbstständigkeit ist oder wie auch immer.*

Einen Zusammenhang zwischen dem, was sie in der Schule lernt, und ihrem späteren Beruf sieht sie ausschließlich für Biologie.

I[1]: *Gibt es einen Zusammenhang mit dem, was du hier in der Schule lernst und dem, was du später vorhast, jetzt auf die Pflegeperspektive bezogen?*

S¹: *Ja gut, außer Biologie gibt es überhaupt nichts über Pflege, über Mensch allgemein so ungefähr, nä.*
I²: *Und für dich persönlich, hast du da was gelernt, *in Hinblick auf 'nen Beruf oder auf 'n Hobby?*
S²: *(...) Nee,(...) also in keinem von unseren Projekten kann ich da irgendwas entdecken, was ich später gebrauchen kann. Eigentlich nicht, nee.*
I²: *Denkst du denn so jetzt, dass Profil* 'ne gute Wahl für dich war*?*
S²: *(...) Also überwiegend schon, ja (...) doch. Denn äh (...) ich denke auch mit, da ich ja Krankenschwester werden will, und dass ja auch so Biologie und so da mitgezählt wird für, nä, dass man da gut drin sein soll denk' ich schon, dass das eigentlich so 'ne richtige Entscheidung war, Mensch & Natur zu wählen.*

Von der Schule fühlt sie sich trotz der Aussage, dass man da nichts lernt, was man später gebrauchen kann, gut auf die Ausbildung vorbereitet.

LERNERWARTUNGEN NATURWISSENSCHAFTEN

Im Badebeispiel des ersten Interviews sind für ihre Entscheidung die PEERS bzw. ihr KÖRPER wichtig.

S¹: *Ja, warum nicht, nä. Ich mein ja, nicht weil die anderen das nicht nur machen, sondern um Spaß zu haben mit den anderen und nicht als Außenseiter, nicht, sonst macht das ja kein Spaß.*
I¹: *Also, du würdest es machen. Und könntest du auch Gründe nennen, dass man zögert, ins Wasser zu springen und zu baden (...) in der Elbe?*
S¹: *Ja erstens einmal, weil es noch zu kalt ist. (...) Zweitens weil's zu schmutzig ist. (...) Ja.*
I¹: *Figurprobleme oder irgendwie Angst vor Schiffen?*
S¹: *Könnte es geben, natürlich, Figurprobleme. (...) Die Periode haben ist ja nicht so schön, nä.*
I¹: *Würdest du in jedem Gewässer baden? In Seen, Meer ...*
S¹: *Nee. In Seen schon, aber wenn wirklich klar ist, dass es sauber ist und so nä, weil ich mein, wenn man jetzt baden geht oder so, möchte man ja nicht grade so mit irgendwelchen Hautreizungen oder so da rauskommen. Ist ja nicht angenehm, wenn das schmutzig ist.*

Schmutzig bedeutet für sie nur Dreck, der sich nicht mehr aus dem Bikini waschen lässt, oder der unappetitlich auf der Haut ist.

I¹: *Wie wichtig ist für dich, dass du über die Wasserqualität aufgeklärt bist?*
S¹: *Ja, im Prinzip sehr wichtig. Wie schon gesagt. Wenn es so schmutzig ist. Ich hatte das ja schon einmal erlebt. Ich bin mit 'nem Bikini in'n See gegangen und kam nach Hause, wollte den auswaschen, da war alles schmutzig,*

der war gelb, der Bikini. Und da ist es natürlich nicht so schön, nä. Also, ich mein', wenn man mal so überlegt, was man da alles an seiner Haut da gehabt hat. Nee. Also, für mich ist das eigentlich sehr wichtig. Doch.

Bei der konkreten Nachfrage, was sie denn unter schmutzigem Wasser verstehen würde, nennt sie nur Kleinlebewesen und Urin, aber nicht einen naturwissenschaftlichen Parameter für Wasserqualität. Sie gibt zwar an, dass sie an einer naturwissenschaftlichen Erklärung interessiert sei, das Interesse reicht aber über eine pragmatische Information, ob man in diesem See baden kann oder nicht, nicht hinaus.

I[1]: *Und findest du es wichtig, dass man das naturwissenschaftlich erklären kann?**
S[1]: *Ob ich darüber informiert bin? (...) Teils, teils. Ich mein, ich muss es nicht jeden Tag hören. Aber ich mein, wenn mir das wichtig ist, ob die Wasserqualität gut ist, dann würde ich sagen ja. Gerade an Seen. An Seen ist es mir, glaub ich, besonders wichtig, das zu wissen.*

Das Interesse wird auch nicht in ein Hobby oder in Handlungsbereitschaft übertragen; sie spricht auch nicht in ihrer Freizeit darüber:

S[1]: *Ich hab' mich schon oft dabei erwischt, dass ich meinen Eltern, das was ich hier in der Schule gelernt hab, sag ich mal, denen auch gesagt hab oder so nä (...) aber sonst hab ich mich eigentlich nie so freizeitlich, sag ich mal so, darum bemüht, anderen was davon zu erzählen, was in der Umwelt so vor sich geht, oder so.*
I[1]: *Auch nicht selbst aktiv geworden, dass du dich für den Schutz einsetzt?*
S[1]: *Freizeitlich nicht, nee.*

Obwohl Susanne schon mit dem konkreten Berufswunsch Krankenschwester ins Profil kommt, sieht sie keine Wichtigkeit der Naturwissenschaften für ihren Beruf.

I[1]: *Kannst du dir vorstellen, dass du in deinem Beruf einmal Naturwissenschaft gebrauchen kannst?*
S[1]: *Nein.*
I[1]: *Warum nicht?*
S[1]: *(...) Weil das einfach nicht mein Fachgebiet ist. Ich bevorzuge, sag ich mal so, andere Themen für den Beruf. Und da wär' das für mich zu trocken. Für mich.*

Das einzige Fach, bei dem sie eine Verbindung zum künftigen Beruf sieht, ist die Biologie, die sie hier aber wahrscheinlich nicht zu den Naturwissenschaften zählt. Was dafür spricht ist, dass ihr Interesse bei der Facharbeit eher auf die Biologie und die Tiere direkt gerichtet ist als auf naturwissenschaftliche Rahmenbedingungen.

I[2]: *Welche Teile der Arbeit, das war ja ähm biologisches, 'n chemischer und 'n Umweltschutzaspekt, äh welche Teile ham dir da am meisten Spaß gemacht?*
S[2]: *(...) Der biologische würd' ich sagen.*
I[2]: *Warum? (...) Was war da besser als bei den anderen?*
S[2]: *Na weil's da ja mehr um die Flussmuscheln geht, als warum die nu in der Binge[2] sind, sach ich mal so. Also (...) deswegen.*

Es ist nicht klar, wo die Grenze zwischen Chemie und Biologie zu ziehen ist. Filtrationsvorgänge durch Muscheln gehören für Susanne zur Chemie.

I[2]: *Hast du denn durch die Arbeit irgendwas gelernt, was du hier in der Schule noch gebrauchen kannst? Dass du sagst: Da hab' ich gelernt, wie man, und das kann ich jetzt in Deutsch, Englisch, Politik, was weiß ich wo gebrauchen?*
S[2]: *Nnnö, also für die Hauptfächer hab' ich da wahrscheinlich nichts gelernt.*
I[2]: *Chemie auch.*
S[2]: *Für Chemie eventuell das, dass die Flussmuscheln das Wasser filtern. Aber, äh, ich glaube nicht, dass das, dass ich das noch für irgendwas verwenden kann.*

Die Bedeutung der Chemie für ihre Berufsausbildung sieht Susanne im dritten Gespräch im Umgang mit Medikamenten.

I[3]: *Ähm, Wie wichtig, denkst du, ist es als Krankenschwester über chemische Kenntnisse zu verfügen? In der Ausbildung.*
S[3]: *(...) Nnja, eigentlich ja doch sehr wichtig, weil die Medikamente bestehen ja im Prinzip auch so aus einigen chemischen Dingen, und dann sollte man schon wissen, mit was man da umgeht. Und deswegen denk' ich, spielt das 'ne sehr große Rolle mit.*

Obwohl sie hier konkret Medikamente nennt und chemischen Kenntnissen eine große Rolle zuschreibt, weiß sie nicht genau, was ihr die in der Schule erworbenen Kenntnisse dabei nützen können. Der Fachunterricht in Chemie hat den Anwendungsaspekt der Wissenschaft nicht deutlich machen können. Auch ein propädeutisches Verständnis der Sicht der Chemie auf die Wirklichkeit ist nicht erkennbar. So ist es auch nicht verwunderlich, dass Susanne nichts zu ihren Erwartungen an Chemie als Technologie sagen kann.

I[3]: *Welche Chancen siehst du denn, ähm, durch Chemie in Zukunft für den Menschen? Welche Chancen und Gefahren denkst du, dass die Chemie den Menschen bietet für die Zukunft?**

2 Bach hinter der Schule.

S[3]: *Ja, dass die Menschen denn nicht lange mehr leben werden, wenn das so weiter geht mit der Chemie. Oder nicht? Ich kann die Frage jetzt nicht beantworten, weiß ich nicht!*

Sie hat zwar eine diffuse Vorstellung davon entwickelt, dass sich „Chemie“ auch außerhalb von Fabriken abspielen kann, konnte aber keine fachtypische Sichtweise von Chemie als der „Wissenschaft von den Stoffen und ihren Umbildungen“ aufbauen.

I[3]: *Gibt's denn auch Chancen, Möglichkeiten durch Chemie für den Menschen.(...) Also, irgendwas was positiv äh, von Chemie ausgeht?*
S[3]: *Ja bestimmt. Ich mein, das is ja, is ja, nee fällt mir jetzt nichts ein, nee. (...) Ich mein, in der Natur ist im Prinzip Chemie, da in der Erde und so. Also, muss es ja irgendwas äh Gutes an der Chemie geben. Sonst würden ja gar keine Pflanzen und so leben. Und wir ja auch nicht.*

Es ist dann auch nicht verwunderlich, dass sie den Naturwissenschaften für die Zukunft keine große Bedeutung zuweist, auch für sich persönlich nicht. Auch Wissen darüber hält sie nicht für notwendig.

S[3]: *Mhm.(...) Also so genau hab' ich mich mit Technologien noch nicht so auseinander gesetzt, aber. Wenn ich jetzt so sagen könnte, was vielleicht wichtig für die Menschen is in der Zukunft, dann würd' ich sagen, so Computer, so.* Das *Klonen und Genmanipulation, oder wie das auch immer heißt da, nee, find' ich nicht wichtig.*
I[3]: *Denkst du, dass das keine Bedeutung hat?*
S[3]: *Nee, also für mich jedenfalls nicht.*
I[3]: *Muss man auch nicht drüber informiert sein?*
S[3]: *Nein.*
I[3]: *Möchtest du auch nicht genauer verstehen, oder so?*
S[3]: *Nein. Nein, möchte ich nicht.*

Auch ein Zusammenhang zwischen Naturwissenschaften und Gesellschaft konnte Susanne nicht deutlich werden.

I[3]: *Denkst du, dass naturwissenschaftliche Kenntnisse auch für 'ne politische Entscheidung wichtig sein könnten?*
S[3]: *Mm, nein.*

SELBST

Susanne hat eigentlich keine ausgeprägten Lieblingsfächer oder Lernbereiche, die sie besonders interessieren. Wichtig ist für sie viel mehr, dass sie eine Chance hat, das zu verstehen, was sie lernen soll.

I[1]: *Wenn du lernst, gibt es Gebiete, wo du gerne was dafür tust?*

S[1]: *Im Prinzip nicht. Ich lerne gerne, wenn ich die Sachen verstehe. Also, sobald ich merke, ich verstehe das, dann bringt es mir Spaß und dann lerne ich auch gerne. Aber wenn ich merke, das bringt nichts, und das geht da rein und da wieder raus, dann könnt ich kotzen so ungefähr.*
I[1]: *Gibt es Lieblingsfächer?*
S[1]: *Ja so Chemie. Deutsch. (...) Das war's eigentlich auch schon. (...) Sport. Mehr nicht.*

Auch bei der Facharbeit war neben dem Interesse für Tiere wiederum wichtig, dass die Aufgabe bewältigbar scheint.

I[2]: *Und warum hast du dir das Thema ausgesucht?*
S[2]: *Oh, weil ich erstens mal nicht wusste, was genau Flussmuscheln sind und (...) weil mir das ziemlich (...) gut erschien, also dass ich das wohl locker schaffen könnte.*

Auf ein Missgeschick angesprochen, nennt Susanne unter anderem eine Notenverschlechterung in Chemie. Warum sie sich in Chemie so verschlechtert hat, weiß sie nicht und nimmt es auch zur Kenntnis, als könne man daran nichts ändern.

S[1]: **Na und in der Schule, dass ich mich in Chemie so verschlechtert hab. Wodurch, weiß ich auch nicht. (...) Mm. Wenn man bedenkt, dass ich vor zwei Jahren oder so eine Eins oder eine Zwei in Chemie gehabt hab und jetzt wahrscheinlich eine Fünf im Zeugnis, nä, ist das ziemlich frustrierend.*

Auf die Frage nach ihren Stärken fällt Susanne zunächst gar nichts ein. Selbst als sie auf ihre sportlichen Fähigkeiten angesprochen wird, sagt sie sehr viel deutlicher, was sie *nicht* kann.

I[1]: *Und du kannst auch gut Sport treiben?*
S[1]: *Ja, ich denke schon, ich geb' mir Mühe. (...)*
I[1]: *Sport, also das wäre 'ne Stärke von dir.*
S[1]: *Ja. Aber so z.B. Arbeitslehre, also technisch überhaupt nicht. Kunst auch nicht.*

Auch im weiteren Verlauf des Interviews beschriebt sie Tugenden, über die sie verfügt, nicht ihre Fähigkeiten.

I[1]: *Worauf kannst du am meisten stolz sein?*
S[1]: *Auf meine Zuverlässigkeit (...) denk ich schon (...) Doch, darauf bin ich am meisten stolz, auf meine Zuverlässigkeit.*

Zuverlässigkeit gibt Susanne im Interview 3 als eine wichtige Tugend für den Beruf der Krankenschwester an. Ihre Aussagen können auch vor dem Hintergrund ihres Rollenverständnisses als Frau gedeutet werden.

I[3]: *Dein Traumberuf. Was denkst du, was du dafür können musst?*

S[3]: *(...) Hm, zuverlässig (...) muss ich sein, flexibel, (...) und hm, was noch (...) das ist so im Groben und Ganzen das Wichtigste. Zuverlässigkeit und Flexibilität.*

AKZEPTANZ PROFIL

Susanne hat auf der einen Seite Probleme damit, dass der Unterricht relativ locker organisiert ist. Die vielen Freiheiten und die mangelnde Kontrolle werden dennoch auch von ihr ausgenutzt. Sie macht sich aber Gedanken darüber, ob die Lehrkräfte sich durch dieses Verhalten verletzt fühlen könnten.

I[2]: **Wenn ich jetzt Rektorin wäre an 'ner Schule und würde zu dir kommen und würde fragen: Soll ich an meiner Schule Profilunterricht einführen oder nicht? Was würdest du mir raten?*
S[2]: *(...) Nee. Würde ich abraten von. In gewisser Weise ist der Profilunterricht schon, äh, gut, aber ich denke auch, dass er den Schülern irgendwie Flügel verleiht irgendwie. Weil man ja auch freier ist. Man tut das, was man will. Das sieht man ja auch bei uns, wir nehmen uns unsere Pause, wann wir wollen, und das gibt es bei anderen Fächern nicht. Da hat man sitzen zu bleiben, bis die Stunde vorbei ist und äh wenn, wenn einige da draußen rumhämmern und wir sitzen in der Klasse und machen unser Schriftliches und haben und möchten eine rauchen, dann gehn wir eben raus. Kann ja keiner kontrollieren. Und deswegen denk' ich, dass man da auch den Lehrern irgendwie mit (...) da irgendwie denen vor'n Kopf stößt und das, denk ich, muss man ja nich'.*

Die liebenswürdige Empathie für die Lehrkräfte oder die erneute Betonung ihrer Tugendhaftigkeit passen ebenfalls in das Schema einer traditionell gedeuteten Frauenrolle.

Auf der anderen Seite formuliert sie, dass das Profil ein Lernen im Zusammenhang ermögliche, was ihr besser gefalle und wo sie viel gelernt habe.

I[2]: *Äh, gibt's denn überhaupt Sachen, wo du sagst, da ist das Profil nachteilig oder positiv vielleicht doch 'n bisschen.*
S[2]: *Och, positiv is' es doch, denn man lernt ja viel dazu, und das sind ja gleich drei Fächer auf einmal, sach ich mal so, nä. Biologie, Chemie und dann noch so 'n bisschen da Pflanzen und Tierwelt da (...) nä. Und das geht ja auch leichter von der Hand und is' ja auch wirklich viel lockerer.*

WERTE

Verantwortung für das Projekt und die Umwelt ist Susanne wichtig. Es scheint aber so, als stünde eher wieder ein Sauberkeitsaspekt im Vordergrund.

S[2]: *(...) Warum? Hm, (...) schwer zu sagen. Ja eben weil man, weil ich ja auch durch die Klasse gelernt hab', wie stark das in der Umwelt da auch, nä, mit Müll da belastet werden kann, und weil das ja auch unser Teilstück da ist.*

I²: *Gibt es Dinge, die du jetzt besser verstehst oder anders siehst als vor den Projekten?*
S²: *Ja, auf jeden Fall.*
I²: *Kannst du mal ein paar aufzählen?*
S²: *Ich hab' viel gelernt. Naja, das eben mit der Binge, mit dem Müllsammeln, nä dass man sieht, wie katastrophal das wirklich eigentlich hier ist. Und dass das traurig ist, wenn man sich die Mühe macht und den Müll da sammelt, und am nächsten Tag sieht das genauso scheiße aus wie vorher, nä.(...) Ja.**

Das Thema „Ökologische Lebensmittel" dagegen findet sie nicht wichtig, weil sich ihre Familie schon immer anders ernährt hat. Wieder sieht sie das Thema eher aus der Sicht der Hausfrau als aus der des Naturschutzes oder der Naturwissenschaft.

I²: *Sonst noch aus den anderen Projekten, wo du sagst: Da is' mir direkt 'n Kronleuchter aufgegangen, oder so. (...) Oder ich hab' das früher immer ganz anders gesehen als vor dem Projekt?*
S²: *(...) Naja, gut wir ham ja nu auch da mit diesem ökologischen und so, nä. Da vielleicht noch eventuell so. Mit gewissen Lebensmitteln, oder so. (...) Da, aber ich sach mal so: Ich bin so aufgewachsen, wir haben nie darauf geachtet in unserer Familie, ob das nu äh Fleisch is, was Kontrolliertes is, oder nä. Und deswegen. Ich hab' da jetzt auch keine Lust, mich da umzustellen oder meine Familie irgendwie darauf anzustoßen, hier stellt mal unseren Essensplan um, nä.*

Dass Tugenden bei Susanne einen hohen Stellenwert haben, wurde bei der EA SELBST bereits erwähnt.

ZUKUNFT

Zunächst will sich Susanne auf ihre Ausbildung konzentrieren, für die sie erstmals von zu Hause auszieht.

I³: *Wie sieht denn dein Leben so in naher Zukunft aus? Ausbildung, willst du von zu Hause ausziehen? (...) Schwesternwohnheim oder mit Freunden zusammen oder ...*
S³: *Im Schwesternwohnheim. Also ausziehen noch nicht ganz von zu Hause, aber es ist natürlich schon ein großes Stück, dass 'n großes Stück, dass ich erst mal nur am Wochenende zu Hause bin denn, nä.*

Eine zentrale Entwicklungsaufgabe scheint bei Susanne die Rolle als Frau, die sie klassisch als die der Hausfrau und Mutter deutet. Kochen und Haushaltsführung sind sowohl Hobby als auch Selbstbestätigung. Projekte des Profils, die sie als interessant benennt, sind vor diesem Entwicklungsziel zu interpretieren. Sogar die berufliche Zukunft ist zunächst auf eine eigene Familie mit traditioneller Rollenaufteilung ausgerichtet. Später nimmt die Ausbildung dann eine wichtigere Stellung ein. Ob die EA BERUF vorübergehend stärker in den Mittelpunkt gerückt ist, oder ob sie ihr Verständnis von ihrer Rolle als Frau überarbeitet hat, kann nicht gesagt werden.

Obwohl die Inhalte des Chemieunterrichts der für Susanne zentralen EA ROLLE nicht entgegenkommen, hätten sich Anknüpfungspunkte zur EA BERUF oder KÖRPER ergeben können, da für Susanne der zukünftige, typisch weibliche Beruf als Krankenschwester sehr wichtig ist.

Man könnte sich vorstellen, dass Lernangebote, die eine Anwendung der Chemie in der Medizin oder Pharmakologie beinhalten, Susanne geholfen hätten, ihr schulisches Lernen und die Bearbeitung ihrer Entwicklungsaufgaben verknüpfen zu können.

Da Susanne im Schulfach Chemie aber weder Chemie als Technologie mit großer Relevanz für die Gesellschaft kennen gelernt hat, noch Chemie als Wissenschaft mit der typischen Sichtweise der Welt, wie sie aus Stoffen zusammengesetzt ist, kann sie auch keine Perspektive für ihr eigenes Chemielernen entwickeln.

Susannes Erwartungen an Naturwissenschaften sind deshalb nicht einmal pragmatischer Natur. Die Naturwissenschaften haben weder Bedeutung für ihre Zukunft noch für die Zukunft der Menschen allgemein, weder für ihren Beruf noch für eine politische Entscheidung.

Einzig Biologie scheint für Susanne eine gewisse Relevanz zu haben, da sie bei diesem Fach einen Zusammenhang zu ihrem zukünftigen Beruf erkennen kann.

Das Chemielernen in der Schule, dem sie nicht einmal ablehnend gegenübersteht, bleibt von ihren subjektiven Entwicklungszielen getrennt.

Es sollen nun kurz fünf weitere Jugendliche und ihre erkennbaren Entwicklungsaufgaben vorgestellt werden. Vier weitere Schülerinnen und Schüler, die ebenfalls interviewt wurden, werden im Kapitel 5 ausführlich mit ihren Lernerbiografien beschrieben.

4.5.6 Auswertungsbeispiel Norbert

BERUF

In der neunten Klasse sind Norberts Berufswünsche noch diffus, er kann sich aber vorstellen, dass sein Beruf mit Naturwissenschaften zu tun hat.

N[1]: **Ja, weil es auch Spaß bringen kann, denke ich. Ja, so nix in der Bank oder so, wo man ständig am Schreibtisch sitzt. *Entweder ins Handwerkliche, *oder irgendwie halt Labor oder irgend so was. *Oder Richtung Politik* Da is' man dann zwar auch oft am Schreibtisch, aber (...) das stell' ich mir denn doch recht interessant vor.*

Nach dem ersten Betriebspraktikum im Kindergarten möchte er dann Erzieher werden. Dass dieser Berufswunsch für einen Mann eher untypisch ist, ist für ihn mehr ein Grund als ein Hindernis. Seine Entscheidung für den Beruf als Erzieher begründet er auch vor seinem politischen Engagement für eine demokratische Gesellschaft.

N³: **Ich sehe irgendwie weniger Sinn darin, zur Bundeswehr zu gehen als irgendwie im Kindergarten zu arbeiten und irgendwelche Kinder zu erziehen. (...) Und (...) Also, da kann man ja noch relativ leicht Einfluss drauf nehmen, wie tolerant die werden, und so. *Ähm, außerdem gibt es auch nicht sehr viele Männer in dem Beruf, in dieser Berufsgruppe.*

Norbert arbeitet mit der EA BERUF also auch an seinen Werten und seinem Rollenverständnis. Er geht zunächst in die Oberstufe und will folgende Leistungskurse:

N³: *Englisch, weil ich das sehr gut kann und Geschichte, weil mir das eigentlich auch ganz gut gefällt.*

Studieren will er auf keinen Fall.

N³: *Da habe ich keine Lust drauf. Das ist mir viel zu viel Theorie.*

WERTE

Das politische Engagement von Norbert ist überall durchzuspüren, auch wenn es teilweise etwas handgreiflich ist.

N¹: *(...) Meine Stärken sind z.B. in der Hamburger Innenstadt irgendwo (...) unabsichtlich Prügeleien mit Skinheads provozieren.* (...) Worauf ich am meisten stolz bin? Auf (...) ja, dass ich bis jetzt irgendwie aus Prügeleien immer glimpflich rausgekommen bin. (?) ziemlich unbeschadet geblieben. Ich kenn' einige Leute, die sitzen jetzt wegen Prügeleien mit Glatzen im Rollstuhl.*
I¹: *Hm. Das wär' aber kein Grund für dich, dich da rauszuhalten?*
N¹: *Nö. Wer nichts tut, macht mit.*

Auch die Frage nach seinen Freizeitaktivitäten benutzt er zu einem politischen Statement. Er ist stolz, dass er ein guter Segler ist.

N¹: *Weil, also, das ist was, worauf man stolz sein kann. Also, das ist davon abhängig von der eignen Leistung. Ich kann z.B. nicht verstehen, wenn einer sagt: Ich bin stolz, ein Deutscher zu sein. Dass er Deutscher ist, ist ja mehr oder weniger Zufall.*

Sogar im Biologieunterricht hätte er etwas gelernt, was man für die Politik gebrauchen kann:

N^2: *(...) Ja, das ist eher, so wie man sich im Unterricht verhalten muss. Man muss halt die halbe Antwort wissen oder so tun, als weiß man die Antworten, aber in Wirklichkeit (?) die Antworten.*

Nach seinen großen Zielen befragt, sagt er, er wolle ...

N^3: **auf jeden Fall, bei der Schließung des ersten, ähm, AKW dabei zu sein. Also bei der Demo, die das bewirkt.*

Er hat eine sehr differenzierte Vorstellung davon, was man wissen sollte, bevor man wählt, und findet es auch für politische Entscheidungen unerlässlich, sich mit Naturwissenschaften auszukennen. Er erwartet von zukünftigen Technologien, dass sie gegen Krebs und Aids Mittel finden.

N^3: **Weil das zwei Probleme sind, die sich aus unserer heutigen Gesellschaft so herausbilden, dass die nicht sehr schnell wieder vorbei sein werden.*

Außerdem fordert er den Ausbau alternativer Energien. Er meint, dass alle Menschen über Atomkraftwerke informiert sein sollten.

N^3: **Und zwar sollte vor allem jeder wissen, was für Gefahren da sind. Weil die meisten Leute nehmen es so hin, dass es die Dinger gibt und, ähm, ganz viele Leute sagen auch aus voller Überzeugung, die Viecher sind sicher, nur weil ihnen das irgendwann mal jemand vorgepredigt hat.*

Er selbst hat sich differenziert dazu informiert.

N^3: **Auch, so, über, also, über zwei Seiten. Einmal über den offiziellen Weg. Also, wir haben jetzt zum Beispiel in Physik darüber was gemacht. Da haben wir so 'ne Broschüre von den Atomkraftwerkbetreibern gekriegt. Das war sehr interessant, mal deren Sichtsweise darüber zu sehen. Den technischen Standpunkt, und dann aber halt auch so vom ... Die haben halt da auch wieder geschrieben, dass alles sicher ... Und dann halt den Gegenstandpunkt zu, den von Greenpeace und all den .... Und nichts wie Widerstand, und so was.*

ZUKUNFT

Zunächst wohnt Norbert weiter bei seinen Eltern, will mindesten bis zur zwölften Klasse auf die Oberstufe, dann prüft er nochmals seinen Berufswunsch.

N^3: *Aber ich mache vorher erst mal ein freiwilliges, soziales Jahr, mindestens. Weil ich wahrscheinlich nicht zur Bundeswehr gehen kann, wegen meiner Allergien. Deswegen werde ich auch keinen Zivildienst machen können, müssen. Und, ähm, insofern mache ich dann erst mal freiwilliges, soziales Jahr, um zu gucken, ob das auch wirklich das ist. Weil, ich habe da keine*

Lust drauf, irgendeinen Beruf erst mal zu lernen, langwierig, und dann irgendwann mal, nach ein oder zwei Jahren, festzustellen, das ist doch nicht das, was ich mir vorgestellt hatte.

Norbert hat keine großen Zukunftspläne, sondern lebt, wie er sagt, eher spontan. Er weiß noch nicht, ob er Kinder haben möchte, weil:

N³: *... allein daraus, also aus dem Gesichtspunkt, dass ähm, also, ... Okay, diese Anstrengung mit den Kindern lohnt sich auch wieder, so mit dem Spaß, den man mit Kindern haben kann. Aber, einfach aus dem Grunde, dass man in so eine völlig verkorkste Welt keine Kinder mehr setzen sollte, finde ich. Zumindest nicht so viele. (...) Also, das ist mein momentaner Standpunkt, nä.*

LERNERWARTUNGEN AN NATURWISSENSCHAFTEN

Norbert steht dem Chemielernen nicht ablehnend gegenüber; obwohl er Chemie als sein schwaches Fach angibt, lernt er weiter.

N¹: **Ist auf dem Weg der Besserung, Chemie.* [Chemie sei, so N¹] **nicht so das Wichtigste im Leben, aber ... Vielleicht ist es auch später mal ganz nützlich, wenn man naturwissenschaftliche Erklärungen kennt. Irgendwie, je nachdem, was man für 'n Beruf haben will. (...) Vielleicht gehört das auch so 'n bisschen mit zur Allgemeinbildung.*

Er sieht nicht nur Gefahren, sondern auch Chancen durch Chemie als Technologie.

N³: *Einmal werden, denke ich, in Zukunft in der Waffentechnologie die C-Waffen gefährlich werden für die Menschen. Andererseits wird natürlich auch die medizinische Technik in der Chemie weitergehen. Sprich, künstliche Präparate, die hergestellt werden auf chemischem Wege. Das wird ziemlich wichtig werden.*

Er hatte sich zur Facharbeit die Kartierung der Binge ausgesucht, weil er gern Bodenproben untersuchen wollte. Neben der körperlichen Arbeit im Profil haben ihm die zu Beginn durchgeführten Wasser- und Bodenuntersuchungen sehr gefallen. Dennoch hat ihm der Chemieunterricht keinen Spaß gemacht und er erklärt auch, warum.

N²: **Also, ich hatte gehofft oder ich hatte mir eigentlich eher vorgestellt, so dass Chemie mehr integriert wird. Also, das heißt, dass wir also, das finde ich so, ähm, eigentlich den Lehrgang machen und dann mal, so für zehn Minuten mit Bezug auf unser aktuelles Thema 'Mensch und Natur'.*

Chemie in der Anwendung gefällt ihm und er bedauert, dass der Chemieunterricht keinen Anwendungsbezug hat. Die zentrale Entwicklungsaufgabe scheint bei Norbert die Entwicklung eines eigenen Wertekatalogs zu sein, was vor allem durch sein politisches Engagement deutlich wird. Seine Einstellung gegenüber der Chemie ist aufgeschlossen, und auch das Chemielernen macht ihm dort Freude, wo er einen Anwendungsbezug sehen kann. Er hat von Chemie ein Bild einer Technologie mit gesellschaftspolitischer Relevanz entwickelt und bedauert, dass die Lernangebote im Fach Chemie dazu so spärlich sind.

4.5.7 Auswertungsbeispiel Ulrich

BERUF

In der neunten Klasse ist für Ulrich der Berufswunsch noch nicht klar, aber er kann sich vorstellen, Naturwissenschaften dafür gebrauchen zu können, damit er, wenn er ...

U^1: **mit Pflanzen oder Tieren arbeite, dass man da genau weiß, was sie abkönnen und nicht.*

Wichtig ist, dass er viel praktisch arbeiten kann und wenig Schreibarbeiten machen muss.

U^1: *Nichts geht für mich über so 'n kleinen Spaten in der Hand, wo ich dann irgendwo was buddeln kann, als dann zwei Stunden irgendwo zu sitzen und schreiben.*
U^2: *Ich kann stundenlang über Büchern sitzen und was aufschreiben. Und ich sehe hinterher für mich persönlich nicht, was ich getan habe. Is in meinen Augen dann verschwendete Zeit.*

Das Fach „Mensch & Natur“ ist sein Lieblingsfach, da ...

U^1: *Bin ich stark, weil mehr dieses praktische Arbeiten*, das macht mir Spaß. *Und schwach bin ich im ganzen theoretischen Mist.*

Seine schulischen Leistungen schätzt er sehr schwach ein, und er weiß noch nicht, ob er einen qualifizierten Abschluss bekommt; wenn doch, würde er den Beruf des Polizisten in Betracht ziehen. Er hat außerdem ein Handikap mit zwei verkrümmten, steifen Fingern, deshalb haben Ärzte ihm von seinen Wunschberufen im Naturschutz oder als Förster (U^2) wegen des Verletzungsrisikos abgeraten.

Am Ende der zehnten Klasse hat er einen qualifizierten Abschluss bekommen, geht zunächst für ein berufsförderndes Jahr auf eine Gewerbeschule und möchte dann im Bereich des Ernährungswesens einen Lehre beginnen.

U^3: *Also *Koch, Bäcker, Konditor und so was. Also, auf jeden Fall mit Essen.*

WERTE

Ulrich arbeitet stark an seinem Wertesystem. Besonders liegt ihm der Umweltschutz am Herzen. Aus diesem Grund ist er gerne im Profil „Mensch & Natur“.

U²: *Er* [Profilunterricht E.S.] *ist wesentlich besser, weil es wird auch mal näher auf irgend 'ne Frage eingegangen, wie zum Beispiel, *was die Umwelt betrifft, was im herkömmlichen Unterricht alles nur Theorie ist, machen wir halt auch praktisch und wir sehn's dann auch.*

Er bedauert die Gleichgültigkeit seiner Mitmenschen, die er bei seiner Befragung in der Facharbeit erfahren hat.

U²: *Was ich rausgefunden habe*, dass halt den Leuten die Binge eigentlich vollkommen egal ist. Und ich weiß nicht, ob ich diese Gleichgültigkeit, äh, der Natur gegenüber später im Leben brauchen kann. Und, ich hoffe, dass sich dieser Fragebogen, diese ganze Gleichgültigkeit, die da drin vorkommt, nicht so auf mein späteres Leben auswirkt.*

Er entwickelt seine Wertevorstellungen unter einem Nutzaspekt für Menschen oder Umwelt. Bei der Entscheidung für eine Partei sind für ihn nicht nur die Parteiziele wichtig, sondern:

U³: **ob die Ziele auch, ähm, realisierbar sind oder in 'ner Utopie enden. Nur was durchführbar ist und anderen hilft, ist akzeptabel:*

U¹: *Dann mach' ich auch noch die freiwillige Feuerwehr mit, nur den Bundeswehrdienst, den will ich nicht haben. Das muss nicht sein. Ich glaube, ich helfe weniger, wenn ich mit 'nem Maschinengewehr in der Hand durch die Gegend renne, oder da drei, vier Monate mit zubringe, durch den Schlamm zu robben. Ich glaub', da helf' ich keinem mit.*

Ein wichtiger Wert ist für ihn – außer dem Umweltschutz – also die Möglichkeit, Menschen zu helfen. Er hat auf der Straße eine kranke Person gefunden und fand es sehr schlimm, dass er nicht qualifiziert helfen konnte. Jetzt will er einen Erste-Hilfe-Kurs machen.

U¹: *Ja, kann von mir aus auch über 'ne Woche gehen, Hauptsache ich lern' da, wie ich 'nem Mitmenschen helfen kann, wenn er Hilfe braucht. Nicht, dass mir so was wieder passiert.*

Sein Engagement für den Umweltschutz und seine Mitmenschen spiegelt sich auch in seinen Erwartungen an die Naturwissenschaften als Technologien wider. Er nennt:

U³: *... umweltfreundlichere Energiegewinnung, Krebsheilung, Mittel gegen den plötzlichen Kindstod, Gentechnik* (wenn man damit dem Menschen helfen kann und keine Wildtiere mehr ausrotten muss), *umweltfreundlichere Kunststoffe* (dass weniger Öl gebraucht wird), *sauberere Verbrennungsmotoren und verbesserte Sicherheitsvorkehrungen in chemischen Betrieben.*

Auch die Erwartungen an Chemie als Schulfach gehen in Richtung Umweltschutz. Er möchte wissen ...

U[1]: *... *was schädlich ist und was nicht. Weil man ja auch auf die Umwelt dabei achten sollte, und nicht einfach irgendwas irgendwo hinkippen. Muss nicht sein, dass da irgendein Baum dann in der Umgebung eingeht, oder das dann ins Trinkwasser gelangt, weil das nicht rausgefiltert wird. Manche Leute reagieren da auch allergisch drauf.*

Chemisches Wissen meint er auch für seinen Beruf zu brauchen..

U[3]: *Gerade bei Ernährung. Sehr wichtig. Weil, ja, man muss ja wissen, wie reagiert was mit wem. Und da ist ja immer dann ein bisschen Chemie mit bei. Und wenn man da so 'n paar Grundkenntnisse hat, ist das schon einfacher, als wenn man ohne jegliches Wissen da reingeht.*

Auch für eine politische Entscheidung findet er naturwissenschaftliche Kenntnisse brauchbar:

U[3]: *Im bedingten Rahmen schon. Ja. Wenn man weiß, wie die Umwelt funktioniert, und man weiß, was so die Partei vorhat, dann kann man ja gut entscheiden, findet man das richtig oder nicht. Und dem entsprechend kann man dann wählen.*

PEERS

Ulrich geht lieber mit Freunden aus als am Computer zu sitzen und freut sich, wenn die Saison auf dem Dauercampingplatz beginnt, weil er dann Leute treffen kann, die er sonst nicht sieht und mit denen er sich gut versteht. Dort kann er auch die Kompetenzerfahrungen machen, die er in der Schule kaum macht.

U[1]: **Stolz bin ich auch sonst so, auf meine Freunde, mit denen ich was unternehmen kann. Dass ich sie zu meinen Freunden zählen kann, und viele sind es nicht mehr. Und, ja, die geben mir auch das Gefühl, da wirklich mit zu zu gehören und nicht nur nebenbei zu laufen. Das ist mir auch schon wichtig. Dass man immer jemanden hat, an den man sich wenden kann, und den brauch' ich auch hin und wieder. Das ist auch eigentlich eins der wenigen Sachen, wo ich noch stolz drauf bin.*

Auch seine Facharbeit hat er unter einem kommunikativen Aspekt ausgewählt. Er hat mit einem Fragebogen Anwohner am Bach zum „Leben mit und an der Binge“ befragt.

U²: *Weil *ich wollte gerne mal wissen, was sagen Nachbarn, Bekannte und auch unbekannte Leute so dazu.*

Er gibt an, mit der Arbeit – außer Rechtschreibung und Ausdrucksfähigkeit – auch den Umgang mit Menschen gelernt zu haben. Auch das Praktikum habe ihm gefallen.

U¹: **weil die Leute viel geholfen haben, ging's mir da gut, hat's auch geklappt.*

ZUKUNFT

Auf die Frage, ob es Zusammenhänge gäbe zwischen dem, was er in der Schule lernt, und dem, was er später vorhat, konstatiert Ulrich:

U¹: *Also, für mich noch nicht. Ich bin sicher, dass da irgendwo einer besteht, so 'n Zusammenhang, aber für mich noch nicht. Für mich ist das Meiste in meinen Augen unwichtig, das ich später eh nicht mehr brauche.*

Außer einigen Negativbeispielen aus der Mathematik nennt er:

U¹: **teilweise auch das, was wir in Chemie machen, der Atomaufbau, der interessiert mich überhaupt nicht, aber ich muss ihn lernen.*

Zukunftspläne hat Ulrich keine, er bleibt zu Hause wohnen und macht erst mal seine Ausbildung. Eine Familie mit Kindern wäre schon schön, aber er macht keine Pläne, weil man nie weiß, was auf einen zukommt.

Bei Ulrich stehen die EA PEERS und vor allem WERTE im Vordergrund. Er erwartet vom naturwissenschaftlichen Unterricht dafür pragmatische Handlungsanweisungen, von der Technologie Erfindungen, die den Menschen oder der Umwelt helfen. Auch für ihn steht also der Anwendungsbezug der Chemie im Vordergrund. Das propädeutische Lernen abstrakter Modellvorstellungen in der Chemie beschreibt er dagegen für seine Entwicklungsziele nicht nur als nutzlos, sondern als zusätzliche Belastung. Er betont, ähnlich wie Susanne, zwar die Wichtigkeit von Chemie im Hinblick auf seinen Beruf, kann aber keine Vorstellung entwickeln, die ihm hilft bei Ernährung zu wissen, wie was mit wem reagiert.

4.5.8 Auswertungsbeispiel Olaf

BERUF

In der neunten Klasse weiß Olaf noch nicht genau, was er machen will.

O¹: *Ja, also ich hab' schon Lust auch irgendwas in diesem, in der ökologischen Landwirtschaft zu machen. Aber äh, gut das hat natürlich auch nicht so die große Zukunft, sag ich mal. Und, ja, ich weiß nicht, ich würde natür-*

lich auch gerne irgendwas mit dem Wissen, was ich hab, über diese ganzen Umweltgeschichten irgendwas beruflich machen. Aber was weiß ich nicht.

In der zehnten Klasse haben sich seine Pläne konkretisiert. Zunächst wollte er weiter auf die Schule gehen und Abitur machen und dann Hufschmied lernen, weil man sich damit gut ein anschließendes Studium finanzieren könne. Nun will er lieber gleich in die Berufsausbildung.
O[3]: **Wenn ich dann noch wirklich studieren will, dann kann ich Abitur noch nachmachen, wenn ich Lust dazu hab', aber im Moment hab' ich einfach keine Lust mehr auf Schule.*

Da Hufschmied kein Lehrberuf ist, muss er verschiedene Ausbildungen absolvieren.

O[3]: *Ja, ich mach' 'ne Metallbauausbildung und danach, die dauert dreieinhalb Jahre, danach werd' ich ein praktisches Jahr beim Hufschmied machen, und dann werde ich wahrscheinlich nach Berlin gehen *in eine Lehrschmiede, da auf der tierärztlichen Hochschule und *so 'ne Art Lehrgang machen, der dauert glaub' ich, fünf Monate und dann, das endet mit 'ner Prüfung, und dann ist man staatlich anerkannter Hufschmied und dann ...*

Er möchte sich dann selbstständig machen und sieht gute Chancen, weil es ein seltener Beruf ist und er meint dadurch wenig Konkurrenz zu haben.
Chemie brauche er dafür nicht.

O[3]: *Nee, also, es sind natürlich chemische Prozesse, die da zum Teil vor sich gehen nä, aber ... Es hat dann auch noch nicht mal chemische Namen, oder so also von daher. *wenn man das Eisen so meinetwegen herausholt, wenn es warm ist und äh die entsprechende Temperatur hat, und dann das formt mit dem Hammer, denn blättert immer so was ab, das ist praktisch das verbrannte Eisen, das heißt dann in dem Fall allerdings ähm (...) ähm (...) Zunderschicht oder so. Also, das ist auch nicht unbedingt so 'n chemischer Begriff, nä, also, das ist natürlich 'n chemischer Prozess, aber damit befassen die sich da nicht so großartig.*

Auch in seiner Freizeit beschäftigt er sich intensiv mit der Natur. Er hat ein Islandpferd, das er sehr gut reiten kann, einen Bienenstock, und er hat den Garten umgestaltet:

O[1]: **das mach' ich alles nach ökologischen Kriterien im Garten. Und, ähm, grundsätzlich nur heimische Sträucher, und da wird auch nichts anderes rein gepflanzt.*

Sein Praktikum hat er auf einem ökologischen Bauernhof gemacht, was ihm Spaß gemacht und wo er viel gelernt hat.

ZUKUNFT

Olaf wohnt zunächst noch zu Hause, weil er eine Ausbildungsstelle am Wohnort hat. Für seine weitere Ausbildung muss er dann nach Berlin oder Hannover umziehen. Zukunftspläne wechseln beim ihm noch ständig; er lässt es auf sich zukommen. Wenn er Lust hat, studiert er noch oder macht eine spezielle Ausbildung, um Reitunterricht geben zu können.

O³: **dann möchte ich eigentlich gerne entweder nach Island gehen und 'ne Bereiterausbildung* [Zureiten von Pferden E. S.] *machen.*
Einen eigenen Bauernhof hätte er auch gerne, den er hofft mit Reitstunden und der Pflege von Pferden finanzieren zu können:

O³: **ich würde eben gerne so, ähm, so was Landwirtschaftliches aufbauen, möglichst traditionell. Es gibt da so Konzepte, *die sich ja mit diesen bedrohten Nutztierrassen beschäftigten, und die machen so Projekte, wo eben so Leute eben auch finanziert werden, die dann diese bedrohten Nutztierrassen halten. Und das würd' ich einfach gerne machen. Nun gut, dafür brauch' ich natürlich 'ne Menge Geld, um das ...*

Familie kann er sich zur Zeit noch nicht gut vorstellen. Für die Zukunft erwartet er von den Naturwissenschaften:

O³: *Also, alle alternativen Energietechniken, also ähm, diese ganze alternative Stromerzeugung und so, *alternativer Treibstoff auch, *Dass man eben von diesem ähm (...) fossilen Brennstoffen weg kommt, und einfach alles, was mit Umwelt zu tun hat, nä, dass das eben unheimlich gefördert wird.*

Themen, über die man in den Naturwissenschaften informiert sein sollte, seien interessenabhängig. Er interessiert sich für klassische Genetik und die Haustierzucht. Zu Chancen und Gefahren der Chemie als Technologie äußert er sich nur vage:

O³: *Ja gut, also, *alles, was wir hier machen ist ja Chemie und birgt natürlich viele Gefahren, aber ich hab' mich also damit nicht so fürchterlich befasst, dass ich nun irgendwie da sagen könnte, was da nun gefährlich oder ungefährlich ist, nä.*

Es brauche nicht immer große Erfindungen, man müsse eben einfach mal auf etwas verzichten:

O³: *Puh (...) ja, also, ich bin eigentlich nicht immer für so fürchterlich viel Veränderung. Also *ich seh' ein, dass man nicht auf ähm Autos verzichten kann, aber dann muss man halt sehen, dass man alternativen Kraftstoff findet, aber ich finde, man muss nicht so fürchterlich viel weiter entwickeln, vielfach muss man auch einfach mal verzichten, das find' ich.*

Er glaubt, dass die Probleme nicht in mangelnder Forschung zu suchen sind, sondern dass Dinge, wie z.B. Wasserstoffmotoren, nicht umgesetzt werden:

O³: **das Hauptproblem ist einfach nicht, *Chemie ähm sich damit* beschäftigt, *sondern es einfach immer nicht durchgesetzt wird, in welcher Form auch immer.*

LERNERWARTUNGEN AN NATURWISSENSCHAFT

Olaf ist einer der wenigen Schüler, der bei dem Badebeispiel des ersten Interviews einigermaßen naturwissenschaftlich argumentiert.

O¹: *Ja, weil *Frau Spörlein sagte schon mal, dass die Werte, wir haben ja da hinten dieses Projekt an der Binge gemacht, und dass die Werte ähnlich sind wie an der Elbe. Und da in der Binge schon so viele Schwermetalle drin sind, werden ja in der Elbe nicht weniger sein.*

Er interessiert sich auch sonst für Gewässer.

O¹: **also, ich habe Karten, wo in verschiedenen Farben eben eingezeichnet ist, stark verschmutzt bis wenig verschmutzt, oder schwach verschmutzt, oder eben ökologisch tot. Also für ganz Deutschland. Also, also, so Rhein und die ganzen großen Flüsse und Seen.*

Er findet es allerdings nicht wichtig, chemisch oder physikalisch argumentieren zu können:

O¹: *Also, da ist, glaube ich, nicht so viel zu erklären. Ja, aber ich mein, wir essen ja das, was da, wenn da meinetwegen Fische drin sind, die Fische werden ja zum Teil gegessen, und dann nehmen wir das ja auf, also, ich glaub', da braucht man nicht so viel zu erklären.*

In der Facharbeit hat er über den Eisvogel geschrieben, weil das ein Thema war, bei dem es um ein Tier ging. Er findet sie gelungen, obwohl:

O²: *Ich hab' so die chemischen Aspekte nicht so sehr berücksichtigt, weil so 'n Eisvogel hat nicht so viel mit Chemie zu tun gehabt. Also, ich hab' zwar einen Wassertest gemacht, aber damit hat sich das denn auch schon erschöpft.*

Im Profil haben ihm die Exkursionen Spaß gemacht, und beim Ökomarkt hat er viele neue Informationen bekommen. Außerdem findet er es gut, dass er organisatorisch dazugelernt hat, wie man Kontakte zu Behörden knüpft oder Geldmittel beantragen kann. Auch er beklagt, dass Projekte und Unterricht nicht besser verzahnt sind.

O²: **was wir jetzt in Biologie machen, das hat nun wirklich überhaupt nichts mit unseren Projekten zu tun, Chemie hat noch weniger oder irgendwas mit unseren Projekten zu tun, das läuft alles völlig unabhängig voneinander, das ist überhaupt nicht mehr zusammenhängend irgendwie.*

Olaf ist sehr engagiert in ökologischen und biologischen Dingen. Sie bestimmen sowohl seinen Berufswunsch als auch seine Zukunftspläne und seine Wertevorstellungen. Wie eng Biologie und Chemie dabei verzahnt sind, konnte ihm nicht deutlich werden, da er weder eine fachtypische Sichtweise von Stoffen bekommen hat noch über die Anwendung von Chemie als Technologie informiert ist. Der Chemieunterricht konnte offensichtlich keine Lernangebote machen, die ihm für seine Entwicklungsziele hilfreich erschienen wären.

4.5.9 Auswertungsbeispiel Frederike

BERUF

Frederike hilft im Haushalt und macht gerne Babysitting. Sie hat sich zunächst auch einen typisch weiblichen Beruf ausgesucht.

Sie möchte Erzieherin werden und glaubt nicht, dass man dafür Naturwissenschaften gebrauchen kann. Sie sieht aber Zusammenhänge mit dem, was sie lernt und dem, was sie einmal machen möchte.

F[1]: *(...) Na ja, den Kindern könnte man das zum Beispiel erzählen, wenn die da jetzt irgendwie Müll finden und das runterschmeißen, und dann könnte man denen erzählen, dass das nicht gut ist. Also, ich denk mal schon.*

Nachdem sie in einem Kindergarten ein Praktikum absolviert hat, gibt sie im dritten Interview den Berufswunsch Gärtnerin an.

F[3]: *Ja, also ich weiß nicht, seit dem Praktikum ... Ich mein, ich bin gern mit Kindern zusammen, das gebe ich ja zu. *nur (...), irgendwie bin ich momentan im Garten wesentlich lieber beschäftigt als jetzt irgendwie mit Kindern im Moment.*

Sie begründet weiter

F[3]: **also ich mein (...) mit den Kindern, da weiß ich ja schon so viel, und von Pflanzen weiß ich noch nicht allzu viel. Ich würd' Pflanzen aber sehr gern kennen lernen.*

Sie hat eine Lehrstelle, bei der ihr wohl wichtig war, dass die bisherigen Auszubildenden des zukünftigen Lehrherrn erfolgreich waren.

F[3]: **Also, er ist einer, der hat alle Lehrlinge, die er hatte, durchgebracht, durch die Prüfung, also sie haben sie alle geschafft. Er hat letztens (...), also öfters welche getroffen, und die wurden alle eigene, also, die wurden richtig Gärtner, die haben sich das dann richtig hochgebracht, haben das selber gemacht dann.*

In Biologie schätzt sie ihre Fähigkeiten hoch ein, Chemie dagegen ...

(F^3): **ist zwar schon eigentlich auch sehr interessant das Fach, nur ich weiß nicht, Chemie mag ich momentan nicht allzu gern.*

Sie hat an der Lehrstelle gleich gefragt, ob Chemie wichtig sei, aber ...

F^3: **Bei ihm kommt nicht so viel Chemie vor. Bei ihm ist das nur, er macht das ähm ... Ich muss da das Computergesteuerte kennen lernen. *und das wird dann alles da irgendwie in so 'nem Teil gemixt schon längst, also ist schon alles drin. Ich muss das denn nur noch da fertig machen.*

WERTE

Zu Gefahren der Chemie fällt ihr ein:

F^3: **wenn da jetzt irgendwas ist, was Explosivartiges sein könnte und das so wie, sag' ich jetzt mal, Gefährdung der Menschen**
Weitere Chancen oder Gefahren kann sie nicht benennen.

Es überfordert sie zu verbalisieren, was sie von Chemie als Technologie erwartet. Informiert sollte man sein bei allen Dingen, die mit dem Beruf zu tun haben, alles andere sei nicht so wichtig.

Auf Beispiele aus ihrem zukünftigen Beruf angesprochen, sagt sie:

F^3: *Ja, Düngung ist für mich nicht allzu wichtig, weil, ich bin der Meinung, wenn die Pflanzen draußen in der Natur ohne Düngung pflanzen äh wachsen, dann können sie auch ohne Dünger im Wachshaus wachsen, bin ich der Meinung, aber doch, darüber würd' ich mich auch schon informieren wollen.*

Sie hat sich auch noch keine Gedanken darüber gemacht, was sie wissen sollte, wenn sie wählen geht, weil es ja noch anderthalb Jahre dauert, bis sie wahlberechtigt ist. Auf die Frage, ob naturwissenschaftliche Kenntnisse für eine politische Entscheidung wichtig sein könnten.

F^3: *N' bisschen, aber nicht allzu viel genau.*

ZUKUNFT

Frederike bleibt zunächst während der Lehre weiter im elterlichen Haus. Ihr Traum ist ein eigenes Haus mit Garten. Im Zuge des eventuellen Transrapid-Baus in ihrer Wohngegend würde sie gerne eine bestimmte Parzelle kaufen.

Sie möchte gerne eine Familie mit mindestens zwei Kindern und sich eventuell selbstständig machen. Sie möchte vielleicht doch noch ihren Traumberuf erreichen und sich zur Reitlehrerin hocharbeiten.

F^3: **Und da sind fünf Leute, die machen Pferdewirt. Wollt' ich auch sehr gerne werden, *und Gärtner gehört mit zur Berufsstellung als Pferdewirtin. So, und dann will ich sehen, wenn ich das geschafft hab', dass ich* *hochgestuft werde. Also, dass ich mich dann noch mal als Pferdewirtin bewerbe, denn ich möchte sehr, sehr gerne Reitlehrerin werden. Also, das ist wirklich ein Traum für mich, Reitlehrerin zu werden. Ich bin sehr gerne mit Pferden zusammen.*

LERNERWARTUNGEN AN NATURWISSENSCHAFTEN

Den Unterricht beurteilt Frederike zunächst nach seinem kommunikativen Wert. Von den Projekten habe ihr der Ökomarkt am besten gefallen, weil:

F²: **Das hat Spaß gemacht wegen dem ganzen Apfelsaft und so, wegen der ganzen Schmiererei und so; *da hat man sich echt gut unterhalten gehabt und so.*

Chemie macht ihr nicht so viel Spaß, aber sie fährt trotzdem ziemlich weit zu ihrem Onkel, der Chemie studiert, um sich etwas erklären zu lassen, und freut sich dann auch, wenn sie etwas verstanden hat. Chemielernen hat für sie einen Sinn.

F²: *Ach nee, ja Chemie, von Chemie lernt man auch viel über Physik und so. Also da kann man ... Chemie kann man sogar in manchen Sachen ... Von Chemie kann man doch echt was lernen über Physik noch und so.*

Sie ist auch der Meinung, im Profil etwas gelernt zu haben.

F²: *Doch, doch, seit der Binge habe ich gelernt, dass man also wegen Wasserstand, jetzt habe ich viel gelernt.*
I²: *Wie? Wegen Wasserstand?*
F²: *Ja, also wegen Wasser, wenn das Wasser jetzt umkippt oder so, durch die chemischen Formeln, wenn man da so alles übt und kontrolliert ...*

Sie hat das Profil gewählt und empfiehlt es auch ihren Freundinnen. Besonders gut am Profilunterricht findet sie, dass die Klasse viele Stunden zusammen Unterricht hat. Außerdem schätzt sie am Profilunterricht besonders die Klassengemeinschaft.

Frederike, die nicht zu den leistungsstarken Schülerinnen zu rechnen ist, würde schon zufrieden sein, wenn sie den Stoff in Chemie überhaupt verstehen könnte. Da sie das Meiste aber nicht versteht, kann die Bedeutung chemischen Wissens weder für ihren zukünftigen Beruf, noch für ihre Werte- oder Zukunftsvorstellungen deutlich werden.

4.5.10 Auswertungsbeispiel Tim

BERUF

Tim ist Hobbytüftler und Modellbauer. Dieses Hobby würde er gerne zu seinem Beruf machen. Er hat in einem Betrieb für Zigarettenmaschinenproduktion ein Praktikum gemacht.

T[1]: **und da würde ich dann gerne in der Mechanik arbeiten.* Er lernt in der Schule durchaus Dinge, die er dafür gebrauchen kann.

T[1]: *Phh, wenn wir in Physik irgendwie Schaltpläne oder so was aufbauen, das ähm habe ich da auch öfters gemacht in* [dem Betrieb].

Als seine Lieblingsfächer nennt er Biologie und Naturwissenschaften, wo er seine Leistungen als stark einschätzt. Er könne sich auch einen naturwissenschaftlichen Beruf vorstellen; er habe sich aber erkundigt und für die entsprechenden Berufe brauche man Abitur und das meint er nicht zu schaffen. Letztlich macht er eine Ausbildung als Energieelektroniker.

T[3]: **weil ich auch an so physikalischen Sachen, so, interessiert bin, so. Elektronik und so was.*

An Vorbedingungen, meint er, bräuchte man:

T[3]: *Physikalisches und mathematisches Denken auf jeden Fall. Und man sollte in Physik und Mathe allgemein nicht zu schlecht sein. *Na ja, ein bisschen Vorahnung sollte man auch schon haben. Die habe ich, weil ich also Modellbau mache.*

Über chemische Kenntnisse zu verfügen, sei nicht so wichtig.

T[3]: *Höchstens über Elektrolyse, und so was. Aber ansonsten meine ich, eher weniger. Weil die Kondensatoren und so was sind ja auch mit Chemikalien voll, und so.*

PEERS

Tim hat das Profil gewählt und es gefällt ihm auch sehr gut. Er begründet das nicht in erster Linie inhaltlich, sondern über die Mitschüler.

T[2]: *Ja, das ist mein Ding. Und von, von der Klassengemeinschaft her auch. Also, wenn ich mir die anderen Klassen so angucke, dann ... (...) Da ist teilweise ein ganz anderer Ton drauf. Also, die gehen wesentlich anders mit sich um als wir bei uns in der Klasse.*

Er meint, bei gleicher Interessenlage sei es einfacher, sich gut zu verstehen.

T[2]: *Das Gute ist, *dass man dann 'ne Klasse hat, die so in etwa die selben Interessen hat, und dass es dann auch kaum Kommunikationsschwierigkeiten gibt. Also, die Klasse versteht sich wesentlich besser, als wenn man in einer bunt durcheinander gewürfelten Klasse ist, wo sich der eine für Industrie interessiert, der andere für Umweltschutz, der andere für, nur für Tierschutz, der andere vielleicht nur für Pflanzenschutz und dann noch andere nur für Autos und so was.*

WERTE

Die Frage, ob naturwissenschaftliche Kenntnisse für politische Entscheidungen wichtig seien, bezieht er zunächst nicht auf seine Person.

T[3]: **Wenn irgendwo eine neue Autobahn gebaut werden soll *und der Politiker, der das angeordnet hat oder anordnen will, weiß nicht, was für eine Bedeutung irgend ein Gewässer mit irgendwelchen speziellen Tieren hat, dann finde ich das eigentlich traurig.* Autobahn kann man wo anders noch bauen.*

Auf die Nachfrage, ob naturwissenschaftliche Kenntnisse auch für ihn als Wähler nötig seien, meint er: Ja, wenn man die Grünen wählen wolle.

T[3]: **Was die Fachbegriffe, die die Grünen teilweise verwenden, mir fällt jetzt bloß keiner ein. Sollte man schon wissen, was das ist. Weil einfach nur die Grünen wählen, weil die versprechen, die Umwelt sauberer zu machen, und man aber noch nicht mal weiß, was genau die machen wollen. Das halte ich für Schwachsinn.*

Er fürchtet sich offensichtlich vor Überbevölkerung, denn er sagt:

T[3]: *Also, so traurig Kriege und so was sein mögen, so gut ist es doch, wenn sie da sind und dadurch weniger Menschen auf der Erde sind. Weil, es kommen immer mehr und irgend wann (...) zu viele. Einfach zu viele, und dann geht gar nichts. Bloß das Problem bei den meisten Menschen ist, dass sie sich so was überhaupt nicht vorstellen können und (...) ja.*

ZUKUNFT

Tims Zukunftspläne sind noch vage.

T[1]: **Vielleicht später mal auswandern nach Schweden. Aber das müssen wir mal sehen, je nachdem, wie da der Arbeitsmarkt ist und so was.*

In der Zeit der Ausbildung und des Wehr- oder Ersatzdienstes (weiß er noch nicht) wird er weiter zu Hause wohnen. Später ...

T[3]: *Also, Familie irgendwann, mit Sicherheit. *Und ich werde auf jeden Fall, ... Karriere werde ich so weit ausnutzen, wo ich kann.* [Und versuche?] *dann auch so viel verdienen, dass ich für mich selber sagen kann, ich habe das erreicht, was ich erreichen wollte.*

Auf die Nachfrage, ob der Beruf an erster Stelle stünde oder er auch zu Gunsten der Familie beruflich zurückstecken würde, meint er:

T[3]: *Ich würde versuchen, anders als mein Vater, das zu* [verbinden?]. *Also nicht nur Karriere machen.*

An die Naturwissenschaften als Technologie hat er folgende Erwartungen:

T[3]: **Und ich denke, wenn man das unter Kontrolle kriegt wie die Kernspaltung, wird das die Energiequelle der Zukunft sein. *Für den Verkehr wird das mit Sicherheit so Hybridautos sein. Gemischt, Diesel oder Benzin. Fahrzeug mit Elektromotor und Akkus.Oder gegebenenfalls *Fusionskraftwerk, praktisch im Kleinformat reinbaut. (...) Das angeblich Gute an der Kernfusion soll ja sein, dass dabei keine radioaktive Strahlung ausgeht. Insofern soll das umweltfreundlicher sein. Ob das nun wirklich so ist, das wird man sehen.*

Als Gefahren der Chemie nennt er Kampfstoffe, als Chancen nennt er Brennstoffe für Autos, die effektiver sind und *sauberer verbrennen* und *chemikalische Antriebe für Raketen,* die ohne Sauerstoff verbrennen, damit sie *eben im Weltraum verbrennen, und so was.*

LERNERWARTUNGEN AN NATURWISSENSCHAFTEN

Neben technischen Dingen ist Tim auch an Tieren interessiert. Er hätte als Facharbeit gerne untersucht, welche Fische in der Binge vorkommen, hat das Thema aber nicht bekommen. Von den Projekten haben ihm die Arbeiten an der Binge und im Innenhof besonders gefallen, weil:

T[2]: *Das praktische Arbeiten,* wo *man dann sieht, was man bewirkt hat. Dass man etwas bewegt hat. Dass man was verändert hat. Das ist (...) ein sehr schönes Erfolgserlebnis* Vorher so trist, und jetzt. Und ich habe mitgemacht. Das ist ein wunderbares Gefühl.*

Er ist der Meinung, dass alle Menschen über die Alltagstechnik informiert sein sollten.

T[3]: *Ich denke, erst mal so Technologien Kassettenrekorder oder Ähnliches, wie die funktionieren. Und dann, auf jeden Fall, wie Autos funktionieren, Eisenbahnen, Flugzeuge. Das sollte jeder wissen. Weil, ich denke, es ist eine ziemliche Bereicherung, wenn man auch weiß, wie eine Bahn funktioniert, oder wo der Strom für die Bahn herkommt, wie die den verarbeitet oder, oder ob das eine Diesellok ist, wie das bei der vonstatten geht.*

*Oder beim Flugzeug, wie der Auftrieb erzeugt wird und so was. Weil es ist für die Leute heutzutage selbstverständlich, *aber wieso das so ist, das wissen die Wenigsten. Und ansonsten, denke ich, dass auch, ähm, alle Leute* *darüber Bescheid wissen sollten, was in einem Kernkraftwerk abläuft, was passiert, wenn so ein Super-GAU ist, oder so was. Das sollten eigentlich alle wissen.*

Tim ist ein Bastler aus Leidenschaft und interessiert sich vor allem für die technische Anwendbarkeit von Naturwissenschaften. Obwohl ihn eher physikalische Phänomene fesseln, hätte er sich sicher auch für Lernangebote in der Chemie erwärmen können, die eine technische Anwendbarkeit der fachlichen Inhalte deutlich gemacht hätten.

4.5.11 Zusammenfassende Ergebnisse der Interviews

Es ist deutlich geworden, dass die von HAVIGHURST 1948/1982 postulierten bzw. die von DREHER & DREHER 1985 überprüften Entwicklungsaufgaben die Jugendlichen noch immer beschäftigen. Auch die Entwicklungsaufgaben, für die das Fach Chemie eventuell hilfreiche Lernangebote machen kann, haben sich herauskristallisiert.

Zum einen ist es die Berufswahl, wo es Anknüpfungspunkte zwischen fachlichem Lernen und individuellen Entwicklungszielen gäbe. Zum anderen ist es die Entwicklungsaufgabe der Werteentwicklung, die die vorgeführten Schülerinnen und Schüler in sehr unterschiedlicher Weise deuten. Von Norberts politischem Engagement über Ulrichs Interesse an Menschen und dem Naturschutz bis zu Olafs Aktivitäten für Natur und Umwelt, versuchen die Jugendlichen eine eigene Haltung als mündige Bürger zu entwickeln.

Auch zur Entwicklungsaufgabe, ein Verhältnis zum eigenen Körper zu entwickeln, könnte das Fach, gerade bei den Mädchen, hilfreiche Lernangebote machen.

Selbst für die Findung einer Geschlechterrolle könnte das Fach Chemie einen Beitrag leisten, wenn es zeigen würde, dass es sich nicht notwendig um eine reine Männerdomäne handelt.

Es ist auch deutlich geworden, dass das Fach Chemie, als reine Fachwissenschaft unterrichtet, die Potenziale nicht nutzt, die bei der Behandlung von Themen, die als gesellschaftlich relevant erkannt werden könnten, bei den Jugendlichen sicher auf ein breites Interesse stoßen würden. Auch in den Interessenstudien wurde immer wieder bestätigt, dass der naturwissenschaftliche Unterricht hier Chancen vergibt, die die Jugendlichen den Fächern geben (z.B. HÄUßLER et al. 1998: 27; GRÄBER/BOLTE 1995).

Dass das wissenschaftspropädeutische Lernen, das von vielen Lehrkräften und Didaktikern als sehr wichtig erachtet wird, nicht zu einer fachwissenschaftlichen Sichtweise der Welt führt, wird nicht nur bei den vorgestellten Schülerinnen und Schülern deutlich, sondern auch durch die Ergebnisse der an drei Hamburger Gesamtschulen durchgeführten Tests zum naturwissenschaftlichen Wissen (siehe Kapitel 4.2), und es wird von der TIMS-Studie auf breiter Basis bestätigt (BAUMERT et al. 1997: 116).

Da es Belege dafür gibt, dass eine verstärkte Behandlung von gesellschaftlichen und technologischen Aspekten im naturwissenschaftlichen Unterricht nicht nur die Relevanz des Stoffes für die Lernenden erhöht, sondern auch das propädeutische Lernen nicht behindert (AIKENHEAD 1994), scheint es an der Zeit, mit dem objektiven Lernangebot den subjektiven Entwicklungszielen der Jugendlichen entgegenzukommen.

Die Entwicklungsaufgaben des Jugendalters sind nicht in eine Sammlung von Lernaufgaben zu pressen, da die Jugendlichen sie auf sehr unterschiedliche Weise deuten. Sie stellen jedoch einen Kanon von Anforderungen dar, denen sich alle Jugendlichen, in welcher Weise auch immer, stellen müssen. Lernangebote im Chemieunterricht, die zur Bewältigung der Entwicklungsaufgaben BERUF, WERTE, KÖRPER und ROLLE einen Beitrag leisten können, machen es den Jugendlichen sicher leichter, einen Sinn im fachlichen Lernen zu sehen. Die Schließung der Lücke zwischen objektivem und subjektivem Bildungsgang käme dabei nicht nur den Lernenden, sondern auch dem fachlichen Lernen zu Gute.

5 Lernerbiografien

5.1 Auswahl der Daten und tabellarische Übersicht

In den nachfolgenden Abschnitten soll die Persönlichkeit der Lernenden zusammen mit der Entwicklung ihrer Fachkompetenz in Lernerbiografien betrachtet werden, um eventuell Erklärungen für Weiterentwicklung oder Stagnation ihrer chemischen Kompetenz zu finden.

Folgendes Material wurde dafür herangezogen:

Zeit	formale Kompetenz	konzeptuale Kompetenz	reflexive Kompetenz
8/ 1997 - 8/ 1998	Unterrichtsbeobachtung	Unterrichtsbeobachtung	Unterrichtsbeobachtung
8/ 1997	1. TIMSS-Tests		1. Schülerfragebogen
4/ 1998		1. Evaluationsaufgabe	
7/ 1998			1. Interview
8/ 1998	2. TIMSS-Tests		2. Schülerfragebogen
12/ 1998		2. Evaluationsaufgabe	Kurzfragebogen
4/ 1999			2. Interview
6/ 1999		3. Evaluationsaufgabe	3. Interview
7/ 1999	3. TIMSS-Tests		3. Schülerfragebogen

Tabelle 5-1: Material für die Lernerbiografien

Anhand des Kurzfragebogens wurden zwei Jungen und zwei Mädchen ausgewählt, von denen jeweils ein Jugendlicher wenigstens teilweise Interesse an Chemie äußerte, der andere nicht.

	Bernd	Yen	Richard	Karin
1 An einem chemischen Problem zu knobeln macht mir einfach Spaß.	+	+	--	-
2 Wenn ich in Chemie etwas Neues dazulernen kann, bin ich bereit, auch meine Freizeit dafür zu verwenden.	-	+	--	-
3 Chemie gehört für mich persönlich zu den wichtigen Dingen.	++	+	--	--
4 Ich glaube, dass mir Chemie bestimmt leichter fiele, wenn ich mich mehr dafür interessieren würde.		+	+	+
5 Kein Mensch kann alles. Für Chemie habe ich einfach keine Begabung.	--	-	++	+
6 Chemie würde ich viel lieber machen, wenn das Fach nicht so schwer wäre.		++	++	+
7 Ich möchte später am liebsten einen Beruf haben, bei dem Chemie möglichst keine Rolle spielt.	-	-	--[1]	++
8 Chemie ist ein Fach, das ich sehr gerne mache und das mir liegt.	++	+	--	--
9 Die Chemie kann uns helfen, unsere Umweltprobleme zu bewältigen.	++	+	--	+
10 Außer viel Umweltverschmutzung hat die Chemie den Menschen nichts gebracht.	--	--	++	-
11 Solides chemisches Wissen muss Bestandteil unserer Allgemeinbildung sein.	+	++	-	-
12 Die Beschäftigung mit Chemie würde ich gerne aus meinem Leben streichen.	--	--	++	++

Tabelle 5-2: Antwortverhalten auf dem Kurzfragebogen

Die Plus- und Minuszeichen zeigen an, wie stark die Jugendlichen einem Item zugestimmt oder es abgelehnt haben. Die Items 1 bis 3 betreffen das Interesse, 4 bis 8 das Fähigkeitsselbstkonzept. Die Items 9 und 10 fragen nach der Einstellung zur Chemie als Technologie und 11 bis 12 nach der Einstellung zur Chemie als Schulfach.

1 Das Item ist negativ formuliert. Mit Einschränkungen hatte Richard damit Probleme und deshalb eine inkonsistente Antwort angekreuzt.

	Bernd	Yen	Richard	Karin
Fähigkeitsselbstkonzept Chemie 1997	sehr stark	schwach	mittel	mittel
Fähigkeitsselbstkonzept Chemie 1998	sehr stark	schwach	schwach	schwach
Fähigkeitsselbstkonzept Chemie 1999				schwach

Tabelle 5-3: Einschätzung der eigenen Fähigkeiten im Fach Chemie in den Schülerfragebögen

Bernd, Yen und Richard nahmen aus organisatorischen Gründen zum dritten Testzeitpunkt (Ende der zehnten Klasse) nicht mehr an TIMSS-Test und Schülerfragebogen teil.

	Anzahl richtiger Lösungen								
	Bernd		Yen		Richard		Karin		
	97	98	97	98	97	98	97	98	99
Alle 11 Aufgaben zur Chemie	7	11	3	9	7	10	3	6	7
9 Aufgaben, die zu allen drei Zeitpunkten im Testheft waren	5	9	2	7	5	8	2	5	6

Tabelle 5-4: Kompetenzentwicklung in der formalen Dimension, abgebildet durch die Leistungen im TIMSS-Test:

	Bernd			Yen			Richard			Karin		
Reaktion	3	3	3	2	2	3	2	2	2	2	2	2
Stoffe	3	3	3	2	2	2	1	1	2	2	1	1
Teilchen	1	1	3	2	2	2	2	2	2	1	2	2

Tabelle 5-5: Kompetenzentwicklung in der konzeptualen Dimension, abgebildet durch die erreichten Kompetenzniveaus in den Evaluationsaufgaben:

Die betonten Felder der Tabelle zeigen, wo es Veränderungen in den Kompetenzniveaus gab.

Die Zusammenfassung dieser und weiterer Daten zu Lernergeschichten soll beleuchten, was die vier Jugendlichen von ihrem Chemielernen erwarteten, ob diese Erwartungen eingelöst wurden, und ob es zu einer Weiterentwicklung chemischer Kompetenz gekommen ist.

5.2 Bernd

„Ich will einfach alles wissen ... einfach um des Wissens willen.“

Bernd wollte eigentlich in das Profil „Mensch & Technik“, das aber wegen zu geringer Schülerzahlen nicht zustande kam. Sein Ziel ist die gymnasiale

Oberstufe, dafür „ruht er sich jetzt aus“: [...] *Ich sage mir jetzt, zehnte Klasse, dann habe ich die Lehrer nicht mehr, und das einzige, was ich hier erreichen muss, das ist nicht schlechter als mindestens 4B* [Zensur E.S.].

Das Einzige, worauf ich jetzt noch hinaus will, ist Oberstufe. Dann strenge ich mich an. In der Oberstufe.

Bernd interessiert sich sehr für Naturwissenschaften und gibt Chemie als eines seiner Lieblingsfächer an. Zu Beginn der neunten Klasse hat er noch keine genaue Berufsvorstellung, kann sich aber einen naturwissenschaftlichen Beruf durchaus für sich vorstellen. Er schätzt seine Fähigkeiten in Chemie sehr hoch ein. Seine Einstellung zur Chemie als Technologie ist sehr positiv, und auch das Chemielernen wird positiv bewertet.

Sein Fähigkeitsselbstkonzept und sein Interesse an Chemie bleiben bis zum Ende der Sekundarstufe I hoch.

Im Unterricht zeigt sich Bernd als ein Schüler, der gerne lernt und auch bereit ist, abstraktes Wissen zu erwerben. Im ersten Interview formuliert er es so: *Ich lerne auf jeden Fall viel. Ob ich das gebrauchen kann, ist dann... 'ne andere Frage. (...) Ich lerne gerne (...), also ich will einfach alles wissen... ich will es einfach wissen... einfach um des Wissens willen.*

Er arbeitet gerne an Aufgaben, die regelgeleitet gelöst werden können, z.B. als mit einem Molekülbaukasten verschiedene aliphatische Alkane nachgebaut werden sollen und er die Zusatzaufgabe bekommt, Isomere herzustellen. Nach kurzer Zeit des Bauens steigt Bernd vom Molekülbaukasten auf Papier und Bleistift um (32. PT[2]). Auch das formuliert Bernd selbst, im dritten Interview: *Also, so was wie die Formeln in Chemie, ja? Und irgendwelche Regeln, oder das Atommodell, das finde ich interessant. Aber wenn ich jetzt Eigenschaften von Stoffen zum Beispiel, also aus irgendwas* [Literatur E.S.] *heraussuchen soll. Die habe ich einmal, die vergesse ich sowieso, da bin ich mir ganz sicher. Und, und dann sind sie auch nicht so wichtig, weil, ich kann sie ja nirgends mehr anwenden. (...) Wenn ich so eine Regel gelernt hatte in Chemie, dann kann ich froh sein, dass ich sie weiß. Die kann ich dann halt immer wieder anwenden.*

Seine Vorstellung von Chemie ist also eine eher mathematische. Man lernt die Regeln und dann kann man alles abstrakt im Kopf machen.

Chemie gefällt ihm auch deshalb, weil er ungern praktisch arbeitet. Er formuliert das im dritten Interview, als er nach seiner Facharbeit gefragt wird (eine Kartierung eines Gewässerabschnitts und dessen Bewuchses), die ihn nicht interessiert hat: *Aber dieses Kartieren ist ja eigentlich fast nur praktische Arbeit. Und ich denke lieber mit dem Kopf, das ist bequemer.*

Welches Thema ihn eher angesprochen hätte, kann er nicht genau sagen: *Aber auf jeden Fall etwas, was mehr mit Chemie zu tun hat. Weil, ich meine, da macht man dann eher weniger Praktisches, dafür mehr theoretisch.* Auf

2 PT = Profiltag; Notizen aus der Unterrichtsbeobachtung.

die Nachfrage, wie so ein Thema aussehen könne, meint Bernd: *Also, Sie haben uns ja so Aufgaben gegeben, die fand ich ganz lustig. Weil es irgend etwas anderes war, und weil, da musste man als Ausnahme auch mal selber überlegen. Vorher war es immer so, wir haben es gesagt bekommen, und dann mussten wir es hundertmal anwenden.*

Im Unterricht weigert er sich auch häufig, Experimente mit bekanntem Ausgang „nachzukochen". Er diskutiert mit der Lehrkraft über den Zweck von Experimenten und sieht keinen Sinn darin, Zeit für etwas zu verschwenden, das schon längst klar ist. Er nimmt sogar dafür in Kauf, dass er wegen seiner Proteste vor die Tür geschickt wird (11. PT).

Wenn er aus verschiedenen Aufgaben auswählen kann, nimmt er chemische Fragen, die theoretisch bearbeitet werden können, z.B. zum Thema „Wasser" (Wasserstoff, welche Bedeutung hat er? Ist Wasser ein Element? Kann man Wasser herstellen?). Dies tut er anscheinend nur, um den anderen, eher praktischen Aufgaben zu entkommen, die er für absolute Zeitverschwendung hält, denn eine andere theoretische Langzeithausaufgabe fertigt er gar nicht an, mit der Begründung: *Das hat ja jetzt auch weniger mit Nachdenken zu tun. Das hat ja vor allem mit Recherche zu tun und irgendwelche Bücher durchwühlen und so. Also, einfach nur Sachen herausfinden, die schon mal aufgeschrieben sind, (...) Damit kann ich nichts anfangen. Das interessiert mich dann auch weniger.*

Sein formales Wissen ist von Beginn an recht gut. Häufig ist er der Einzige in der Klasse, der die Fragen der Lehrkraft beantworten kann, z.B. was „Bindungsbestreben" bedeutet: *Je höher das Bindungsbestreben, desto heftiger die Reaktion* (17. PT), oder was ein Ion ist (26. PT).

Er stellt häufig intelligente Fragen, die zeigen, dass er gelernte Regeln auch übertragen kann, z.B. fragt er nach der Durchführung der Knallgasreaktion, ob man den Wasserstoff wieder aus dem Wasser herausbekommen könnte (10. PT). Bei der Besprechung der Ionen fragt Bernd nach, was bleibt, wenn Wasserstoff ein Elektron abgibt. Bei der Erarbeitung der Oktettregel fragt er nach dem chemischen Verhalten der vierten Hauptgruppe, die ja genau die Hälfte der gewünschten Elektronenzahl habe.

Auch im TIMSS-Test verbessert sich Bernd um vier richtig gelöste Aufgaben. Sein formales Wissen hat also zugenommen.

Bei den Evaluationsaufgaben steigt er schon mit dem Niveau drei des Vorwissenschaftlers ein. Nur Teilchen kann er keine zeichnen, weil die Buchstabensymbole der Elemente für ihn ausreichend sind und er gar kein Modell braucht, sondern mathematisch vorgeht. In der dritten Evaluationsaufgabe kann er zum ersten Mal Teilchen zeichnen, die dann gleich in Anzahl und Art der Summenformel entsprechen. Ionen, deren Definition er im Unterricht aufsagen konnte (26. PT), zeichnet er nicht.

Bernd hat sein konzeptuales Kompetenzniveau insofern ausgebaut, als er auf Verlangen Teilchen zeichnen kann. Ob er für sich selbst ein Modell braucht, ist nicht festzustellen.

Nach dem zehnten Schuljahr wechselt Bernd in die gymnasiale Oberstufe. Seine Vorliebe für die Naturwissenschaften hat er sich erhalten; er wünscht, er könnte Chemie, Mathematik, Physik und Englisch als Leistungskurse haben. Er begründet seine Wahl so: *Also, bei den Naturwissenschaften ist es, das interessiert mich am meisten. Das kann ich auch am besten. Und bei Englisch, sage ich mir: so was, das sollte man können. Englisch sollte man gut können.* Studieren möchte er eine Naturwissenschaft oder Informatik. Zur Informatik ist er über hobbymäßiges Programmieren gekommen und sieht auch gute Zukunftschancen in dem Bereich.

Chemie ist für Bernd ein abstraktes, mathematisiertes Fach geblieben, in dem er formales Wissen erworben hat, von welchem er sich erhofft, dass die erlernten Algorithmen ihm auch in seiner weiteren Lerngeschichte nützlich sein können. Die Stoffe, für die sich der Chemiker eigentlich interessiert, sind ihm nicht wichtig geworden.

5.3 Yen

„Das geht einfach nicht, das ist, wie wenn Frau und Frau ein Kind bekommen wollen.“

Yen kam in der neunten Klasse neu auf die Schule und musste gezwungenermaßen ins Profil „Mensch & Natur“: *(...) ich wollte unbedingt auf 'ne Gesamtschule, weil, ich war vorher auf'm Gymnasium und ich wollte einfach auch diesem Lernstress entgehen, (...) und dann hab' ich gesagt, okay, ich nehm' „Mensch & Natur“. Ich hab' mir das vorher gar nicht so überlegt. (...) Na ja, am Anfang oh, mein Kinn hing am Boden, ich dachte nur, (...) wie soll ich das zwei Jahre lang aushalten, (...). Weil ich natürlich nicht so'n Biotyp bin (...) Chemie, das ist wiederum was anderes. Ich mag das so gerne, dieses experimentieren, erforschen und so.*

Obwohl sie also das Fach oder zumindest das Experimentieren mag, schätzt Yen ihre Fähigkeiten in Chemie gleichbleibend als „eher schwach“ ein. Einen Beruf, in dem sie Naturwissenschaften braucht, kann sie sich nicht vorstellen, weil: *(...) ich in dem Bereich erstens kein Interesse und zweitens nicht stark genug bin. (...) Also Hauptfächer geht eigentlich, nä, bin ich nur normal, nä? (...) Aber so Naturfächer, so Chemie, Physik und da bin ich absolut die Null, nä?*

Zur Mitte der zehnten Klasse beantwortet Yen auf dem Kurzfragebogen die Items zum Interesse an Chemie einigermaßen positiv. Sie hält das Fach für schwer, es mangele aber eher am Interesse als an der Begabung. Dass in ihrem zukünftigen Beruf Chemie vorkommen kann, lehnt sie nicht mehr völlig ab. Die Einstellung zur Chemie sowohl als Technologie als auch als Schulfach ist rundum positiv.

In der Facharbeit hat sie zum Thema „Die Binge[3] vor fünfzig Jahren" gearbeitet. Chemische Inhalte tauchen nicht auf.

In der Unterrichtsbeobachtung fällt Yen durch Bemerkungen auf, in denen es um Körper oder Sexualität geht. Bei der Behandlung des pH-Werts fragt sie, warum bei einer Seifenwerbung, bei der verschiedene Seifen mit Indikatorpapier getestet werden, sich das Papier bei der angeblich neutralen Seife anders verfärbt als bei der neutralen Lösung, die sie im Unterricht getestet hatten (7. PT). Als im Unterricht der Begriff „homogen" erarbeitet wird, weist sie auf die Parallele zum Begriff „homosexuell" hin (15. PT). Als die Formelzeichen für die chemischen Elemente eingeführt werden, weist sie darauf hin, dass die chemischen Zeichen der Alchimisten manche Stoffe mit männlichen und weiblichen Zeichen darstellen (17. PT).

Yen versucht die formalen Anforderungen zu erfüllen und bemüht sich, diese auch zu verstehen. Sie erklärt sich die Knallgasreaktion: *Ich stelle mir* H_2[O] *so vor, dass* O_2 *gesprengt wird und* H_2 *bleibt zusammen* (16. PT).

Als der Begriff des Ions gefestigt werden sollte, fragt die Lehrkraft, was aus Lithium würde, wenn es ein Elektron abgäbe. Yen antwortet: *Helium* (26. PT). Die Regel, dass die Anzahl der Protonen den Stoff kennzeichnet, überträgt sie hier fälschlicherweise auf die Elektronen, da sie keine Vorstellung von den genannten Stoffen und ihren Eigenschaften hat. Vom ersten zum zweiten TIMSS-Test verbessert sich Yen um fünf bzw. sechs richtig gelöste Aufgaben.

Bei den beiden ersten Evaluationsaufgaben bleibt sie in allen Grundkonzepten auf dem Kompetenzniveau zwei. Wie im Unterricht schon beobachtet, argumentiert sie auch hier mit einem Geschlechterbild. In der zweiten Aufgabe erklärt sie, warum Kupfersulfat und Kaliumiodid miteinander reagieren, Salz und Zucker jedoch nicht: *Im Endeffekt ist der Schwefel sozusagen Schuld, dass die alle vier* [Kupfer, Sulfat, Kalium, Jodid; E.S.] *miteinander reagieren.*

Aber, ehm, Kochsalz und Zucker, das geht einfach nicht. Weil es einfach kein Schwefel enthält. Ja nein, weil die miteinander ... das geht einfach nicht... das ist wie ... wenn Frau und Frau ein Kind bekommen wollen.

Yen kann ihr Konzept von der chemischen Reaktion in der letzten Aufgabe auf das vorwissenschaftliche Niveau drei anheben. Sie äußert eine Entmischungs- und Neukombinations-Theorie: Silbernitrat trennt sich im Wasser in

3 Bach hinter der Schule.

Silber und Nitrat, das Silber legt sich dann auf die Klammer, und das Nitrat reagiert mit dem Wasser als einem neuen Partner.

Yen hat also ihre formale und ihre konzeptuale Kompetenz erweitert. In der reflexiven Dimension konnte die Sicht auf Chemie als Lehre von den Stoffen nicht erreicht werden. Chemie versteht sie als durchaus positive Technologie, die irgendwo in Fabriken stattfindet: *(...) also mit der Medizin, da kann's ziemlich hilfreich sein (...) Chemie ist nichts Schlechtes, aber es kommt drauf an, was der Mensch draus macht. Aber ich denke, Schlechtes kann es werden, (...) z.B. wie Kriegssachen oder so verwendet werden.*

Yen macht eine Lehre als Speditionskauffrau, weil sie in ihrem ursprünglichen Wunschberuf, Hotelkauffrau, zu unregelmäßige Arbeitszeiten hätte. Sie hat schon länger einen festen Freund, den sie bald heiraten will.

5.4 Richard

„Also 'n bisschen kann man das schon immer irgendwo gebrauchen."

Obwohl Richard lieber ins Sportprofil gegangen wäre, steht für ihn doch im Vordergrund, dass er sich mit seinen Mitschülern gut versteht: *(...) ich hab' ja eigentlich als Erstes Sport und denn kam eigentlich Mensch und Natur* [gewählt; E.S:]. *(...) Ich so ja, denn puh, denn muss ich da wohl rein. Also, eigentlich hatte ich viel mehr Lust auf Sport, weil ich verdammt viel Sport treibe und deswegen. Ja, das geht eigentlich jetzt, man hat sich dran gewöhnt, ist kein Weltuntergang. Ich versteh' mich eigentlich so mit der Klasse eigentlich auch. (...)*

Zu Beginn der neunten Klasse steht Richard der Chemie aufgeschlossen gegenüber. Im Schülerfragebogen schätzt er seine Fähigkeiten im Fach mittelmäßig ein. Im ersten Interview gibt er neben Sport und Arbeitslehre sogar Chemie als Lieblingsfach an. Er meint Chemie auch in einem zukünftigen Beruf gebrauchen zu können. Er hat dabei konkrete praktische Anwendungen im Sinn: [beim] *Nägelschleifen oder sonst was, dann Chemie dann mit Atombau und sonst was, da splittert da was ab, und dann ist das nicht mehr im festen Zustand oder so. Also 'n bisschen kann man das schon immer irgendwo gebrauchen.*

Zu Beginn der zehnten Klasse ist sein Fähigkeitsselbstkonzept auf „eher schwach" abgefallen. Im zweiten Interview glaubt er aber noch, dass er in Chemie etwas gelernt hat: [...] *sagen wir so vielleicht durch das Wasser... was da an Ammonium oder was da jetzt drin ist irgendwie und das man in Chemie behandelt, da lernt man doch was bei, irgendwie so, sag' ich mal.* Auf die Frage, ob man das, was man im Chemieunterricht lernen würde, auch in der praktischen Arbeit am Bach benutzen könne, sagt er: *(...) wenn man da mit den Wasserproben..., das zieht sich eigentlich mehr vom Praktischen mehr in Chemie rüber und nicht umgekehrt. Die praktische Arbeit am Bach liefert also nur den Stoff für das Unterrichtsfach, nicht umgekehrt.*

Mitte der zehnten Klasse gibt er an, dass Chemie ein schweres Fach sei, für das er keine Begabung habe. Das Interesse am Fach wird sehr gering bewertet. Chemie lehnt er sowohl als Bestandteil der Allgemeinbildung als auch als Technologie ab.

Aus den Beobachtungen des Unterrichts wird wiederholt deutlich, dass Richard von Beginn an auf einem Alltagsniveau argumentiert. Als die Lehrkraft die Überschrift „Stoffe" an die Tafel schreibt und fragt, was den Chemiker an Stoffen interessieren würde, sagt Richard: *Wenn ich es nicht wüsste, könnte man auch meinen, dass ein Pulloverstoff gemeint ist* (15. PT).

Er bemüht sich, den Anforderungen der Lehrkraft bei der Einführung eines Teilchenmodells gerecht zu werden. Auf die Frage, wie man sich Knallgas vorstellen könne, antwortet Richard: *H_2, das sind die kleinen Stückchen.* Die Lehrkraft berichtigt, dass die Stückchen Teilchen hießen, und dass sie rund seien. Sie fragt dann weiter, wie man sich das Element Sauerstoff vorstellen könne. Richard: *Sauerstoff ist größer* (16. PT).

Am nächsten Profiltag wird das Teilchenmodell wiederholt und die Lehrkraft fragt, wie man sich Gase vorstellen könne. Richard hat gelernt, dass Teilchen rund sind und antwortet: *Das sind Kugeln, die schweben durch die Luft* (17. PT).

Nachdem das Atommodell von Bohr behandelt wurde, zeigt er wieder, dass er etwas gelernt hat. Auf die Frage, was Natrium sei, antwortet er nicht mehr mit Kugeln, sondern: *Natrium ist ein Element mit einem so 'n Ding im äußeren Kreis* (29. PT).

Richard bemüht sich, die im Unterricht geforderten formalen Inhalte zu reproduzieren, ohne jedoch eine Vorstellung von Stoffen oder deren Aufbau zu bekommen.

Von Beginn der neunten bis zum Beginn der zehnten Klasse verbessert Richard seine Leistung im TIMSS-Test um drei richtig gelöste Chemieaufgaben. Es gibt also eine Zunahme der formalen Kompetenz.

Auch bei der ersten Evaluationsaufgabe zeigt sich, dass Stoffe für ihn noch Objekte sind, die man aus dem täglichen Leben kennt. Der Kupferüberzug auf dem Nagel ist für ihn Farbe, die sich auf dem Nagel absetzt: *Genauso, wie man Farbe auf 'n Mülleimer streicht.*

Die Zusammensetzung dieser „Farbschicht" ist für ihn unwichtig; er versucht aber wieder den Anforderungen nachzukommen und die geforderten Teilchen zu produzieren: *Wie soll ich die Schicht machen? Soll ich die so irgendwie gestrichelt oder so machen? (...) Mal ich da jetzt überall kleine Teilchen noch ma' eben dran.*

Er versucht im Experiment ein ansprechendes Produkt – im Sinne eines stabil verkupferten Nagels mit einer gleichmäßigen, schönen Farbe – zu erzielen. Er setzt dabei auf die Hoffnung, dass man nur die richtige Mischung aus den Pulvern finden muss, um den gewünschten Effekt zu erhalten. In der zweiten Evaluationsaufgabe zeigt sich sein Kompetenzniveau unverändert.

Von den Stoffen spricht er als *Zementkram* (wasserfreies $CuSO_4$) oder *Nesquik* (Iod-Iod-Kali). Er versucht durch verschiedene Mischungsverhältnisse der Pulver verschiedene Farben zu erzeugen. Auch die gezeichneten Teilchen sind Stückchen, die durch das Verreiben durcheinandergerührt werden.

In der dritten Aufgabe kann er sein Stoffkonzept geringfügig erweitern. Er spricht zwar immer noch von Wasser statt von Silbernitratlösung, kann aber die Metalle Silber und Kupfer als Materialien vom Objekt Büroklammer ablösen. Sein Reaktions- und Teilchenkonzept bleibt unverändert auf dem Kompetenzniveau zwei.

In allen Aufgaben zeigt Richard Freude am Experimentieren. Dabei interessiert ihn immer, wie er einen gewünschten Effekt erzielen kann, nicht aber warum. Da er den erzielten (Farb-)effekt nicht als Stoff betrachten kann, ist für ihn auch nicht wichtig, woraus er besteht.

Richard hat nur formale Kenntnisse erworben; sein konzeptuelles Niveau ist fast gleichgeblieben.

Im letzten Interview wird deutlich, dass er Chemie nicht als Wissenschaft von den Stoffen kennen gelernt hat. Zu Risiken und Chancen der Chemie für den Menschen fallen ihm nur Atomkraftwerke ein. Allerdings scheint er eine Idee davon zu haben, dass Stoffe nicht einfach verschwinden: *(...) Also, das Gefährliche ist natürlich in den Atomkraftwerken, da wird natürlich mit dem Uran, aber das muss natürlich jetzt irgendwie (...) am Laufen bleiben, so'n Atomkraftwerk. Das geht ja nicht dahin, ist ja auch wiederum Chemie drin. Dieses Uran ist da drin und denn mit den Neutronen und wie die sich vermehren und sich spalten, also Uran ist nää ...!*

Sein Interesse und das Fähigkeitsselbstkonzept in Chemie könnten zurückgegangen sein, weil das Lernangebot nicht mit seinen Zielen übereinstimmt, möglichst praktisch zu arbeiten und bald eine Berufsausbildung zu beginnen. Für Richard ist am Ende der zehnten Klasse noch nicht entschieden, ob er die Handelsschule besucht, oder ob er eine Ausbildungsstelle zum Einzelhandelskaufmann bei einem Mineralölkonzern bekommt. Lieber würde er die Ausbildung machen, da er die Handelsschule als schwer einschätzt und:

(...) wir sitzen ja jetzt schon ein Jahr nach, wir versuchen jeder seinen Abschluss nachzuholen, und alle warten sie meistens schon auf die Ausbildung. (...) Freunde von mir hatten ja schon nach'm neunten Schuljahr ihre Ausbildungsstelle und ich so, oh, wann ist das zehnte Schuljahr endlich vorbei.

5.5 Karin

„Ne, also mit dem Chemischen und so, das find' ich nich' so wichtig. Aber halt so biologisch."

Karin hat das Profil gewählt und zeigt sich im zweiten Interview auch zufrieden mit ihrer Wahl. Sie ist vorwiegend an Biologie interessiert und möchte später einen Beruf, in dem sie mit Tieren arbeiten kann. Das formuliert sie im ersten Interview, als sie gefragt wird, ob es wichtig sei, Wasserqualität auch aus naturwissenschaftlicher Sicht beurteilen zu können:

Ne, also mit dem Chemischen und so, das find' ich nich' so wichtig. Aber halt so biologisch, was da halt alles mit den Tieren und Pflanzen passieren kann, wenn da halt irgendwie, weiß ich nicht, Öl oder Benzin ins Wasser kommt, oder irgendwelche anderen Düngemittel oder so. Aber halt mit dem ... mit Chemie hab' ich ich's ja eh nicht so, und deshalb find' ich das nicht ganz so wichtig.

Dem Fach Chemie steht sie von Anfang an nicht sehr interessiert gegenüber. Dies äußert sich beispielsweise in einem Gespräch mit der Lehrkraft:

Lehrkraft: *Karin, du könntest dich sehr verbessern, wenn du etwas Neugier zeigen würdest.*

Karin: *Wo soll ich* ***die*** *denn herkriegen?* (16. PT).

Trotzdem scheint sie den Chemieunterricht nicht völlig abzulehnen; er macht ihr manchmal sogar Spaß: Ja, manchmal ist Deutsch ganz lustig, manchmal Englisch, das ist halt irgendwie immer so unterschiedlich. Manchmal ist es auch Chemie, zwar selten, aber ab und zu, weiß ich nicht, so Lieblingsfach so, hab' ich nicht.

Im Kurzfragebogen gibt sie ein geringes Interesse an Chemie an. Sie hält Chemie für ein schweres Fach und macht dafür sowohl mangelndes Interesse als auch mangelnde Begabung verantwortlich. Einen Beruf, in dem Chemie vorkommt, möchte sie später nicht. Obwohl sie Chemie als Technologie noch einigermaßen positiv bewertet, möchte sie persönlich nichts damit zu tun haben.

Im zweiten Interview erklärt sie, warum Chemie ihr keinen Spaß macht. Sie versteht den Unterrichtsstoff nicht und schaltet dann ab: *Ich hab' früh angefangen abzuschreiben in Chemie und kriege halt dadurch jetzt nichts mehr mit (...) Also, ganz ehrlich, ich habe halt einmal gesagt, so, ich check' das nicht, was die da vorne labert, und dann mache ich halt irgendwelche anderen Sachen. Ich weiß, dass es falsch ist. Aber wenn ich nichts verstehe, was soll ich dann machen?* Eine Teilschuld an dieser Misere bekommt die Lehrkraft, weil *die so schwierig erklärt.* Außerdem sei es schlecht, dass die Klasse nicht äußerlich leistungsdifferenziert unterrichtet worden sei. Die Lehrkraft könne sich erstens nicht auf die unterschiedliche Leistungsfähigkeit einstellen, und zweitens hätte auch sie ihre Leistung nicht einordnen können, sonst hätte sie sich mehr angestrengt: [...] *Aber was ich halt bei uns ähm, auch einen Nachteil finde, ist, dass wir in Chemie halt nicht differenziert sind. Weil, fragt man sich halt, ähm, Frau H. ja nicht drauf einstellen kann. (...) Ich hatte jetzt das ganze letzte Jahr gedacht, dass ich im unteren Kurs bin, obwohl ich im oberen war. (...) Und ich wusste das halt nicht. Sonst hätte ich mich da sicherlich angestrengt.*

Das Fähigkeitsselbstkonzept fällt von der Bewertung „mittelmäßig“ ab der zehnten Klasse auf „eher schwach“ ab.

Im Chemieunterricht zeigt Karin keine beobachtbaren Interessen. Sie versucht den Anforderungen der Lehrkraft gerecht zu werden, nicht aufzufallen und arbeitet bei Experimenten immer mit einer Mädchengruppe mit.

Im TIMSS-Test verbessert sich Karin von Beginn der neunten Klasse bis zum Ende der zehnten Klasse um vier richtig gelöste Aufgaben. Formales Wissen hat sie also erworben.

Bei der ersten Evaluationsaufgabe, die unter Kapitel 4.4.4.2 ausführlich dargestellt ist, erreicht Karin beim Reaktions- und Stoffkonzept die Kompetenzstufe Zwei. Teilchen kann sie aber überhaupt nicht zeichnen, obwohl sie bemüht ist, die Anforderungen zu erfüllen.

In der zweiten und dritten Aufgabe kann Karin zwar die geforderten Teilchen als Stückchen aufzeichnen, dafür fällt sie im Stoffkonzept auf ein Alltagsniveau zurück. Sie spricht von den Stoffen als Farben oder Dreck und misst der Körnung der Pulver – ob sie kristallförmig oder pudrig sind – großen Wert bei.

Karin macht also in der konzeptualen Dimension einen Rückschritt, der nicht dadurch ausgeglichen wird, dass sie jetzt auf Aufforderung die an der Reaktion beteiligten Chemikalien als Stückchen zeichnen kann. Die Freude am Experimentieren und die Beteiligung im Gruppengespräch nimmt von der ersten bis zur letzten Evaluationsaufgabe stetig ab.

Am Ende der zehnten Klasse steht für Karin der Beruf noch nicht fest, er sollte aber nach wie vor mit Tieren zu tun haben. Dass dafür chemische Kenntnisse nützlich sein könnten, ist für sie nicht klar geworden, was ihr rückläufiges Interesse und Fähigkeitsselbstkonzept erklären könnte. Biologie ist gut, Chemie ist für sie eine gefährliche Technologie, von der mehr Gefahren als Chancen ausgehen: *Weil es ist halt doch nicht so, wenn man das irgendwie sieht, was in Hamburg, da überall für (...) Abgase aus den Schornsteinen kommen, und ich meine, das ist ja schon ganz schön heftig, (...) wenn man so sieht, wenn das in die Luft kommt, und ... Auch irgendwelche anderen Sachen. Zum Beispiel irgendwelche Öltanker, die brennen und sinken, und was da alles auch noch in Himmel kommt, und ... Nicht so blendend.*

5.6 Versuch einer übergreifenden Bewertung

Die Interpretation des Datenmaterials geschah ausschließlich durch mich und wurde weder den Lehrenden noch den Lernenden zur Beurteilung vorgelegt. Dennoch glaube ich, dass meine Erklärungsversuche durch das vorgelegte Material plausibel werden.

Allen hier vorgestellten Jugendlichen ist gemein, dass sie formales Wissen erworben haben. Der Chemieunterricht hatte also eine Wirkung auf die Lernenden. Dass diese Wissensinseln ohne konzeptuale Anbindung für die Jugendlichen nutzbar sind oder ihnen nach Beendigung der Schullaufbahn überhaupt noch zur Verfügung stehen, darf bezweifelt werden.

Den vier Jugendlichen ist außerdem gemein, dass sie Chemie nicht als Wissenschaft von den Stoffen kennen gelernt haben. Für Bernd bleibt sie eine Ansammlung von Algorithmen, für Yen eine nützliche Technologie, für Richard etwas, das für das „richtige Leben“ zu abstrakt und ungeeignet ist, und für Karin etwas Gefährliches, das ihr Angst macht.

Bei der Entwicklung der konzeptualen Dimension fällt auf, dass Bernd und Yen, die von Chemie ein recht positives Bild haben, ihre Fähigkeiten erweitern, während diese bei Richard stagnieren und bei Karin sogar zurückgehen.

Bernd erreicht sein Ziel, die Oberstufe, indem er das, was ihm dafür nützlich erscheint, nämlich Regeln, aus dem Unterricht aufnimmt. Der Chemieunterricht ist also für seine Entwicklungsaufgabe zumindest teilweise von Nutzen.

Im Fall von Richard könnte eine zunehmende Enttäuschung darüber, dass man Chemie im täglichen Leben doch nicht gebrauchen kann, dafür verantwortlich sein, dass er seine Kompetenz nicht erweitern kann. Für seine Entwicklungsaufgabe, einen Beruf zu finden, waren die Inhalte des Chemieunterrichts nicht hilfreich.

Auch im Fall von Karin, die sogar einen Rückschritt in ihrer chemischen Kompetenz macht, geht der Wunsch danach, einen Beruf mit Tieren zu ergreifen, nicht mit den Inhalten des Chemieunterrichts zusammen. Im Gegenteil: Chemie ist für sie das, was die Lebenswelt bedroht.

Was Yen zur Erweiterung ihrer chemischen Kompetenz gebracht hat, ist nicht so leicht zu erklären. In dem Material, das ich über sie gesammelt habe, steht für sie m.E. die Entwicklung ihrer Rolle als Frau und zukünftige Partnerin in Vordergrund. Zu Beginn der neunten Klasse hat sie ein sehr traditionelles Frauenbild, was ihre Angaben (geringes Interesse, schwaches Fähigkeitsselbstkonzept) erklären würde. In der zehnten Klasse erfährt das Rollenbild eine Erweiterung: Yen bedauert nun, dass sie bei den „Männerarbeiten" in den Projekten nicht mitgearbeitet hat, und legt großen Wert auf die Verbesserung ihrer Selbstständigkeit. In diesem Zusammenhang könnte die Beschäftigung mit Chemie für sie interessant geworden sein, was wiederum erklären würde, warum sie auch konzeptuale Fortschritte gemacht hat.

Dass eine Weiterentwicklung der fachlichen Kompetenz nicht ausschließlich davon abhängt, dass die Lernenden die Unterrichtsinhalte mit ihren derzeitigen Entwicklungsaufgaben in Einklang bringen können, muss nicht betont werden.

Für den Erhalt von Interesse und einem positiven Fähigkeitsselbstkonzept spielt sicher die Kompetenzerfahrung eine große Rolle (vgl. AUFSCHNAITER/WELZEL 1997). Ständige Überforderung durch unverstandene Lerninhalte kann man in Richards Fall in der Unterrichtsbeobachtung nachweisen; Karin formuliert im Interview ihr „Aussteigen" explizit. Sicher spielt – besonders bei weniger interessierten Lernenden – auch die Lehrkraft und die Interessantheit des angebotenen Unterrichts eine Rolle beim Lernerfolg.

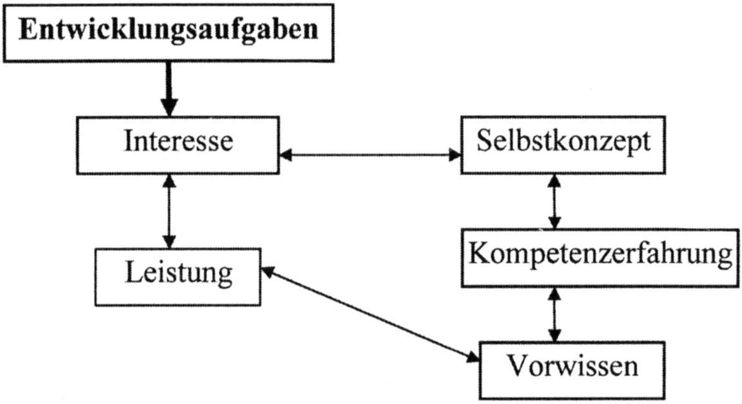

Abb. 5-1: Wichtige Faktoren zur Erklärung von Lernerfolg bzw. Leistung

Den Entwicklungsaufgaben kommt aber eine große Erklärungsmächtigkeit zu, da sie die Verstärkung bzw. die Eliminierung von Interessen erklären (vgl. TODT 1987). Auch HÄUBLER et al. (1998: 126) machten für den Interessenabfall die schlechte Passung zwischen Anforderungen und Lernchancen im Unterricht einerseits und den Entwicklungszielen der Jugendlichen andererseits verantwortlich.

Die Akzeptanz und der Ertrag des Chemieunterrichts könnten sich vermutlich erheblich erhöhen, wenn der Unterricht sowohl an Vorwissen und Entwicklungsstufe der Lernertheorien angepasst würde, als auch an das, was Jugendliche in diesem Lebensalter beschäftigt.

6 Ausblick

6.1 Perspektiven der Unterrichtsentwicklung

Am Beispiel des Schulentwicklungsprojektes „Profilklassen“ an einer Hamburger Gesamtschule konnte gezeigt werden, dass die Evaluation von neuen Unterrichtskonzeptionen nicht nur für die pädagogisch-didaktische Forschung interessant und wichtig, sondern hoffentlich auch für die an den Reformprozessen Beteiligten hilfreich sein kann.

Von den vielfältigen Unterrichtsentwicklungsprojekten, die an deutschen Schulen initiiert werden, werden nur sehr wenige durch eine begleitende Forschung unterstützt, weshalb nur ein Bruchteil der Projekte in der Literatur zu finden ist. So sind die Informationen und Erfahrungen anderer Schulen für reformfreudige Schulen nicht zugänglich und für deren eigene Projekte nicht nutzbar. Für die Forschung gehen wichtige Erkenntnisse über die Praxiswirkung von theoretisch entworfenen Konzepten verloren. Dabei könnte eine intensivere Verschränkung von Theorie und Praxis zu fruchtbaren Dialogen zwischen Forschenden und Lehrenden führen.

Hilfreich wäre sicher, die Funktion des projektorientierten Arbeitens zu bestimmen, um nicht nur Handlungsräume für die Schülerinnen und Schüler zu schaffen, sondern auch Gewinn für das fachliche Lernen zu ziehen. Dazu müsste ein Projekt so angelegt werden, dass die praktische Arbeit Fragen aufwirft, die im fachlichen Unterricht geklärt werden können und müssen. Anschließend sollte sich das Erlernte dann wiederum im Projekt bewähren können, um den Lernenden auch Kompetenzerfahrungen zu ermöglichen.

Das evaluierte Schulentwicklungsprojekt hat in den ersten beiden Jahren seiner Durchführung das Lernen in den naturwissenschaftlichen Fächern an der Profilschule weder befördert noch behindert. Die Jugendlichen im Profil „Mensch & Natur“ mit seinem naturwissenschaftlichen Arbeitsschwerpunkt zeigten zu allen Messzeitpunkten bessere Leistungen in den Fächern Biologie, Chemie und Physik, hatten insgesamt aber geringere Leistungszuwächse im TIMSS-Test als die anderen Profile.

Signifikante Leistungszuwächse gab es im Profil „Mensch & Natur“ nur im Fach Physik, das nicht zum Profil gehörte. Durch die kleine Anzahl der Schülerinnen und Schüler und durch testbedingte Fehler (der Schwierigkeitsgrad der Aufgaben konnte eventuell nicht ausreichend erhöht werden) können jedoch keine sicheren Aussagen gemacht werden. Wie auch aus den wenigen

Evaluationen anderer fächerübergreifender Unterrichtskonzepte bekannt ist (vgl. 1.1.3.2), scheint der Profilunterricht das fachliche Lernen aber nicht in besonderer Weise zu fördern.

Was die Kompetenzerfahrung der Lernenden angeht, so musste leider festgestellt werden, dass im naturwissenschaftlichen Profil das Fähigkeitsselbstkonzept in Chemie stark abnahm. Die Jugendlichen kamen mit der Selbsteinschätzung in die neunte Klasse, dass sie in den naturwissenschaftlichen Fächern besonders leistungsfähig seien. Das Fähigkeitsselbstkonzept war signifikant höher als in den anderen Klassen, fiel jedoch in der zehnten Klasse noch unter das Niveau der anderen Profile. Da das Fähigkeitsselbstkonzept eng mit dem Lernerfolg verknüpft ist, sollte über Möglichkeiten nachgedacht werden Situationen zu schaffen, in denen die Lernenden erfahren können, dass sie etwas gelernt haben. Während dies im herkömmlichen Unterricht nur bei Klassenarbeiten möglich ist, würde der Projektunterricht Gelegenheiten bieten, in denen das Gelernte sich bewähren kann, bzw. dass ein fertiges Produkt den Schülerinnen und Schülern ihr Können vor Augen führt.

Auch Bereiche des außerfachlichen Lernens blieben – zumindest in der Selbsteinschätzung der Schülerinnen und Schüler – vom Profilunterricht unberührt. Die Jugendlichen an der Profilschule schätzen im Vergleich zu zwei anderen Hamburger Gesamtschulen ihre soziale Kompetenz, Teamfähigkeit und Motivation ähnlich ein. Auch die Wahrnehmung ihres Lernprozesses und ihrer Lernergebnisse wurde durch den Schulversuch nicht verändert. So erfüllte sich die Hoffnung der Lehrkräfte nicht, die Persönlichkeitsentwicklung zu unterstützen und das soziale Verhalten der Jugendlichen zu verbessern. Da es sich bei den untersuchten Konstrukten aber um relativ stabile Teile des Selbstkonzepts handelt, kann auch nicht gesagt werden, dass der Profilunterricht keine Wirkung in die erhoffte Richtung hätte.

Bei der Unterrichtsbeobachtung konnte außerdem festgestellt werden, dass sich in der Projektarbeit eine Vielzahl an Lernchancen für das soziale Lernen und die Identitätsentwicklung ergab, wie sie im herkömmlichen Unterricht nicht vorkommt. Aushandlungsprozesse bei konkurrierenden Interessen, Arbeit an Geschlechterrollen, Kritik üben und ertragen können, sind nur einige Beispiele dafür, wo die Jugendlichen etwas über sich oder den Umgang mit anderen gelernt haben.

Was die Auswahl der Projekte angeht, ist eine grobe Vorstrukturierung durch die Lehrkräfte unerlässlich, um den Lernenden einen inhaltlichen Rahmen für das Arbeitsfeld aufzuspannen. Allerdings sollte soviel Raum bleiben, dass Schülerinnen und Schüler eigene Fragen aufwerfen und auch selbst beantworten können. Die Lehrkräfte sollten dabei darauf achten, dass ein Zusammenhang zwischen „Kopf“ und „Hand“ hergestellt werden kann, also dass sich die zu lernenden Unterrichtsinhalte auch als notwendig für die praktische Arbeit und nachfolgend als erweiterte Handlungskompetenz in den Projekten zeigen können.

Eine engere Verzahnung der Inhalte der naturwissenschaftlichen Einzelfächer untereinander oder die Einbeziehung anderer Fächer für die Lösung von bestimmten Problemen, die das Projekt aufwirft, können sicher noch weitere Lernchancen eröffnen.

Nach einer angemessenen Zeit der Erprobung und Erfahrung mit dem Profilunterricht scheint es nötig, eine Standortbestimmung vorzunehmen, die in eine Curriculumentwicklung für die Profilklassen münden sollte, die vor allem die Funktion des praktischen Arbeitens für das fachliche oder außerfachliche Lernen bestimmt. Für das fachliche Lernen in Chemie werden im Weiteren dafür Anhaltspunkte gegeben.

6.2 Perspektiven der Fachdidaktik

Durch die theoretische Aufarbeitung der Forschungen über Schülervorstellungen konnte gezeigt werden, dass bisher isoliert betrachtete Schülervorstellungen als konsistente Lernertheorien gedeutet werden können. Die entworfenen Lernertheorien wurden empirisch überprüft und ihr Vorhandensein nachgewiesen.

Die vorgeschlagene Sichtweise, die Suchbewegungen der Lernenden als Lernertheorien zu interpretieren, können es Lehrenden ermöglichen, ihre Schülerinnen und Schüler besser zu verstehen. Wenn eine Lehrkraft nicht mehr an der Korrektur einzelner Schülervorstellungen arbeiten muss, sondern die Kompetenzstände der Lernenden einordnen kann und die Argumentationen der Lernenden nachvollziehen kann, sollte dies die „Laien-Experten"-Kommunikation verbessern und so die Lehr-Lernprozesse befruchten.

Auch der Nachweis und die Verdeutlichung, dass Lehrende und Lernende nicht nur auf verschiedenen Theorieebenen argumentieren, sondern auch verschiedene Fragen an chemische Phänomene haben, dürfte den Lehrkräften bei der Kommunikation mit ihren Schülerinnen und Schülern helfen, wenn sie bereit sind, sich auf die manchmal höchst „unchemischen" Fragen und Sichtweisen der Lernenden einzulassen, um sie zu chemischen Sichtweisen hinzuführen.

Dadurch, dass die Lernertheorien und ihre Entwicklung genauer beleuchtet wurden, konnte gezeigt werden, warum komplexe fachwissenschaftliche Inhalte häufig nicht von den Lernenden aufgenommen werden können. Viele Lernende werden zu einer Zeit mit formalen Lerninhalten, z.B. Teilchenmodellen, konfrontiert, zu der sie noch Probleme haben, sich überhaupt Teilchen als Stückchen des Ganzen vorzustellen. Diese Befunde werfen damit erneut die Frage auf, wie viel Fachwissenschaft der Chemieunterricht in der Sekundarstufe I wirklich braucht.

Es konnte beobachtet werden, dass eine Überforderung durch die hoch abstrakte Fachsprache und die komplizierten Modelle vielen Schülerinnen und Schülern das Interesse am Chemielernen nimmt, weil sie nicht hoffen können, etwas zu verstehen bzw. das Gelernte für sich nutzen zu können. Bei einigen Lernenden konnte festgestellt werden, dass sie durch die angelernten formalen Kenntnisse in ihrer Theoriebildung sogar behindert wurden. Diese Befunde sollen nicht dahingehend interpretiert werden, dass chemische Fachinhalte auf eine alltagstaugliche „Küchenchemie" reduziert werden sollten, sondern dass die Lernangebote den jeweiligen Kompetenzständen angepasst werden müssen, um den Schülerinnen und Schülern verständiges Lernen zu ermöglichen. So scheinen nach meinen Erkenntnissen den Lernenden in der Sekundarstufe I einfache Stückchenmodelle ausreichend zu sein, um Theorien über Stoffe oder chemische Reaktionen zu entwerfen. Die Berücksichtigung der Lernertheorien und ihrer Entwicklung kann damit sicher für die Curriculumentwicklung eine Rolle spielen.

Überforderung ist nur eine Erklärungsmöglichkeit dafür, warum Jugendliche nicht das lernen können, was sie lernen *sollen*. Um aber auch einmal danach zu fragen, was die Schülerinnen und Schüler lernen *wollen*, wurden die Ergebnisse der Interessenforschung für die Physik gesichtet und auf Parallelen zum Chemieunterricht reflektiert, da in der Chemiedidaktik die Forschungen über Schülerinteressen noch immer sehr spärlich sind.

Dabei wurden die Ergebnisse der Interessenforschung vor dem Hintergrund von Entwicklungszielen der Lernenden und ihrer Lernerwartung an das Fach Chemie interpretiert. Dieses Vorgehen hat den Vorteil, dass es die Menge an vorstellbaren Interessen auf einen für Lehrkräfte handhabbaren Kanon von Sachverhalten reduziert, die die Mehrzahl der Jugendlichen in diesem Lebensalter beschäftigen. Die Gegenüberstellung von Lernangebot einerseits und Entwicklungswünschen der Jugendlichen andererseits zeigte Bereiche, in denen die Lernenden Interesse am Fach Chemie entwickeln könnten.

Besonders im Bereich der Chemie als gesellschaftlich einflussreiche und umweltpolitisch relevante Technologie zeigten sich Lernerwartungen an das Fach Chemie. Auch die Anwendung von Chemie in verschiedenen Berufsfeldern träfe in Hinblick auf sich entwickelnde Berufsperspektiven der Jugendlichen mit großer Sicherheit deren Interesse. Der Chemieunterricht könnte aber auch Inhalte zum Verständnis und zur Gesunderhaltung des eigenen Körpers thematisieren und damit gerade die Akzeptanz bei den Mädchen erhöhen, deren Interessen und sich entwickelnde Geschlechterrolle weitgehend ignoriert werden.

Die genannten Bereiche bieten Ansatzmöglichkeiten für die Curriculumentwicklung, weil sie aufzeigen, wo Lernende dem Fach Chemie Angebote machen, wo sie sich bilden wollen.

Die Entwicklung von Unterrichtsmaterialien und Lernaufgaben, die die Entwicklungsziele und Lernerwartungen der Jugendlichen berücksichtigen, bleibt eine offene Aufgabe. Sollte eine Evaluation einer entsprechenden Unterrichtskonzeption positive Wirkungen auf das fachliche Lernen zeigen, könnten auch für andere Fächer die „fachtypischen Entwicklungsaufgaben" herausgearbeitet werden.

6.3 Perspektive der Bildungsgangdidaktik

Um herauszufinden, welche Lernangebote von den Jugendlichen als hilfreich erachtet werden können, wurden die individuellen Interessen der Lerner im Zusammenhang mit den gesellschaftlichen Anforderungen an die Jugendlichen betrachtet. Da diese Arbeit die Bildungsgangforschung erstmalig auf die Sekundarstufe I ausdehnt, wurden alle Entwicklungsaufgaben, die aus der Entwicklungssoziologie bekannt sind, systematisch auf ihre Wirkung bezüglich des Chemielernens untersucht.

Zunächst wurden die vorliegenden entwicklungssoziologischen Befunde über Entwicklungsaufgaben mit den entwicklungspsychologischen Befunden der Interessenforschung verknüpft und dann empirisch gezeigt, dass sie gut vereinbar und zusammen erklärungsmächtiger sind als die isolierte Betrachtung von Entwicklungsaufgaben und Interessen.

Interessen können als von den Jugendlichen konzipierte Entwicklungsziele gedeutet werden und somit eine Erklärungsmöglichkeit bieten, wie Interessen entstehen bzw. warum viele andere eliminiert werden. Das Interessenkonstrukt bekommt vor dem Hintergrund von Entwicklungsaufgaben eine gewisse „Bodenhaftung", während in der Interessenforschung häufig der Eindruck eines „freischwebenden" Interesses ohne Anbindung an konkrete Inhalte entsteht.

Durch die Einbeziehung von persönlichen Interessen in die Bildungsgangforschung wird nicht nur die Position des Subjekts gestärkt, sondern das Konstrukt der Entwicklungsaufgabe wird auch für Forschungen zugänglicher, da sie unbewusste, nicht abfragbare Entwicklungsziele gerade bei jüngeren Menschen sichtbar macht.

Die Arbeit hat gezeigt, an welchen Entwicklungsaufgaben die Jugendlichen der untersuchten Klasse arbeiten und wie sich ihre persönlichen Entwicklungsziele und ihr schulisches Lernen gegenseitig befruchten oder behindern.

Für das Fach Chemie wurde deutlich, dass dort, wo Lernangebote gemacht werden, die den Jugendlichen bei der Bewältigung ihrer Entwicklungsaufgaben nützlich sind, auch das fachliche Lernen befördert wird. Leider traf das nur für wenige Schülerinnen und Schüler zu, z.B. für die, die für sich einen Sinn im propädeutischen Lernen als Vorbereitung auf eine weiterführende Schule sehen konnten.

Chemieunterricht könnte aber auch hilfreich sein für das Lösen der Entwicklungsaufgaben: „Finden einer Berufsperspektive, einer Geschlechterrolle, einer Einstellung zum eigenen Körper und eines eigenen Wertekatalogs". Diesen Bereichen, in denen die Jugendlichen in Interviews auch Lernerwartungen an das Fach äußern, wird bisher im Chemieunterricht leider wenig Beachtung geschenkt.

Bei der Mehrzahl der untersuchten Jugendlichen musste deshalb festgestellt werden, dass der Chemieunterricht eine zusätzliche Belastung darstellt und die Lernenden zwingt, ihre persönliche Entwicklung vom schulischen Lernen zu trennen. Der Tauschwert der Zensuren spielt für die Jugendlichen eine so große Rolle, dass sie bereit sind, den Anforderungen der Schule nachzukommen, auch wenn sie im Lernstoff keine Bedeutung für ihr Leben sehen können. Diese Haltung zeigt nicht nur, dass die Schülerinnen und Schüler sich in Hinblick auf ihre Berufschancen realistisch zeigen, sondern wirft die Frage auf, ob nicht daran gedacht werden muss, dass Schule an sich eine Entwicklungsaufgabe darstellt.

Schule sollte die objektive Anforderungsstruktur der Gesellschaft angemessen transparent machen und die Schülerinnen und Schüler darin unterstützen, ihre Entwicklungsziele auf der Strecke zwischen persönlichen Zielen und gesellschaftlichen Anforderungen zu bestimmen und zu erreichen. Die Schule ist aber nicht nur ein mehr oder weniger verlässlicher Spiegel und Filter gesellschaftlicher Anforderungen, sie setzt auch immer „Anforderungen eigenen Rechts". Wer sich schulischen Anforderungen total verweigert, wer die Schule ohne Abschluss verlässt, der ist in der Regel für seinen weiteren Entwicklungsweg (nicht nur in beruflicher Hinsicht) stigmatisiert. Eine Entwicklungsaufgabe „Schule" müsste demnach etwa wie folgt formuliert werden:

„Entwicklung einer eigenen Haltung zur Schule und zum Lernen. Sich darüber klar werden, was man in der Schule erreichen möchte, was man dafür tun muss, und welche Konsequenzen das eigene Tun oder Nicht-Tun hat." Weitere Forschungsarbeit wird die Tragfähigkeit dieses Konstruktes erst noch zu erweisen haben.

Bis dahin kann es dennoch nicht schaden im Auge zu behalten, dass sich Jugendliche zu bestimmten Zeiten Aufgaben stellen müssen, die die Konzentration auf die unterrichtlichen Anforderungen beeinträchtigen kann. Gelänge es im Chemieunterricht für die Lösung dieser Entwicklungsaufgaben hilfreiche, fachliche Lernaufgaben anzubieten, ließen sich persönliche Ziele und schulisches/fachliches Lernen für die Jugendlichen eventuell leichter vereinbaren. Vielleicht hätte dies auch den Effekt, dass sich die Jugendlichen und späteren Erwachsenen dann unter Chemie mehr vorstellen können als ein Schulfach, das nichts mit ihren Leben zu tun hat.

I Anhang zu Kapitel 4.2

I.1 TIMSS-Testheft I

Die Fragen sind nach Fächern bzw. der TIMSS-Bezeichnung geordnet (Biologie: i 10-o 16, Chemie: j 03-r 05, Physik j 05-y 01). Die tatsächliche Reihenfolge im Testheft ist Tabelle I.2-1 zu entnehmen. Aus Platzgründen sind die Aufgaben hier dichter platziert wiedergeben, als sie es im Testheft waren.

Test zum naturwissenschaftlichen Wissen und Können

Wir wollen die Testergebnisse mit Deinen Antworten im Fragebogen vergleichen. Wir brauchen dazu nicht Deinen Namen, d.h. wir müssen nicht wissen, wer Du bist. Es ist aber wichtig, dass Du jetzt und später immer den selben Code verwendest. Bitte trage in die folgenden Kästchen Deinen Code nach folgendem System ein:

Erster und letzter Buchstabe des Vornamens Deiner Mutter ☐ ☐

Monat, in dem Du geboren bist (z.B. 07 für Juli) ☐ ☐

Ich bin ein	☐	Junge	Ich bin_________Jahre.
	☐	Mädchen	Ich gehe in die__Klasse.

---

i 10 Was ist der BESTE Grund dafür, dass eine gesunde Ernährung auch Obst und Gemüse enthalten soll?

A. Sie haben einen hohen Wassergehalt.
B. Sie sind die besten Eiweißspender.
C. Sie haben viele Mineralien und Vitamine.
D. Sie sind die besten Kohlenhydratspender.

i 11 Welche Merkmale haben alle Insekten?

	Anzahl der BEINE	Anzahl der KÖRPERSEGMENTE
A.	2	4
B.	4	2
C.	6	3
D.	8	3

---

i 14 Wenn man seinen Arm im Ellbogengelenk beugt, wirken die Knochen und Muskeln im Arm als ein System. Welche einfache Maschine stellt dieses System dar?

A. Schiefe Ebene
B. Flaschenzug
C. Keil
D. Hebel

---

j 02 Welche Gruppe von Lebewesen lebt erst die kürzeste Zeit auf der Erde?

A. Menschen
B. Insekten
C. Fische
D. Reptilien

---

j 07 Worin unterscheiden sich warmblütige Tiere von kaltblütigen?

A. Warmblüter haben bei warmem Wetter einen höheren Stoffwechsel.
B. Warmblüter sind in Gefangenschaft aggressiver.
C. Warmblüter haben immer eine höhere Bluttemperatur.
D. Die Körpertemperatur von Warmblütern bleibt normalerweise bei jeder Lufttemperatur ziemlich gleich.
E. Warmblüter findet man nur in warmem Klima.

---

j 09 Wie kannst Du das Alter eines Baumes feststellen, nachdem er gefällt worden ist?

k 11 Die Zeichnung stellt an einem Beispiel die gegenseitige Abhängigkeit von Wasserlebewesen dar. (a) und (b) sind, wie die Pfeile zeigen, die Stoffe, die die einzelnen Lebewesen während des Tages entweder aufnehmen oder abgeben.

Wähle die richtige Antwort für (a) und (b)

A. (a) Sauerstoff und (b) Kohlendioxid.
B. (a) Sauerstoff und (b) Kohlenhydrate.
C. (a) Stickstoff und (b) Kohlendioxid.
D. (a) Kohlendioxid und (b) Sauerstoff.
E. (a) Kohlendioxid und (b) Kohlenhydrate.

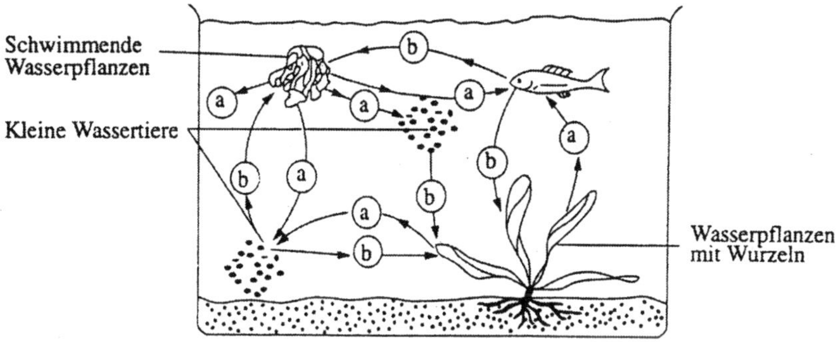

---

k 12 Die Männchen eines Insektenvolkes werden mit einem Mittel behandelt, um die Samenproduktion zu verhindern. Wird das Insektenvolk dadurch verringert?

A. Nein, denn die Insekten werden sich immer noch paaren.
B. Nein, denn es verändert die Mutationsrate der Nachkommen nicht.
C. Ja, denn es verringert die Vermehrungsrate stark.
D. Ja, denn die Männchen sterben.

---

k 16 Was wird mit Hilfe von Bakterien hergestellt?

A. Joghurt
B. Rahm
C. Seife
D. Speiseöl

l 03 Ein Mädchen fand einen Tierschädel. Es weiß zwar nicht, um welches Tier es sich handelt, kann aber mit Sicherheit sagen, dass es ein Raubtier war. Woraus schließt es das?

A. Die Augenhöhlen zeigen zur Seite.
B. Der Schädel ist sehr viel länger als breit.
C. Längs der Schädeldecke verläuft ein vorspringender Grat.
D. Vier der Zähne sind lang und spitz.
E. Die Kieferknochen können sich sowohl zur Seite als auch auf und ab bewegen.

---

l 06 An kalten Tagen liegen Schlangen für gewöhnlich sehr still und essen wenig oder gar nichts, während Vögel sich eher viel bewegen und viel Nahrung zu sich nehmen. Welche Aussage erklärt dies am besten?

A. Beide Tiere sind Kaltblüter, aber ohne wärmende Federn wird es Schlangen zu kalt, um sich zu bewegen.
B. Im Unterschied zu Vögeln sind Schlangen Warmblüter; sie müssen bei kaltem Wetter Winterschlaf halten.
C. Im Unterschied zu Schlangen sind Vögel Kaltblüter; sie sind durch die Kälte weniger beeinträchtigt als Schlangen.
D. Im Unterschied zu Schlangen sind Vögel Warmblüter; sie müssen Nahrung zu sich nehmen, um eine gleichbleibende Körpertemperatur aufrechtzuerhalten.

---

o 16 Schreibe den Grund auf, warum wir an einem heißen Tag durstig werden und viel trinken müssen.

---

j 03 Die Wörter *Stoff, Faden* und *Faser* können zu folgendem Satz verbunden werden:

Stoff besteht aus *Fäden*, die aus *Fasern* zusammengesetzt sind.

Verwende die Wörter *Moleküle, Atome* und *Zellen*, um den folgenden Satz zu vervollständigen:

____________________ bestehen aus ____________________, die aus ____________________ zusammengesetzt sind.

j 04 Was ist ein Beispiel für eine chemische Reaktion?

A. Eis schmilzt.
B. Salzkristalle werden zu Pulver zermahlen.
C. Holz brennt.
D. Wasser verdunstet aus einer Pfütze.

---

j 08 Welches Gas kann einen glühenden Span aufflammen lassen?

A. Neon.
B. Sauerstoff.
C. Stickstoff.
D. Kohlendioxid.

---

m 10 Bei welchem der folgenden Stoffe handelt es sich NICHT um ein Gemisch?

A. Luft.
B. Blut.
C. Orangensaft.
D. Salz.

---

m 13 Wenn Erdöl brennt, dann wird die Reaktion

A. nur Energie freisetzen.
B. nur Energie aufnehmen.
C. Energie weder aufnehmen noch freisetzen.
D. mal Energie freisetzen und mal aufnehmen, je nach Art des Erdöles.

n 07 Wenn eine Glasglocke über eine brennende Kerze gestülpt wird, geht die Flamme aus.

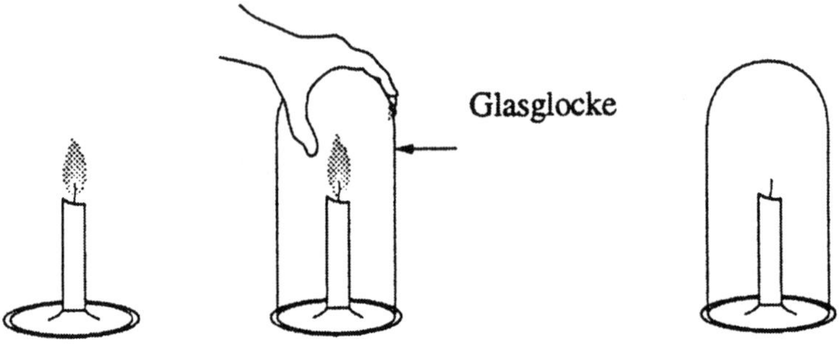

Wieso geschieht dies?

---

n 09 Welche Stoffe lassen sich durch eine Filtration mit den abgebildeten Hilfsmitteln trennen?

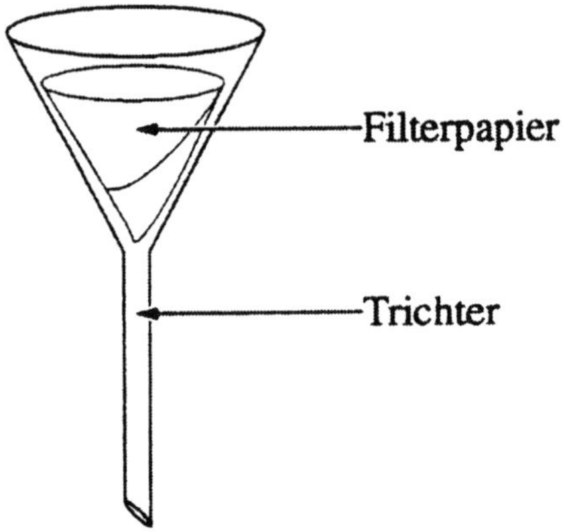

A. Eine Lösung aus Kupfersulfat und Wasser.
B. Eine Lösung aus Natriumchlorid und Wasser.
C. Ein Gemisch aus Alkohol und Wasser.
D. Ein Gemisch aus Schlamm und Wasser.
E. Ein Gemisch aus Sand und Sägespänen.

o 11 Bei welchem Vorgang handelt es sich um eine chemische Veränderung?

A. Element 1 wird zu einem dünnen Blech gehämmert.
B. Element 2 wird erhitzt und verwandelt sich in eine Flüssigkeit.
C. Element 3 nimmt eine grünliche Farbe an, wenn es der Luft ausgesetzt wird.
D. Element 4 wird zu einem feinen, glatten Pulver gemahlen.

---

q 14 Ein Gemisch aus Eisenpulver und Schwefel wird erhitzt. Was entsteht?

A. Ein einziges Element.
B. Zwei andere Elemente.
C. Eine Lösung.
D. Eine Legierung.
E. Eine Verbindung.

---

q 15 Was ist KEIN Beispiel für eine chemische Veränderung?

A. Kochen von Wasser.
B. Rosten von Eisen.
C. Verbrennen von Holz.
D. Backen von Brot.

---

r 05 Kohlendioxid ist als Wirkstoff in einigen Feuerlöschern enthalten. Wie löscht Kohlendioxid ein Feuer?

---

i 16 Ein Metalllöffel, ein Holzlöffel und ein Plastiklöffel werden in heißes Wasser gelegt. Welcher Löffel fühlt sich nach 15 Sekunden am heißesten an?

A. Der Metalllöffel.
B. Der Holzlöffel.
C. Der Plastiklöffel.
D. Alle drei Löffel fühlen sich gleich an.

j 05 Welche Art von Sonnenstrahlung verursacht Sonnenbrand?

A. Sichtbare.
B. Ultraviolette.
C. Infrarote.
D. Röntgenstrahlung
E. Radiowellen

---

k 13 Die folgenden Abbildungen zeigen jeweils eine Taschenlampenbatterie und eine Glühlampe, die über Drähte, mit verschiedenen Stoffen verbunden sind.

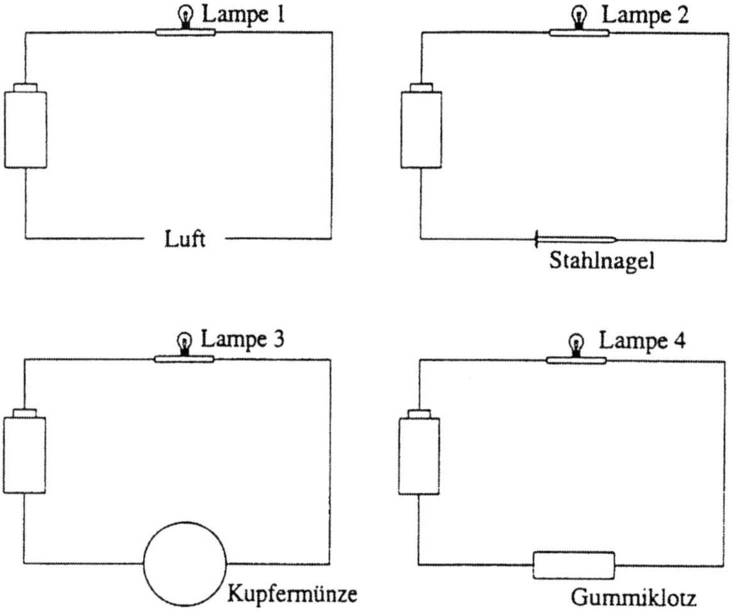

Welche Glühlampen werden aufleuchten?

A. Nur 1 und 2.
B. Nur 2 und 3.
C. Nur 3 und 4.
D. Nur 1, 2 und 3.
E. Nur 2, 3 und 4.

k 17 Das Bild zeigt einen zu Boden fallenden Apfel. In welche(r/n) der drei Positionen wirkt Schwerkraft auf den Apfel?

A. Nur in Position 2

B. Nur in Positionen 1 und 2

C. Nur in Positionen 1 und 3

D. In Positionen 1, 2 und 3

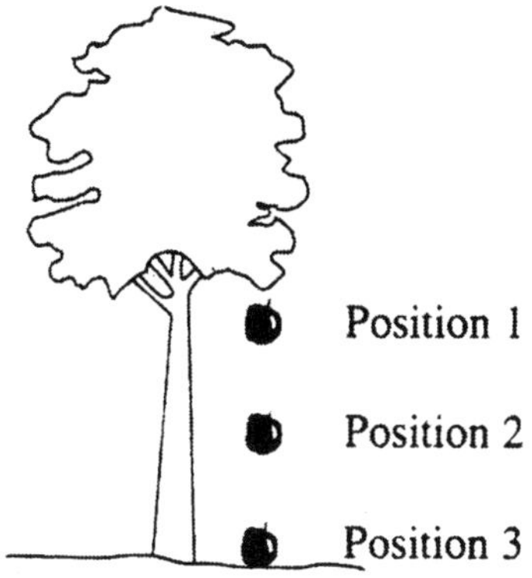

---

101 Ein gleichmäßig geformter Stab wird in seiner Mitte drehbar aufgehängt. Auf ihn wirken zwei Kräfte in derselben Ebene. Beide Kräfte sind gleich groß, sie betragen 10 N (Newton). In welchem Fall entsteht ein Dreheffekt?

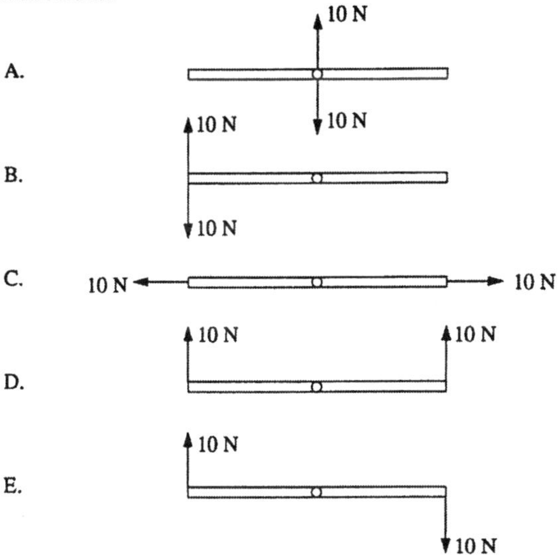

n 08 Ein Mädchen spielt mit seinem kleinen Bruder auf einer Schaukel. Welches Bild zeigt die beste Position für das Mädchen, das 50 kg (Kilogramm) wiegt, um mit seinem Bruder, der 25 kg wiegt, im Gleichgewicht zu sein?

A.

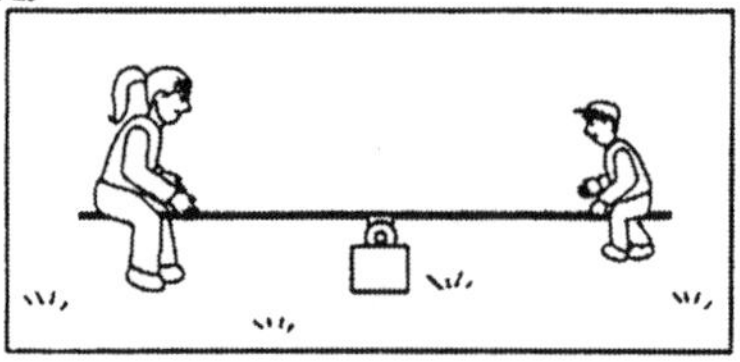

B.

C.

D.

---

n 10 Eine Gießkanne ist fast voll mit Wasser, wie dargestellt.

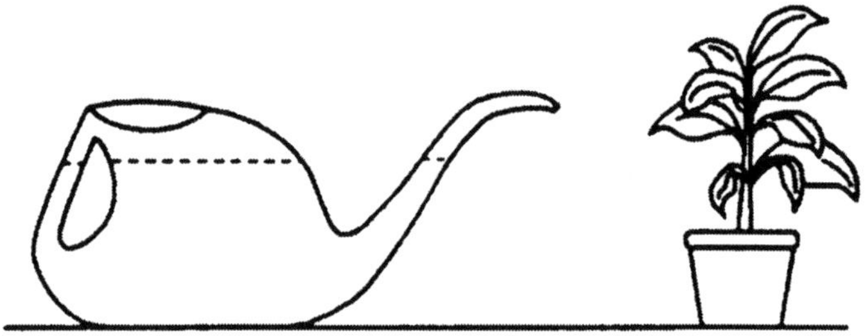

Die Gieskanne wird leicht gekippt, so dass Wasser gerade beginnt herauszutropfen.

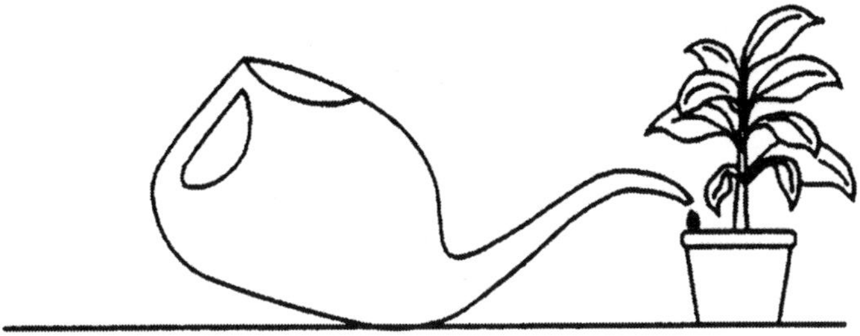

Zeichne eine Linie, die den jetzigen Wasserstand in der Gieskanne anzeigt.

---

o 10 Ein Stabmagnet wird in zwei Teile zersägt. Schreibe jeweils ein „N" oder „S" in die Kästchen in der Zeichnung, um die Polung der neu entstandenen Enden anzuzeigen.

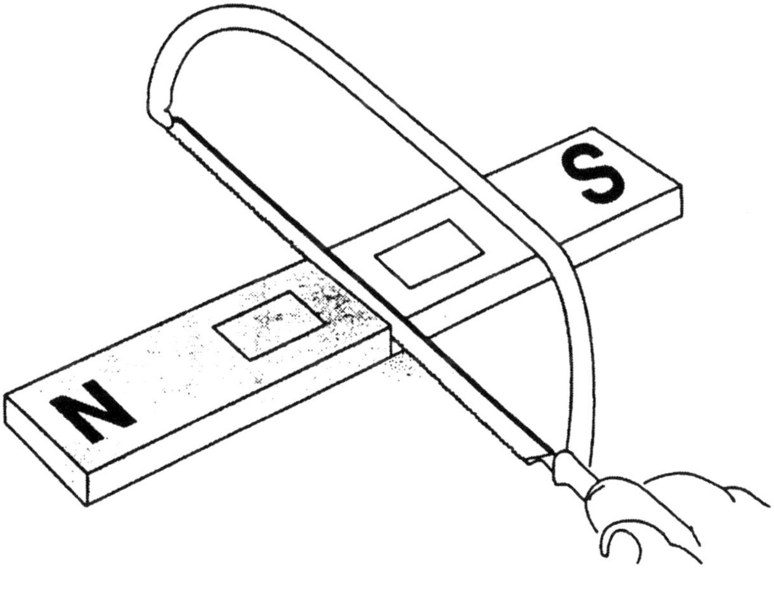

o 13 Auf einem ebenen Tisch wird eine gebogene Rinne befestigt (siehe Bild). Eine Kugel wird beim Punkt P in die Rinne gestoßen, so dass sie bei Q wieder herauskommt.

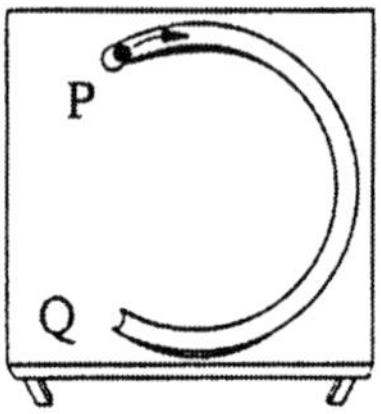

Die folgenden Bilder zeigen jeweils den ebenen Tisch und die Rinne von oben. In welchem Bild wird dargestellt, wie die Kugel weiterrollen wird, wenn sie aus der Rinne beim Punkt Q herausrollt?

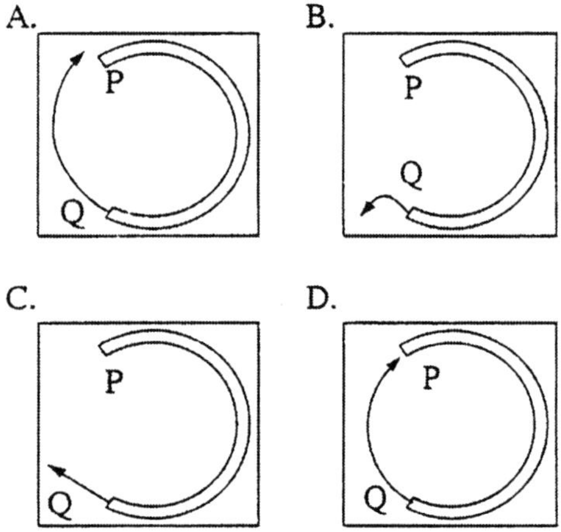

p 01 Das Schaubild zeigt die Fortbewegung einer Ameise, die sich entlang einer geraden Linie bewegt.

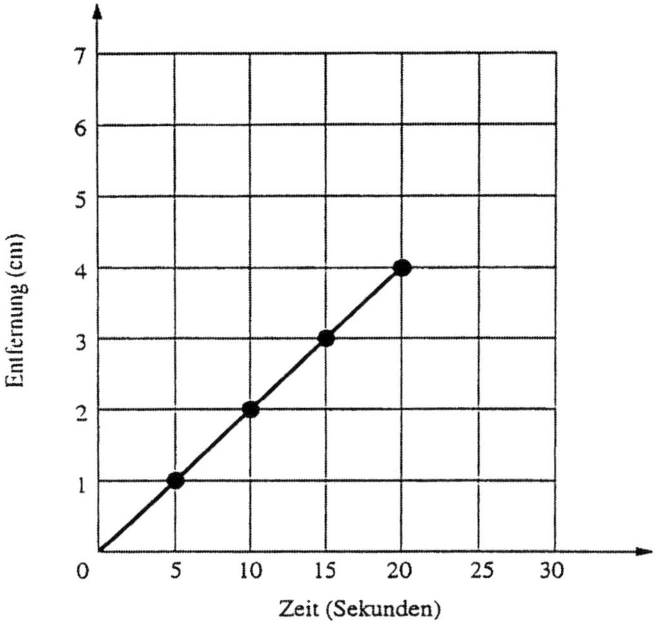

Welche Strecke wird die Ameise nach Ablauf von 30 Sekunden zurückgelegt haben, wenn sie sich weiterhin mit der gleichen Geschwindigkeit fortbewegt?

A. 5 cm
B. 6 cm
C. 20 cm
D. 30 cm

r 02 Wenn weißes Licht auf Peters Hemd fällt, sieht es blau aus. Warum sieht das Hemd blau aus?

A. Es nimmt das ganze weiße Licht in sich auf und verwandelt das meiste davon in blaues Licht.
B. Es strahlt den blauen Teil des Lichts zurück und nimmt den größten Teil des Restes in sich auf.
C. Es nimmt nur den blauen Teil des Lichts in sich auf.
D. Es gibt sein eigenes blaues Licht von sich.

---

y 01 Elektrische Energie wird zum Betrieb einer Lampe benutzt. Ist die Menge der entstandenen Lichtenergie größer, kleiner oder gleich der Menge der verwendeten elektrischen Energie?

Die Menge der entstandenen Lichtenergie ist

_____ größer
_____ kleiner (mache ein Kreuz)
_____ gleich

der Menge der verwendeten elektrischen Energie.

Gib einen Grund an, der für Deine Antwort spricht!

I.2 Veränderungen an den TIMSS-Testheften

Lfd. Nr. im Testheft	**Fach**	**TIMSS I** Verwendete Originalfragen	**TIMSS II** Veränderungen gegenüber TIMSS I	**TIMSS III** Veränderungen gegenüber TIMSS II
1	Bio	i10		d01[1]
3	Bio	i11		
2	Bio	i14		
7	Bio	j02	p04	
10	Bio	j07		
16	Bio	j09		a06
12	Bio	k11	k18	
11	Bio	k12		
15	Bio	k16	n04	
25	Bio	l03		
21	Bio	l06		
35	Bio	o16		
6	Che	j03		
5	Che	j04	o15	
9	Che	j08		
22	Che	m10		
24	Che	m13		
18	Che	n07		a02
26	Che	n09		
19	Che	o11		
28	Che	q14		
30	Che	q15		
17	Che	r05		
4	Phy	i16		a01
8	Phy	j05		
13	Phy	k13		d04 (= y01)
14	Phy	k17		
20	Phy	l01		
23	Phy	n08	r01	
27	Phy	n10		
29	Phy	o10		
31	Phy	o13		
32	Phy	p01	k14	
33	Phy	r02		
34	Phy	y01		

Tabelle I.2-1: Ausgewählte TIMSS-Originalfragen, Anordnung im Testheft und Veränderungen

1 Die fett gedruckten Aufgaben stammen aus dem Cluster „mathematisch naturwissenschaftliche Grundbildung" der veröffentlichen Fragen, der sog. Population 3 der TIMSS-Untersuchung (BAUMERT et al. 1998).

I.2.1 Aufgaben für TIMSS-Testheft II

p 04 Was geschieht, wenn ein Tier Winterschlaf hält?

A. In keinem seiner Körperteile ist noch Leben.
B. Es hört auf zu atmen.
C. Seine Körpertemperatur ist höher, als wenn es aktiv ist.
D. Es nimmt Energie auf, um sie zu verbrauchen, wenn es aktiv ist.
E. Es verbraucht weniger Energie, als wenn es aktiv ist.

---

k 18 Was ist die Hauptaufgabe der Chloroplasten in einer Pflanzenzelle?

A. Lichtenergie aufnehmen und Nährstoffe herstellen.
B. Stoffwechselabfälle durch aktiven Transport entfernen.
C. Chemische Energie aus Nahrung herstellen.
D. Die Form der Zellen kontrollieren.

---

n 04 Vor Jahren haben Landwirte herausgefunden, dass Maispflanzen besser gedeihen, wenn man daneben verwesenden Fisch vergräbt. Was hat der verwesende Fisch wahrscheinlich an die Pflanzen abgegeben, um ihr Wachstum zu steigern?

A. Energie.
B. Mineralien.
C. Eiweiß.
D. Sauerstoff.
E. Wasser.

---

o 15 Was entsteht, wenn ein neutrales Atom ein Elektron verliert?

A. Ein Gas.
B. Ein Ion.
C. Eine Säure.
D. Ein Molekül.

r 01 Das Bild zeigt, wie ein Lichtstrahl auf einen Spiegel trifft.

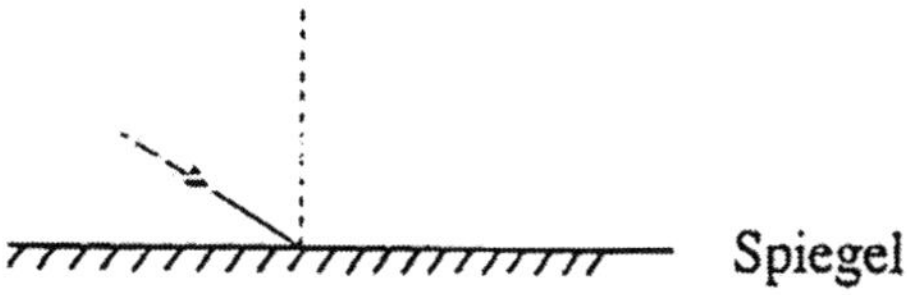

Welches Bild zeigt am besten, wie das reflektierte Licht aussehen wird?

A.

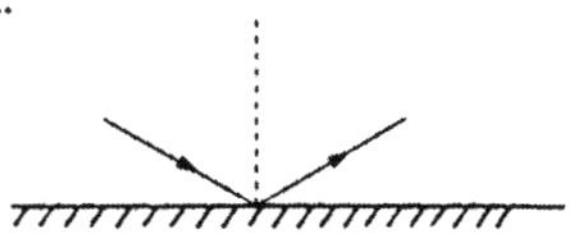

B.

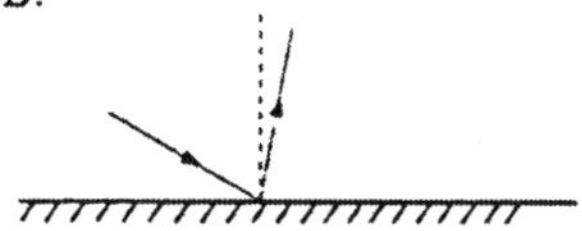

C.

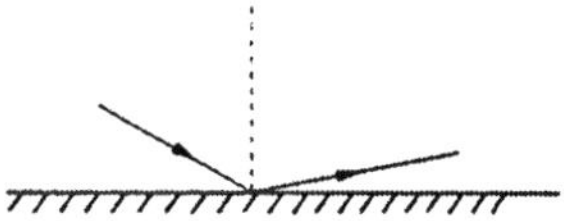

D.

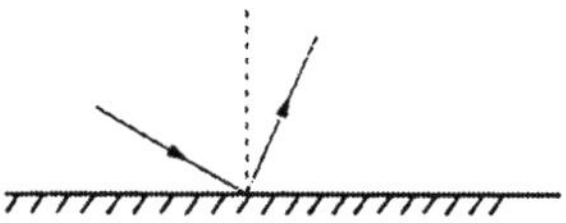

k 14. Ein Schüler hat je 100 ml Wasser in jeden dieser offenen Behälter gefüllt und lässt sie einen Tag in der Sonne stehen. Aus welchem Behälter verdunstet vermutlich am meisten Wasser?

A.

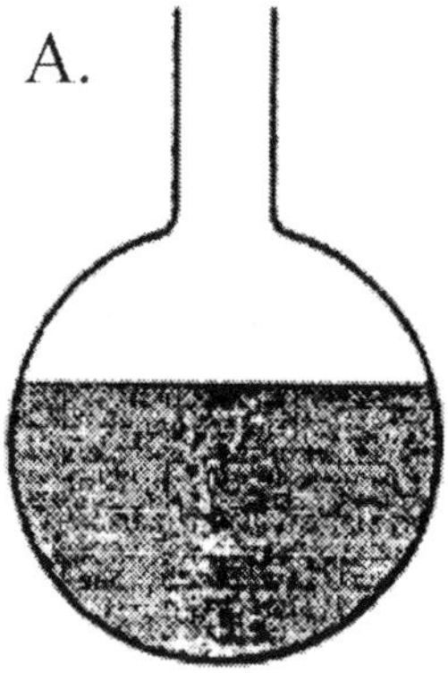

B.

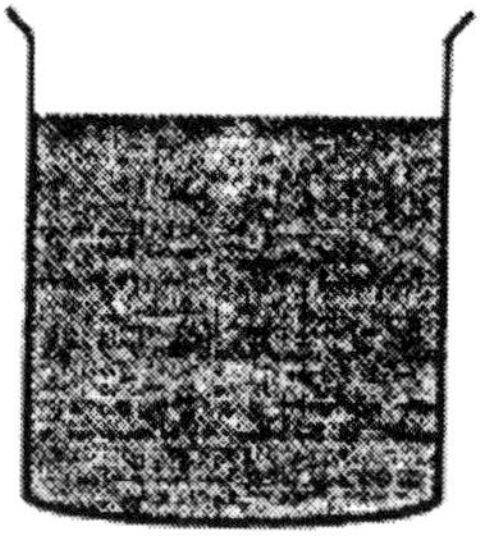

C.

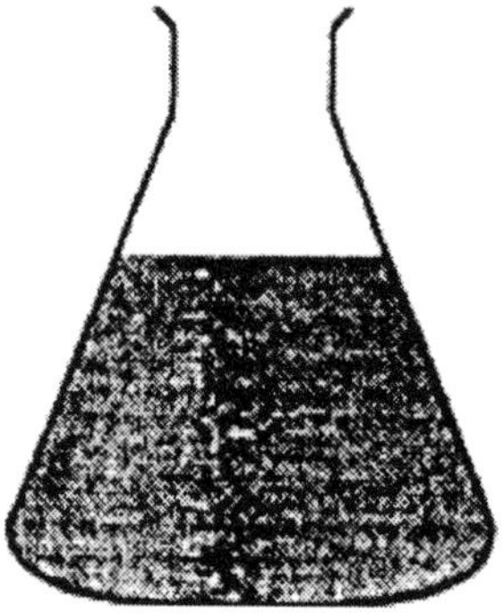

D.

I.2.2 Aufgaben für TIMSS-Testheft III

d 01 Es wird oft behauptet: „Gekochtes Gemüse ist meist nicht mehr so wertvoll für die Ernährung wie ungekochtes.“ Wie könnte man diese Behauptung überprüfen?

A. Das Gewicht des Gemüses vor und nach dem Kochen vergleichen.
B. Die Farbe des Gemüses vor und nach dem Kochen vergleichen.
C. Den Säuregehalt des Wassers messen, in dem das Gemüse gekocht wurde.
D. Den Vitamingehalt des Gemüses vor und nach dem Kochen vergleichen.

---

a 06 Wird eine Tier- oder Pflanzenart in ein Gebiet eingeführt, wo sie vorher nie gelebt hat, verursacht dies oft Probleme, indem ihre Vermehrung außer Kontrolle gerät und bestehende Arten verdrängt. Eine Möglichkeit, die eingeführte Art zu bekämpfen, ist, sie zu vergiften. Dies ist möglicherweise aber nicht praktikabel, kann sehr hohe Kosten verursachen oder schwerwiegende Gefahren in sich bergen. Eine andere Methode, *biologische Kontrolle* genannt, schließt den Einsatz lebender Organismen (mit Ausnahme der Menschen) ein, um die wuchernde Art unter Kontrolle zu bringen.

a) Nenne ein aktuelles Beispiel einer biologischen Kontrolle.

b) Beschreibe ein schwerwiegendes Problem, welches als Folge der Durchführung einer biologischen Kontrolle auftreten könnte.

---

a 01 Kernenergie kann durch Kernspaltung oder durch Kernfusion erzeugt werden. Kernfusion wird zur Zeit nicht als Energiequelle in Reaktoren benutzt. Weshalb?

A. Die wissenschaftlichen Gesetzmäßigkeiten, auf denen Kernfusion beruht, sind bisher noch nicht bekannt.
B. Es sind bisher keine technologischen Verfahren entwickelt worden, mit denen man Kernfusion sicher anwenden könnte.
C. Die notwendigen Rohstoffe sind nicht ohne weiteres verfügbar.
D. Abfallprodukte des Fusionsprozesses sind zu gefährlich.

I.3 TIMSS-Ergebnisse

I.3.1 Schulvergleichende Ergebnisse:Ausgangslage

TIMSS Deutschland Frühjahr 1995	
M = 531 **s** = 102	Leistungswert
Hauptschulen	462.5
Realschulen	533.3
Gymnasien	589.6
Gesamtschulen	504.2

Drei GS in HH Sommer 1997		
M = 548 **s** = 103	Leistungswert	**n**
Profilschule P	562.7	146
Vergleichsschule 1	571.2	151
Vergleichsschule 2	489.4	99
3 Schulen gesamt	547.6	396
Mädchen	528.2	200
Jungen	567.5	196

Tabelle zu Abbildung 4.2-1: Leistungen der untersuchten Gesamtschulen in den naturwissenschaftlichen Fächern im Vergleich mit den Ergebnissen der TIMS-Studie

Gesamtschule	**M**	**s**	**n**
Profilschule	21,30	6,78	142
Vergleichsschule 1	21,29	5,33	151
Vergleichsschule 2	16,74	5,16	99
Gesamt	20,38	6,22	392
Test auf Unterschiede	**df**	**F**	**p**
zwischen den Schulen	2	26,08	2,37E-11
zwischen P und V1	1	0,79	0,37
zwischen P und V2	1	31,79	4,83E-08
zwischen V1 und V2	1	57,99	5,38E-13

Tabelle zu Abbildung 4.2-2: TIMSS-Testleistungen der drei untersuchten Hamburger Gesamtschulen zum ersten Messzeitpunkt (alle 35 Aufgaben)

	TIMSS	Hamburg 1997					
	Deutschland gesamt	Profilschule P n = 155		Vergleichsschule 1 n = 157		Vergleichsschule 2 n = 100	
Aufgabe	% richtig	% richtig	**s**	% richtig	**s**	% richtig	**s**
j 09	87,3	84,9	0,35	97,4	0,16	73,7	0,44
i 10	87,1	93,2	0,25	90,1	0,30	92,9	0,26
l 03	82,0	76,7	0,43	75,5	0,43	56,6	0,50
o16	76,3	75,3	0,43	77,5	0,42	60,6	0,49
j 02	74,3	71,9	0,45	76,8	0,42	81,8	0,39
i 14	67,9	65,8	0,48	79,5	0,41	62,2	0,49
k 11	60,6	46,6	0,50	60,9	0,49	34,3	0,48
l 06	54,1	58,2	0,49	53,6	0,50	45,5	0,50
i 11	53,6	63,7	0,48	55,0	0,50	53,3	0,50
k 12	49,0	46,6	0,50	47,7	0,50	36,4	0,48
j 07	44,3	50,7	0,50	29,1	0,46	43,4	0,50
k 16	38,1	50,0	0,50	35,8	0,48	18,2	0,39

Tabelle zu Abbildung 4.2-3: TIMSS-Testleistungen in Biologie im Schulvergleich zum ersten Messzeitpunkt

Gesamtschule	**M**	**s**	**n**
Profilschule	7,85	2,53	145
Vergleichsschule 1	7,79	2,14	151
Vergleichsschule 2	6,60	2,09	99
Gesamt	7,51	2,34	395
Test auf Unterschiede	**df**	**F**	**p**
zwischen den Schulen	2	10,67	3,06E-05
zwischen P und V1	1	0,05	0,83
zwischen P und V2	1	16,53	6,47E-05
zwischen V1 und V2	1	18,90	2,01E-05

Unterschiede zwischen den Schulen im Fach Biologie (alle 12 Aufgaben)

	TIMSS	Hamburg 1997					
	Deutschland gesamt	Profilschule P n = 155		Vergleichsschule 1 n = 157		Vergleichsschule 2 n = 100	
Aufgabe	% richtig	% richtig	s	% richtig	s	% richtig	s
n 07	91,6	94,5	0,22	96,7	0,18	89,9	0,30
r 05	69,3	66,4	0,47	72,8	0,45	52,5	0,50
m 10	65,3	65,8	0,47	70,9	0,46	58,6	0,50
m 13	64,4	53,4	0,50	56,3	0,50	29,3	0,46
n 09	59,2	54,1	0,50	60,3	0,49	38,4	0,49
j 08	56,5	60,3	0,49	58,6	0,49	42,4	0,50
q 14	47,2	21,2	0,41	59,6	0,49	25,3	0,44
o 11	42,8	47,3	0,50	46,4	0,50	24,2	0,43
j 04	37,9	47,3	0,50	59,6	0,49	9,1	0,29
q 15	24,8	41,8	0,50	34,4	0,48	21,2	0,41
j 03	21,0	24,7	0,43	20,5	0,41	10,1	0,30

Tabelle zu Abbildung 4.2-4: TIMSS-Testleistungen in Chemie im Schulvergleich zum ersten Messzeitpunkt

Gesamtschule	**M**	**s**	**n**
Profilschule	5,79	2,59	145
Vergleichsschule 1	6,36	2,17	151
Vergleichsschule 2	4,01	1,96	99
Gesamt	5,56	2,46	395
Test auf Unterschiede	**df**	**F**	**p**
zwischen den Schulen	2	32,75	1,12E-13
zwischen P und V1	1	4,15	0,04*
zwischen P und V2	1	33,76	1,96E-08
zwischen V1 und V2	1	75,69	3,70E-16

*nicht signifikant, da Anpassung des Signifikanzniveaus auf p<.025

Unterschiede zwischen den Schulen im Fach Chemie (alle 11 Aufgaben)

Gesamtschule	M	s	n
Profilschule	7,58	2,51	142
Vergleichsschule 1	7,77	2,03	151
Vergleichsschule 2	6,13	2,23	99
Gesamt	7,29	2,36	392
Test auf Unterschiede	**df**	**F**	**p**
zwischen den Schulen	2	17,60	4,80E-08
zwischen P und V1	1	0,55	0,46
zwischen P und V2	1	21,22	6,66E-06
zwischen V1 und V2	1	36,36	5,91E-09

Unterschiede zwischen den Schulen im Fach Physik (alle 12 Aufgaben)

	TIMSS	Hamburg 1997					
	Deutschland gesamt	Profilschule P n = 155		Vergleichsschule 1 n = 157		Vergleichsschule 2 n = 100	
Aufgabe	% richtig	% richtig	s	% richtig	s	% richtig	s
i 16	89,3	91,1	0,28	93,4	0,25	87,9	0,33
p 01	84,4	76,7	0,42	83,4	0,37	60,6	0,49
k 13	82,9	87,7	0,32	92,7	0,26	79,8	0,40
n 08	76,2	82,2	0,38	76,8	0,42	74,7	0,44
j 05	71,7	69,2	0,46	70,9	0,46	61,6	0,49
o 10	68,8	67,8	0,47	74,8	0,44	53,5	0,50
o 13	67,1	66,4	0,47	73,5	0,44	53,5	0,50
n 10	61,3	52,7	0,50	55,6	0,50	29,3	0,46
l 01	57,1	58,2	0,49	52,3	0,50	29,3	0,46
k 17	55,5	51,4	0,50	63,6	0,48	49,5	0,50
r 02	31,0	41,1	0,49	34,4	0,48	33,3	0,47
y 01	9,0	8,2	0,28	6,0	0,24	0	0,00

Tabelle zu Abbildung 4.2-5: TIMSS-Testleistungen in Physik im Schulvergleich zum ersten Messzeitpunkt

Gesamtschule	M	s	n
Mädchen	19,29	5,70	200
Jungen	21,53	6,55	192
Insgesamt	20,38	6,22	392
Test auf Unterschiede	**df**	**F**	**p**
zwischen den Geschlechtern	1	13,10	3,34E-04

Tabelle zu Abbildung 4.2-6: Geschlechterunterschiede in den TIMSS-Testleistungen zum ersten Messzeitpunkt (alle 35 Aufgaben)

	Profilschule			Vergleichsschule 1			Vergleichsschule 2		
	M	s	n	M	s	n	M	s	n
Mädchen	19,29	6,61	70	21,67	4,55	76	15,93	4,01	54
Jungen	23,24	6,40	72	22,17	6,04	75	17,71	6,18	45
Insgesamt	21,29	6,78	142	21,92	5,33	151	16,74	5,16	99
Test auf Geschlechter-unterschiede	**df**	**F**	**p**	**df**	**F**	**p**	**df**	**F**	**p**
	1	13,10	4,12E-04	1	0,33	0,56	1	3,00	0,09

Geschlechterunterschiede an den einzelnen Schulen (alle 35 Aufgaben)

1.3.2 Schulvergleichende Ergebnisse: Leistungsentwicklung

	1997			1998			1999		
Gesamtschule	M	s	n	M	s	n	M	s	n
Profilschule	4,54	1,72	92	4,89	1,55	92	4,92	1,64	92
Vergleichsschule 1	4,74	1,33	76	4,92	1,37	76	4,72	1,51	76
Vergleichsschule 2	3,62	1,51	52	4,06	1,41	52	4,02	1,53	52
Gesamt	4,39	1,60	220	4,70	1,50	220	4,64	1,60	220

Test auf Unterschiede	**df**	**F**	**p**
zwischen den Messzeitpunkten	1	5,88	0,02
in Abhängigkeit von der Schule	2	1,72	0,18

Tabelle zu Abbildung 4.2-7: Entwicklung des Leistungsniveaus in Biologie im Schulvergleich (7 Aufgaben, die in allen Testheften vorhanden waren)

	1997			1998			1999		
Gesamtschule	**M**	**s**	**n**	**M**	**s**	**n**	**M**	**s**	**n**
Profilschule	4,60	2,30	92	5,35	2,43	92	5,11	2,28	92
Vergleichsschule 1	5,36	1,79	76	5,62	1,93	76	5,67	1,98	76
Vergleichsschule 2	3,44	1,76	52	4,37	1,75	52	3,81	1,88	52
Gesamt	4,59	2,13	220	5,21	2,16	220	5,00	2,20	220
Test auf Unterschiede				**df**		**F**		**p**	
zwischen den Messzeitpunkten				1		9,31		2,56E-03	
in Abhängigkeit von der Schule				2		0,24		0,78	

Tabelle zu Abbildung 4.2-8: Entwicklung des Leistungsniveaus in Chemie im Schulvergleich (9 Aufgaben, die in allen Testheften vorhanden waren)

	1997			1998			1999		
Gesamtschule	**M**	**s**	**n**	**M**	**s**	**n**	**M**	**s**	**n**
Profilschule	4,36	1,77	92	4,89	1,68	92	5,25	1,61	92
Vergleichsschule 1	4,61	1,59	76	5,33	1,54	76	5,59	1,43	76
Vergleichsschule 2	3,50	1,64	52	4,12	1,70	52	4,12	1,70	52
Gesamt	4,24	1,73	220	4,86	1,69	220	5,10	1,66	220
Test auf Unterschiede				**df**		**F**		**p**	
zwischen den Messzeitpunkten				1		69,28		9,55E-15	
in Abhängigkeit von der Schule				2		1,07		0,35	

Tabelle zu Abbildung 4.2-9: Entwicklung des Leistungsniveaus in Physik im Schulvergleich (8 Aufgaben, die in allen Testheften vorhanden waren)

I.3.3 Klassenvergleichende Ergebnisse

Profil	**M**	**s**	**n**
„Mensch & Natur"	25,33	5,52	12
Andere	20,91	6,78	130
Gesamt	21,29	6,78	142
Test auf Unterschiede	**df**	**F**	**p**
zwischen den Klassen	1	4,79	0,03

Ausgangslage des Profils „Mensch & Natur" (alle 35 Aufgaben)

Profil	**12 Biologieaufgaben**			**11 Chemieaufgaben**			**12 Physikaufgaben**		
	M	**s**	**n**	**M**	**s**	**n**	**M**	**s**	**n**
M&N	8,87	2,39	15	7,00	3,21	15	5,86	1,17	14
Andere	7,73	2,53	130	5,65	2,49	130	4,86	1,69	111
Gesamt	7,85	2,53	145	5,79	2,59	145	4,98	1,67	125
Test auf Unterschiede zwischen den Klassen									
	df	**F**	**p**	**df**	**F**	**p**	**df**	**F**	**p**
	1	2,74	0,10	1	3,70	0,06	1	4,53	0,04

Ausgangslage des Profils „Mensch & Natur" in den einzelnen Fächern (alle Aufgaben)

	Profil	Biologie (7 Aufgaben)			Chemie (9 Aufgaben)			Physik (8 Aufgaben)		
		M	s	n	M	s	n	M	s	n
1997	Andere	4,34	1,73	130	4,25	2,16	130	4,10	1,96	130
	M&N	4,73	1,71	15	5,40	2,82	15	4,92	1,44	12
	Gesamt	4,37	1,73	145	4,37	2,26	145	4,17	1,94	142
1998	Andere	4,76	1,59	111	5,05	2,48	111	4,86	1,69	111
	M&N	5,57	1,09	14	6,86	1,88	14	5,86	1,17	14
	Gesamt	4,85	1,56	125	5,25	2,48	125	4,98	1,67	125
1999	Andere	4,72	1,62	96	4,90	2,27	96	5,17	1,62	96
	M&N	6,00	1,07	8	6,50	1,20	8	6,13	1,25	8
	Gesamt	4,82	1,62	104	5,02	2,24	104	5,24	1,61	104

Test auf Unterschiede in zwischen den Klassen

	Biologie			Chemie			Physik		
	df	F	p	df	F	p	df	F	p
1997	1	0,70	0,40	1	3,53	0,06	1	1,97	0,16
1998	1	3,45	0,07	1	6,97	9,37E-03	1	4,53	0,04
1999	1	4,80	0,03	1	3,88	0,05	1	2,66	0,11

Unterschiede zwischen den Klassen

	1997			1998			1999		
Profil	M	s	n	M	s	n	M	s	n
Andere	4,45	1,73	84	4,82	1,56	84	4,82	1,65	84
M&N	5,50	1,31	8	5,63	1,30	8	6,00	1,07	8
Gesamt	4,54	1,72	92	4,89	1,55	92	4,92	1,64	92

Test auf Unterschiede	df	F	p
zwischen den Messzeitpunkten	1	2,26	0,14
in Abhängigkeit von der Klasse	1	0,05	0,82

Tabelle zu Abbildung 4.2-10: Entwicklung des Leistungsniveaus in Biologie an der Profilschule. Vergleich von naturwissenschaftlicher Profilklasse (M&N) und anderen Profilklassen (7 Aufgaben)

Profil	1997			1998			1999		
	M	s	n	M	s	n	M	s	n
M&N	5,50	1,31	8	5,60	1,30	8	6,0	1,07	8
Andere	4,45	1,73	84	4,82	1,56	84	4,82	1,65	84
Test auf Unterschiede				**df**			**F**	**p**	
zwischen den Messzeitpunkten bei M&N				1			2,33	0,17	
zwischen den Messzeitpunkten bei anderen				1			4,45	0,04	

Unterschiede in der Leistungsentwicklung in Biologie (7 Aufgaben) innerhalb der verschiedenen Klassen

Profil	1997			1998			1999		
	M	s	n	M	s	n	M	s	n
Andere	4,38	2,21	84	5,19	2,46	84	4,98	2,32	84
M&N	6,88	2,17	8	7,00	1,31	8	6,50	1,20	8
Gesamt	4,60	2,30	92	5,35	2,43	92	5,11	2,28	92
Test auf Unterschiede				**df**		**F**		**p**	
zwischen den Messzeitpunkten				1		0,09		0,76	
in Abhängigkeit von der Klasse				1		1,82		0,18	

Tabelle zu Abbildung 4.2-11: Entwicklung des Leistungsniveaus in Chemie an der Profilschule. Vergleich von naturwissenschaftlicher Profilklasse (M&N) und anderen Profilklassen (9 Aufgaben)

Profil	1997			1998			1999		
	M	s	n	M	s	n	M	s	n
M&N	6,88	2,16	8	7,00	1,31	8	6,50	1,20	8
Andere	4,38	2,21	84	5,19	2,46	84	4,98	2,32	84
Test auf Unterschiede					**df**		**F**	**p**	
zwischen den Messzeitpunkten bei M&N					1		2,33	0,66	
zwischen den Messzeitpunkten bei anderen					1		8,17	5,37E-03	

Unterschiede in der Leistungsentwicklung in Chemie (9 Aufgaben) innerhalb der verschiedenen Klassen

Profil	1997			1998			1999		
	M	s	n	M	s	n	M	s	n
Andere	4,33	1,82	84	4,81	1,70	84	5,17	1,62	84
M&N	4,63	1,19	8	5,75	1,28	8	6,13	1,25	8
Gesamt	4,36	1,77	92	4,89	1,68	92	5,25	1,61	92
Test auf Unterschiede				**df**		**F**		**p**	
zwischen den Messzeitpunkten				1		23,60		4,98E-06	
in Abhängigkeit von der Klasse				1		1,93		0,17	

Tabelle zu Abbildung 4.3-12: Entwicklung des Leistungsniveaus in Physik an der Profilschule. Vergleich von naturwissenschaftlicher Profilklasse (M&N) und anderen Profilklassen (8 Aufgaben)

Profil	1997			1998			1999		
	M	s	n	M	s	n	M	s	n
M&N	4,63	1,19	8	5,75	1,28	8	6,13	1,25	8
Andere	4,33	1,82	84	4,81	1,70	84	5,17	1,62	84
Test auf Unterschiede					**df**	**F**	**p**		
zwischen den Messzeitpunkten bei M&N					1	10,50	0,01		
zwischen den Messzeitpunkten bei anderen					1	34,67	8,03E-08		

Unterschiede in der Leistungsentwicklung in Physik (8 Aufgaben) innerhalb der verschiedenen Klassen

I.3.4 Leistungsentwicklung im Geschlechtervergleich

Geschlecht	1997			1998			1999		
	M	s	n	M	s	n	M	s	n
Mädchen	4,32	1,47	122	4,66	1,52	122	4,60	1,57	122
Junge	4,48	1,75	98	4,76	1,46	98	4,69	1,65	98
Gesamt	4,39	1,60	220	4,70	1,50	220	4,64	1,60	220
Test auf Unterschiede				df		F		p	
zwischen den Messzeitpunkten				1		5,59		0,02	

Tabelle zu Abbildung 4.2-13: Entwicklung des Leistungsniveaus in Biologie (7 Aufgaben) im Geschlechtervergleich (alle drei Schulen)

		1997			1998			1999		
Geschlecht	**Schule**	M	s	n	M	s	n	M	s	n
Mädchen	P	4,26	1,69	50	4,68	1,63	50	4,78	1,72	50
	V 1	4,80	1,21	44	5,09	1,36	44	4,68	1,51	44
	V 2	3,68	1,16	28	3,96	1,35	28	4,14	1,33	28
	Gesamt	4,32	1,47	122	4,66	1,52	122	4,60	1,57	122
Junge	P	4,88	1,71	42	5,14	1,42	42	5,10	1,54	42
	V 1	4,66	1,49	32	4,69	1,38	32	4,78	1,54	32
	V 2	3,54	1,86	24	4,17	1,49	24	3,88	1,75	24
	Gesamt	4,48	1,75	98	4,76	1,46	98	4,69	1,65	98
Gesamt	P	4,54	1,72	92	4,89	1,55	92	4,92	1,64	92
	V 1	4,74	1,33	76	4,92	1,37	76	4,72	1,51	76
	V 2	3,62	1,51	52	4,06	1,41	52	4,02	1,53	52
	Gesamt	4,39	1,60	220	4,70	1,50	220	4,64	1,60	220
Test auf Unterschiede				df		F		p		
zwischen den Messzeitpunkten				1		5,78		0,02		
in Abhängigkeit vom Geschlecht				1		0,10		0,76		
in Abhängigkeit von der Schule				2		1,45		0,24		

Leistungsentwicklung der Geschlechter in Biologie (7 Aufgaben)

		Chemie			Physik		
	Geschlecht	M	s	n	M	s	n
1997	Mädchen	4,19	2,02	122	3,84	1,68	122
	Junge	5,08	2,17	98	4,74	1,66	98
	Gesamt	4,59	2,13	220	4,24	1,73	220
1998	Mädchen	4,61	2,01	122	4,41	1,58	122
	Junge	5,95	2,13	98	5,42	1,67	98
	Gesamt	5,21	2,16	220	4,86	1,69	220
1999	Mädchen	4,56	2,20	122	4,70	1,56	122
	Junge	5,54	2,08	98	5,59	1,66	98
	Gesamt	5,00	2,20	220	5,10	1,66	220
Test auf Unterschiede		df	F	p	df	F	p
zwischen den Messzeitpunkten		1	10,59	1,32E-03	1	76,72	5,55E-16

Tabelle zu Abbildung 4.2-14 und 4.2-15: Entwicklung des Leistungsniveaus in Chemie (9 Aufgaben) und Physik (8 Aufgaben) im Geschlechtervergleich (alle Schulen)

		1997			1998			1999		
Geschlecht	Schule	M	s	n	M	s	n	M	s	n
Mädchen	P	4,00	2,29	50	4,46	2,37	50	4,60	2,43	50
	V 1	5,14	1,49	44	5,27	1,65	44	5,34	1,75	44
	V 2	3,04	1,50	28	3,86	1,51	28	3,25	1,80	28
	Gesamt	4,19	2,02	122	4,61	2,01	122	4,56	2,20	122
Junge	P	5,31	2,12	42	6,40	2,08	42	5,71	1,95	42
	V 1	5,66	2,12	32	6,09	2,19	32	6,13	2,20	32
	V 2	3,92	1,95	24	4,96	1,85	24	4,46	1,79	24
	Gesamt	5,08	2,17	98	5,95	2,13	98	5,54	2,08	98
Gesamt	P	4,60	2,30	92	5,35	2,43	92	5,11	2,28	92
	V 1	5,36	1,79	76	5,62	1,93	76	5,67	1,98	76
	V 2	3,44	1,76	52	4,37	1,75	52	3,81	1,88	52
	Gesamt	4,59	2,13	220	5,21	2,16	220	5,00	2,20	220
Test auf Unterschiede				df		F		p		
zwischen den Messzeitpunkten				1		9,50		2,33E-03		
in Abhängigkeit vom Geschlecht				1		0,25		0,62		
in Abhängigkeit von der Schule				2		0,17		0,84		

Leistungsentwicklung der Geschlechter in Chemie (9 Aufgaben)

		1997			1998			1999		
Geschlecht	**Schule**	**M**	**s**	**n**	**M**	**s**	**n**	**M**	**s**	**n**
Mädchen	P	3,74	1,71	50	4,28	1,76	50	4,80	1,67	50
	V 1	4,36	1,51	44	4,91	1,25	44	5,14	1,21	44
	V 2	3,18	1,66	28	3,86	1,51	28	3,86	1,58	28
	Gesamt	3,84	1,68	122	4,41	1,58	122	4,70	1,56	122
Junge	P	5,10	1,56	42	5,62	1,25	42	5,79	1,37	42
	V 1	4,94	1,66	32	5,91	1,71	32	6,22	1,48	32
	V 2	3,88	1,57	24	4,42	1,89	24	4,42	1,82	24
	Gesamt	4,74	1,66	98	5,42	1,67	98	5,59	1,66	98
Gesamt	P	4,36	1,77	92	4,89	1,68	92	5,25	1,61	92
	V 1	4,61	1,59	76	5,33	1,54	76	5,59	1,43	76
	V 2	3,50	1,64	52	4,12	1,70	52	4,12	1,70	52
	Gesamt	4,24	1,73	220	4,86	1,69	220	5,10	1,66	220

Test auf Unterschiede	**df**	**F**	**p**
zwischen den Messzeitpunkten	1	69,77	8,33E-15
in Abhängigkeit vom Geschlecht	1	1,21E-05	1,00
in Abhängigkeit von der Schule	2	1,29	0,28

Leistungsentwicklung der Geschlechter in Physik (8 Aufgaben)

	1997			1998			1999		
Biologie	**M**	**s**	**n**	**M**	**s**	**n**	**M**	**s**	**n**
Mädchen	4,07	1,50	200	4,59	1,48	158	4,44	1,58	141
Junge	4,14	1,75	195	4,62	1,54	140	4,63	1,63	113
Gesamt	4,10	1,63	395	4,60	1,51	298	4,52	1,60	254
Chemie	**M**	**s**	**n**	**M**	**s**	**n**	**M**	**s**	**n**
Mädchen	3,76	2,01	200	4,49	2,03	158	4,47	2,14	141
Junge	4,65	2,17	195	5,72	2,29	140	5,27	2,17	113
Gesamt	4,19	2,13	395	5,07	2,24	298	4,83	2,19	254
Physik	**M**	**s**	**n**	**M**	**s**	**n**	**M**	**s**	**n**
Mädchen	3,50	1,75	200	4,41	1,53	158	4,69	1,53	141
Junge	4,43	1,82	192	5,34	1,77	140	5,50	1,72	113
Gesamt	3,95	1,84	392	4,85	1,71	298	5,05	1,66	254
Test auf Unterschiede in zwischen den Geschlechtern									
	Biologie			**Chemie**			**Physik**		
	df	**F**	**p**	**df**	**F**	**p**	**df**	**F**	**p**
1997	1	0,23	0,63	1	17,96	2,81E-05	1	27,04	3,22E-07
1998	1	0,04	0,85	1	24,11	1,51E-06	1	24,17	1,47E-06
1999	1	0,87	0,35	1	8,79	3,33E-03	1	16,00	8,32E-05

Leistungsunterschiede der Geschlechter in den verschiedenen Fächern

II Anhang zu Kapitel 4.3

II.1 Schülerfragebogen I1

Von den Schülerfragebogen gab es zu jedem Zeitpunkt eine Version für die Vergleichsgesamtschulen und eine Version für die Profilschule, die die zusätzlichen Items P5, P6 und P8 enthielt.

Fragebogen für Schüler und Schülerinnen

Wir wollen die folgenden Fragen in den nächsten Jahren mehrfach an Dich richten. Damit wir feststellen können, ob sich Deine Ansichten im Laufe der Zeit ändern, müssen wir eine Möglichkeit haben, die Antworten, die Du heute gibst, den Antworten zuzuordnen, die Du später gibst. Wir brauchen dazu nicht Deinen Namen, d.h. wir müssen nicht wissen, wer Du bist. Es ist aber wichtig, dass Du jetzt und später immer denselben Code verwendest. Bitte trage in die folgenden Kästchen Deinen Code nach folgendem System ein:

Erster und letzter Buchstabe des Vornamens Deiner Mutter ☐ ☐

Monat, in dem Du geboren bist (z.B. 07 für Juli) ☐ ☐

P1 Ich bin ein ☐ Junge
☐ Mädchen

P2 Ich bin__________Jahre.

P3 Ich gehe in die_____Klasse.

P4	**Zunächst möchten wir von Dir wissen, wie gern Du zur Schule gehst und wie wohl Du Dich in der Schule fühlst. Antworte bitte auf die beiden Fragen, indem Du das entsprechende Kästchen ankreuzt.**					
		trifft gar nicht zu	trifft eher nicht zu	trifft einigermaßen zu	trifft überwiegend zu	trifft völlig zu
_1	Ich gehe gerne zur Schule.	☐	☐	☐	☐	☐
_2	Ich fühle mich wohl in der Schule.	☐	☐	☐	☐	☐

P5	Bitte kreuze hier an, in welchem Profil Du bist und in welchem Du gerne wärst.		
		Ich bin in ...	Ich wäre gern in ...
_1	Mensch und Natur	❑	❑
_2	Studio	❑	❑
_3	Bild und Ton	❑	❑
_4	Firma g + n	❑	❑
_5	Firma Bistro	❑	❑
_6	Zeitung	❑	❑
_7	Theaterwerkstatt	❑	❑
_8	Sport 1	❑	❑
_9	Sport 2	❑	❑

P6	Warum hast Du das Profil gewählt?					
		trifft gar nicht zu	trifft eher nicht zu	trifft einigermaßen zu	trifft überwiegend zu	trifft völlig zu
_1	... weil meine Eltern bzw. Mutter oder Vater dazu geraten haben.	❑	❑	❑	❑	❑
_2	... weil ich mit meiner Freundin oder meinem Freund in demselben Profil sein wollte.	❑	❑	❑	❑	❑
_3	... weil ich die Lehrer in dem Profil gut fand.	❑	❑	❑	❑	❑
_4	... weil mich das Profil interessiert.	❑	❑	❑	❑	❑

P7	Weißt Du schon, was Du nach Abschluss der 10. Klasse machen willst?	
_1	Ich will eine Berufsausbildung beginnen. Wenn Du „ja" angekreuzt hast, gib hier bitte an, welchen Beruf Du am liebsten lernen würdest:	❑ ja ❑ nein
_2	Ich will zur Handelsschule oder Berufsfachschule gehen.	❑ ja ❑ nein
_3	Ich will in die gymnasiale Oberstufe gehen. Wenn Du „ja" angekreuzt hast, gib hier bitte an, welche Leistungskurse Du wahrscheinlich wählen wirst: Nach dem Abitur will ich studieren. Wenn Du „ja" angekreuzt hast, gib hier bitte an, was Du studieren willst:	❑ ja ❑ nein ❑ ja ❑ nein
_4	Ich weiß noch nicht so genau, was ich nach dem 10. Schuljahr machen werde, irgendetwas wo ich...	

P8	**Hast Du bei der Wahl des Profils daran gedacht, was Du nach der 10. Klasse machen willst?**
_1	Ja, denn...
_2	Nein, denn...

S1	**Im Folgenden sollst Du angeben, wie sehr Du Deiner Meinung nach Deine Lernergebnisse selbst beeinflussen kannst. Bitte kreuze an, wie stark Du den folgenden Aussagen zustimmen kannst.** **Wenn Du Deine Antworten nicht für das Lernen in der Schule ganz allgemein geben kannst, beziehe sie bitte auf das Unterrichtsfach, das Dir am wichtigsten ist, und gib dieses Fach hier an:**					
		stimme gar nicht zu	stimme eher nicht zu	stimme einigermaßen zu	stimme überwiegend zu	stimme völlig zu
_1	Immer wenn ich versuche, in der Schule voranzukommen, kommt mir etwas dazwischen, was mich daran hindert.	❑	❑	❑	❑	❑
_2	Wenn ich genügend übe, gelingt es mir, eine gute Arbeit zu schreiben.	❑	❑	❑	❑	❑
_3	Wenn ich mich anstrenge, kann ich zufriedenstellende Leistungen erbringen	❑	❑	❑	❑	❑
_4	Auch wenn ich mich noch so anstrenge: Richtig zufrieden sind die Lehrer mit mir nie.	❑	❑	❑	❑	❑

S2	Jetzt gib bitte an, warum Du lernst. Du kannst Deine Antworten wieder nach dem Ausmaß Deiner Zustimmung abstufen. Auch hier gilt, dass Du die Antworten auf Dein wichtigstes Unterrichtsfach beziehen kannst, wenn Du meinst, dass Du die Angaben nicht für das Lernen ganz allgemein machen kannst. Gib das Unterrichtsfach in diesem Fall bitte hier wieder an:					
	Ich lerne...	stimme gar nicht zu	stimme eher nicht zu	stimme einiger-maßen zu	stimme überwie-gend zu	stimme völlig zu
_1	...weil es mir Spaß macht, wenn ich etwas Neues lerne.	❑	❑	❑	❑	❑
_2	...damit meine Eltern stolz auf mich sein können.	❑	❑	❑	❑	❑
_3	...damit der Lehrer mich lobt.	❑	❑	❑	❑	❑
_4	...weil ich mich zufrieden fühle, wenn ich mich durch das Lernen verbessere.	❑	❑	❑	❑	❑
_5	...weil ich ein großartiges Gefühl habe, wenn ich interessante Dinge lerne.	❑	❑	❑	❑	❑
_6	...damit ich in der Klasse angesehen bin.	❑	❑	❑	❑	❑
_7	...um mir selbst zu beweisen, dass ich besser bin als es nötig ist, um einen bestimmten Schulabschluss zu bekommen.	❑	❑	❑	❑	❑
_8	...damit der Lehrer mich mag.	❑	❑	❑	❑	❑
_9	...damit meine Mitschüler nicht denken, ich sei dumm.	❑	❑	❑	❑	❑
_10	...weil ich dadurch später vielleicht eher einen Beruf ausüben kann, der mir gefällt.	❑	❑	❑	❑	❑
_11	Ehrlich gesagt, weiß ich nicht warum. Eigentlich ist Lernen Zeitverschwendung.	❑	❑	❑	❑	❑

S3	**Beim Lernen kann man unterschiedlich vorgehen. Du weißt sicher aus Erfahrung, wie es bei Dir am besten klappt. Bitte lies die Aussagen wieder sorgfältig durch und kreuze in den entsprechenden Kästchen an, wie häufig Du die aufgeführten Strategien verwendest.** **Beziehe die Antworten wieder auf Dein wichtigstes Unterrichtsfach, falls Du sie nicht für Lernen ganz allgemein geben willst. Bitte gib in diesem Fall das Unterrichtsfach hier wieder an:**					
		nie	selten	gelegent-lich	oft	immer
_1	Wenn ich in der Schule etwas gelernt habe, versuche ich mir vorzustellen, was ich damit praktisch anfangen kann.	❑	❑	❑	❑	❑
_2	Beim Lernen versuche ich, das Neue mit den Dingen zu verbinden, die ich früher gelernt habe.	❑	❑	❑	❑	❑
_3	Beim Lernen versuche ich mir klar zu machen, wie die Grundgedanken zueinander passen.	❑	❑	❑	❑	❑
_4	Wenn ich mir ein Thema erarbeite, versuche ich ein eigenes Verständnis davon zu gewinnen.	❑	❑	❑	❑	❑
_5	Wenn ich lese, versuche ich Verbindungen herzustellen zwischen dem, was ich gerade lese, und dem, was ich schon weiß.	❑	❑	❑	❑	❑
_6	Ich kann auch lernen, ohne den Sinn verstanden zu haben.	❑	❑	❑	❑	❑
_7	Ich denke mir immer gleich praktische Probleme aus, für deren Lösung ich das Gelernte brauchen kann.	❑	❑	❑	❑	❑
_8	Wenn ich lerne, sind praktische Probleme des Alltags für mich unwichtig.	❑	❑	❑	❑	❑
_9	Wenn ich lerne, denke ich darüber nach, was das zu Lernende mit mir selbst zu tun hat.	❑	❑	❑	❑	❑
_10	Lernen in der Schule hat wenig mit dem zu tun, was ich sonst noch interessant finde.	❑	❑	❑	❑	❑
_11	Wenn ich lerne, versuche ich, die wichtigsten Gedanken für mich selbst in eigene Worte zu fassen.	❑	❑	❑	❑	❑
_12	Wenn ich Dinge nicht richtig einordnen kann, versuche ich sie gar nicht erst zu lernen.	❑	❑	❑	❑	❑

S4	**Die folgenden Aussagen beziehen sich darauf, wie Du Dich selbst ganz allgemein erlebst und wie Du Dich erlebst, wenn Du lernst. Bitte gib wieder an, wie sehr Du diesen Aussagen zustimmen kannst.** **Wenn Du die Antworten zu Deinem Selbsterleben beim Lernen wieder auf Dein wichtigstes Unterrichtsfach beziehen willst, gib dieses Fach bitte hier wieder an:**					
		stimme gar nicht zu	stimme eher nicht zu	stimme einiger-maßen zu	stimme überwie-gend zu	stimme völlig zu
_1	Beim Lernen entdecke ich oft ganz neue Seiten an mir.	❑	❑	❑	❑	❑
_2	Im großen und ganzen bin ich mit mir zufrieden.	❑	❑	❑	❑	❑
_3	Manchmal komme ich mir ganz unwichtig vor.	❑	❑	❑	❑	❑
_4	Wenn ich merke, dass ich etwas verstanden habe, fühle ich mich richtig gut.	❑	❑	❑	❑	❑
_5	Manchmal wünsche ich mir, ich wäre ganz anders.	❑	❑	❑	❑	❑
_6	Es ist für mich nicht immer ganz einfach zu entdecken, ob das, was ich lerne, auch etwas mit mir selbst zu tun hat.	❑	❑	❑	❑	❑
_7	Manchmal habe ich den Eindruck, dass ich irgendwie überflüssig bin.	❑	❑	❑	❑	❑
_8	So wie ich bin, möchte ich eigentlich bleiben.	❑	❑	❑	❑	❑
_9	Meistens bemerke ich es gar nicht, dass ich wieder etwas dazugelernt habe.	❑	❑	❑	❑	❑
_10	Ich finde, ich bin ganz in Ordnung.	❑	❑	❑	❑	❑
_11	Mir fällt es leicht, das, was ich lerne, mit meinen eigenen Interessen zu verknüpfen.	❑	❑	❑	❑	❑

S5	**Du sollst nun bitte angeben, in welchen Fächern Du Dich für besonders fähig hältst und in welchen Fächern Du eher nicht so stark bist.**					
		sehr schwach	eher schwach	mittel	eher stark	sehr stark
_1	Deutsch	❑	❑	❑	❑	❑
_2	Musik	❑	❑	❑	❑	❑
_3	Politik	❑	❑	❑	❑	❑
_4	Biologie	❑	❑	❑	❑	❑
_5	Kunst	❑	❑	❑	❑	❑
_6	Chemie	❑	❑	❑	❑	❑
_7	Sport	❑	❑	❑	❑	❑

S6	**Hier sind nun einige Verhaltensweisen des Zusammenlebens mit anderen aufgeführt. Gib bitte an, wie gut Dir die einzelnen Verhaltensweisen gewöhnlich gelingen und wie gut Du Dich dabei fühlst.**			
		gelingt mir gar nicht	gelingt mir einiger -maßen	gelingt mir voll-ständig
_1	Eine Person, die Du noch nicht gut kennst, fragen oder ihr vorschlagen, sich zu treffen, um etwas gemeinsam zu unternehmen.	☹ ❑	😐 ❑	☺ ❑
_2	Dich mit einem Mitschüler durch ein Problem durcharbeiten, ohne das Ganze mit allgemeinen Anschuldigungen zu beenden, wie z.B. „Dir kann man sowieso nicht helfen".	☹ ❑	😐 ❑	☺ ❑
_3	Einem guten Freund oder einer guten Freundin helfen, ein persönliches Problem, das ihm oder ihr gerade schwer zu schaffen macht, zu verstehen.	☹ ❑	😐 ❑	☺ ❑
_4	Im Ärger mit einem Mitschüler seinen Standpunkt gelten lassen, auch wenn Du selbst nicht damit übereinstimmst.	☹ ❑	😐 ❑	☺ ❑
_5	Einem guten Freund oder einer guten Freundin helfen, Probleme mit der Familie oder Mitschülern zu bewältigen.	☹ ❑	😐 ❑	☺ ❑
_6	Dich mit jemandem länger unterhalten, den Du kennen lernen möchtest.	☹ ❑	😐 ❑	☺ ❑
_7	Einen guten Freund oder eine gute Freundin zur Rede stellen, wenn er oder sie ein Versprechen gebrochen hat.	☹ ❑	😐 ❑	☺ ❑
_8	Einem guten Freund oder einer guten Freundin vertrauen und (die „schützende Fassade" fallen lassen) auch Dinge über Dich erzählen, wegen denen Du Dich schämst.	☹ ❑	😐 ❑	☺ ❑
_9	Für einen betrübten Freund oder eine betrübte Freundin ein guter und mitfühlender Zuhörer sein.	☹ ❑	😐 ❑	☺ ❑
_10	Dich einem neuen Freund oder einer neuen Freundin anvertrauen und ihm oder ihr auch schwächere Seiten von Dir zeigen.	☹ ❑	😐 ❑	☺ ❑
_11	Einem Freund oder einer Freundin sagen, dass er oder sie etwas getan hat, das Dich verärgert hat.	☹ ❑	😐 ❑	☺ ❑
_12	Einen guten Freund oder eine gute Freundin, dem oder der es gerade schlecht geht, mit Rat und Tat unterstützen.	☹ ❑	😐 ❑	☺ ❑

S7	In diesem letzten Abschnitt geht es noch einmal um Deine Auffassungen über Dich und die anderen. Bitte gib nun wieder an, wie sehr Du den Aussagen zustimmst.					
		stimme gar nicht zu	stimme eher nicht zu	stimme einigermaßen zu	stimme überwiegend zu	stimme völlig zu
_1	Wenn ich in einer Gruppe arbeite, halte ich mich gewöhnlich zurück und lasse die anderen planen.	❑	❑	❑	❑	❑
_2	Ich gehöre zu der Art von Menschen, auf die sich andere verlassen können.	❑	❑	❑	❑	❑
_3	Wenn man seine Freunde gelegentlich im Stich lässt, ist das nicht so schlimm, da man nicht jedem immer Gutes tun kann.	❑	❑	❑	❑	❑
_4	Es ist wichtiger, für das Wohl der Gruppe zu arbeiten als für das eigene Wohl.	❑	❑	❑	❑	❑
_5	Den Menschen würde es viel besser gehen, wenn sie weit voneinander weg leben könnten und nicht aufeinander angewiesen wären.	❑	❑	❑	❑	❑

Wenn Du bis hierher gekommen bist, warst Du sehr geduldig. Bitte prüfe noch einmal, ob Du keine Seite überblättert hast. Das wäre nämlich sehr schade.

Recht schönen Dank für Deine Mühe und Geduld. ☺ ☺ ☺

II.2 Veränderungen am Schülerfragebogen

II.2.1 Veränderungen am Schülerfragebogen I2

- Die Items P6 und P8 (Begründung Profilwahl) wurden weggelassen.
- Der Bereich S2 (motivationale Orientierung) wurde ergänzt um das Item: *Ich lerne, um später einen angesehenen Beruf ausüben zu können.*
- Im Bereich S3 (Elaborationsstrategien) wurden die Items S3_6, S3_11 und S3_12 weggelassen.
- Bei den Fähigkeitsselbstkonzepten (S5) wurden die Fächer Mathematik und Physik ergänzt.
- Neu hinzu kamen Items zur Wichtigkeit von Lebensbereichen.

	Wir würden gerne wissen, was in Deinem Leben zur Zeit wichtig ist. Bitte kreuze an, wie wichtig Dir die aufgeführten Lebensbereiche bzw. Personengruppen sind. Falls wir etwas vergessen haben, kannst Du es hier selbstständig hinzufügen und ebenfalls nach Wichtigkeit einstufen.				
		gar nicht wichtig	eher nicht wichtig	einiger-maßen wichtig	sehr wichtig
_1	Meine Mitschüler	❑	❑	❑	❑
_2	Der Schulunterricht	❑	❑	❑	❑
_3	Meine Eltern und Geschwister	❑	❑	❑	❑
_4	Meine Freunde und Freundinnen	❑	❑	❑	❑
_5	Meine Freizeitaktivitäten	❑	❑	❑	❑
_6	Anderes (Bitte eintragen, was es ist!)	❑	❑	❑	❑

II.2.2 Veränderungen am Schülerfragebogen I3

Bei der Formulierung der Items wurde jeweils eine Aussage im Perfekt hinzugefügt, z.B: *Ich lerne bzw. habe gelernt, weil ...* . Der Fragebogen I3 entspricht ansonsten dem Schülerfragebogen I2.

II.3 Ergebnisse Schülerfragebogen

II.3.1 Entwicklung der Fähigkeitsselbstkonzepte im Schulvergleich

	1997			**1998**			**1999**		
Schule	**M**	**s**	**n**	**M**	**s**	**n**	**M**	**s**	**n**
P	3,42	0,89	86	3,55	0,78	86	3,49	0,81	86
V 1	3,61	0,80	75	3,52	0,76	75	3,61	0,75	75
V 2	3,70	0,89	50	3,64	0,75	50	3,64	0,85	50
Gesamt	3,55	0,86	211	3,56	0,76	211	3,57	0,80	211

Test auf Unterschiede	**df**	**F**	**p**
zwischen den Messzeitpunkten	1	0,002	0,96
in Abhängigkeit von den Schulen	2	0,31	0,73

Entwicklung des Fähigkeitsselbstkonzepts im Fach Biologie im Schulvergleich

	1997			1998			1999		
Schule	**M**	**s**	**n**	**M**	**s**	**n**	**M**	**s**	**n**
P	3,17	1,02	88	2,94	0,95	88	3,01	0,81	88
V 1	3,54	0,97	74	3,18	0,94	74	2,91	0,94	74
V 2	3,64	0,88	50	3,10	0,93	50	2,80	1,21	50
Gesamt	3,41	0,99	212	3,06	0,94	212	2,93	0,96	212
Test auf Unterschiede				**df**		**F**		**p**	
zwischen den Messzeitpunkten				1		42,07		6,00E-10	
in Abhängigkeit von den Schulen				2		6,12		2,61E-03	

Tabelle zu Abb. 4.3-2: Entwicklung des Fähigkeitsselbstkonzepts im Fach Chemie im Schulvergleich

	Profilschule			Vergleichsschule 1			Vergleichsschule 2		
	M	**s**	**n**	**M**	**s**	**n**	**M**	**s**	**n**
1997	3,17	1,02	88	3,54	0,97	74	3,64	0,88	50
1998	2,94	0,95	88	3,18	0,94	74	3,10	0,93	50
1999	3,01	0,81	88	2,91	0,94	74	2,80	1,21	50
Test auf Unterschiede zwischen den Messzeitpunkten									
	df	**F**	**p**	**df**	**F**	**p**	**df**	**F**	**p**
	1	1,65	0,20	1	25,00	3,81E-06	1	19,06	6,55E-05

Entwicklung des Fähigkeitsselbstkonzepts in Chemie an den verschiedenen Schulen

II.3.2 Entwicklung der Fähigkeitsselbstkonzepte im Klassenvergleich

	1997			1998			1999		
Profilklasse	**M**	**s**	**n**	**M**	**s**	**n**	**M**	**s**	**n**
Andere Profile	3,35	0,85	78	3,51	0,73	78	3,45	0,78	78
„Mensch & Natur“	4,13	0,99	8	3,88	1,13	8	3,88	0,99	8
Gesamt	3,42	0,89	86	3,55	0,78	86	3,49	0,81	86
Test auf Unterschiede			**df**		**F**		**p**		
zwischen den Messzeitpunkten			1		0,20		0,66		
in Abhängigkeit von der Klasse			1		1,14		0,29		

Entwicklung des Fähigkeitsselbstkonzepts im Fach Biologie an der Profilschule. Vergleich von naturwissenschaftlicher Profilklasse (Mensch & Natur) und anderen Profilklassen

	„Mensch & Natur"			Andere Profile		
	M	s	n	M	s	n
1997	4,00	1,07	8	3,09	0,98	80
1998	2,88	0,99	8	2,95	0,95	80
1999	2,88	0,64	8	3,03	0,83	80
Test auf Unterschiede zwischen den Messzeitpunkten						
	df	F	p	df	F	p
	1	24,65	1,63E-03	1	0,23	0,63

Tabelle zu Abb. 4.3-3: Entwicklung des Fähigkeitsselbstkonzepts im Fach Chemie an der Profilschule. Vergleich von naturwissenschaftlicher Profilklasse (M&N) und anderen Profilklassen

	1997			1998			1999		
Profilklasse	M	s	n	M	s	n	M	s	n
Andere	3,05	1,04	128	2,98	0,94	110	3,01	0,81	95
M & N	3,80	1,01	15	3,00	1,04	14	2,88	0,64	8
Gesamt	3,13	1,06	143	2,98	0,95	124	3,00	0,79	103
Test auf Unterschiede zwischen den Messzeitpunkten									
	df	F	p	df	F	p	df	F	p
	1	7,06	8,80E-03	1	4,55E-03	0,95	1	0,21	0,64

Vergleich des Fähigkeitsselbstkonzepts im Fach Chemie zwischen den Klassen zu den drei Messzeitpunkten

II.3.3 Entwicklung der Fähigkeitsselbstkonzepte im Geschlechtervergleich

		1997			1998			1999		
Geschlecht	**Schule**	**M**	**s**	**n**	**M**	**s**	**n**	**M**	**s**	**n**
Mädchen	P	3,26	0,79	47	3,43	0,77	47	3,26	0,77	47
	V 1	3,48	0,79	44	3,39	0,75	44	3,59	0,79	44
	V 2	3,61	0,79	28	3,57	0,69	28	3,79	0,83	28
	Gesamt	3,42	0,80	119	3,45	0,74	119	3,50	0,81	119
Junge	P	3,62	0,96	39	3,69	0,77	39	3,77	0,78	39
	V 1	3,81	0,79	31	3,71	0,74	31	3,65	0,71	31
	V 2	3,82	1,01	22	3,73	0,83	22	3,45	0,86	22
	Gesamt	3,73	0,92	92	3,71	0,76	92	3,65	0,78	92
Gesamt	P	3,42	0,89	86	3,55	0,78	86	3,49	0,81	86
	V 1	3,61	0,80	75	3,52	0,76	75	3,61	0,75	75
	V 2	3,70	0,89	50	3,64	0,75	50	3,64	0,85	50
	Gesamt	3,55	0,86	211	3,56	0,76	211	3,57	0,80	211

Tests auf Unterschiede	**df**	**F**	**p**
zwischen den Messzeitpunkten	1	0,04	0,84
in Abhängigkeit vom Geschlecht	1	2,75	0,10
in Abhängigkeit von der Schule	2	0,55	0,58

Entwicklung des Fähigkeitsselbstkonzepts im Fach Biologie im Geschlechtervergleich (alle drei Schulen)

		1997			1998			1999		
Geschlecht	**Schule**	**M**	**s**	**n**	**M**	**s**	**n**	**M**	**s**	**n**
Mädchen	P	2,94	0,84	48	2,85	0,87	48	3,02	0,76	48
	V 1	3,37	0,90	43	2,95	0,84	43	2,77	0,87	43
	V 2	3,30	0,78	27	2,85	0,91	27	2,81	1,30	27
	Gesamt	3,18	0,86	118	2,89	0,87	118	2,88	0,94	118
Junge	P	3,45	1,15	40	3,05	1,04	40	3,00	0,88	40
	V 1	3,77	1,02	31	3,48	1,00	31	3,10	1,01	31
	V 2	4,04	0,82	23	3,39	0,89	23	2,78	1,13	23
	Gesamt	3,70	1,06	94	3,28	1,00	94	2,98	0,98	94
Gesamt	P	3,17	1,02	88	2,94	0,95	88	3,01	0,81	88
	V 1	3,54	0,97	74	3,18	0,94	74	2,91	0,94	74
	V 2	3,64	0,88	50	3,10	0,93	50	2,80	1,21	50
	Gesamt	3,41	0,99	212	3,06	0,94	212	2,92	0,96	212

Tests auf Unterschiede	**df**	**F**	**p**
zwischen den Messzeitpunkten	1	46,22	1,12E-10
in Abhängigkeit vom Geschlecht	1	7,72	5,98E-03
in Abhängigkeit von der Schule	2	6,22	2,38E-03

Tabelle zu Abb. 4.3-4: Entwicklung des Fähigkeitsselbstkonzepts im Fach Chemie im Geschlechtervergleich (alle drei Schulen)

	1997			1998			1999		
Gesamtschule	**M**	**s**	**n**	**M**	**s**	**n**	**M**	**s**	**n**
Profilschule	3,45	1,15	40	3,05	1,04	40	3,00	0,88	40
Vergleichsschule 2	4,04	0,82	23	3,39	0,89	23	2,78	1,13	23
Vergleichsschule 1	3,77	1,02	31	3,48	1,00	31	3,10	1,01	31
Gesamt	3,70	1,06	94	3,28	1,00	94	2,98	0,98	94

Tests auf Unterschiede	**df**	**F**	**p**
zwischen den Messzeitpunkten	1	34,56	6,75E-08
in Abhängigkeit von der Schule	2	2,96	0,06

Entwicklung des Fähigkeitsselbstkonzepts im Fach Chemie bei den Jungen (alle drei Schulen)

	1997			1998			1999		
Gesamtschule	**M**	**s**	**n**	**M**	**s**	**n**	**M**	**s**	**n**
Profilschule	2,94	0,84	48	2,85	0,87	48	3,02	0,76	48
Vergleichsschule 2	3,30	0,78	27	2,85	0,91	27	2,81	1,30	27
Vergleichsschule 1	3,37	0,90	43	2,95	0,84	43	2,77	0,87	43
Gesamt	3,18	0,86	118	2,89	0,87	118	2,88	0,94	118
Tests auf Unterschiede			**df**		**F**		**p**		
zwischen den Messzeitpunkten			1		10,74		1,38E-03		
in Abhängigkeit von der Schule			2		5,17		7,07E-03		

Entwicklung des Fähigkeitsselbstkonzepts im Fach Chemie bei den Mädchen (alle drei Schulen)

	Profilschule			Vergleichsschule 1			Vergleichsschule 2		
	M	**s**	**n**	**M**	**s**	**n**	**M**	**s**	**n**
1997	2,94	0,84	48	3,37	0,90	43	3,30	0,78	27
1998	2,85	0,87	48	2,95	0,84	43	2,85	0,91	27
1999	3,02	0,76	48	2,77	0,87	43	2,81	1,30	27
Tests auf Unterschiede zwischen den Messzeitpunkten									
	df	**F**	**p**	**df**	**F**	**p**	**df**	**F**	**p**
	1	0,34	0,56	1	15,62	2,91E-04	1	3,64	0,07

Entwicklung des Fähigkeitsselbstkonzepts im Fach Chemie bei den Mädchen an den verschiedenen Schulen

II.3.4 Entwicklung des „Selbstbezugs"

		1997			1998			1999		
Schule	Geschlecht	**M**	**s**	**n**	**M**	**s**	**n**	**M**	**s**	**n**
P	Mädchen	2,78	0,72	44	3,09	0,66	44	3,15	0,57	44
	Junge	2,83	0,81	35	2,86	0,77	35	2,94	0,62	35
	Gesamt	2,80	0,76	79	2,99	0,71	79	3,05	0,60	79
V 2	Mädchen	3,05	0,61	26	3,27	0,63	26	3,23	0,58	26
	Junge	3,38	0,61	22	3,24	0,70	22	3,11	0,81	22
	Gesamt	3,20	0,63	48	3,26	0,66	48	3,18	0,69	48
V 1	Mädchen	3,02	0,63	44	2,91	0,69	44	2,80	0,65	44
	Junge	3,01	0,59	26	2,77	0,65	26	2,86	0,66	26
	Gesamt	3,01	0,61	70	2,86	0,68	70	2,82	0,65	70
Gesamt	Mädchen	2,93	0,67	114	3,06	0,68	114	3,03	0,63	114
	Junge	3,03	0,72	83	2,93	0,73	83	2,96	0,69	83
	Gesamt	2,97	0,69	197	3,01	0,70	197	3,00	0,65	197

Tests auf Unterschiede	**df**	**F**	**p**
zwischen den Messzeitpunkten	1	4,37E-03	0,95
in Abhängigkeit vom Geschlecht	1	3,57	0,06
in Abhängigkeit von der Schule	2	5,61	4,30E-03

Tabelle zu Abb. 4.3-5: Entwicklung des „Selbstbezugs" im Schulvergleich

	Profilschule			Vergleichsschule 1			Vergleichsschule 2		
	M	**s**	**n**	**M**	**s**	**n**	**M**	**s**	**n**
1997	2,80	0,76	79	3,01	0,61	70	3,20	0,63	48
1998	2,99	0,71	79	2,86	0,68	70	3,26	0,66	48
1999	3,05	0,60	79	2,82	0,65	70	3,18	0,69	48
Test auf Unterschiede zwischen den Messzeitpunkten									
	df	**F**	**p**	**df**	**F**	**p**	**df**	**F**	**p**
	1	7,57	7,41E-03	1	3,46	0,07	1	0,15	0,70

Entwicklung des Konstruktes des „Selbstbezugs" an den verschiedenen Schulen

II.3.5 Entwicklung der „Selbstwirksamkeit“

		1997			1998			1999		
Schule	Geschlecht	**M**	**s**	**n**	**M**	**s**	**n**	**M**	**s**	**n**
P	Mädchen	3,94	0,62	44	3,87	0,68	44	3,86	0,63	44
	Junge	4,05	0,54	39	3,99	0,64	39	3,80	0,81	39
	Gesamt	3,99	0,58	83	3,93	0,66	83	3,83	0,71	83
V 2	Mädchen	4,05	0,62	26	4,06	0,62	26	3,99	0,76	26
	Junge	4,20	0,57	21	4,24	0,46	21	3,96	0,53	21
	Gesamt	4,12	0,60	47	4,14	0,56	47	3,98	0,66	47
V 1	Mädchen	4,04	0,65	45	4,09	0,46	45	4,09	0,54	45
	Junge	3,94	0,53	25	4,13	0,53	25	4,02	0,62	25
	Gesamt	4,01	0,61	70	4,10	0,48	70	4,07	0,57	70
Gesamt	Mädchen	4,01	0,63	115	4,00	0,59	115	3,98	0,63	115
	Junge	4,06	0,55	85	4,09	0,57	85	3,91	0,70	85
	Gesamt	4,03	0,60	200	4,04	0,58	200	3,95	0,66	200

Tests auf Unterschiede	**df**	**F**	**p**
zwischen den Messzeitpunkten	1	2,86	0,09
in Abhängigkeit vom Geschlecht	1	1,20	0,27
in Abhängigkeit von der Schule	2	2,47	0,09

Tabelle zu Abb. 4.3-6: Entwicklung der „Selbstwirksamkeit“ im Schulvergleich

	Profilschule			Vergleichsschule 1			Vergleichsschule 2		
	M	**s**	**n**	**M**	**s**	**n**	**M**	**s**	**n**
1997	3,99	0,58	83	4,01	0,61	70	4,12	0,60	47
1998	3,93	0,66	83	4,10	0,48	70	4,14	0,06	47
1999	3,83	0,71	83	4,07	0,57	70	3,98	0,66	47
Test auf Unterschiede zwischen den Messzeitpunkten									
	df	**F**	**p**	**df**	**F**	**p**	**df**	**F**	**p**
	1	4,54	3,62E-02	1	0,60	0,44	1	3,30	0,08

Entwicklung der „Selbstwirksamkeit“ an den verschiedenen Schulen

		1997			1998			1999		
Schule	Geschlecht	**M**	**s**	**n**	**M**	**s**	**n**	**M**	**s**	**n**
P	Mädchen	3,41	0,77	42	3,40	0,67	42	3,64	0,73	42
	Junge	3,82	0,78	37	3,73	0,81	37	4,00	0,67	37
	Gesamt	3,60	0,79	79	3,55	0,76	79	3,81	0,72	79
V 1	Mädchen	3,31	0,68	37	3,52	0,79	37	3,59	0,80	37
	Junge	3,98	0,65	24	3,94	0,71	24	4,25	0,58	24
	Gesamt	3,57	0,74	61	3,69	0,78	61	3,85	0,78	61
V 2	Mädchen	4,00	0,67	23	3,77	0,77	23	3,77	0,79	23
	Junge	3,73	0,69	20	3,90	0,70	20	3,77	0,61	20
	Gesamt	3,87	0,68	43	3,83	0,74	43	3,77	0,71	43
Gesamt	Mädchen	3,51	0,76	102	3,53	0,75	102	3,65	0,76	102
	Junge	3,84	0,72	81	3,84	0,76	81	4,01	0,65	81
	Gesamt	3,66	0,76	183	3,66	0,76	183	3,81	0,74	183

Tests auf Unterschiede	**df**	**F**	**p**
zwischen den Messzeitpunkten	1	4,57	3,39E-02
in Abhängigkeit vom Geschlecht	1	0,38	0,54
in Abhängigkeit von der Schule	2	3,06	4,95E-02

Tabelle zu Abb. 4.3-7: Entwicklung des „Selbstwerts" im Schulvergleich

	Profilschule			**Vergleichsschule 1**			**Vergleichsschule 2**		
	M	**s**	**n**	**M**	**s**	**n**	**M**	**s**	**n**
1997	3,60	0,79	79	3,57	0,74	61	3,87	0,68	43
1998	3,55	0,76	79	3,69	0,78	61	3,83	0,74	43
1999	3,81	0,72	79	3,85	0,78	61	3,77	0,71	43
Test auf Unterschiede zwischen den Messzeitpunkten									
	df	**F**	**p**	**df**	**F**	**p**	**df**	**F**	**p**
	1	4,64	3,44E-02	1	11,39	1,31E-03	1	0,54	0,46

II.3.6 Entwicklung der „Sozialen Kompetenz"

Assertivität		**1997**			**1998**			**1999**		
Schule	Geschlecht	**M**	**s**	**n**	**M**	**s**	**n**	**M**	**s**	**n**
P	Mädchen	2,35	0,39	43	2,47	0,41	43	2,36	0,50	43
	Junge	2,18	0,31	35	2,28	0,33	35	2,38	0,40	35
	Gesamt	2,27	0,36	78	2,38	0,39	78	2,37	0,45	78
V 2	Mädchen	2,34	0,37	27	2,48	0,33	27	2,50	0,34	27
	Junge	2,28	0,29	20	2,15	0,50	20	2,17	0,34	20
	Gesamt	2,32	0,33	47	2,34	0,44	47	2,36	0,38	47
V 1	Mädchen	2,28	0,38	40	2,30	0,35	40	2,35	0,35	40
	Junge	2,19	0,32	25	2,32	0,30	25	2,27	0,40	25
	Gesamt	2,24	0,36	65	2,31	0,33	65	2,32	0,37	65
Gesamt	Mädchen	2,32	0,38	110	2,41	0,38	110	2,39	0,41	110
	Junge	2,21	0,31	80	2,26	0,37	80	2,29	0,39	80
	Gesamt	2,27	0,35	190	2,35	0,38	190	2,35	0,41	190

Tests auf Unterschiede	**df**	**F**	**p**
zwischen den Messzeitpunkten	1	4,56	3,40E-02
in Abhängigkeit vom Geschlecht	1	0,16	0,69
in Abhängigkeit von der Schule	2	0,56	0,57

Tabelle zu Abb. 4.3-8: Entwicklung der „Sozialen Kompetenz" im Schulvergleich

Emot. Unterstützung		1997			1998			1999		
Schule	Geschlecht	**M**	**s**	**n**	**M**	**s**	**n**	**M**	**s**	**n**
P	Mädchen	2,74	0,33	46	2,82	0,35	46	2,85	0,35	46
	Junge	2,47	0,39	34	2,56	0,35	34	2,57	0,41	34
	Gesamt	2,63	0,38	80	2,71	0,37	80	2,73	0,40	80
V 2	Mädchen	2,71	0,29	27	2,76	0,33	27	2,83	0,30	27
	Junge	2,36	0,44	20	2,55	0,49	20	2,53	0,53	20
	Gesamt	2,56	0,40	47	2,67	0,41	47	2,70	0,44	47
V 1	Mädchen	2,70	0,42	43	2,77	0,31	43	2,85	0,26	43
	Junge	2,51	0,43	27	2,50	0,48	27	2,57	0,43	27
	Gesamt	2,63	0,43	70	2,67	0,40	70	2,74	0,36	70
Gesamt	Mädchen	2,72	0,36	116	2,79	0,33	116	2,84	0,31	116
	Junge	2,46	0,41	81	2,54	0,43	81	2,56	0,44	81
	Gesamt	2,61	0,40	197	2,68	0,39	197	2,73	0,39	197
Tests auf Unterschiede				**df**		**F**		**p**		
zwischen den Messzeitpunkten				1		12,65		4,73E-04		
in Abhängigkeit vom Geschlecht				1		0,06		0,80		
in Abhängigkeit von der Schule				2		0,10		0,90		

	Profilschule			Vergleichsschule 1			Vergleichsschule 2		
	M	**s**	**n**	**M**	**s**	**n**	**M**	**s**	**n**
1997	2,27	0,36	78	2,24	0,36	65	2,32	0,33	47
1998	2,38	0,39	78	2,31	0,33	65	2,34	0,44	47
1999	2,37	0,45	78	2,32	0,37	65	2,36	0,38	47
Test auf Unterschiede zwischen den Messzeitpunkten									
	df	**F**	**p**	**df**	**F**	**p**	**df**	**F**	**p**
	1	3,52	6,45E-02	1	2,94	9,15E-02	1	0,37	0,55

Entwicklung der „Assertivität“ an den verschiedenen Schulen

	Profilschule			Vergleichsschule 1			Vergleichsschule 2		
	M	s	n	M	s	n	M	s	n
1997	2,63	0,38	80	2,63	0,43	70	2,56	0,40	47
1998	2,71	0,37	80	2,67	0,40	70	2,67	0,41	47
1999	2,73	0,40	80	2,74	0,36	70	2,70	0,44	47
Test auf Unterschiede zwischen den Messzeitpunkten									
	df	F	p	df	F	p	df	F	p
	1	5,06	2,73E-02	1	4,76	3,25E-02	1	3,99	5,16E-02

Entwicklung der „Emotionalen Unterstützung" an den verschiedenen Schulen

		Assertivität			Emotionale Unterstützung		
		1997	1998	1999	1997	1998	1999
Profilschule	M	2,29	2,36	2,41	2,58	2,69	2,72
	s	0,35	0,36	0,50	0,40	0,38	0,40
	n	138	120	101	139	121	100
Vergleichschule 1	M	2,30	2,29	2,32	2,63	2,69	2,72
	s	0,37	0,37	0,37	0,41	0,39	0,37
	n	146	99	86	149	104	86
Gesamt	M	2,29	2,33	2,37	2,60	2,69	2,72
	s	0,36	0,37	0,44	0,40	0,38	0,38
	n	284	219	187	288	225	186
Test auf Unterschiede zwischen Profilschule und Vergleichsschule 1							
		df	F	p	df	F	p
1997		1	0,09	0,77	1	1,35	0,25
1998		1	1,90	0,17	1	9,47E-03	0,92
1999		1	2,11	0,15	1	3,69E-03	0,95

Unterschiede zwischen der Profilschule und der Vergleichsschule 1 bei der „Sozialen Kompetenz"

„Assertivität“	1997			1998			1999		
	M	s	n	M	s	n	M	s	n
Mädchen	2,32	0,38	110	2,41	0,38	110	2,39	0,41	110
Junge	2,21	0,31	80	2,26	0,37	80	2,29	0,39	80
Gesamt	2,27	0,35	190	2,35	0,38	190	2,35	0,41	190
Test auf Geschlechterunterschiede		df		F			p		
		1		5,93			1,58E-02		
„Emot. Unterstützung“	1997			1998			1999		
	M	s	n	M	s	n	M	s	n
Mädchen	2,72	0,36	116	2,79	0,33	116	2,84	0,31	116
Junge	2,46	0,41	81	2,54	0,43	81	2,56	0,44	81
Gesamt	2,61	0,40	197	2,68	0,39	197	2,73	0,39	197
Test auf Geschlechterunterschiede		df		F			p		
		1		13,00			3,96E-04		

Entwicklung der „Sozialen Kompetenz“ im Geschlechtervergleich (alle drei Schulen)

		Assertivität			Emotionale Unterstützung		
		1997	1998	1999	1997	1998	1999
Mädchen	M	2,35	2,39	2,40	2,72	2,79	2,84
	n	197	153	134	198	154	137
	s	0,37	0,37	0,40	0,35	0,31	0,30
Jungen	M	2,25	2,27	2,32	2,48	2,57	2,56
	n	178	133	110	183	138	106
	s	0,38	0,38	0,45	0,42	0,44	0,44
Gesamt	M	2,30	2,34	2,36	2,60	2,68	2,72
	n	375	286	244	381	292	243
	s	0,38	0,38	0,43	0,41	0,39	0,39
Test auf Geschlechter-unterschiede		df	F	p	df	F	p
	1997	1	6,47	1,14E-02	1	35,75	5,18E-09
	1998	1	8,00	5,01E-03	1	23,78	1,78E-06
	1999	1	2,29	0,13	1	36,00	7,20E-09

Tabelle zu Abb. 4.3-9: Entwicklung der „Emotionalen Unterstützung“ im Geschlechtervergleich (alle drei Schulen)

II.3.7 Entwicklung der „Teamfähigkeit“

Zuverlässigkeit		1997			1998			1999		
Schule	Geschlecht	**M**	**s**	**n**	**M**	**s**	**n**	**M**	**s**	**n**
P	Mädchen	3,76	1,23	49	4,39	0,76	49	4,41	0,76	49
	Junge	3,37	1,20	38	4,24	0,71	38	4,24	0,91	38
	Gesamt	3,59	1,23	87	4,32	0,74	87	4,33	0,83	87
V 2	Mädchen	3,93	1,21	27	4,48	0,80	27	4,56	0,70	27
	Junge	4,18	1,01	22	4,27	0,88	22	4,50	0,74	22
	Gesamt	4,04	1,12	49	4,39	0,84	49	4,53	0,71	49
V 1	Mädchen	4,20	0,82	44	4,34	0,68	44	4,36	0,65	44
	Junge	3,83	1,02	30	4,37	0,81	30	4,30	0,79	30
	Gesamt	4,05	0,92	74	4,35	0,73	74	4,34	0,71	74
Gesamt	Mädchen	3,96	1,10	120	4,39	0,74	120	4,43	0,71	120
	Junge	3,72	1,13	90	4,29	0,78	90	4,32	0,83	90
	Gesamt	3,86	1,12	210	4,35	0,76	210	4,38	0,76	210

Tests auf Unterschiede zwischen den Messzeitpunkten	df	F	p
	1	34,94	1,41E-08
in Abhängigkeit von der Schule	2	2,72	6,80E-02
in Abhängigkeit vom Geschlecht	1	0,16	0,69

Tabelle zu Abb. 4.3-10: Einschätzung der eigenen Zuverlässigkeit im Schulvergleich

	Profilschule			Vergleichsschule 1			Vergleichsschule 2		
	M	**s**	**n**	**M**	**s**	**n**	**M**	**s**	**n**
1997	3,59	1,23	87	4,05	0,92	74	4,04	1,12	49
1998	4,32	0,74	87	4,35	0,73	74	4,39	0,84	49
1999	4,33	0,83	87	4,34	0,71	74	4,53	0,71	49
Test auf Unterschiede zwischen den Messzeitpunkten									
	df	**F**	**p**	**df**	**F**	**p**	**df**	**F**	**p**
	1	24,80	3,25E-06	1	5,80	1,86E-02	1	9,06	4,15E-03

Entwicklung der Einschätzung eigener Zuverlässigkeit an den verschiedenen Schulen

Einsatzfreude		1997			1998			1999		
Schule	Geschlecht	**M**	**s**	**n**	**M**	**s**	**n**	**M**	**s**	**n**
P	Mädchen	2,10	1,04	41	2,34	0,94	41	2,22	1,13	41
	Junge	2,24	0,95	37	2,41	1,24	37	2,22	1,08	37
	Gesamt	2,17	1,00	78	2,37	1,08	78	2,22	1,10	78
V 2	Mädchen	2,08	1,06	24	2,42	1,21	24	2,13	1,03	24
	Junge	2,33	1,08	18	2,56	1,10	18	2,22	0,94	18
	Gesamt	2,19	1,06	42	2,48	1,15	42	2,17	0,99	42
V 1	Mädchen	2,17	1,21	36	2,58	1,11	36	2,25	0,81	36
	Junge	1,95	0,65	22	2,27	0,77	22	2,09	0,81	22
	Gesamt	2,09	1,03	58	2,47	0,99	58	2,19	0,80	58
Gesamt	Mädchen	2,12	1,10	101	2,45	1,06	101	2,21	0,99	101
	Junge	2,18	0,91	77	2,40	1,08	77	2,18	0,97	77
	Gesamt	2,15	1,02	178	2,43	1,07	178	2,20	0,98	178

Tests auf Unterschiede	df	F	p
zwischen den Messzeitpunkten	1	0,17	0,68
in Abhängigkeit von der Schule	2	0,16	0,86
in Abhängigkeit vom Geschlecht	1	0,18	0,67

Tabelle zu Abb. 4.3-11: Einschätzung der eigenen Einsatzfreude in der Gruppe im Schulvergleich

Intrinsische Motivation		**1997**			**1998**			**1999**		
Schule	Geschlecht	**M**	**s**	**n**	**M**	**s**	**n**	**M**	**s**	**n**
P	Mädchen	2,90	0,84	54	3,12	0,77	54	2,90	0,84	54
	Junge	3,11	1,03	58	2,99	0,89	58	3,09	1,01	58
	Gesamt	3,01	0,94	112	3,06	0,83	112	3,00	0,93	112
V 2	Mädchen	3,20	0,79	34	3,27	0,75	34	3,20	0,79	34
	Junge	3,80	0,88	30	3,59	0,84	30	3,80	0,88	30
	Gesamt	3,48	0,88	64	3,42	0,81	64	3,48	0,88	64
V 1	Mädchen	3,13	0,77	61	3,08	0,82	61	3,13	0,77	61
	Junge	3,14	0,95	43	2,95	0,82	43	3,14	0,95	43
	Gesamt	3,13	0,84	104	3,03	0,82	104	3,13	0,84	104
Gesamt	Mädchen	3,06	0,80	149	3,14	0,79	149	3,06	0,80	149
	Junge	3,28	1,00	131	3,12	0,89	131	3,27	1,00	131
	Gesamt	3,16	0,91	280	3,13	0,84	280	3,16	0,90	280

Tests auf Unterschiede zwischen den Messzeitpunkten	**df**	**F**	**p**
	1	0,60	0,44
in Abhängigkeit von der Schule	2	0,69	0,50
in Abhängigkeit vom Geschlecht	1	0,60	0,44

Tabellen zu Abb. 4.3-12: Intrinsische und extrinsische Lernmotivation

Extrinsische Motivation		1997			1998			1999		
Schule	Geschlecht	**M**	**s**	**n**	**M**	**s**	**n**	**M**	**s**	**n**
P	Mädchen	1,58	0,54	33	1,80	0,65	33	1,58	0,54	33
	Junge	1,86	0,62	31	1,79	0,55	31	1,86	0,62	31
	Gesamt	1,71	0,60	64	1,80	0,60	64	1,71	0,60	64
V 2	Mädchen	2,09	0,74	31	1,86	0,56	31	2,09	0,74	31
	Junge	2,68	1,03	22	2,40	0,74	22	2,68	1,03	22
	Gesamt	2,34	0,91	53	2,09	0,69	53	2,34	0,91	53
V 1	Mädchen	2,05	0,81	59	1,93	0,71	59	2,05	0,81	59
	Junge	1,89	0,69	39	1,79	0,65	39	1,89	0,69	39
	Gesamt	1,99	0,76	98	1,88	0,68	98	1,99	0,76	98
Gesamt	Mädchen	1,93	0,76	123	1,88	0,66	123	1,93	0,76	123
	Junge	2,07	0,83	92	1,94	0,69	92	2,07	0,83	92
	Gesamt	1,99	0,79	215	1,90	0,67	215	1,99	0,79	215

Tests auf Unterschiede zwischen den Messzeitpunkten	df	F	p
	1	0,00	-
in Abhängigkeit von der Schule	2	0,00	-
in Abhängigkeit vom Geschlecht	1	0,00	-

Tabellen zu Abb. 4.3-12: Intrinsische und extrinsische Lernmotivation

Item		1997	1998	1999
Weil es mir Spaß macht, Neues zu lernen	M	2,76	2,94	3,14
	n	147	124	103
	s	1,18	1,00	1,09
Um später einen angesehenen Beruf ausüben zu können	M	-	4,29	3,96
	n	-	125	103
	s	-	0,87	1,10
Damit der Lehrer mich lobt	M	1,79	1,78	1,96
	n	145	125	103
	s	0,95	1,00	1,15
Zufriedenes Gefühl, wenn durch Lernen verbessert	M	3,62	3,60	3,40
	n	146	124	103
	s	1,18	1,00	1,15
Großartiges Gefühl, wenn ich interessante Dinge lerne	M	2,67	2,69	3,08
	n	147	122	103
	s	1,27	1,14	1,17
Damit ich in der Klasse angesehen bin	M	1,55	1,45	1,68
	n	146	125	103
	s	0,83	0,67	1,00
Um mir selbst zu beweisen, dass ich besser bin	M	3,40	3,14	3,24
	n	147	125	103
	s	1,27	1,29	1,32
Damit der Lehrer mich mag	M	1,46	1,29	1,52
	n	145	125	103
	s	0,77	0,67	0,94
Damit meine Eltern stolz auf mich sein können	M	2,45	2,87	2,93
	n	147	124	103
	s	1,14	1,32	1,34
Damit Mitschüler nicht denken, ich sei dumm	M	1,97	2,07	2,01
	n	145	125	103
	s	1,09	1,10	1,19
Damit ich Beruf ausüben kann, der mir gefällt	M	4,51	4,50	4,35
	n	147	125	103
	s	0,81	0,68	0,95

Tabelle zu Abb. 4.3-13: Lernmotivation an der Profilschule

	M	s	n
aus Interesse	4,36	0,97	143
wegen Freund/in	3,38	1,39	141
gute Lehrkraft	2,78	1,34	136
Rat der Eltern	1,45	0,84	136

Tabelle zu Abb. 4-3-14: Gründe für die Wahl eines Profils 1997

III Anhang zu Kapitel 4.4

III.1 1. Evaluationsaufgabe

III.1.1 Aufgabenblätter und Fragebogen

Aufgabe für das Profil „Mensch & Natur" im April 1998

Arbeitsblatt I

Im 17. Jahrhundert träumten die Menschen davon, durch Wissenschaft reich zu werden. Deshalb versuchten sie herauszufinden, wie man Gold machen kann.

Aufgabe:

Die Alchimistin Sophie B. erzählte ihrem Fürsten, dass sie aus Eisen Gold machen könne. Sie brauche dazu nur Ruß und verdünntes Vitriolöl (so nannten sie damals die Schwefelsäure). Der Fürst erhoffte sich großen Reichtum und bat die Alchimistin, für ihn Gold herzustellen. Sophie nahm daraufhin ein Glas, gab etwas schwarzes Pulver hinein und löste dies in verdünntem Vitriolöl auf. Dann warf sie einen eisernen Nagel hinein und wartete ab. Nach wenigen Minuten nahm sie einen goldenen Nagel aus dem Glas. Sie begann sofort mit dem Fürsten um den Preis für das Goldgeheimnis zu feilschen.

Hat sie es tatsächlich geschafft, aus dem Eisennagel Gold zu machen?

Arbeitsauftrag:

1) Experimentieren: Findet das Geheimnis der Alchimistin Sophie B. heraus.

Wie hat sie das gemacht? (ca. 30 Minuten)

Viel Spaß und vielen Dank für Eure Mitarbeit!

Name:

Arbeitsblatt II

Fragen für das Gruppengespräch

1) Die Alchimistin Sophie wollte Gold machen und dadurch reich werden. Hat das geklappt? Begründet bitte Eure Antworten.
2) Wie hat die Alchimistin es geschafft, dass der Nagel golden wurde?
3) Wie erklärt Ihr Euch den Weg vom schwarzen Pulver zum goldenen Nagel? Wie kann man die verschiedenen Farben erklären?
4) Woraus bestehen die verschiedenfarbigen Stoffe? Zeichnet bitte auf, wie Pulver, Lösung und vergoldeter Nagel aus Teilchen zusammengesetzt sind.

Name:

Arbeitsblatt III

Fragen für die Einzelarbeit

1) Beschreibe bitte genau, welche Substanzen Ihr bei dem Alchimistenexperiment benutzt habt und was Ihr damit gemacht habt (Versuchsdurchführung).
2) Beschreibe Schritt für Schritt, was Du bei der Durchführung des Experiments beobachten konntest (Versuchsbeobachtung).
3) Wie kannst Du Dir erklären, was passiert ist? Beschreibe dabei genau den Weg wie das Kupfer auf den Nagel kommt. Zeichne alle verschiedenfarbigen Stoffe, wie sie aus ihren Teilchen zusammengesetzt sind, dazu.
4) Warum kann bei diesem Experiment kein Gold entstehen?

Nun bitten wir Dich, noch einige Fragen zu beantworten, um herauszufinden, wie Du die Aufgabe gefunden hast. Du kannst mehrere Kreuze machen oder selbst etwas hinzufügen. Den Code kennst Du ja noch von unseren anderen Fragebogen.

Erster und letzter Buchstabe des Vornamens Deiner Mutter ☐ ☐

Monat, in dem Du geboren bist (z.B. 07 für Juli) ☐ ☐

Mir hat die Aufgabe: ☺ sehr gut gefallen
😐 etwas gefallen
☹ gar nicht gefallen

Ich fand sie **gut,** weil: ☺ ich keine Noten darauf bekomme
☺ ich etwas Neues gelernt habe
☺ ich sie verstanden habe
☺ ich zeigen konnte, dass ich etwas kann
☺ mich naturwissenschaftliche Dinge sehr interessieren

Ich fand sie **nicht gut,** weil:

☹ sie zu schwer war
☹ sie so leicht war, dass ich mich gar nicht anstrengen musste
☹ ich nichts dabei gelernt habe
☹ es egal war, was *ich* dazu beigetragen habe
☹ ich gar nicht zeigen konnte, was ich kann
☹ man so was im Alltag nicht gebrauchen kann

Beim Bearbeiten der Aufgabe hat mir geholfen:

☺ mein Wissen aus dem Alltag oder Hobby
☺ mein Wissen aus dem früheren Unterricht
☺ das Experimentieren
☺ ein Buch, das ich mal gelesen habe
☺ dass ich im Gruppengespräch meine Überlegungen in Worte fassen musste
☺ dass ich in der Einzelarbeit meine Gedanken aufschreiben musste

---

Bei der Gruppenarbeit: 😐 habe ich mich zurückgehalten
☺ habe ich der Gruppe geholfen
☹ habe ich die Gruppe aufgehalten
☺ hätte ich lieber alleine gearbeitet

Für die Lösung der Aufgabe würde ich der Gruppe folgende Note geben: ________

Für meinen Beitrag würde ich mir folgende Note geben: ________

Vielen Dank für Deine Mitarbeit. ☺☺☺☺

III.1.2 Moderatorenanleitung und Musterlösung

Anweisung für die Moderatoren: 1. Aufgabe für das Profil „Mensch & Natur“

Eva: Weist die SchülerInnen an, sich in Gruppen zusammenzufinden (höchstens 4, mindestens 3). Stellt die ModeratorInnen und Kameramann vor. Gibt an ModeratorInnen ab.

Einführung

ModeratorIn wörtlich:

„Wir möchten gerne etwas darüber wissen, wie Ihr lernt. Dazu haben wir uns eine Aufgabe ausgedacht, die uns zeigen soll, wie ihr Euch die Dinge erklärt. Diese Aufgabe wird nicht mit einer Note bewertet, sondern ist ausschließlich für uns an der Uni bestimmt.

Ich bin da, um zu beobachten, wie Ihr diese Aufgabe anpackt. Ich beantworte auch Fragen, allerdings erst, nachdem die Gruppe beschlossen hat, dass sie an einer Stelle nicht mehr ohne Hilfe weiterkommt. Wir haben Regeln vereinbart, nach denen ich Euch Anregungen geben, oder Fragen stellen darf. Ich werde aber so selten wie möglich in Eure Arbeit eingreifen. Ich bitte jetzt XY, die Aufgabe vorzulesen.“

(Die SchülerIn XY liest das Aufgabenblatt I vor.)

ModeratorIn wörtlich:

„Um so ein Rätsel völlig aufzuklären, muss man einige Fragen beantworten können. Nachdem Ihr im Experiment herausgefunden habt, was die Alchimistin gemacht hat, möchte ich, dass Ihr in Gruppenarbeit diese Fragen klärt, für die Ihr dann ein neues Arbeitsblatt bekommt. Anschließend bitte ich jede/n von Euch in Einzelarbeit die Lösung des Goldrätsels für alle diejenigen aufzuschreiben, die auch reich werden wollen.

Am Ende der Aufgaben werdet Ihr dann noch Fragebogen bekommen, auf denen Ihr gefragt werdet, wie Euch die Aufgabe gefallen hat.

Zunächst kommt aber das Experiment. Wir haben in der Mitte des Zimmers schon ein Tablett für jede Gruppe vorbereitet. Wenn das mal einer von Euch holt, dann könnt Ihr anfangen zu arbeiten.“

Experiment (ca. 30 Minuten)

Generell:

Eine Intervention ist nur dann nötig, wenn die SchülerInnen etwas fragen oder sich gefährden. Bevor die SchülerInnen fragen, sollen sie zuerst versuchen, in ihrer Gruppe eine Antwort zu finden. Die SchülerInnen können mit den anderen Gruppen Kontakt aufnehmen. Es ist aber darauf zu achten, dass sich nicht plötzlich neue Gruppen bilden.

Zunächst soll der Versuch einmal ganz durchlaufen. Die Gruppen, die mit Ruß begonnen haben, sollen eine Chance bekommen, es nochmals zu versuchen. Ich erwarte, dass alle SchülerInnen erkennen, dass der Nagel verkupfert wurde. Nach dieser Phase sollten die SchülerInnen 5 Minuten Pause machen. Die anderen Gruppen dürfen aber nicht gestört werden.

Mögliche Fragen:	*Antwort:*
Sollen wir alle drei Stoffe nehmen?	*Ihr könnt alles benutzen, was Ihr für nötig haltet.*
Müssen wir experimentieren? Bei Weigerung eines Schülers: Bei hartnäckiger Weigerung der ganzen Gruppe:	*Ihr müsst nicht, aber ich glaube, dass Ihr das Experiment zur Lösung der Fragen in der Gruppenarbeit braucht.* *Bitte bleibe doch trotzdem dabei.* *Übergehen zum Gruppengespräch.*
Wieviel Pulver sollen wir nehmen?	*Soviel, dass es sich noch auflöst.*

Durchführung:

Ich erwarte folgende Strategien:

I	II	III	IV
Alle 3 Stoffe werden benutzt.	Nur CuO und Co_3O_4 werden benutzt.	Nur CuO wird benutzt.	Nur CuO wird benutzt.
Ohne vorheriges Nachdenken.	Mit Ruß als C und somit untauglich identifiziert.	Mit Begründung, *dass* Cu auch ähnlichen Goldglanz hat	Mit Begründung, *dass* Cu auch ähnlichen Goldglanz hat.
Alle Stoffe werden zusammen in 1 Glas gegeben: → *Mit welchem Stoff habt Ihr es denn erreicht, dass der Nagel golden wurde?* → *Meint Ihr, dass Ihr alle 3 Stoffe dazu braucht?*	Beide Stoffe werden zusammen in 1 Glas gegeben: → *Mit welchem Stoff habt Ihr es denn erreicht, dass der Nagel golden wurde?* → *Meint Ihr, dass Ihr alle 2 Stoffe dazu braucht?*		
Nagel ist rostig.	Nagel ist rot geworden.	Es hat sich etwas auf dem Nagel abgelagert.	CuO hat sich in Cu umgewandelt.
Nagel ist durch die Säure verrostet → *Nagel in Säure ohne CuO*	Nagel ist Kupfer geworden. → *Reiben lassen*	Nagel mit Kupfer überzogen.	Die Kupferteilchen haben sich auf dem Nagel abgelagert.

Gruppengespräch (ca. 30 Minuten)

Generell:

Nicht einmischen! Still sein! Schnellschussfragen überhören, antworten nur, wenn die Gruppe beschlossen hat, *dass* sie alleine nicht weiterkommt. Fragen sollen korrekt auf dem Niveau der SchülerInnenfrage beantwortet werden (Nicht: „Denk mal selber nach", oder: „Weiß es jemand von euch?"). Nachfragen nur dann, wenn die formulierte Frage nicht beantwortet oder ihr in Teilen ausgewichen wird. Es empfiehlt sich dann, den Teil der Frage einfach nochmals vorzulesen.

Wenn die SchülerInnen auf einen Impuls warten, kann es ebenfalls sinnvoll sein, nochmals die Stelle der Frage vorzulesen, an der sie hängen geblieben sind, oder das von den SchülerInnen bis dahin Gesagte kurz zusammenzufassen. Es kann auch auf Sachverhalte verwiesen werden, die noch nicht wahrgenommen worden sind. Nach dem Gruppengespräch sollte eine große Pause gemacht werden.

Durchführung:

Arbeitsblatt II ausgeben.

ModeratorIn wörtlich:

„Für die Gruppenarbeit gelten dieselben Regeln wie vorhin, nämlich, dass ich eine Frage nur beantworte, wenn die Gruppe beschlossen hat, dass sie sie nicht selbst klären kann. Ich werde eventuell Zwischenfragen stellen, Euch aber so wenig wie möglich dazwischenreden.

Jetzt möchte ich Euch jetzt bitten, die Fragen der Reihe nach zu beantworten. Ihr könnt Euch, wenn Ihr wollt, auf dem Blatt Notizen machen, die Ihr auch später in der Einzelarbeit verwenden könnt. Nun liest bitte XY die erste Frage vor."

Ideallösung für das Gruppengespräch

1) Die Alchimistin Sophie wollte Gold machen und dadurch reich werden. Hat das geklappt? Begründet bitte Eure Antworten.

Nein, weil sie gar kein Gold gemacht hat, sondern nur Kupfer. Kupfer ist nicht so wertvoll, weil es häufiger vorkommt als Gold.

→ Falls nur „Nein" kommt, auf Begründung verweisen.

2) Wie hat die Alchimistin es geschafft, dass der Nagel golden wurde?

Sie hat CuO genommen, das sieht so aus wie Ruß. Aus dem CuO hat sie den Sauerstoff herausgeholt, dann entsteht Kupfer, das auf dem Nagel fast wie Gold aussieht. Oder: *Aus dem CuO hat sie das Kupfer herausgeholt, das sich auf dem Nagel ablagert. Das sieht dann fast wie Gold aus.*

3) Wie erklärt Ihr Euch den Weg vom schwarzen Pulver zum goldenen Nagel? Wie kann man die verschiedenen Farben erklären?

(Ich erwarte nicht, dass die SchülerInnen schon Ionen verwenden, obwohl sie im Unterricht behandelt wurden.)

Das CuO löst sich in (reagiert mit) der Schwefelsäure. (Dabei bilden sich Kupferionen und Sulfationen.) Aus der Lösung (Kupfersulfatlösung) scheidet sich dann Kupfer (Kupferatome) auf dem Nagel ab. Oder: *Durch die Säure wird CuO in Kupfer und Sauerstoff gespalten. Es entsteht Kupfer, das sich auf dem Nagel abscheidet.*

Es gibt verschiedene Farben, weil chemische Reaktionen stattfinden. Dabei entstehen neue Stoffe, die unterschiedliche Farben haben.

→ Wenn nur kommt: „Das Kupfer geht aus dem Pulver auf den Nagel." auf die Frage nach dem **Weg** hinweisen. Eventuell auf die verschiedenen Farben von CuO und Cu hinweisen.

→ Wenn das Kupfersulfat ausgeklammert werden sollte: Auf das Blaue hinweisen.

4) Woraus bestehen die verschiedenfarbigen Stoffe? Zeichnet bitte auf, wie Pulver, Lösung und vergoldeter Nagel aus Teilchen zusammengesetzt sind.

Das Schwarze ist CuO, das Blaue Kupfersulfatlösung und das Goldene reines Kupfer.

→ **Alle** Stoffe, also Pulver, Lösung, Kupfer auf dem Nagel, sollten gezeichnet werden sowie der Nagel selbst.

Ideallösung:

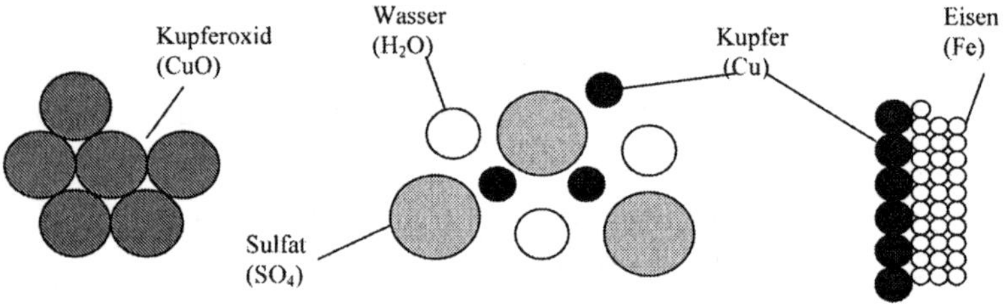

a)

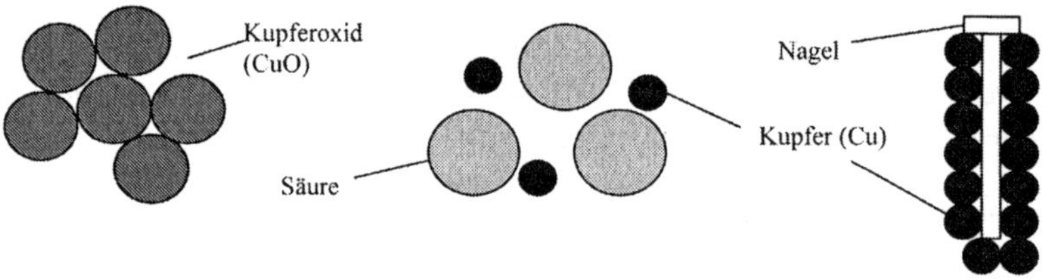

b)

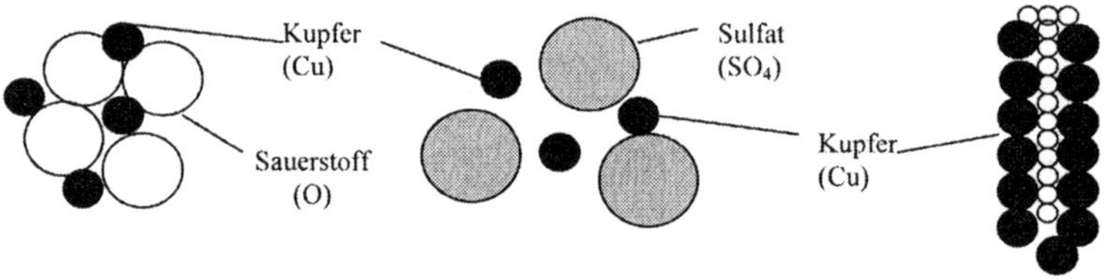

→ Wenn nur a) oder b) gezeichnet wird, fragen, wo der Sauerstoff aus dem CuO geblieben ist.

c)

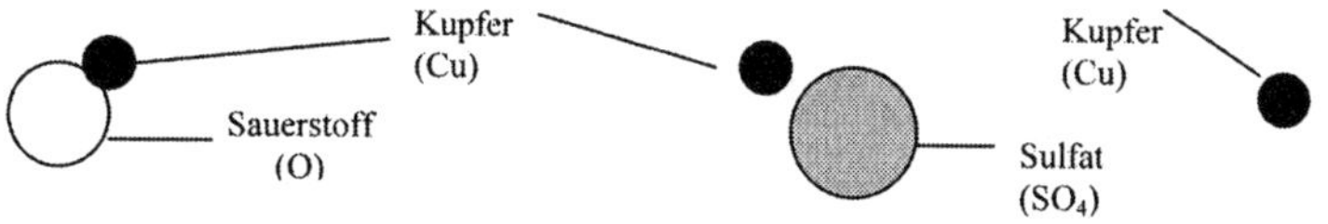

→ Falls nur einzelne Moleküle gezeichnet werden: Die Frage heißt aber: „Wie ist das Pulver oder der Nagel aus Teilchen zusammengesetzt?“ und nicht „Wie sieht ein CuO- oder Eisen-Teilchen aus?“

III.2 2. Evaluationsaufgabe

III.2.1 Aufgabenblätter und Fragebogen

Aufgabe für das Profil „Mensch & Natur“ im Dezember 1998

Name:

Arbeitsblatt I

Wenn man zwei Töpfe mit weißen Farbresten zusammenschüttet, wird man weiße Farbe erhalten. Wenn man Kochsalz und Zucker in einem Mörser verreibt, erhält man ein weißes Pulver, das keiner mag. Wenn man jedoch zwei andere weiße Pulver in einem Mörser verreibt, dann geschieht etwas Unerwartetes.

Arbeitsauftrag:

1) Experiment: Verreibe die beiden Pulver im Mörser und finde heraus, was passiert (Arbeitszeit ca. 30 Minuten, dann kleine Pause).

2) Gruppengespräch: Klärt bitte anhand von Arbeitsblatt II, was genau passiert ist (Arbeitszeit ca. 30 Minuten, dann große Pause. Umzug zum Klassenraum).

3) Einzelarbeit: Jeder beantwortet bitte schriftlich einige Fragen zum Experiment (Arbeitszeit ca. 30 Minuten. Anschließend „normaler“ Unterricht).

Name:

Arbeitsblatt II

Fragen für das Gruppengespräch

1) Wenn man Kochsalz und Zucker verreibt, bleibt die Farbe gleich. Bei den Salzen, die Ihr verwendet habt, ändert sich die Farbe. Alle vier sind weiße Pulver. Worin liegt der Unterschied?
2) Wie erklärt Ihr Euch, dass sich die Farbe verändert?
3) Zeichnet bitte auf, wie die verschiedenen Stoffe aus Atomen, Molekülen oder Ionen zusammengesetzt sind und beschriftet sie. Malt dabei bitte die Pulver vor und nach dem Reiben.

Name:

Arbeitsblatt III

Fragen für die Einzelarbeit

1) Beschreibe bitte, wie Du diesen Versuch durchgeführt hast.
2) Was konntest Du dabei beobachten?
3) Wie erklärst Du Dir die Farbänderung?
4) Zeichne bitte alle Stoffe in diese Behälter, wie sie aus Atomen, Molekülen oder Ionen zusammengesetzt sind. Beschrifte bitte jedes Teil Deiner Zeichnung

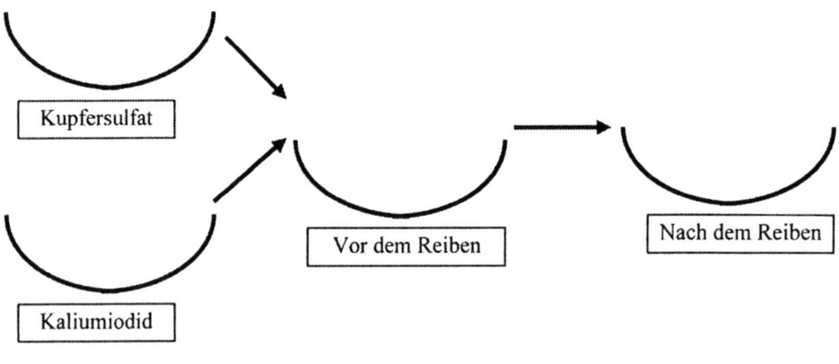

Fragebogen:

Kreuze bitte an, wie gut Du Dich mit den folgenden chemischen Begriffen auskennst:				
	Ist mir völlig klar	Ist mir etwas klar	Habe ich noch nicht völlig verstanden	Habe ich noch gar nicht verstanden
Was eine chemische Reaktion ist	[ ]	[ ]	[ ]	[ ]
Was ein Molekül ist	[ ]	[ ]	[ ]	[ ]
Was ein Element ist	[ ]	[ ]	[ ]	[ ]
Was ein Atom ist	[ ]	[ ]	[ ]	[ ]
Was eine Verbindung ist	[ ]	[ ]	[ ]	[ ]
Was ein Ion ist	[ ]	[ ]	[ ]	[ ]
Was eine Lösung ist	[ ]	[ ]	[ ]	[ ]
Was ein Gemisch ist	[ ]	[ ]	[ ]	[ ]

Kreuze bitte an, wie gut Du diese Tätigkeiten in der Chemie ausführen kannst:				
	Kann ich sehr gut	Kann ich einigermaßen	Kann ich schlecht	Kann ich gar nicht
Reaktionsgleichungen aufstellen	[ ]	[ ]	[ ]	[ ]
Experimentieren	[ ]	[ ]	[ ]	[ ]
Mit gefährlichen Stoffen arbeiten	[ ]	[ ]	[ ]	[ ]
Mit dem Periodensystem arbeiten	[ ]	[ ]	[ ]	[ ]
Versuchsprotokolle schreiben	[ ]	[ ]	[ ]	[ ]

Kreuze bitte an, wie Du über die folgenden Sätze denkst:				
	trifft voll zu	trifft eher zu	trifft eher nicht zu	trifft gar nicht zu
An einem chemischen Problem zu knobeln, macht mir einfach Spaß.	[ ]	[ ]	[ ]	[ ]
Ich möchte später am liebsten einen Beruf haben, bei dem Chemie möglichst keine Rolle spielt.	[ ]	[ ]	[ ]	[ ]
Die Chemie kann uns helfen, unsere Umweltprobleme zu bewältigen.	[ ]	[ ]	[ ]	[ ]
Chemie gehört für mich persönlich zu den wichtigen Dingen.	[ ]	[ ]	[ ]	[ ]
Ich glaube, dass mir Chemie bestimmt leichter fiele, wenn ich mich mehr dafür interessieren würde.	[ ]	[ ]	[ ]	[ ]
Solides chemisches Wissen muss Bestandteil unserer Allgemeinbildung sein.	[ ]	[ ]	[ ]	[ ]
Chemie würde ich viel lieber machen, wenn das Fach nicht so schwer wäre.	[ ]	[ ]	[ ]	[ ]
Wenn ich in Chemie etwas Neues dazulernen kann, bin ich bereit, auch meine Freizeit dafür zu verwenden.	[ ]	[ ]	[ ]	[ ]
Außer viel Umweltverschmutzung hat die Chemie den Menschen nichts gebracht.	[ ]	[ ]	[ ]	[ ]
Kein Mensch kann alles. Für Chemie habe ich einfach keine Begabung.	[ ]	[ ]	[ ]	[ ]
Chemie ist ein Fach, das ich gerne mache und das mir liegt.	[ ]	[ ]	[ ]	[ ]
Die Beschäftigung mit Chemie würde ich gerne aus meinem Leben streichen.	[ ]	[ ]	[ ]	[ ]

III.2.2 Moderatorenanleitung und Musterlösung

Anweisung für die Moderatoren: 2. Aufgabe für das Profil „Mensch & Natur“

Der allgemeine Ablauf, generelle Anweisungen und die wörtlichen Texte der ModeratorInnen entsprechen denen der 1. Evaluationsaufgabe.

Experiment

	Erwartete Schülerreaktionen	Moderator
KN 1:	Mörser ist schmutzig	→ Könntest Du es bitte noch mal mit einem sauberen Mörser versuchen?
KN 2:	Die Ausgangsstoffe sind nicht ganz weiß. Braune Farbe war schon in den Pulverkörnern. In beiden.	→ Welche Farbe haben sie? → In welchem der Pulver ist die Farbe? → Könntest Du bitte die Farbe aus *diesem* Pulver herausholen?
KN 3:	Die Pulver zersetzen sich durch das Reiben. Die Pulver zersetzen sich durch das Tageslicht.	→ Zersetzen sich die Pulver auch, wenn man sie einzeln im Mörser reibt? → Könntest Du dazu die Pulver auf ein Schälchen geben und sie auf das Fensterbrett stellen?
KN 4:	Es hat eine chemische Reaktion gegeben.	→ Warten bis Gruppenarbeit
KN 5	Es ist ein neuer Stoff entstanden. Schüler fragen die Moderatorinnen	→ Könntet Ihr herausfinden, was für ein Stoff das ist? → ggf. weiter bei Reaktionsmechanismus

Probleme	Moderator:
Bedeutung der Reibung für die Reaktion.	Um die Pulver in feinste Teichen zu zerreiben und gut zu vermischen.
Blaufärbung des $CuSO_4$ durch Feuchtigkeit.	Erklärung, dass $CuSO_4$ Wasser aufnimmt und sich dadurch blau färbt. Ggf. $CuSO_4*5H_2O$ zeigen.
Braunfärbung kommt aus dem Blauen und Dreck.	Wo ist hier der Dreck?
Wollen Salz und Zucker verreiben.	Stoffe zur Verfügung stellen.

Nach dem Experiment sollen alle Gerätschaften, bis auf den Mörser mit dem braunen Pulver, zum Lehrertisch gebracht werden.

Experimente während des Gruppengesprächs finden nur noch bei neuen, zündenden Ideen statt. Dann versorgt die Moderatorin die Schüler mit dem, was gebraucht wird.

Reaktionsmechanismus

Wenn die Schüler fragen, welcher Stoff entstanden ist:

1. Antwort: Es sind eigentlich 3 Stoffe entstanden: Kupferiodid, Kaliumsulfat und Iod.

Wenn die Schüler sagen, Iod kennen sie, dass ist nicht braun, sondern lila oder grau:

2. Antwort: Du hast recht, denn die braune Farbe kommt daher, dass sich das Iod, das entsteht, mit dem Rest des Kaliumiodids verbindet, das noch im Mörser ist.

Wenn sie nach Formeln fragen:

$2\,CuSO_4 + 4\,KI \rightarrow 2\,CuI + 2\,K_2SO_4 + I_2$ **bzw.** $2\,CuSO_4 + 5\,KI \rightarrow 2\,CuI + 2\,K_2SO_4 + KI_3$

weiß + weiß → weiß + farblos + braun *weiß + weiß → weiß + farblos + braun*

Für die Braunfärbung ist definitiv das Iod verantwortlich, entweder über Spuren von Feuchtigkeit, wahrscheinlicher aber, weil sich auch im Mörser KI_3 bildet. In jedem Fall ist es aber redlich zu sagen, dass das I_2 die Färbung verursacht (siehe 3.). Nimmt man den Inhalt des Mörsers in Wasser auf, so löst sich CuI nicht und kann abfiltriert werden. Die Lösung aus I_2 und K_2SO_4 kann eingedampft werden. Dabei entstehen lila Iodnebel und Wasserdampf. K_2SO_4 bleibt als weißes Salz zurück.

Mögliche Schülerantworten und Interventionen bei Erreichen des KN 5:

1) Es ist 1 neuer Stoff entstanden, der braun ist. ($CuSO_4$ + KI → **$CuSO_4KI$**)

ModeratorIn: *Ich möchte Euch bitten, den braunen Stoff in ein Becherglas zu geben und in etwas Wasser zu lösen.*

Hier könnte man die Schüler das Produkt lösen und filtrieren lassen, dann könnten sie vielleicht zu zwei verschiedenen Produkten kommen. (Siehe 2a)-c))

2a) Es sind 2 neue Stoffe entstanden, davon ist einer Kupfer, das braun ist. ($CuSO_4$ + KI → **Cu** + $KISO_4$)

ModeratorIn: *Wie könnte man das Kupfer vom anderen Stoff trennen?*

Auch hier das Pulver lösen lassen und fragen, ob sich Kupfer in Wasser löst. Da der Stoff, der im Filter zurückbleibt, fast weiß ist, scheidet er als Kupfer aus. Das braune Filtrat könnte eingedampft werden und würde dann als Kupfer ebenfalls ausscheiden.

ModeratorIn: *Wo ist das Kupfer?*

2b) Es sind 2 neue Stoffe entstanden, davon ist einer Iod, das braun ist.

($CuSO_4$ + KI → $CuKSO_4$ + **I**)

ModeratorIn: *Könnte man das Iod vom anderen Stoff trennen?*

Voraussetzung ist, dass sie die Iodnebel kennen. Auch hier das Pulver lösen und filtrieren lassen. Da der Stoff, der im Filter zurückbleibt, fast weiß ist, scheidet er als Iod aus. Das braune Filtrat könnte eingedampft werden und würde dann Iod als lila Nebel zeigen.

2c) Es sind 2 neue Stoffe entstanden, davon ist einer Kupferiod, das braun ist.

($CuSO_4$ + KI → **CuI** + KSO_4)

ModeratorIn: *Hat hier keine Möglichkeit einzugreifen, da es kein CuI in Originalverpackung gibt, das er vorzeigen könnte.*

3) Es sind 3 neue Stoffe entstanden, die Braunfärbung ist auf I_2 zurückzuführen.

($CuSO_4$ + 2 KI → CuI + K_2SO_4 + 1/2 I_2)

Gruppenarbeit (ca. 30 Minuten)

1) Wenn man Kochsalz und Zucker verreibt, bleibt die Farbe gleich. Bei den Salzen, die ihr verwendet habt, ändert sich die Farbe. Alle vier sind weiße Pulver. Worin liegt der Unterschied?

KN 1:	Salz und Zucker sind Lebensmittel; die anderen Pulver sind Chemikalien.
KN 2:	Mit Salz und Zucker kann man keine Chemie machen; dazu braucht man chemische Pulver.
KN 3:	Salz und Zucker zersetzen sich nicht so schnell wie die anderen Pulver; da müsste man stärker reiben.
KN 4:	Salz und Zucker verändern sich nicht, wenn man sie reibt. Die anderen Pulver verändern sich durch das Reiben.
KN 5	Wenn man Salz und Zucker reibt, verändern sich die Stoffe nicht. Reibt man die anderen Salze, verändern sie sich und dadurch entsteht ein neuer Stoff.

Eine Intervention durch den Moderator ist nicht nötig, da sie ihre Theorien bei Frage 2 noch genauer ausführen müssen.

2) Wie erklärt Ihr Euch, dass sich die Farbe verändert?

	Schüler	Moderator
KN 1:	Mörser war schmutzig	→ Hast Du es mit einem sauberen Mörser versucht?
KN 2:	Pulver waren nicht ganz weiß. In den Pulverkörnern ist die Farbe eingeschlossen, die durch das Reiben frei wird.	→ Welches davon war braun? → In welchem Pulver war die Farbe?
KN 3:	Die Pulver haben sich zersetzt. Die Lichtbrechung hat sich geändert.	→ Hast Du versucht, ob sie sich zersetzen, wenn man die Pulver einzeln im Mörser reibt? → Warum ändert sie sich nicht, wenn man Salz und Zucker verreibt?
KN 4:	Die Stoffe haben sich verändert.	→ Was ist bei dieser chemischen Reaktion passiert?
KN 5	Es hat eine chemische Reaktion stattgefunden, bei der ein neuer Stoff entstanden ist.	→ Was ist das für ein Stoff? → ggf. weiter bei Reaktionsmechanismus

3) Zeichnet bitte auf, wie die verschiedenen Stoffe aus Teilchen zusammengesetzt sind und beschriftet sie. Malt dabei bitte die Pulver vor und nach dem Reiben.

ModeratorIn: *Hier ist nur darauf zu achten, dass die Teilchen beschriftet werden.*

KN 1:

KN 2:

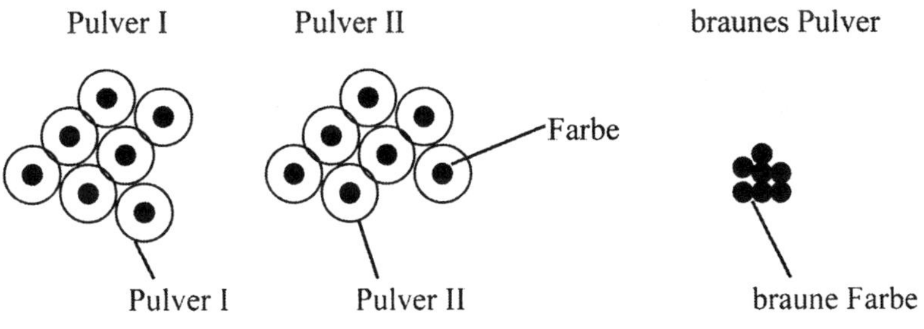

KN 3:

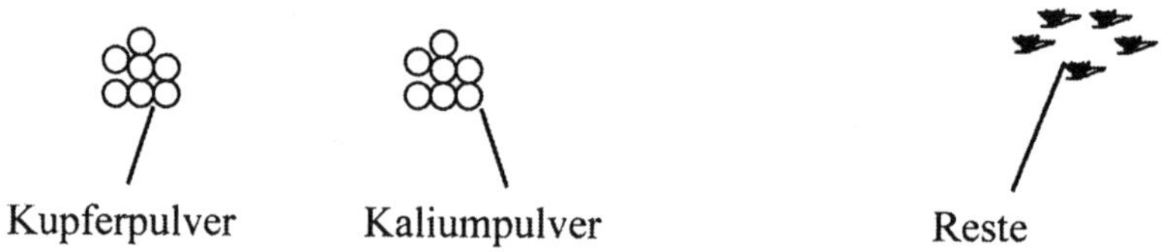

Kupferpulver
Kaliumpulver
Reste

KN 4:

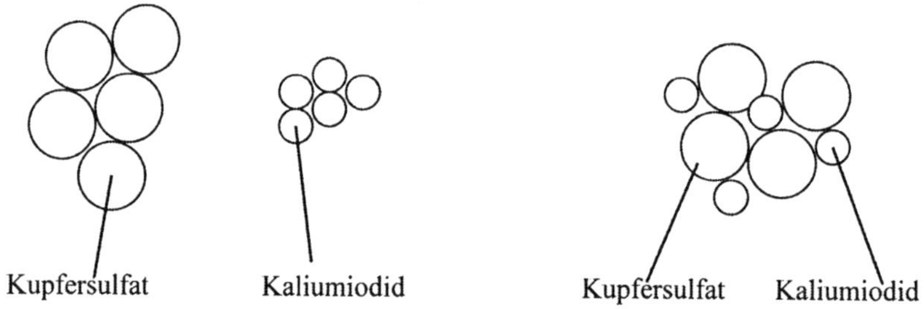

Kupfersulfat
Kaliumiodid
Kupfersulfat
Kaliumiodid

KN 5:

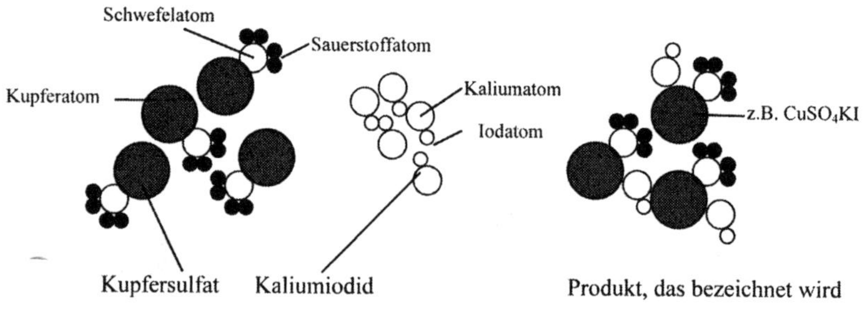

Schwefelatom
Sauerstoffatom
Kupferatom
Kaliumatom
Iodatom
z.B. $CuSO_4KI$
Kupfersulfat
Kaliumiodid
Produkt, das bezeichnet wird

III.3 3. Evaluationsaufgabe

III.3.1 Aufgabenblätter

3. Aufgabe für das Profil Mensch & Natur im Juni 1999

Arbeitsblatt I

Aufgabe:

Frau Nobel leitet eine Firma, die luxuriöse Büroeinrichtungen herstellt. Sie lässt sich vom Werbefachmann Herrn Kundfang passende Werbegeschenke für ihr Unternehmen vorstellen. Besonders gut gefällt ihr eine Schachtel mit dem Aufdruck: „Mit Firma Nobel wird Ihr Büro edel bis ins Detail", die silberne Büroklammern enthält.

Frau Nobel fragt Herrn Kundfang, ob die Klammern aus echtem Silber seien. Der hat den Herstellungsprozess einmal gesehen und erinnert sich, dass ein Stoff, der wie Zucker aussieht, in destilliertem Wasser gelöst wird, die Kupferklammern in die Lösung gegeben werden und silbern wieder herauskommen.

Arbeitsauftrag

Experimentieren: (ca. 30 Minuten)

Versuche Frau Nobel eine fachlich qualifizierte Antwort zu geben. In den vorbereiteten Körben befinden sich Stoffe von der Art, wie Herr Kundfang sie beschreibt. Beachtet bitte, dass eines der Pulver ätzend wirkt. Achtet deshalb darauf, dass nichts von Pulver oder Lösung auf Eure Haut oder Kleidung gelangt.

Name:

Arbeitsblatt II

Fragen für das Gruppengespräch

1) Frau Nobel wollte wissen, ob die Klammern aus echtem Silber seien. Beantwortet bitte ihre Frage und versucht Eure Antwort zu begründen.

2) Wie werden die silbernen Büroklammern hergestellt?

3) Wie erklärt Ihr Euch den Weg von den Pulverkristallen über die klare Lösung zur silbernen Büroklammer?

4) Woraus bestehen die verschiedenen Stoffe? Zeichnet bitte auf, wie Pulver, Lösung und Büroklammer aus Atomen, Ionen oder Molekülen zusammengesetzt sind. Beschriftet bitte alle Teile Eurer Zeichnung.

Name:

Arbeitsblatt III

Fragen für die Einzelarbeit

1) Beschreibe bitte genau, wie Ihr die silbernen Klammern hergestellt habt. Trenne bei Deiner Beschreibung in Versuchsdurchführung und Versuchsbeobachtung.

2) Wie kannst Du Dir erklären, was passiert ist? Beschreibe dabei genau den Weg, wie das Silber auf die Büroklammer kommt.

3) Zeichne bitte alle Stoffe (Pulver, Lösung und Büroklammer), wie sie aus Atomen, Ionen oder Molekülen zusammengesetzt sind. Beschrifte bitte alle Teile Deiner Zeichnung.

4) Ist bei diesem Experiment echtes Silber entstanden?

5) Hat bei diesem Experiment eine chemische Reaktion stattgefunden? Begründe bitte Deine Antwort.

III.3.2 Moderatorenanleitung und Musterlösung

3. Aufgabe für das Profil Mensch & Natur 1999

Der allgemeine Ablauf, generelle Anweisungen und die wörtlichen Texte der ModeratorInnen entsprechen denen der 1. Evaluationsaufgabe

Experiment

Zur Verfügung stehen drei weiße Salze, $Zn(NO_3)_2{*}6H_2O$, $AlN_3O_9{*}9H_2O$, und $AgNO_3$.

Reaktionsmechanismus

$$AgNO_3 \xrightarrow{\text{aqua dest.}} Ag^+_{(aq)} + NO_3^-{}_{(aq)}$$

Durch Wasser wird das Salz gelöst, das Ionengitter zerfällt, die Ionen werden frei.

$$2\,Ag^+ + Cu \longrightarrow Cu^{2+} + Ag$$

Das unedlere Metall Kupfer wird vom edleren in einer elektrochemischen Reaktion oxidiert, es geht als Ion in Lösung, während das Silber in die elementare Form übergeht.

$$2\ Ag^{+}NO_3^{-} \ + \ Cu \longrightarrow 2\ Ag \ + \ Cu^{+}(NO_3^{-})_2$$

Die Kupferionen würden beim Eindampfen mit den Nitrationen als blassblaues Salz, als Kupfernitrat-Hydrat $Cu(NO_3)_2 * nH_2O$ zurückbleiben.

Erwartete Vorgehensweise:

KN 1:	alle 3 Stoffe werden benutzt, weil sie im Korb sind
KN 2	alle 3 Stoffe werden benutzt, um die „Powermischung" zu finden
KN 3:	nur AlN_3O_9 und $AgNO_3$ werden benutzt, da Aluminium und Silber silbern glänzen
KN 4:	nur $AgNO_3$wird benutzt mit Begründung, dass nur da Silber drin ist
KN 5:	nur $AgNO_3$ wird benutzt mit Begründung, dass nur daraus Silber entstehen kann

Wird mehr als ein Stoff gleichzeitig verwendet:

→ *Mit welchem Stoff habt Ihr es denn erreicht, dass die Klammer silbern wurde?*

Es wird erklärt, man bräuchte alle oder zwei Stoffe:

→ *Was trägt der Stoff X zur Versilberung bei? Welche Funktion hat er, wofür braucht man ihn?*

Ich erwarte, dass alle SchülerInnen erkennen, dass die Klammern sich nicht in Silber verwandelt haben, sondern nur versilbert sind. Sonst:

→ *Klammer zerteilen oder mit Metallgegenstand kratzen lassen.*

Nach dem Experiment sollten alle Gerätschaften zum Lehrertisch gebracht werden. Auf dem Gruppentisch verbleiben: Die drei Salze, eine Schale mit Lösung und je eine versilberte und unversilberte Klammer.

Experimente während des Gruppengesprächs werden nur noch bei neuen, zündenden Ideen durchgeführt. Dann versorgt die Moderatorin die SchülerInnen mit dem, was gebraucht wird.

Gruppengespräch

1) Frau Nobel wollte wissen, ob die Klammern aus echtem Silber seien. Beantwortet bitte ihre Frage und versucht Eure Antwort zu begründen.

→ *Falls nur „Ja" oder „Nein" kommt, auf Begründung verweisen.*

KN 1:	Nein, weil man Silber nicht herstellen kann. → *Woher kommt es dann, dass die rötliche Klammer silbern wird?*
KN 2:	Nein, es ist eine Mischung, weil es nicht so glänzt wie bei echtem Silber (Schmuck). → *Woraus besteht die Mischung?*
KN 3:	Nein, weil sich die Klammer völlig auflösen und neu zusammensetzen müsste, wenn sie sich in Silber verwandeln würde. → *Woraus besteht dann die silberne Farbe?*
KN 4:	Nein, die Klammern sind nur auf der Oberfläche versilbert. → *Ist das auf der Oberfläche echtes Silber?*
KN 5	Nein, die Klammern sind nur auf der Oberfläche mit einer Schicht aus echtem Silber überzogen.

2) Wie werden die silbernen Büroklammern hergestellt?

KN 1:	Die Pulver werden in Wasser gegeben und die Klammern hineingetan. → *Mit welchem Stoff habt ihr es denn erreicht, dass die Klammer silbern wurde?*
KN 2:	Man mischt die richtigen Stoffe in der richtigen Konzentration zusammen und tut die Klammer hinein. → *Was trägt der Stoff X zur Versilberung bei?* *Welche Funktion hat er, wofür braucht man ihn?*
KN 3:	Das Silberpulver wird in Wasser gelöst und die Klammer in die Lösung getan.
KN 4:	Das $AgNO_3$-Pulver wird in Wasser gelöst und die Klammer in die Lösung getan.
KN 5	Das $AgNO_3$-Pulver wird in destilliertem Wasser gelöst. Dann wird die Klammer in die Lösung getan.

3) Wie erklärt Ihr Euch den Weg von den Pulverkristallen über die klare Lösung zur silbernen Büroklammer?

KN 1:	Das Silber geht aus dem Pulver auf die Klammer. → *Auf die Frage nach dem **Weg** hinweisen.* → *Klappt das auch, wenn ich die Klammer direkt in das Pulver stecke?*
KN 2:	Das Silber wird durch das Wasser aus dem Pulver herausgelöst und setzt sich dann auf der Klammer ab. → *Warum kann man das Silber im Wasser nicht sehen?* *Könnte man das Silber auch durch Zerreiben der Kristalle herausholen?*
KN 3:	Wenn das Pulver im Wasser gelöst wird, zerfällt es in Silber und Nitrat. Das Nitrat bleibt im Wasser, das Silber geht an die Klammer. → *Warum kann man das Silber im Wasser nicht sehen?*
KN 4:	Durch das Auflösen wird das Silber aus dem $AgNO_3$ herausgeholt, das sich auf der Klammer ablagert. Stickstoff und Sauerstoff sind Gase, die in die Luft verschwinden. → *Wo ist das Silber im farblosen Pulver? Kann man die Gase als Blasen sehen?*
KN 5	Das $AgNO_3$-Pulver löst sich im destillierten Wasser auf. Dabei entstehen Silberionen und Nitrationen. Die Silberionen lagern sich an der Kupferklammer als echtes Silber ab [dafür gehen Kupferionen in Lösung].

4) Woraus bestehen die verschiedenen Stoffe? Zeichnet bitte auf, wie Pulver, Lösung und Büroklammer aus Atomen, Ionen oder Molekülen zusammen gesetzt sind. Beschriftet bitte alle Teile Eurer Zeichnung.

→ *Falls nur einzelne Moleküle gezeichnet werden: Die Frage heißt aber: „Wie ist das Pulver oder die Klammer aus Teilchen zusammengesetzt?" und nicht „Wie sieht ein Silbernitrat- oder Kupfer-Teilchen aus?" Darauf achten, dass alles beschriftet wird.*

KN 1:

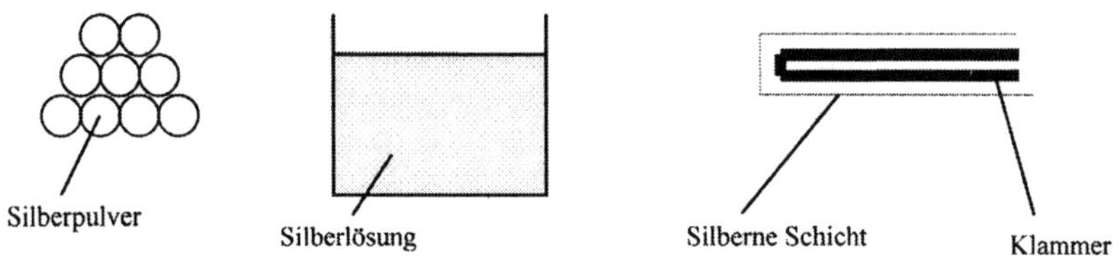

→ *Wo ist das Silbrige, das die Schicht macht, im Pulver und in der Lösung?*

KN 2:

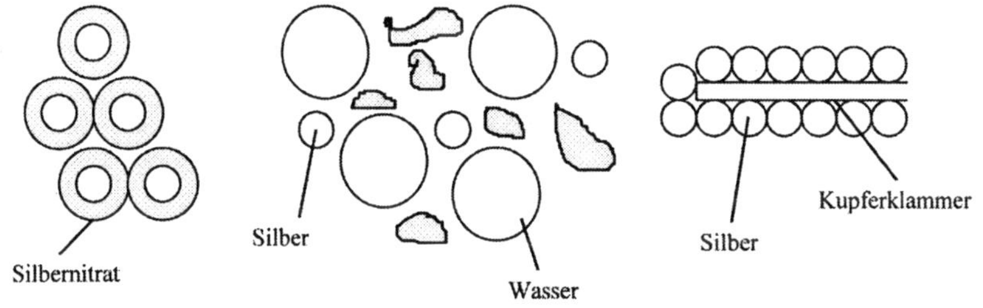

→ *Warum kann man das Silber im Wasser nicht sehen? Könnte man das Silber auch durch Zerreiben der Kristalle herausholen?*

KN 3:

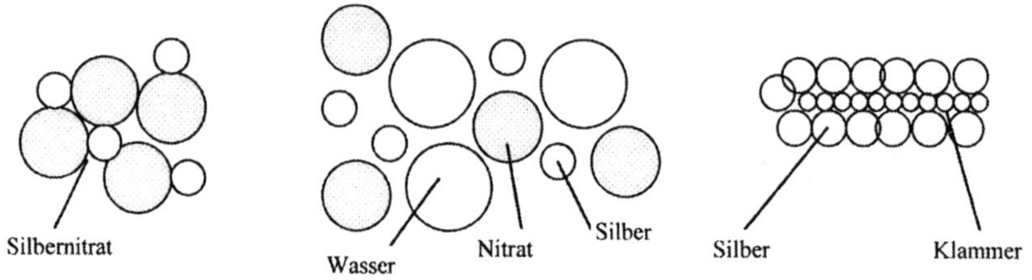

→ *Warum kann man das Silber im Pulver und im Wasser nicht sehen? Ist das Nitratteilchen ein Atom?*

KN 4:

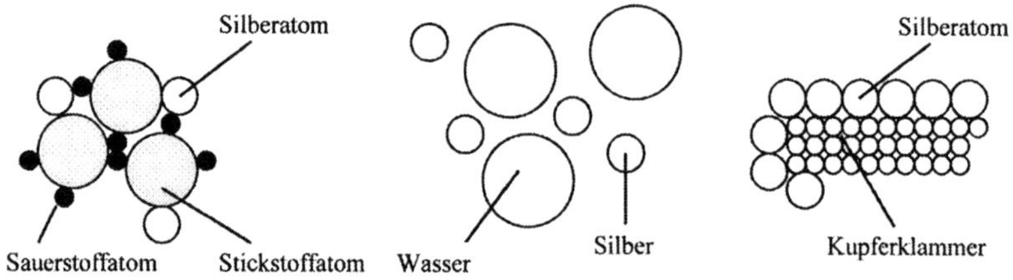

Sauerstoff und Stickstoff entweichen als Gase.

→ *Kann man evtentuell sehen, wie die Gase als Blasen aufsteigen?*

KN 5:

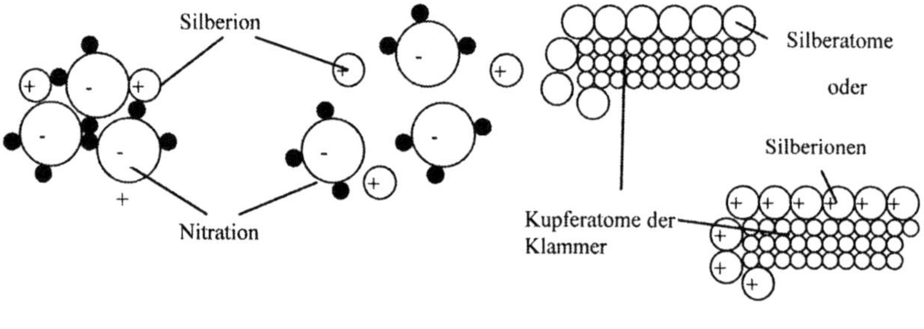

→ *Sind die Silberteilchen an der Klammer nicht mehr positiv geladen?*

III.4 Transkriptionsregeln

(?)	unverständlich
(Brot/Boot ?)	nicht zweifelsfrei zu hören
(...)	Pause, je mehr Punkte, desto länger
...	Satz abgebrochen
Dag...	Wort abgebrochen
aber #	Sprecher wird unterbrochen
# gar nicht	Sprecher, der unterbrochen hat
kursiv	Nicht-sprachliche Handlungen z.B. Geräusche: *lacht* oder Tätigkeiten: *spielt mit Arbeitsblatt*

IV Anhang zu Kapitel 4.5

IV.1 Leitfaden Interview 1

Ich möchte mit Dir ein Interview zur Bedeutung von Schule und Freizeit für Dich durchführen. Dabei gibt es keine falschen und keine richtigen Antworten. Versuche einfach nur wahrheitsgemäß zu antworten. Falls Dir auf eine Frage nichts einfällt, ist das auch o.k.

Was Du mir hier jetzt sagst, erfahren nur die, die mit dem Forschungsprojekt zu tun haben, da dies Bestandteil der wissenschaftlichen Begleituntersuchung ist, d.h. Deine Lehrer kriegen hiervon weder was zu sehen noch zu hören.

Damit ich nicht mitschreiben muss, werde ich das Interview mitschneiden. Beginnen möchte ich jetzt mit einer kurzen Geschichte...

1 *An einem heißen Sommertag machst Du mit Deinen Freunden eine Radtour an die Elbe. Bei der Ankunft am Fluss sind alle sehr erhitzt und wollen sich durch ein Bad erfrischen. Einige springen sofort ins kühle Nass, andere stehen zögernd am Ufer. Springst Du ins Wasser oder würdest Du nicht in der Elbe baden?*

1 a Ich würde baden.	- Kannst Du Dir Gründe vorstellen, aus denen einige zögern? - Würdest Du in jedem Gewässer baden? - Kennst Du Gründe dafür, dass es keine offiziellen Freibäder an der Elbe gibt?
1 b Ich würde nicht baden.	- Welche Gründe hast Du dafür?
1 c Das kommt darauf an.	- Worauf?
- Wasserqualität	- Was verstehst Du unter schmutzig?
- (z.B. zu schmutzig)	
- Andere (zu kalt, keine Badekleidung, Handtuch, Figur, Nichtschwimmer...)	- Gibt es noch andere Gründe nicht in der Elbe zu baden?

- Nur optisch oder ästhetisch relevante Nennungen (Algen, Schlamm...)
- Für Wasserqualität relevante Nennungen

- Kennst Du Gründe dafür, dass es keine offiziellen Freibäder an der Elbe gibt?
- Frage 2

2 Woher hast Du diese Informationen?

3 Wie wichtig ist es für Dich, dass Du etwas über Wasserqualität weißt?

4 Wie wichtig findest Du es, dass Du es auch naturwissenschaftlich (chemisch, physikalisch, biologisch) erklären kannst?

5 Redest Du über das in der Schule erlangte Umweltwissen auch außerhalb der Schule mit Anderen?

6 Kannst Du Dir vorstellen, dass Du in Deinem Beruf einmal Naturwissenschaften (Chemie, Physik, Biologie) gebrauchen kannst?

7 Warum? Warum nicht?

8 Was möchtest Du später mal werden? Wie stellst Du Dir Deine Zukunft vor?

9 Gibt es einen Zusammenhang mit dem, was Du hier in der Schule lernst und dem, was Du später vorhast?

10 Nenne Beispiele!

11 Lernst Du viel?

12 Lernst Du gern?

13 Warum? Warum nicht?

14 Welches sind Deine Lieblingsfächer?

15 Welches sind Deine starken Fächer?

16 Welches sind Deine schwachen Fächer?

17 Was machst Du, wenn Du nicht in die Schule gehst?

18 Woran hast Du Spaß? Notieren:

19 Fällt Dir noch was ganz anderes ein?

20 Was kannst Du besonders gut, was weniger gut?/ In welchem Bereich hast Du Deine Stärken, in welchem Deine Schwächen? Alle Bereiche (und Aktivitäten) die der Befragte genannt, hat noch mal kurz in Erinnerung rufen.

21 Wie wichtig ist es für Dich, dass Du dies kannst? Bist Du stolz darauf?

22 Warum? Warum nicht?

23 Worauf bist Du am meisten stolz?/ Gibt es noch andere Bereiche, worauf Du stolz bist?

24 Wie zufrieden bist Du mit dem, was Du kannst?

25 Was ist in letzter Zeit bei Dir richtig schief gelaufen? Hinweis auf das Praktikum bzw. falls immer noch nichts kommt, länger zurückdenken. Situationen schildern lassen.

26 Wie hast Du Dich dabei gefühlt?

27 Warst Du überrascht, dass das schief gelaufen ist?

28 Warum denkst Du, dass es schief gelaufen ist?

29 Was hat in letzter Zeit bei Dir besonders gut geklappt?

30 Wie hast Du Dich dabei gefühlt?

31 Warst Du überrascht, dass das so gut geklappt hat?

32 Was glaubst Du woran lag es, dass es so gut geklappt hat?

Vielen Dank für das Interview!

IV.2 Leitfaden Interview 2

Wie Du weißt, interessiere ich mich für Lernprozesse, also wie jemand lernt, warum, was er mit dem Gelernten anfangen will usw. In diesem Zusammenhang möchte ich Dich über die Langzeithausaufgabe ausfragen. Ich werde unser Gespräch wieder aufnehmen und hoffe, Du bist damit einverstanden.

1	Welche Facharbeit hast Du gemacht?	
2	Warum hast Du das Thema gewählt?	
a)	*Weil es mich interessiert.*	- Was interessiert Dich daran? Warum? - Findest Du, dass das ein leichtes Thema ist? - Warum?
b)	*Weil ich schon viel darüber weiß.*	- Woher weißt Du was darüber?

	– Interessierst Du Dich auch privat für dieses Thema? – Seit wann? Wie kommt es dazu? – Findest Du, dass das ein leichtes Thema ist? – Warum?
c) *Weil es mir am Leichtesten erschien.*	– Was ist an dem Thema leicht? – Warum sind die anderen schwerer? – Gibt es Teile in der Arbeit, die Du interessant findest? Warum?
d) *Weil es am wenigsten Arbeit ist.*	– Gibt es keinen anderen Grund? – Gibt es Teile in der Arbeit, die Du interessant findest? – Wie müsste ein Thema aussehen, das Du gerne bearbeiten würdest? – Warum interessiert Dich das?
e) *Weil man eines nehmen musste. Gefallen hat mir keines.*	– Wie müsste ein Thema aussehen, das Du gerne bearbeiten würdest? – Warum interessiert Dich das?

3 Wie gut ist dir die Arbeit gelungen? Was würdest Du bei der nächsten Arbeit anders machen? Bei negativer Bewertung der Arbeit auf Projekte eingehen.

4 Welche Teile der Arbeit/Projekte haben Dir Spaß gemacht, warum? Welche nicht, warum?

5 Wie bist Du vorgegangen, um die Arbeit/Projekte fertig zu kriegen? Wie hast Du es organisiert, woher hast Du Dir die Informationen geholt?

6 Hast Du mit Leuten außerhalb der Schule über Thema der Arbeit/die Projekte gesprochen?

7 Wirst Du Dich weiter mit dem Thema der Arbeit/mit solchen Projekten beschäftigen?

8 Hast Du durch die Arbeit/Projekte etwas gelernt, was Du für die Schule gebrauchen kannst? Was?

9 Hast Du den Eindruck, dass Du durch die Arbeit/Projekte etwas gelernt hast, was Du für Dich persönlich gebrauchen kannst? Vielleicht auch im Hinblick auf einen Beruf oder ein Hobby?

10 Gibt es Dinge, die Du jetzt besser verstehst, oder anders siehst, also vor der Arbeit/den Projekten?

11 Konntest Du Dir das Profil aussuchen? War es die richtige Wahl für Dich?

12 Wie siehst Du den Profilunterricht im Vergleich zum „normalen" Unterricht? (Wenn ich Schulleiterin wäre und Dich fragen würde, ob ich Profilunterricht an meiner Schule einführen soll, was würdest Du mir raten?)

IV.3 Leitfaden Interview 3

Zunächst einmal vielen Dank, dass Du Dich nochmals zum Interview bereit erklärt hast. Nachdem ja die letzten Tage im Profil Mensch & Natur angebrochen sind, soll es heute vor allem um die Zukunft gehen.

Beruf

1 Was machst Du jetzt nach diesem Schuljahr?

1 a *Schule*
- Weißt Du schon, welche Leistungskurse Du wählen wirst?
- Welche Gründe hast Du dafür?
- Meinst du, dass Du gut auf die Oberstufe vorbereitet bist?
- Weshalb glaubst Du das? Kannst Du das an einem Beispiel festmachen?
- Weißt Du schon, ob Du danach studieren willst oder einen Beruf lernen? Was/Welchen?

1 b *Beruf*
- Seit wann hast Du diesen Berufswunsch?
- Wie ist es dazu gekommen? (Traumberuf/einzig erreichbare Lehrstelle?)
- Was denkst Du, was Du dafür können musst?
- Denkst Du, dass Du gut auf die Ausbildung vorbereitet bist?
- Weshalb glaubst Du das? Kannst Du das an einem Beispiel festmachen?

- Wie wichtig ist es in diesem Beruf, über chemische Kenntnisse zu verfügen?

1 c *Weiß nicht*
- Woran denkst Du liegt es, dass Du keine Lehrstelle hast?
- Wie wirst Du Deine Zeit verbringen?

2 Wie sieht Dein Leben in naher Zukunft aus? Willst Du bald von zu Hause ausziehen? Mit Freunden zusammenziehen?

3 Was sind Deine nächsten Ziele?

4 Hast Du schon eine Vorstellung davon, wie Dein Leben in fernerer Zukunft aussehen soll? Möchtest Du einmal Familie und Kinder, oder lieber Single und Karriere?

5 Was sind Deine großen Ziele? In etwa: „In meinem Leben will ich unbedingt..."

6 Welche Technologien hältst Du für die Zukunft für wichtig?
- Über welche sollte man Deiner Meinung nach informiert sein?
- Aus welchem Grund?
- Welche möchtest Du gerne genauer verstehen?
- Glaubst du, dass das, was Du bisher gelernt hast, dazu ausreicht?

7 Welche Chancen siehst Du, die sich durch die Chemie den Menschen bieten? Welche Gefahren siehst Du?

8 Du bist bald wahlberechtigt. Was meinst Du, was man wissen sollte, bevor man sich für eine Partei entscheidet?

9 Meinst Du, dass auch naturwissenschaftliche Kenntnisse für eine politische Entscheidung wichtig sein können?

Literaturverzeichnis

Adolphy, Ursula (1997): „Wir haben uns das so vorgestellt:...“ Konstruktivistische didaktische Prinzipien als Möglichkeit, Chemieunterricht mädchenorientiert zu gestalten? Reihe Europäische Hochschulschriften: Reihe 11, Pädagogik, Bd. 730. Frankfurt a. M.; Peter Lang Verlag.

Aikenhead, G. (1994): Consequences to Learning Science through STS: A Research Perspective. In: Solomon, J.; Aikenhead, G. (Hrsg.): STS Education, International Perspectives on Reform. Teachers College Press, New York, London, S. 169-186.

Anderson, John R. (1988): Kognitive Psychologie: Eine Einführung. Spektrum der Wissenschaft; Heidelberg.

Arnold, Eva; Bastian, Johannes; et al. (2000): Schulentwicklung und Wandel der pädagogischen Arbeit: Arbeitssituation, Belastung und Professionalisierung von Lehrerinnen und Lehrern in Schulentwicklungsprozessen. Hamburg; Bergmann + Helbig.

Aufschnaiter, Stefan von; Welzel, Manuela (1997): Wissensvermittlung durch Wissensentwicklung. Das Bremer Komplexitätsmodell zur quantitativen Beschreibung von Bedeutungsentwicklung und Lernen. In: Zeitschrift für Didaktik der Naturwissenschaften. Jg. 3, H. 2; S. 43-58.

Bastian, Johannes; Gudjons, Herbert (Hg.) (1998): Das Projektbuch: Über die Projektwoche hinaus – Projektlernen im Fachunterricht. 3. Auflage. Hamburg; Bergmann + Helbig.

Baumert, Jürgen (1993): Lernstrategien, motivationale Orientierung und Selbstwirksamkeitsüberzeugungen im Kontext schulischen Lernens. In: Unterrichtswissenschaft, 21; S. 327-354.

Baumert, Jürgen; Lehmann, Rainer; et al. (1997): TIMSS – Mathematisch-naturwissenschaftlicher Unterricht im internationalen Vergleich: Deskriptive Befunde. Opladen; Leske + Budrich.

Baumert, Jürgen; Bos, Wilfried; et al. (1998): TIMSS/III. Schülerleistungen in Mathematik und in den Naturwissenschaften am Ende der Sekundarstufe II im internationalen Vergleich. Zusammenfassung deskriptiver Ergebnisse. Berlin; Max-Planck-Institut für Bildungsforschung.

Baumert, Jürgen; Klieme, Eckhard; et al. (2000): Konzeption und Aussagekraft der TIMSS-Leistungstests. Zur Diskussion um TIMSS-Aufgaben aus der Mittelstufenphysik. In: Die deutsche Schule, 92. Weinheim; Juventa Verlag. Jg. 92 H. 1; S. 102-115.

Becker, Hans-Jürgen (1994): Chemiedidaktische Entwicklungen in der Bundesrepublik Deutschland: Situationsanalyse und Bilanz. Frankfurt a. M.; Peter Lang Verlag.

Becker, Hans-Jürgen; Jüngel, Günter (1982): Schülereinstellungen und -leistungen im Unterrichtsfach Chemie. Ergebnisse empirischer Forschungen. Königsstein/Ts.; Scriptor Verlag.

Behörde für Schule, Jugend und Berufsbildung, Amt für Schule, Freie und Hansestadt Hamburg (Hrsg.) (1989): Lehrplan für die Gesamtschule. Sekundarstufe I. Physik. Hamburg; Löding Computersatz GmbH.

Behörde für Schule, Jugend und Berufsbildung, Amt für Schule, Freie und Hansestadt Hamburg (Hrsg.) (1991): Lehrplan für die Gesamtschule. Sekundarstufe I. Chemie. Hamburg; Löding Computersatz GmbH.

Behörde für Schule, Jugend und Berufsbildung, Amt für Schule, Freie und Hansestadt Hamburg (Hrsg.) (1995): Richtlinien zur Sicherheit im naturwissenschaftlichen Unterricht. Anlage 3.

Behrend, Helga (1997): Physiklernen und Begriffsnetze. In: Behrend, Helga (Hg.): Zur Didaktik der Physik und Chemie, Bd. 17, Vorträge auf der Tagung in Bremen, Sept. 1996. Alsbach/Bergstraße; Leuchtturmverlag; S. 299-301.

Behrend, Helga (1998): Einfluss unterschiedlicher Unterrichtsansätze auf deklaratives und prozedurales Wissen. In: Behrend, Helga (Hg.): Zur Didaktik der Physik und Chemie, Bd. 18. Vorträge auf der Tagung in Potsdam, Sept. 1997. Alsbach/ Bergstraße; Leuchtturmverlag; S. 102-115.

Behrend, Helga (1999): STS-Unterricht und traditioneller Physikunterricht im Vergleich. In: Behrend, Helga (Hg.): Zur Didaktik der Physik und Chemie, Bd. 19. Vorträge auf der Tagung in Essen, Sept. 1998. Alsbach/Bergstraße; Leuchtturmverlag; S. 235-237.

Bergmann, Christian (1992): Schulisch-berufliche Interessen als Determinanten der Studien- bzw. Berufswahl und -bewältigung: Eine Überprüfung des Modells von Holland. In: Krapp, Andreas; Prenzel, Manfred (Hrsg.): Interesse, Lernen, Leistung. Neuere Ansätze der pädagogisch-psychologischen Interessenforschung. Arbeiten zur sozialwissenschaftlichen Psychologie, H. 26. Münster; Aschendorff Verlag; S. 193-220.

Berkowitz, L.; Luttermann, K. G. (1968): The Traditional Socially Responsible Personality. In: Public Opinion Quarterly, Nr. 32; S.169-187.

Bierhoff, Hans Werner (1994): Verantwortung und altruistische Persönlichkeit. In: Zeitschrift für Sozialpsychologie, Nr. 25; S. 217-226.

Blankertz, Herwig (Hrsg.) (1986): Lernen und Kompetenzentwicklung in der Sekundarstufe II. Abschlußbericht der Wissenschaftlichen Begleitung Kollegstufe NW. Teil 1 und 2. Landesinstitut für Schule und Weiterbildung (Hrsg.). Soest; Soester Verlagskontor.

Bolte, Claus 2001 (unveröffentlicht): Motivation und Lernklima in den naturwissenschaftlichen Unterrichtsfächern.

Bortz, Jürgen 1999: Statistik für Sozialwissenschaftler. 5. überarb. Aufl.. Berlin, Heidelberg; Springer Verlag.

Dahnke, Helmut (1997): Physiklernen – Physikunterricht – Handlungskompetenz. In: Behrend, Helga (Hg.): Zur Didaktik der Physik und Chemie, Bd. 17, Vorträge auf der Tagung in Bremen, Sept. 1996. Alsbach/Bergstraße; Leuchtturmverlag; S. 204-206.

Dahnke, Helmut (1998): Energieumsatz und Energieversorgung – Vergleich von Physikunterricht und STS-Unterricht mit den Mitteln von Computersimulation und concept-mapping. In: Behrend, Helga (Hg.): Zur Didaktik der Physik und Chemie, Bd. 18, Vorträge auf der Tagung in Potsdam, Sept. 1997. Alsbach/Bergstraße; Leuchtturmverlag; S. 102-115.

Dahnke, Helmut (1999): STS-Unterricht und traditioneller Physikunterricht im Vergleich – Zum Zusammenhang von Physikkenntnissen und Handeln bei Schülern des 9. Jahrgangs der Realschule. In: Behrend, Helga (Hg.): Zur Didaktik der Physik und Chemie, Bd. 19, Vorträge auf der Tagung in Essen, Sept. 1998. Alsbach/Bergstraße; Leuchtturmverlag; S. 232-234.

Deci, Edward L.; Ryan, Richard M. (1993): Die Selbstbestimmungstheorie der Motivation und ihre Bedeutung für die Pädagogik. In: Zeitschrift für Pädagogik, 39 (2); S. 223-238.

Dreher, Eva; Dreher, Michael (1985): Wahrnehmung und Bewältigung von Entwicklungsaufgaben im Jugendalter. In: Oerter, Rolf: Lebensbewältigung im Jugendalter. Weinheim; VCH Verlagsgesellschaft.

Driver, Rosalind; Squires, Ann; et al. (1994): Making Sense of Secondary Science. Research into Children's Ideas. Routledge; London, New York.

Eckerle, Gudrun-Anne; Kraak, Bernhard (1993): Selbst- und Weltbilder von Schülern und Lehrern. Göttingen; Hogrefe Verlag für Psychologie.

Ehlert, Marianne (1993): Vorstellungen und innere Modelle der Schüler von Stoffen und Stoffumwandlungen im Chemieanfangsunterricht. In: Chimica didactica, Jg. 19; H. 1, Nr. 62; S. 71-75.

Ehlert, Marianne (1994): Arbeitsmaterial für Lehrer zur Diagnostik der Schülervorstellungen von Stoffen und Stoffumwandlungen zu Beginn des Chemieunterrichts. In: Chimica didactica, Jg. 20; H. 1, Nr. 65; S. 35-47.

Fend, Helmut (1997): Der Umgang mit Schule in der Adoleszenz. Aufbau und Verlust von Lernmotivation, Selbstachtung und Empathie. Entwicklungspsychologie der Adoleszenz in der Moderne, Band IV. Huber Verlag, Bern.

Fischler, Helmut (1994): Naturwissenschaftlicher Unterricht in der Gesamtschule. In: Riquarts, Kurt, et al.: Naturwissenschaftliche Bildung in der Bundesrepublik Deutschland, Bd. II: Naturwissenschaftliche Bildung in öffentlichen und privaten Institutionen. Kiel; IPN; S. 229-264.

Gardner, Paul L. (1987): Schülerinteressen an Naturwissenschaften und Technik. In: Lerke, Manfred; Hoffmann, Lore: Schülerinteressen am naturwissenschaftlichen Unterricht. Didaktik der Naturwissenschaften Bd. 12. Köln; Aulis Verlag Deubner & Co KG; S. 13-38.

Gesamtschule 1996: Profilklassen an der Gesamtschule. Skizze für ein neues Konzept des Lernens in den Jahrgängen 9 und 10. Polykopie, Hamburg.

Gesamtschule 1997: Profile für Jahrgang 9 und 10. Polykopie, Hamburg.

Gräber, Wolfgang; Bolte, Claus (1996): Bildender Chemieunterricht: Von der Relevanz zur Verantwortlichkeit. In: Behrend, Helga (Hrsg.): Zur Didaktik der Physik und Chemie, Bd. 16, Vorträge auf der Tagung in Dresden, Sept. 1995. Leuchtturmverlag, Alsbach/Bergstraße; S. 85-87.

Gruschka, Andreas (1986): Die Erzieherstudie. In: Blankertz, Herwig (Hrsg.), Lernen und Kompetenzentwicklung in der Sekundarstufe II. Abschlußbericht der Wissenschaftlichen Begleitung Kollegstufe NW. Teil 1; Landesinstitut für Schule und Weiterbildung (Hrsg.). Soest; Soester Verlagskontor; S. 78-88.

Gudjons, Herbert (1997): Handlungsorientiert lehren und lernen: Schüleraktivierung – Selbsttätigkeit – Projektarbeit, 5. Auflage. Bad Heilbrunn; Klinkhardt.

Hansen, Klaus-Henning; Klinger, Udo (1998): Interessenentwicklung und Methodenverständnis im Fach Naturwissenschaft. Ergebnisse des BLK-Modellversuchs PING in Rheinland-Pfalz. Kiel; IPN.

Harding, J. (1983): (nach Wienekamp 1990) Switched off: The Science Education of Girls. York; Longman for Schools Council.

Häußler, Peter; Bündner, Wolfgang; et al. (1998): Naturwissenschaftsdidaktische Forschung. Perspektiven für die Unterrichtspraxis. Kiel; IPN.

Havighurst, R. J., (1948/1972): Developmental Tasks and Education, 7th ed. 1982. New York, London; Longmann Inc.

Hericks, Uwe (1993): Über das Verstehen von Physik: physikalische Theoriebildung bei Schülern der Sekundarstufe II. Münster; Waxmann Verlag.

Heursen, Gerd (1983): Kompetenz – Performanz. In: Lenzen, Dieter (Hrsg.): Enzyklopädie Erziehungswissenschaft, Bd. 1: Theorien und Grundbegriffe der Erziehung und Bildung. Stuttgart; Klett-Cotta Verlag; S. 472-478.

Hornstein, Walter (1990): Aufwachsen mit Widersprüchen – Jugendsituation und Schule heute: Rahmenbedingungen – Problemkonstellationen – Zukunftsperspektiven. Stuttgart; Klett Verlag.

Hurrelmann, Klaus; Rosewitz, Bernd; et al. (1985): Lebensphase Jugend. Weinheim, München; Juventa Verlag.

Hurrelmann, Klaus (1995): Lebensphase Jugend. Einführung in die sozialwissenschaftliche Jugendforschung, 4. Auflage. Weinheim, München; Juventa Verlag.

Jerusalem, Matthias (1993): Die Entwicklung von Selbstkonzepten und ihre Bedeutung für Motivationsprozesse im Lern- und Leistungsbereich. Antrittsvorlesung an der Humboldt-Universität Berlin 1993. Präsident der Humboldt-Universität (Hg.); Berlin; 1997.

Jopt, Uwe-Jörg (1978): Selbstkonzept und Ursachenerklärung in der Schule. Bochum; Ferdinand Kamp Verlag.

Jung, Walter (1979): Aufsätze zur Didaktik der Physik und Wissenschaftstheorie. Frankfurt a. M.; Diesterweg GmbH.

Jungwirth, Helga (1990): (nach Adolphy 1997) Mädchen und Buben im Mathematikunterricht. Eine Studie über geschlechtsspezifische Modifikationen der Interaktionsstrukturen. Reihe Frauenforschung Bd. 1. Wien, Bundesministerium für Unterricht, Kunst und Sport.

Köller, Olaf; Daniels, Zoe; et al. (2000): Kurswahlen von Mädchen und Jungen im Fach Mathematik: Zur Rolle von fachspezifischem Selbstkonzept und Interesse. In: Zeitschrift für Pädagogische Psychologie, Jg. 14. H. 1; S. 26-37.

Kordes, Hagen (1989): Didaktik und Bildungsgang, Texte zur Theorie und Praxis von Bildungsgängen, Bd. 1. Münster; LIT Verlag.

Kotte, Dieter (1992): Gender Differences in Science Achievement in 10 Countries. 1970/71-1983/84. Frankfurt a. M.; Peter Lang Verlag.

Krapp, Andreas (1992a): Konzepte und Forschungsansätze zur Analyse des Zusammenhangs von Interesse, Lernen und Leistung. In: Krapp, Andreas; Prenzel, Manfred (Hrsg.): Interesse, Lernen, Leistung. Neuere Ansätze der pädagogisch-psychologischen Interessenforschung. Arbeiten zur sozialwissenschaftlichen Psychologie. H. 26. Münster; Aschendorff Verlag; S. 9-52.

Krapp, Andreas (1992b): Das Interessenkonstrukt. Bestimmungsmerkmale der Interessenhandlung und des individuellen Interesses aus der Sicht einer Person-Gegenstands-Konzeption. In: Krapp, Andreas; Prenzel, Manfred (Hrsg.): Interesse, Lernen, Leistung. Neuere Ansätze der pädagogisch-psychologischen Interessenforschung. Arbeiten zur sozialwissenschaftlichen Psychologie. H. 26. Münster; Aschendorff Verlag; S. 298-329.

Krapp, Andreas (1996a): Die Bedeutung von Interesse und intrinsischer Motivation für den Erfolg und die Steuerung schulischen Lernens. In: Schnaitmann, G.W.: Theorie und Praxis der Unterrichtsforschung. Donauwörth; Auer Verlag; S 87-110.

Krapp, Andreas (1996b): Psychologische Bedingungen naturwissenschaftlichen Lernens: Untersuchungsansätze und Befunde zu Motivation und Interesse. In: Duit, R.; Rhöneck, Christoph von (Hg.): Lernen in den Naturwissenschaften. Kiel; IPN; S. 37-68.

Krnel, D.; Watson, R.; et al. (1998): Survey of Research Related to the Development of the Concept of "Matter". In: International Journal of Science Education, Vol. 20, No. 3; S. 257-289.

Kubli, Fritz (1987): Piagets klinisches Experiment als eine Methode, Interessenstrukturen zu identifizieren. In: Lerke, Manfred; Hoffmann, Lore: Schülerinteressen am naturwissenschaftlichen Unterricht. Didaktik der Naturwissenschaften, Bd. 12. Köln; Aulis Verlag Deubner & Co KG; S. 97-110.

Lichtfeld, Michael (1996): Lernweg einer Schülerin. Einzelfallstudie aus dem Langzeitforschungsprogramm „Wege zum Atombegriff". In: Duit, R.; Rhöneck, Christoph von (Hg.): Lernen in den Naturwissenschaften. Kiel; IPN; S. 328-355.

Max-Planck-Institut für Bildungsforschung (1996): Bildungsverläufe und psychosoziale Entwicklung im Jugendalter (BIJU). 2. Bericht für die Schulen. Berlin.

Mayring, Philipp (1991): Qualitative Inhaltsanalyse. In: Flick, Uwe (Hrsg.): Handbuch Qualitative Sozialforschung. Grundlagen, Konzepte und Anwendungen. München; Psychologie Verlags Union; S. 209-213.

Mayring, Philipp (1996): Einführung in die qualitative Sozialforschung. Eine Anleitung zum qualitativen Denken. 3. überarbeitete Auflage. Weinheim; Beltz, Psychologie Verlags Union.

Melmer, Nicole (2000): Projektunterricht in der Profilklassen „Mensch & Natur" unter besonderer Berücksichtigung der Lehrerperspektive. Unveröffentlichte Staatsexamensarbeit, Hamburg.

Meyer, Meinert A. (1986): Handlungskompetenz. In: Lenzen, Dieter (Hrsg.): Enzyklopädie Erziehungswissenschaft, Bd. 3: Theorien und Grundbegriffe der Erziehung und Bildung. Stuttgart; Klett-Cotta Verlag; S. 452-459.

Mie, Klaus (1999): TIMSS-Test für Ping-Schüler. In: Behrend, Helga (Hrsg.): Zur Didaktik der Physik und Chemie, Bd. 19. Vorträge auf der Tagung in Essen, September 1998. Alsbach/Bergstraße; Leuchtturmverlag; S. 135-137.

Mielke, Rosemarie (1984): Lernen und Erwartung: zur Selbst-Wirksamkeits-Theorie von Albert Bandura. Bern; Huber Verlag.

Mielke, Rosemarie (1998): Lernen und Selbstkonzept. Kognitive und motivationale Konzepte der Verknüpfung von Lernen und Selbst. Unveröffentlichter Vortrag auf dem 3. Dortmunder Symposion für Pädagogische Psychologie. 12.-13.2.1998, Universität Dortmund.

Mielke, Rosemarie (2000) (unveröffentlicht): Lernen und Selbstkonzept.

Minssen, Mins (Hrsg.); Popp, Till; et al. (ohne Jahr): Strukturbildende Prozesse bei chemischen Reaktionen und natürlichen Vorgängen. Kiel; IPN.

MNU Deutscher Verein zur Förderung des mathematischen und naturwissenschaftlichen Unterrichts (1984): Empfehlungen zur Gestaltung von Chemielehrplänen. In: MNU. Jg. 37, H. 3; S. 161-166.

MNU Deutscher Verein zur Förderung des mathematischen und naturwissenschaftlichen Unterrichts (1994): Herausforderungen an einen zeitgemäßen Chemieunterricht. In: MNU. Jg. 47, H. 7; S. IV-X.

MNU Deutscher Verein zur Förderung des mathematischen und naturwissenschaftlichen Unterrichts (2000): Chemieunterricht der Zukunft – Qualitätsentwicklung und Qualitätssicherung. In: MNU. Jg. 53, H. 3; S. III-XIV.

Moschner, Barbara (1998): Selbstkonzept. In: Rost, Detlev, H.: Handwörterbuch der pädagogischen Psychologie. Weinheim; Beltz Psychologie Verlagsunion.

Moser, Heinz (1995): Grundlagen der Praxisforschung. Darmstädter Beiträge zu Studium und Praxis, Band 4. Freiburg i. B.; Lambertus-Verlag.

Mummendey, Hans Dieter (1995): Psychologie der Selbstdarstellung. 2. überarbeitete und erweiterte Auflage. Bern; Hogrefe Verlag.

Oerter, Rolf; Mandl, Heinz (1977): Individuelle Leistungsfähigkeit und Entwicklungsnorm im Bereich des schulischen Lernens. In: Unterrichtswissenschaft, Nr. 1; S. 34-44.

Oerter, Rolf (1978): Zur Dynamik von Entwicklungsaufgaben im menschlichen Lebenslauf. In: Oerter, Rolf: Entwicklung als lebenslanger Prozeß. Hamburg; Hoffmann und Campe; S. 66-110.

Oerter, Rolf; Montada, Leo (1998): Entwickungspsychologie, 4. Auflage. Weinheim; Beltz Psychologie Verlags Union.

Pfund, Helga (1981): Das Atom – Letztes Teilungsstück oder erster Aufbaustein? Zu den Vorstellungen die sich Schüler vom Aufbau der Stoffe machen. In: Chimica didactica, Jg. 7; H. 2, Nr. 75; S. 75-94.

Piaget, Jean; Inhelder, Bärbel (1980): Von der Logik des Kindes zur Logik des Heranwachsenden. Essay über die Ausformung der formalen operativen Strukturen. Olten, Freiburg i. B.; Walter-Verlag. Durch Klett-Cotta Verlag, Stuttgart, übernommene Ausgabe.

Pingel, Katrin (2000): Unterrichtsentwicklung an einer Hamburger Gesamtschule. Eine Fallstudie zur Leistungsbewertung in Profilklassen. Unveröffentlichte Staatsexamensarbeit, Hamburg.

Reichertz, Jo (1991): Objektive Hermeneutik. In: Flick, Uwe (Hrsg.): Handbuch Qualitative Sozialforschung. Grundlagen, Konzepte und Anwendungen. München; Psychologie Verlags Union.

Riemann, Rainer; Allgöwer, Anette (1993): Eine deutschsprachige Fassung des „Interpersonal Competence Questionaire" (ICQ). In: Zeitschrift für Differentielle und Diagnostische Psychologie, 14; S. 153-163.

Rosenberg, Morris (1965): Society and the Adolescent Self-image. Princeton; Princeton University Press.

Rost, Jürgen (1996): Lehrbuch Testtheorie, Testkonstruktion. Bern; Huber Verlag.

Schenk, Barbara (1984a): Wissenschaftspropädeutik und Lebensweltorientierung im Physikunterricht – Ein Widerspruch? In: Heursen, Gerd: Didaktik im Umbruch: Aufgaben und Ziele der (Fach-)Didaktik in der integrierten Lehrerausbildung. Hain, Hainstein; Forum Academicum Verlagsgruppe Athenäum; S. 203-218.

Schenk, Barbara (1984b): Entwicklung von Schülertheorien zur Mechanik in der Sekundarstufe II. In: Physica didactica, Jg. 11; S. 113-125.
Schenk, Barbara (1986): Die Physikstudie. In: Blankertz, Herwig (Hrsg.), Lernen und Kompetenzentwicklung in der Sekundarstufe II. Abschlußbericht der Wissenschaftlichen Begleitung Kollegstufe NW. Teil 1 und 2. Landesinstitut für Schule und Weiterbildung (Hrsg.). Soest; Soester Verlagskontor.
Schiefele, Ulrich; Krapp, Andreas; et al. (1993): Metaanalyse des Zusammenhangs von Interesse und schulischer Leistung. In: Zeitschrift für Entwicklungspsychologie und Pädagogische Psychologie, Bd. 25. H. 2; S. 120-148.
Schleip, Alfred (1994): Chemieunterricht in Hauptschulen. In: Riquarts, Kurt, et al.: Naturwissenschaftliche Bildung in der Bundesrepublik Deutschland, Bd. II. Naturwissenschaftliche Bildung in öffentlichen und privaten Institutionen. Kiel; IPN; S. 57-72.
Schlöpke, Wulf-Ingo (1991): Alchemistisches Denken und Schülervorstellungen über Stoffe und Reaktionen. In: Chimica didactica, Jg. 17; H. 1/2; S. 5-43.
Schröder, Helmut (1995): Jugend und Modernisierung. Strukturwandel der Jugendphase und Statuspassagen auf dem Weg zum Erwachsensein. Weinheim, München; Juventa Verlag.
Städel, Lutz; Kremer, Armin (1993): Sieben Thesen und drei Forderungen zur Veränderung des naturwissenschaftlichen Unterrichts in der Sekundarstufe I. In: Chimica didactica, Jg. 19; H. 2, Nr. 63; S. 151-159.
Sumfleth, Elke (1988): Lehr- und Lernprozesse im Chemieunterricht. Studien zur Pädagogik der Schule, Bd. 15. Frankfurt a. M.; Peter Lang Verlag.
Sumfleth, Elke (1992a): Chemie und Kognitionspsychologie-Zwei Ecksteine eines Chemiedidaktischen Forschungsansatzes. In: Just, N.; Schmidt, H.-J.: Grundlinien Deutscher Chemiedidaktik, Beiträge zum ersten Gesamtdeutschen Sommersymposium, Reihe Naturwissenschaften und Unterricht, Bd. 14. Essen; Westarp Verlag; S. 93-103.
Sumfleth, Elke (1992b): Schülervorstellungen im Chemieunterricht. In: Der mathematische und naturwissenschaftliche Unterricht, Jg. 45. H. 7; S. 410-414.
Sumfleth, Elke; Geisler, Andrea (1999): Veränderungen von Schülervorstellungen im Bereich Säuren und Basen. In: Behrend, Helga (Hg.): Zur Didaktik der Physik und Chemie, Bd. 19. Vorträge auf der Tagung in Essen, Sept. 1998. Alsbach/Bergstraße; Leuchtturmverlag; S. 205-207.
Sumfleth, Elke; Stachelscheid, Karin (1990): Eine Untersuchung zum Vorwissen der Schüler zu Beginn des Chemieunterrichts in der Klasse 9. In: Chimica didactica, Jg. 16; H. 2; S. 139-149.
Todt, Eberhard (1987): Elemente einer Theorie naturwissenschaftlicher Interessen. In: Lerke, Manfred; Hoffmann, Lore: Schülerinteressen am naturwissenschaftlichen Unterricht. Didaktik der Naturwissenschaften, Bd. 12. Aulis Verlag Deubner & Co KG; Köln; S. 111-126.
Todtenhaupt, Stefanie (1995): Zur Entwicklung des Chemieverständnisses bei Schülern. Frankfurt a. M.; Peter Lang Verlag.
Wagner, Hans-Josef (1999): Rekonstruktive Methodologie. Opladen; Leske + Budrich.
Wienekamp, Heidi (1990): Mädchen im Chemieunterricht. Reihe: Naturwissenschaften und Unterricht – Didaktik im Gespräch, Bd. 8. Essen; Westarp Verlag.